重要性在财务报表中的应用
——理论与实务

财政部会计重要性课题编写组 编

中国财经出版传媒集团
中国财政经济出版社

图书在版编目（CIP）数据

重要性在财务报表中的应用：理论与实务／财政部会计重要性课题编写组编．—北京：中国财政经济出版社，2019.6

ISBN 978－7－5095－9040－9

Ⅰ.①重… Ⅱ.①财… Ⅲ.①会计报表－会计分析 Ⅳ.F231.5

中国版本图书馆CIP数据核字（2019）第109285号

责任编辑：宋学军　王晗青　　　　　　责任校对：张　凡

中国财政经济出版社 出版
URL：http：//www.cfeph.cn
E-mail：cfeph@cfeph.cn

（版权所有　翻印必究）

社址：北京市海淀区阜成路甲28号　邮政编码：100142
营销中心电话：010－88191537
北京鑫海金澳胶印有限公司印装　　　各地新华书店经销
787×1092毫米　16开　22.75印张　372 000字
2019年7月第1版　2019年7月北京第1次印刷
定价：80.00元
ISBN 978－7－5095－9040－9
（图书出现印装问题，本社负责调换）
本社质量投诉电话：010－88190744
打击盗版举报热线：010－88191661　QQ：2242791300

财政部会计重要性课题编写组

（排名不分先后）

组　长　蹇　薇　胡建飞
成　员　李　诗　蒋艳虹　邹　俊　张青波　胡建军
　　　　杨　昕　王诗仪　程海良　李　砾

目录
CONTENTS

理论篇

第一章 概述 / 3

　　第一节　研究背景与问题提出 / 3

　　第二节　研究方法 / 7

　　第三节　研究内容与结构安排 / 7

第二章 研究对象的界定 / 9

　　第一节　重要性的词意辨析 / 9

　　第二节　重要性的定义 / 11

　　第三节　审计中的重要性概念 / 15

第三章 与重要性相关的规定梳理 / 17

　　第一节　美国会计准则制定机构和上市公司监管机构发布的
　　　　　　与重要性相关的规定 / 17

　　第二节　国际会计准则理事会发布的与重要性相关的规定 / 32

　　第三节　中国准则制定机构以及上市公司监管机构发布的
　　　　　　与重要性相关的规定 / 41

　　第四节　本章小结 / 54

第四章 学术文献回顾 / 57
第一节 规范研究 / 57
第二节 经验研究 / 63
第三节 问卷调查 / 67
第四节 实验研究 / 68
第五节 本章小结 / 70

第五章 我国企业对重要性原则的应用 / 71
第一节 研究概述 / 71
第二节 样本收集与样本分布 / 72
第三节 研究发现 / 74
第四节 上市公司年报会计监管报告所涉重要性应用问题 / 80
第五节 本章小结 / 82

第六章 结论与启示 / 84
第一节 研究结论 / 84
第二节 政策建议 / 86

本篇附录 / 93
上市公司监管机构发布的信息披露规定中涉及重要性应用的条款

实务篇

第一章 概述 / 119
第一节 研究背景 / 119
第二节 研究目标 / 120
第三节 研究侧重点 / 121
第四节 研究特色 / 122
第五节 研究的局限性 / 123
第六节 研究成果简介 / 123

第二章　投资者及债权人关于重要性的考虑 / 125

　　第一节　债权人对重要性的实务应用 / 125

　　第二节　短期股票投资人对重要性的实务应用 / 135

　　第三节　长期股权投资者对重要性的实务应用 / 141

　　第四节　本章小结 / 151

第三章　监管者关于重要性的考虑 / 157

　　第一节　法律法规中监管者对重要性的考虑 / 158

　　第二节　监管机构反馈意见及问询函审查重点 / 172

　　第三节　监管检查报告情况汇总 / 202

　　第四节　本章小结 / 210

第四章　财务报表编制者关于重要性的考虑 / 214

　　第一节　企业会计准则关于"重要性"的规定汇总 / 215

　　第二节　企业重大差错认定标准的实务调研 / 221

　　第三节　财务报表主表中没有相关附注的项目的实务调研 / 243

　　第四节　不与特定主表项目对应的附注的实务调研 / 249

　　第五节　本章小结 / 253

第五章　注册会计师关于重要性的考虑 / 259

　　第一节　审计准则中对重要性的规定及其实务应用 / 259

　　第二节　对中国非无保留审计意见报告的分析 / 276

　　第三节　本章小结 / 284

第六章　总结 / 286

附　录

国际财务报告准则实务公告第 2 号——就重要性作出判断 / 301

简介 / 305

目标 / 306

范围 / 306

重要性的一般特征 / 306

    重要性的定义 / 306

    重要性判断的普遍性 / 307

    判断 / 309

    主要使用者及其信息需求 / 310

与当地法律法规的关系 / 313

就重要性作出判断 / 315

    重要性判断流程概述 / 315

    重要性判断四步法 / 315

特定问题 / 323

    前期信息 / 323

    差错 / 325

    关于契约限制的信息 / 328

    对中期报告的重要性判断 / 330

采用日期 / 332

附录 / 333

理论篇
LI LUN PIAN

第一章 概 述

第一节 研究背景与问题提出

一、重要性的应用概况及问题

重要性，是一个应用普遍的概念。在日常生活中，我们说"做事要抓重点""按照项目的轻重缓急来安排""应该抓大放小，处理重中之重"，这些都是对重要性原则的应用。重要性的应用是人类思维的基本方式之一，也是决策时常用的判断原则之一。

在会计领域，重要性是财务会计理论中的一个基础概念和基本原则，对重要性的判断广泛应用于报表编制者的会计确认、计量和列报过程以及对财务报表信息披露的决策过程。重要性的应用是全部会计活动中相当重要的部分，是足以影响财务会计报表公允表达和充分披露的重要存在。在我国现行的企业会计准则中，有对重要性作出的总体说明，也有在具体准则的某些条款中隐含重要性原则的应用。例如，《企业会计准则讲解》（2010）中对重要性的应用进行解释时，举例道："企业发生的某些支出，金额较小的，从支出收益期来看，可能需要在若干会计期间进行分摊，但根据重要性要求，可以一次计入当期损益。"又例如，《企业会计准则第37号——金融工具列报》（2014）指出："企业应当根据自身实际情况，按照本准则要求，合理确定列报金融工具的详细程度，既不应列报大量过于详细的信息从而掩盖了真正重要的信息，也不得列报过于汇总的信息从而难以区分各项交易或相关风险之间的重要差异。"美国会计准则还有下列兜底条款："本准则的条款不必适用于不重要的项目"，也体现出了重要性原则的应用。此外，各国的一般公认会计原则都规定，在财务报表附注里应当明确声明财务报表没有省略或错报任何重大事项，以明示公司管理层承担报表风险的义务。这个声明的现实意义是，公司管理层若对重要事项辨识及判断不当，就必须对报表使用者因依赖该报表所作的决策和因而遭受的损失负法律责任。总之，正如1975年美国财务会计准则委员会（Financial Accounting Standards Board，简称FASB）成立之初提出的那样："若要以精简清晰的形式、既经济又及时地提供财务信息，重要性的概念是极其重要的。"

数十年来，会计准则制定机构和会计理论界对重要性的定义进行了探讨，并对定义进行过数次修改。我国现行企业会计准则对重要性作出的定义为："重要性，是指在合理预期下，财务报表某项目的省略或错报会影响使用者据此作出经济决策的，该项目具有重要性。"从重要性定义的语言文字角度看，我们认为它是简单、易理解的，但是从指导实务的角度看，它又是模糊、主观的、让人应用起来颇具难度。应用难点在于：重要性的判断须站在财务报表使用者的角度，从整体报表的高度来衡量；重要性是一个主体层面的因素，主体特定情况的多样性和复杂性增加了判断难度；重要性判断具有较强的主观性，主要依靠报表编制者的专业能力、实务经验以及职业道德水平。

在实务中，一些公司财务报表编制者完全依赖于"经验法则"（Rule of Thumb）中的某些定量门槛值（如净利润的4%）来对重要性水平进行判断，认为如果事项的金额低于这个指标，该事项就是不重要的。在著名的安然（Enron）事件中，负责签字的注册会计师曾建议安然公司将1997年的年度净利润从1.05亿美元调低为5400万美元。然而安然公司宣称根据会计的重要性原则，这些错报的总差异5100万美元并未超过一般通用的重要性门槛值（净利润的10%），其中安然公司1996年的净利润为5.85亿元。滥用重要性原则成为上市公司盈余管理，甚至财务造假的借口。

1999年，美国证券交易委员会（SEC）发布《员工会计公告第99号"重要性"》（SAB 99），提出在财务报表编制和审计过程中，相关人员不应该完全依赖某些定量指标对重要性进行评估，对重要性的评估应结合相关定量和定性因素进行综合考虑和判断，同时该公告对重要性评估提出了相关具体要求和建议。《员工会计公告第99号"重要性"》（SAB 99）成为指引重要性原则应用的标志性文件。美国财务会计准则委员会（FASB）与国际会计准则理事会（International Accounting Standards Board，简称 IASB）均认为重要性的判断必须是定量和定性共同作用的结果。他们都不反对采用"经验法则"作为评估重要性水平的一个步骤，但以百分比形式量化的指标只是错报程度重要性分析的开始，不能替代所有相关因素的全面分析。

近年来，美国财务会计准则委员会（FASB）和国际会计准则理事会（IASB）再次关注重要性定义的修订，以及重要性原则在信息披露中的应用。2015年，为提高公司信息披露质量，美国财务会计准则委员会（FASB）发布了《财务报表附注——如何评估披露的重要性》（征求意见稿），并于2018年8月正式发布了《财务报告概念公告》第8号第3章"有用财务信息质量特征"的修订。此次修订主要针对重要性定义，其新定义为："结合周围的情况，如果财务报告中的某项目被省略或错报的程度可能会改变或影响理性人依赖特定报告主体的会计报表作出的经济决策，则信息具有重要性。"国际会计准则理事会（IASB）于2014年启动"披露动议"（Disclosure Initiative）中的"重要性"执行项目，并于2017年9月发布了指南《国际财务报告准则实务公告第2号：就重要性作出判断》。2018年10月，国际会计准则理事会（IASB）也对重要性定义进行了修订："如果能够合理预期某项目被省略、错报或模糊可能影响通用目的财务报表的主要使用者根据某特定报告主体提供的含有财务信息的财务报表作出的经济决策，则该项目具有重要性。"美国财务会计准则委员会（FASB）和国际会计准则理事会（IASB）在规范重要性应用上的最新动态展示出这两大会计准则制定机构对重要性的关注，也给指导我国企业应用重要性原则以启示。

郭道扬（1997）提出会计准则作为会计行为的规范，对会计事项或问题的处理规律应有明确的揭示作用且具有准法律的地位。故我们应将执行方面的法定性、指导执行方面的理论性、技术操作规范处理等方面统一起来，最终集中体现出会计准则的权威性、系统性和科学性。我国现行会计准则体系并没有针对重要性应用作统一的说明，而是在会计准则的具体准则层面中隐含了诸多重要性概念的应用。这些应用散落于金融工具、分部报告、中期报告等多个会计准则中，同时跨越了会计确认、计量、列报与披露四个阶段。中国证券监督管理委员会、上海证券交易所和深圳证券交易所等上市公司监管机构还发布了若干上市公司信息披露规范，这些规定中多处采用了明线规则来指引上市公司进行重要性水平的判断。上市公司在进行披露时，可将这些规范要求作为核对清单（checklist），但这也可能引发一些问题：会不会导致有用的信息被遗漏了？不重要的信息是否会被过度披露？公司是否会将合规性放在首位，而不考虑信息对报表使用者的决策有用性？上市公司在运用重要性原则时考虑了哪些因素？这些因素是否存在优先等级？这些问题的形成固然很大程度上源于模糊的重要性判断决策过程与复杂的本质，但也可能是因为我们对重要性的研究还不够、认识还不够。

二、本课题研究的主要问题

为了给公司管理层提供应用指南，协助其在财务报表编制过程中进行重要性判断，国际会计准则理事会（IASB）于 2017 年 9 月发布了《国际财务报告准则实务公告第 2 号：就重要性作出判断》。随着我国会计准则与国际财务报告准则的持续趋同，同时也为了弥补我国会计准则在指导重要性原则应用上的空白，帮助我国更好地参与和影响国际财务报告准则的制定，我国会计准则制定机构面临着一个问题，即是否应在会计重要性应用上发布类似的规范或指引。本课题报告研究的主题是重要性判断在财务报表中的应用以及与该应用有关的问题，如重要性的概念和定义、涉及重要性判断的制度和准则演变、重要性的学术研究现状、重要性原则在我国企业中的应用现状等，具体内容如下：

（1）重要性的基本概念是什么？

（2）国际上主要的会计准则制定机构就重要性作出了哪些规定？制定的规范重要性判断的标准是否可行？

（3）我国在重要性原则的应用上各相关机构都颁布了哪些规定？有哪些可取之处？有哪些不足？

（4）国内外学术界关于重要性的应用都做了哪些研究？得出了什么结论？

（5）我国上市公司在会计确认计量方面是如何应用重要性原则的？就重要性判断而言，是性质更重要？还是金额或比例更重要？企业在应用重要性原则时是否会受到外部因素的影响？受到哪些外部因素的影响？

（6）美国证券交易委员会（SEC）发布的《员工会计公告第 99 号"重要性"》（SAB 99）和国际会计准则理事会（IASB）发布的《国际财务报告准则

实务公告第 2 号：就重要性作出判断》对我们有何借鉴意义？

第二节 研究方法

  本课题主要采用规范研究的研究方法，具体采用了档案考察研究法、理论比较分析研究法、数据收集处理法、描述性统计分析法、数据归纳法等。

  首先，本课题组回顾了 1967 年至今的 50 余年时间里，国内外学者就会计与审计重要性展开的研究与探讨，掌握重要性的理论基础、挖掘其研究脉络，力求找到解决本课题研究问题的指引。

  其次，本课题组阅读和摘译了 1975 年至今美国财务会计准则委员会（FASB）、美国证券交易委员会（SEC）以及国际会计准则理事会（IASB）发布的若干份与重要性相关的会计准则、指引、公告及征求意见稿，并整理了我国 1993 年至今的会计准则及中国证券监督管理委员会、上海证券交易所和深圳证券交易所就重要性原则应用的相关规定，以期发掘国外重要性原则与判断在制度制定中与我国的异同和可借鉴之处。

  再次，本课题组成员手工翻阅了 2013～2015 年共 2840 家 A 股上市公司年报，收集其中财务报表附注里"报告期内发生重大会计差错更正需追溯重述的情况说明"的内容，识别发生了前期会计差错更正的公司，认定前期会计差错性质、确认前期会计差错项目、计量前期会计差错金额并进行了数理统计分析，从前期会计差错的视角来分析上市公司对重要性原则的应用。这一研究对于认识我国实务界就重要性原则的应用与判断的现状具有重要的现实意义。

第三节 研究内容与结构安排

  本课题报告以重要性原则的应用现状及问题为出发点，首先对"重要性"三个字的词意进行了阐述和分析，接着梳理了主要会计准则制定机构和上市公司监管机构发布的与重要性相关的制度，再对理论界就会计与审计重要性展开的规范研究、经验研究、问卷调查和实验研究分别进行整理，然后在收集大量数据的基础上总结我国上市公司应用重要性估计与判断的现状，最后提出制定相关准则或应用指南的政策建议。

本报告共分六章，各章的主要内容阐述如下：

第一章为引言，主要论述重要性的应用现状和问题，并说明本报告的研究动机、研究方法和研究的主要内容。

第二章为研究对象的界定，对重要性的定义进行了辨析和阐述，对审计中的重要性概念进行说明。

第三章为与重要性相关的制度梳理，对国外主要会计准则制定机构和上市公司监管机构发布的与重要性相关的若干规定进行了整理和翻译，且对我国会计准则制定机构和上市公司监管机构发布的与重要性相关的规定进行梳理和总结。

第四章为学术文献回顾，按照研究方法的类别，对近50多年来中外学术文献关于重要性的研究进行了回顾和评述。

第五章为我国企业对重要性原则的应用，分析我国上市公司在财务报表前期会计差错更正的账务处理中对重要性原则的应用与判断。

第六章为结论与启示，对本课题报告的观点进行总结，并在美国证券交易委员会（SEC）发布的《员工会计公告第99号"重要性"》（SAB 99）和国际会计准则理事会（IASB）发布的《国际财务报告准则实务公告第2号：就重要性作出判断》的基础上提出政策建议。

第二章　研究对象的界定

本章主要对课题的研究对象进行界定。第一节对"重要性"的中英文词意进行辨析；第二节列举了当前我国会计准则制定机构、国外重要的会计准则制定机构、国外其他相关专业团体对重要性作出的定义；第三节专门对审计中的重要性原则进行了说明，并阐释了它与财务报表编制中的重要性原则应用的关系。

第一节　重要性的词意辨析

"重要性"是一个常用的言词，通俗易懂，例如我们这么表达："这是一种对工业具有极大重要性的自然资源"，或者"人们应该提高对依法治国的重要性的认识"。《新华字典》中对"重要性"字面上的解释为"被认为有很大价值和影响的性质"。将"重要性"放置于财务会计专业领域时，它是一个专业术语，我们需要注意其具体内涵。

首先，需要指出的是，"重要性"这一用词是随着我国学习和引进近代西方财务会计理论才进入我国会计概念及会计理论框架的，因而我们有必要正本清源地根据英文原文来探究与重要性概念研究有关的用词含义。重要性所对应的英文原文为"materiality"，不能使用"significance"或者"importance"来代替。"materiality"是"material"这一形容词的名词形式。"material"一词自身既可以做名词，也可以做形容词。作为名词，意思为原料、资料或事实；作为形容词，表示物质的、重要的，它有具体成形、逐渐浮现或逐渐成形的语意味道，意味着一个事或物或影像由模糊逐渐成形具体化而变成重要和重大（叶清辉，2003）。《剑桥辞典》对"material"和"materiality"有如下解释："Material is important or having an important effect"，"Materiality is a measure of how important a piece of information is when making a decision."即重要性是衡量某条信息在作出决策时的影响程度。

其次，宽泛地来讲，将"material"翻译成为中文时，既可以翻译为"重要"，也可以翻译为"重大"。同理，将"materiality"翻译成为中文时，既可以翻译为"重要性"，也可以翻译为"重大性"。"重要"和"重大"两个词，"重要性"和"重大性"两个词的含义在一般日常用法上并无太大差别，也常被互换使用。但作为财务会计专业术语，尤其是重要性作为会计信息质量特征之一，我们认为，应该严格地将"material"翻译为"重要"，将"materiality"翻译为"重要性"。原因可以在我国会计准则的条文用词里找到答案。在我国2001年开始实施的《企业会计制度》第十章"会计调整"第一百三十三条中，我们可以看到"重大会计差错"这一词条的使用，然而在2006年发布的《企业会计准则第28号——会计政策、会计估计变更和差错更正》中，我们发现企业会计准则已经使用了"重要的前期差错"的表述方法。更关键的是，《企业会计准则第30号——财务报表列报》（2014）第二章"基本要求"第十条明确提出了重要性，并对重要性进行了定义。因此，我们认为须将"material"翻译为"重要"，将"materiality"翻译为"重要性"。值得一提的是，我国台湾地区的会计准则中采用的是"重大性"的翻译方法（叶清辉，2003），这是两岸在会计术语用词上的差异。

再次，"重要性判断""重要性原则""重要性概念"亦是理论界与实务界经常使用的词条。这些词条可能是对英文原文的翻译，例如"重要性判断"来源于"materiality judgment"的直译，"重要性原则"源于"materiality principle"的直译；也可能是为了保证中文表达的顺畅性，在"重要性"一词后多加入了其他名词，例如，"作出重要性判断""运用重要性原则"。在本课题中，不严格区分"重要性""重要性概念""重要性判断""重要性原则"四个词条。

最后，重要性是会计质量特征之一，落实重要性概念需要一定的行动指南和依据，而落实就必然涉及检验，而检验就会引发临界值（或称门槛值、起点值分界点）问题。为表达重要性的高低程度，行文里常以"重要性标准""重要性水平""重要性程度"来表达。我们认为"重要性标准""重要性水平""重要性程度"这三个表达是重要性基本概念的外延形式。

第二节 重要性的定义

本节将列举当前我国会计准则制定机构、国外重要的会计准则制定机构以及专业团体对重要性概念作出的定义。本节仅列举这些机构当前所采用的重要性定义,对重要性定义的演进分析请参见本课题报告第三章。

一、重要性的定义

美国财务会计准则委员会(FASB)在其发布的财务会计概念公告中的财务报告信息质量特征部分中对重要性进行了描述和定义。根据其于2018年8月发布的《财务会计概念公告第8号》(Statement of Financial Accounting Concepts No.8,简称SFAC No.8)第3章,将重要性定义为:"结合周围的情况,如果财务报告中的某项目被省略①或错报的程度可能会改变或影响理性人依赖特定报告主体的财务报告作出的经济决策,则项目具有重要性。"

国际会计准则理事会(IASB)对重要性的定义出现在对财务报告概念框架的论述中,同时在《国际会计准则第1号:财务报表列报》(IAS No.1 Presentation of Financial Statements)和《国际会计准则第8号:会计政策,会计估计变更和会计差错更正》(IAS No.8 Accounting Policies, Changes in Accounting Estimates and Errors)中亦有提及其定义。2018年10月,国际会计准则理事会(IASB)发布了最新修订的重要性定义。新定义为:"如果能够合理预期某项目被省略、错报或模糊可能影响通用目的财务报表的主要使用者根据某特定报告主体提供的含有财务信息的财务报表作出的经济决策,则该项目具有重要性。"

我国《企业会计准则第30号——财务报表列报》(2014)第二章"基本要

---

① omitting 或者 omission,可翻译为"省略",也可翻译为"漏报",但我们认为"漏报"一词带有有意为之的主观意图,而"省略"的表达更体现的是遗漏之后的客观结果。在本书中,在上下文有提出管理层故意不计入或不披露信息时,我们用"漏报"一词。

求"第十条对重要性作出的定义为:"重要性,是指在合理预期下,财务报表某项目的省略或错报会影响使用者据此作出经济决策的,该项目具有重要性。"

英国会计准则委员会(Accounting Standards Board,简称ASB)发布的《财务报告原则公告》(Statement of Principles for Financial Reporting)(2007)对重要性作出定义:"如果其错报或者省略将合理地预期会影响这些财务报表使用者的经济决策,包括他们对管理当局受托责任的评价,则一项信息对于财务报表是重要的。"

同时,国外其他重要专业团体和组织也对重要性作出自己的定义。我们列举了三个与公司信息披露相关的专业组织所作的重要性定义。

全球报告倡议组织(Global Reporting Initiative,简称GRI)认为:"重要的方面是那些影响组织的重要的经济、环境和社会影响,或者对利益相关者作出评估和决定的重大影响。"

国际综合报告委员会(International Integrated Reporting Council,简称IIRC)对重要性的定义为:"如果事项会对组织在短期、中期、长期创造价值的能力产生影响,则事项是重要的。"

气候披露准则委员会(Climate Disclosure Standards Board,简称CDSB)对重要性的定义为:"环境信息是重要的,如果(1)环境信息所描述的影响或者结果,从它们的规模和性质来看,将会对组织当前、过去和未来的财务状况、经营结果和战略实施产生正面或者负面的影响;或者(2)对它们的省略、错报或者错误解释会影响主要报告的使用者对组织作出的决定。"

综上所述,我国会计准则、国际财务报告准则和美英会计准则中对重要性作出定义时,提及了"合理预期""省略或错报""报表使用者""经济决策"这几个核心词汇,它们的定义有如下共性:

1. 它们对重要性进行定义,没有采用"属加种差定义法",而是采用的是"语词定义法"。根据属加种差定义法,定义项是由被定义概念的邻近的属和种差所组成的定义。"重要性"一词难以找到邻近的属和种差。而在语词定义法下,定义是语词意义方面来揭示概念内涵的逻辑方法。重要性的定义适合采用语词定义法。此上几种重要性的定义,都是对揭示标志概念的语词意义进行定义,即对"重要"二字进行解释。

2. 在解释"重要"二字的含义过程中,均没有直接认定"重要"就是对作出的经济决策产生影响,而是强调信息的省略或错报对报表使用者作出的经济决策产生影响。这种定义方法与其他专业团体，如全球报告倡议组织（GRI）和国际综合报告委员会（IIRC）的定义方法有显著不同，也体现了财务会计理论中对重要性界定的特殊性。

3. 重要与否判断的作出，是站在报告使用者的角度来考虑的。财务报表的目标是向报表使用者提供与主体财务状况、经营成果和现金流量等有关的信息。满足报告使用者的需求是财务报表编制的出发点。因此，重要性的判断需站在报表使用者的角度来考虑。此外，不同的主体所面临的报表使用者组成情况不同。重要性的这一特征决定了重要性是一个主体层面（entity-specific）要素，只能针对某个特定的主体。

我们也注意到，不同的会计准则制定机构对重要性作出的定义也略有差异。美国财务会计准则委员会（FASB）在重要性定义中提到的是"财务报告"（Financial Statements），而国际会计准则理事会（IASB）和我国的定义使用的术语是"财务报表"（Financial Reporting）。国际会计准则理事会（IASB）最新修订的重要性定义中新增了"通用财务报表的主要使用者"这一表达，更加细致地规范了信息使用者的类别。此外，国际会计准则理事会（IASB）还在长久以来使用的省略和错报信息这两种情形下，新增添了"模糊"信息这一情形。英国会计准则委员会（ASB）对重要性作出的定义里强调了财务报告的目标，既要服务于决策有用，又要反映受托责任。

二、对重要性的定义的分析

由于重要性原则的运用是人类思维的基本方式，在日常生活中应用也甚为普遍，加之我国会计准则、国际财务报告准则和美英会计准则中对重要性作出的定义都较为通俗，因此，我们认为重要性的定义是简单、易理解的。但是，这看似简明的定义，要运用到实务中，却又存在相当大的难度。

1. 重要性的定义都是站在财务报表使用者的角度来衡量的。财务报表编制者需要揣摩、推测财务报表使用者的意图。财务报表编制者与财务报表使用者从来都不是利益对等的，让财务报表编制者站在财务报表使用者的角度来思考问题，既考验财务报表编制者的主观意愿和道德水平，也考验财务报表编制者的业务能力。

2. 对财务报表的影响与对财务报表使用者决策的影响两者之间尚存鸿沟

财务报表使用者是如何阅读和使用财务报表,并且如何根据财务报告的信息作出决策,这一大脑活动过程至今都是难以洞悉。在极端情况下,我们似乎容易将对财务报表的影响与对使用者决策的影响这两者联系起来。假设某个项目的省略或错报已经严重影响了财务报表,例如令净利润金额由负变为正,我们可以推导出财务报表使用者的投资决策将受到影响。但从严格的逻辑推理来说,我们尚须证明项目的省略或错报对财务报表的影响能直接、准确且效力不减地投射到财务报表使用者的经济决策中。因此,这回到了会计理论与实务界都争论了数年的问题:财务报表的信息含量到底有多大?这不是重要性的定义里需要解决的问题,而是整个会计理论界和实务界都苦苦探寻的问题。

3. 重要性判断须站在整个财务报表层面。当进行具体的会计账务处理(确认、计量、列报、披露)时,如果财务报表编制者需要进行重要性水平的抉择,他们所面对的是具体某项目,此时,财务报表编制者须跳出此单一项目,将其投放到整个报表层面去权衡。在定量指标的选取中,选择什么指标来代表报表层面?净利润是不是整体报表层面数据中最具有代表性的一个?在定性指标的选取中,财务报表编制者不仅要考虑所在主体的特征,还需考虑行业、周围环境等特征。因此,将具体项目的处理问题上升至财务报表层面去思考,再次考验了财务报表编制者的综合把控能力。

从以上分析来看,重要性的定义不再是简明的,而是模糊的、主观的、让人应用起来难以下手的。叶清辉(2003)更是直言不讳道:"会计权威机构对重要性概念的定义,只顾及理论上的精确和免遭批评的周延性,完全没有考虑实务上的可操作性。"

本课题报告第三章中还对重要性定义的演进进行了回顾。我们可以看出会计准则制定者和会计理论的研究者们在这一问题上付出了艰辛的努力——字斟句酌、数次修改,几经周折。我们赞同国际会计准则理事会(IASB)在2018年10月修订重要性定义时提出的观点:重要性判断是一种行为;降低行为实施中的困难,只能通过提供行为指引来减少,单单靠修改定义是无法达到的。换句话说,我们难以给重要性下一个完美的定义,在我们进一步斟酌和修订的同时,或许我们可以将更多的精力从遣词造句转投向重要性原则的实施指引。

第三节　审计中的重要性概念

重要性概念的应用也贯穿于审计过程。在计划审计工作时，根据《中国注册会计师审计准则第 1221 号——计划和执行审计工作时的重要性》的要求，注册会计师需要对重要性作出判断，以便为确定风险评估程序的性质、时间安排和范围，识别和评估重大错报风险以及确定进一步审计程序的性质、时间安排和范围提供基础。在评价识别出的错报对审计的影响，以及未更正错报对财务报表的影响时，注册会计师需要根据《中国注册会计师审计准则第 1251 号——评价审计过程中识别出的错报》的要求运用重要性进行判断。《中国注册会计师审计准则第 1221 号——计划和执行审计工作时的重要性》指出："财务报告编制基础可能以不同的术语解释重要性，但通常而言，重要性概念可从下列方面进行理解：（一）如果合理预期错报（包括省略）单独或汇总起来可能影响财务报表使用者依据财务报表作出的经济决策，则通常认为错报是重大的……"。

财务报表中的重要性应用与审计中的重要性原则的应用有着相通之处。重要性概念的提出都是为了在保证会计和审计质量前提下，提高会计和审计工作效率。从理论上讲，会计核算越全面准确，列报和披露越详尽，会计信息的质量越高。类似地，审计程序越全面，审计风险越小，审计结论越可靠。但由于现代企业规模庞大、业务复杂，要达到上述要求是不现实的，也不符合"成本效益"原则。因此，会计和审计职业均采用了重要性概念。此外，重要性概念在财务会计和审计中的运用，很大程度上都取决于报表编制人员和审计人员的职业判断。财务会计和审计对重要性判断时均需从数量和性质两方面考虑。有学者认为，审计重要性概念是以会计重要性概念为基础的，它们的原初寓意应该是一致的（谢盛纹，2007）。

然而，两个领域中的重要性存在着差别。财务报表中重要性原则的应用，主要是用于过滤筛选不重要的会计数据，以节约信息生产成本，并增强报表的相关性；而审计中重要性原则的应用，则是为了辨识重大会计信息，以控制审计风险，有效率且有效果地完成审计任务。

本课题的研究对象为编制财务报表中的重要性的应用。在第三章"与重要性相关的规定梳理"和第五章"我国企业对重要性原则的应用"中,我们仅关注财务报表中的重要性应用。但鉴于会计重要性原则与审计中的重要性原则有着密切的关系,且大量的学术研究关注的是审计中的重要性原则,我们在第四章"学术文献回顾"也囊括了与审计重要性原则相关的文献回顾。因此,在本课题报告中,除非特别指出"审计重要性",都表示财务报表中的重要性。

第三章 与重要性相关的规定梳理

在本章中,我们对主要会计准则制定机构和上市公司监管机构发布的与重要性相关的规定进行了梳理。由于美国会计准则制定机构和上市公司监管机构对重要性的研究起步较早,我们将美国会计准则制定机构和上市公司监管机构发布的与重要性相关的规定放入第一节;在第二节中,我们列示了国际会计准则理事会(IASB)发布的与重要性相关的规定;第三节中,我们整理了我国的会计准则制定机构和上市公司监管机构发布的与重要性相关的规定。

第一节 美国会计准则制定机构和上市公司监管机构发布的与重要性相关的规定

美国将对重要性的研究纳入其财务会计理论体系和对会计信息质量特征的研究中。在这一节,我们按照时间顺序对美国财务会计准则委员会(FASB)和美国证券交易委员会(SEC)发布的与重要性相关的财务会计概念公告、讨论备忘录和指引等进行梳理。

一、讨论备忘录:确定重要性的标准(1975)

会计实务工作很早就应用了"重要性"的概念,但不是以原则的形式明文规定,只是实务工作时的一种概念形式的传统惯例。1973年,即美国财务会计准则委员会（FASB）成立之年，是一个分水岭——此前，重要性原则在会计的理论领域里与其他惯例式的原则一样都被忽略了，此后，会计准则制定机构开始意识到需要对重要性作必要的定义、说明和解释（叶清辉，2003）。

1975年3月，美国财务会计准则委员会（FASB）发布了一份长达246页的讨论备忘录《确定重要性的标准》（Criteria for Determining Materiality）①，可以说这是第一次从财务会计和财务报表的角度讨论重要性。这份讨论备忘录对重要性概念进行了探讨，还提出了是否应制定重要性判断的标准、重要性判断应如何作出等问题。虽然这份讨论备忘录中所提的很多问题至今尚未解答，但是它为美国财务会计准则委员会（FASB）制定《财务会计概念公告第2号》中有关重要性的内容打下了基础。从本质上看，《财务会计概念公告第2号》（1980）回答了其中最关键的问题，即不可能制定出能够囊括一个经验丰富人员判断所涉各种情形的通用的重要性判断标准，重要性的判断与应用因人而异。

这份备忘录首先列举了确定重要性判断所涉及的3个基本问题和6个具体实施问题，如下：

基本问题1：如何从财务会计和报告角度来确定重要性的方向和参考标准？例如，是为了满足受托责任还是提供决策有用的信息？是否应基于理性经济人概念？是否要提供一个描述性的决策模型？

基本问题2：就所提供重要性判断标准的详尽程度而言，确定重要性的标准是否应仅是一个整体的标准？还是既要有一个整体的标准，又要列举出具体的因素和制定特别项目的重要性判断标准的结合？

基本问题3：确定重要性的标准应该如何表达？量化？非量化？部分量化和部分非量化？

具体实施的问题1：在确定重要性标准时，除了数量或财务影响外，还需要考虑其他哪些因素？在什么情况下需要考虑其他因素？每个因素如何考虑？

具体实施的问题2：在确定重要性标准时，数量或财务影响的金额应如何考虑？用绝对值？相对值？或绝对值和相对值相结合？

具体实施的问题3：如果数量或财务影响的金额以相对值考虑，它们之间的关系应该是怎样的？在什么情况下考虑？

---

① 我们未能获取此备忘录原文，因此，对该备忘录内容的介绍主要依据于文献资料 Van Arsdell（1975）。

具体实施的问题 4：如果确定重要性的标准以量化的形式表达或部分采取量化标准，这些量化的标准应该是什么？

具体实施的问题 5：在所谓的敏感情况（sensitive situations）下，确定重要性的标准是否可以区别对待？如果区别对待，那么哪些情况是敏感情况？在这些情况下，如何确定重要性的标准？

具体实施的问题 6：重要性的标准应该个别科目确定还是统一确定？是否应该把相似的科目汇总？是否应该把不相似的科目汇总？或这些科目应该无论相似与否都进行汇总？

这份备忘录还提到虽然报告编制者与审计师在确定重要性水平时会有不同意见，但以下 7 个因素是他们都会考虑的，而且是站在报告使用者的角度考虑：

(1) 宏观环境因素。
(2) 企业自身因素。
(3) 会计政策。
(4) 不确定性。
(5) 一个科目及其特征的周边环境。
(6) 数量和财务影响（包括当前和潜在的影响）。
(7) 累积财务影响。

在对上述第 6 点关于项目的数量和财务影响的解释中，备忘录指出很多财务报表编制者和审计师都认为在大多数情况下，如果一个科目对净收益（Net Income）的影响大于或等于 10%，则被视为重要；若对净收益的影响低于 5%，则被视为不重要；若对净收益的影响在 5% 至 10% 之间，则需要谨慎地考虑周边环境。他们也认为如果项目将改变历年盈余的趋势时，则项目具有重要性。谈及重要性判断与资产负债表项目的关系时，备忘录指出财务报告编制者和审计师认为流动性高的项目比非货币性项目有更严格的重要性判断要求，例如，应付账款是很快就需要支付现金的项目，涉及应付账款的重要性判断应该更严格。

随后，由于长期股票投资者需要较多地使用财务数据进行股票基本面分析，备忘录对长期股票投资者的决策进行了描述。基本结论是不同的投资者对重要性的看法是不同的。在进行重要性判断时，他们经常会考虑项目对企业的盈利能力、流动性和偿债能力的水平和趋势的影响。有的投资者认为对净收益的影响高于 5% 或者影响了净收益的趋势就是重要的。有的投资者提出企业不经常发生的异常事项如果占净收益的 1%，则要单独披露。股票投资者在进行企业分析时，最关键的依据是企业年报，此外还有美国证券交易委员会（SEC）要求披露的文件、中期报告、新闻以及证券经纪人撰写的报告等。

二、财务会计概念公告第 2 号（1980）

1980 年 5 月，美国财务会计准则委员会（FASB）发布了《财务会计概念公告第 2 号》（Statement of Financial Accounting Concepts No.2，简称 SFAC No.2），较全面地阐述了会计信息必须符合一系列质量要求。图 3-1 列举了美国《财务会计概念公告第 2 号》（1980）提出的会计信息质量特征层级。

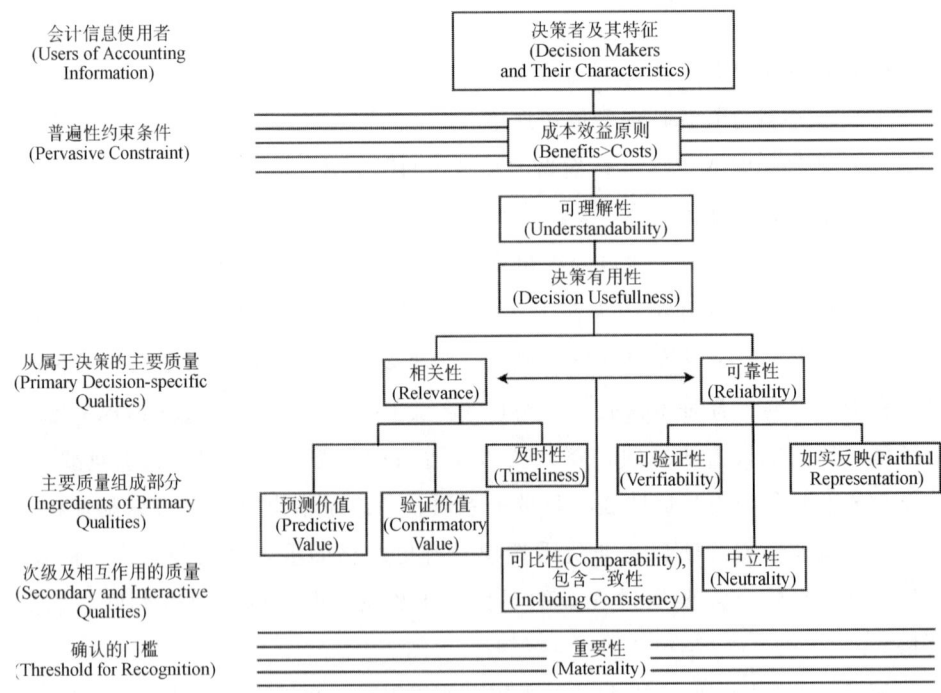

图 3-1 美国《财务会计概念公告第 2 号》（1980）的质量特征层级

重要性第一次作为会计信息质量特征之一，出现在质量特征体系中。《财务会计概念公告第 2 号》（1980）将重要性定义为："如果结合周围的情况，某项目的省略或错报的程度有可能改变或影响一位理性人依赖该信息所作的判断，则该会计信息的遗漏或错报是重要的。"

《财务会计概念公告第 2 号》（1980）第 123 至 132 段对重要性进行了详细阐释。重要性是会计信息质量特征的一部分，但它既不是相关性也不是可靠性的一个要素，而是整个会计信息系统进行会计确认的门槛（threshold for recognition）。也就是说，重要性的判断与起端网筛[①]有关，起端处有一个分离重要项目和不重要项目的网筛。叶清辉（2003）对此有如下一段生动的描述："重要性原则有如门神般醒目地站在会计信息系统的大门旁，发挥筛选过滤的门槛功能，而效益应大于成本的原则是在上空鸟瞰评估以制约生产每一会计信息的成本效益关系。"

《财务会计概念公告第 2 号》（1980）采用了生活化的举例——某个求职者与职业介绍所进行的洽谈——来讲解重要性概念与相关性的关系。职业介绍所掌握着适合求职者担任的某项工作的全部信息，职业介绍所可以将这些信息提供给求职者予以考虑。求职者期望知道职务的性质、工作地点、工薪、工作小时数以及福利待遇等，像休假和劳动保护这类信息，对于是否接受这个职位可能有、也可能没有重大影响。此外，求职者可能根本不会关心办公室是否铺有地毯或自助食堂的伙食质量等。更广泛地看，所有信息都和评价一个工作职位有关，但是否决定接受职位，其中有些因素可能不起作用。如果它们在求职者眼中微不足道，那就在这件事的决策过程中不起作用，没有重要性。职业介绍所的例子还可以帮助解释重要性门槛值与可靠性的关系。如果工资的数据金额仅精确到最接近的千元，那么这对于一个每年工作收入为 8000 美元的申请人可能是不能接受的，但工作收入 100000 美元的申请人几乎肯定是可以接受数据金额以千元来计的。再例如，对于职工养老金扣款率在 10% 以内的误差，求职者一般也不会苛求。关于退休日期的信息，如果信息中有一年误差，而该误差恰好会妨碍某些人的晋升，这就可能十分重要了。申请人的强制退休日期有一年的误差，对于 20 岁的人来说可能并不重要，但对 63 岁的人来说却相当重要。

[①] 原文为 screens or thresholds，此处翻译为"起端网筛"，主要参考《论财务会计概念》一书中的相关内容，该书由美国财务会计准则委员会（FASB）编，娄尔行译，中国财政经济出版社 1992 年出版。

《财务会计概念公告第 2 号》（1980）指出对于某个项目、某笔误差或某处遗漏而言，主体应考虑它们的性质和所处的环境，来判定是否足以通得过重要性这一网筛。要判别的项目越重要，用来决定它是否具有重要性的网筛应越细密。例如：

1. 会计变更。当主体的财务状况处于有违约危险的状态时，判别会计变更的重要性的起点值，比该主体在财务状况较好时，要放得更低。

2. 在营业收入中，如果没有将非经常项目单独揭示，而此非经常项目使亏损转为盈利，或使收益趋势从下降转为上升，在此情况下，重要性的起点值应放得更低。

3. 资产分类错误。如果分类错误涉及厂房或设备两种类目，在金额上不具有重要性，但如改变了流动和非流动资产的分类，就可能具有重要性。

4. 在正常情况下，太小的、不值得披露或更正的金额不具有重要性。但是如果这些是由于异常的业务或事项而发生，可认为具有重要性。

《财务会计概念公告第 2 号》（1980）指出在某些既定情况下，要判别项目是否具有重要性，取决于其相对的而非绝对的大小。大公司看作常规项目，不值得一提的坏账或盗窃损失，可能威胁小企业的继续生产。一笔存货计价上的误差，在小企业，可能因为它占收益的比重很大而具有重要性，但在大公司的收益中，只是沧海一粟。此外，另一个影响重要性的因素，是在估计项目时可能达到的精确程度。例如，主体通常能够把应收账款估计得较为准确，然而来自涉讼或涉讼威胁的或有负债就不那么容易精确估计，因此一定的偏差额对于应收账款这种能精确估计的项目而言是重要的，对于或有负债这种不易精确估计的项目而言可能是不重要的。

此外，《财务会计概念公告第 2 号》（1980）亦强调了一个非常重要的观点：认为不可能制定出能够囊括一个经验丰富人员判断所涉各种情形的一般重要性标准，重要性的判断与运用因人而异。这就保留了未来在具体准则层面制定重要性定量标准的可能性。

《财务会计概念公告第 2 号》（1980）的附录 C 中还列举了美国证券交易委员会（SEC）和会计准则制定机构发布的规定里对重要性判断的定量指引。这些定量指引，也可以称为明线规则（Bright-line Rule），以绝对值或者相对值的形式对重要性水平作出了规定。具体参见表 3-1。

表 3-1　《财务会计概念公告第 2 号》（1980）附录 C
中列示的重要性判断的定量指引

主题	规定	对重要性判断作出的定量指引
每股收益的稀释	APB Opinion No. 15	EPS 的降低合计少于 3%，被认为是不重要的
资产负债表上项目的单独披露	SEC Accounting Series Release No. 41	达到或超过所属项目的 10%，或者超过总资产的 5%，需要单独披露
来自管理层和股东的应收账款	SEC Regulation S-X Rule 5-04	达到或超过 20000 美元，或者超过总资产的 1%，需要单独披露应收账款
分部报告：对报告分部的确认	Statement of Financial Accounting Standards No. 14	分部的收入达到或超过合并收入的 10%，可确认为报告分部
租赁下的租赁费用总额	SEC Accounting Series Release No. 147	如果租赁费用总额超过总收入的 1%，需要披露租赁总额
非资本化的融资租赁下的租赁付款额的现值	SEC Accounting Series Release No. 147	如果现值达到或超过长期负债、所有者权益以及租赁付款额现值三者合计数的 5%，需要披露租赁付款额的现值；或者，近三年资本化的影响达到或超过净利润的 3%，需要披露租赁付款额的现值
确认的油和气存量	SEC Accounting Series Release No. 258	披露确认的油和气的存量和历史的财务数据，除非最近的两年中，每年从油和气的生产中取得的收入和利润没有超过相关的公司收入的 10%

《财务会计概念公告第 2 号》（1980）对重要性的定义是前所未有的，一经发布，就迅速成为世界范围内很多国家会计组织定义重要性的风向标。例如，南非特许会计师协会（SAICA，1984）、新西兰特许会计师协会（NZSA，1985）、加拿大特许会计师协会（CICA，1992）、美国审计准则委员会（ASB）以及英国审计委员会（APB，1995）等组织，基本都从财务信息错报、漏报对第三方的影响视角对会计重要性原则加以界定（孙蕊，2018）。

三、员工会计公告第 99 号"重要性"（1999）

美国资本市场在百年的发展历程中，已逐步形成美国证券交易委员会

(SEC)在上市公司监管中发挥着主导作用的局面。美国证券交易委员会(SEC)在监管文件中对重要性的提及,可以追溯至1940年。1940年,美国证券交易委员会(SEC)通过《证券法案》的1-02条例,明确了关于重要项目的定义,引入"谨慎投资者"(Prudent Investor)和"合理地"(Reasonably)等表述,以评判重要项目信息的影响,为后续的概念确定与发展提供了全新方向(孙蕊,2018)。

20世纪90年代,美国证券交易委员会(SEC)在对上市公司监管中格外关注盈余管理问题。1998年,时任美国证券交易委员会(SEC)主席Arthur Levitt发表题为"数字游戏"(The Numbers Game)的演讲,在提及上市公司利用盈余管理以满足华尔街对盈利的预期时,他严厉批评财务报表编制者对重要性水平的误用与滥用,表达了监管者对滥用重要性进而导致盈余管理的担忧。在1999年8月,美国证券交易委员会(SEC)首席会计师Thomas Ray发布了《员工会计公告第99号"重要性"》(Staff Accounting Bulletin No.99 Materiality,简称SAB 99)。《员工会计公告》(Staff Accounting Bulletin)系列代表了美国证券交易委员会(SEC)对与会计相关披露的观点。届时,美国成为世界上唯一一个由证券监管机构发布重要性应用指引的国家。

《员工会计公告第99号"重要性"》(SAB 99)的颁布主要是针对实务中较为突出的两个现象而制定的:一是越来越多的上市公司财务报表编制者和审计人员完全依赖于"经验法则"(Rule of Thumb)中的某些定量门槛指标(如净利润的4%或每股收益的4%)来对重要性水平进行判断,认为如低于这个指标,该事项的省略或错报就是不重要的;二是越来越多的上市公司试图通过看似"不重要"的对财务报表项目的误报来进行盈余管理。该公告对以上两种行为都给予了否定意见,并提出一系列指导意见。

总体而言,《员工会计公告第99号"重要性"》(SAB 99)认为在财务报表编制和审计过程中,相关人员不应该完全依赖某些定量指标对重要性进行评估,对重要性的评估应结合相关定量和定性因素进行综合考虑和判断,同时该公告对重要性评估提出了相关具体要求和建议。该公告采用"事实—提问—解释性回答"的形式展开。我们将该公告阐释的主要观点总结如下:

在对重要性进行定义上,该公告没有提出新的定义。它引用了美国财务会计准则委员会(FASB)发布的《财务会计概念公告第2号》(1980),并认同其对重要性的定义,即"如果结合周围的情况,某项目的省略或错报的程度有可能改变或影响一位理性人依赖该报告所作的判断，则该财务报表里某项目的遗漏或错报是重要的。"该公告认为该定义与美国法院在解释证券法所采用的概念实质是相同的。美国最高法院认为"如果一位理性投资人能早知道该事实，就有相当的可能性会大幅度地修改他的汇总信息，则该事实就是重要的。"公告认为对重要性的判断也应从财务报表使用者角度出发。如果一个理性的投资者有很大可能认为该事项是重要的，那么该事项就是重要的。

对于定量的门槛值，《员工会计公告第 99 号 "重要性"》（SAB 99）建议可以将这样的门槛值作为评估重要性的一个初步步骤，作为进行综合分析的一个切入点。公告认为在很多情况下，即使误报的影响是低于某"经验法则"的定量门槛值，该事项仍可能是重要的，因为对重要性的判断是定量和定性因素相互作用的结果，低于门槛值的错报也有可能对财务报表产生重大影响，这样的情况包括但不仅限于以下情形：

- 错报是来自一个能够精确计量的报表项目，还来自一个需要估计来计量的项目，如果是需要估计来计量的项目，其估计就包含着固有的不精确性。
- 错报是否导致了利润的变化或其他趋势的变化。
- 错报是否隐藏错误以迎合分析师对企业的预期。
- 错报是否造成了收入的损失或增加。
- 错报是否包含或为在企业的经营和盈利上扮演重要角色的一部分。
- 错报是否符合企业的监管要求。
- 错报是否影响企业的贷款契约或其他契约要求。
- 错报是否有增加管理层薪酬的效果，满足要求的激励性薪酬奖金或其他形式的奖励。
- 错报是否涉及掩盖非法交易。

此外，该公告建议当企业管理层或审计师在预计一项错报可能会导致相关证券价格的显著变动时，在评估该错报是否重大时，应该将这种市场的预期反应考虑进去。

针对金额较小，但是故意而为之的错报或漏报，《员工会计公告第 99 号 "重要性"》（SAB 99）认为企业和审计师不应将它们视为不重要。虽然该错报或漏报从定量角度不会对企业财务报表产生重大影响，但它依然可以为判断重要性提供相关的证据，特别是当管理层故意在财务报表项目中进行错报或漏报来操纵利润时，该证据可能会更加重要。在这种情况下，可以推测管理层之所以这么做是因为相信由此产生的金额和趋势对企业的报表使用者很重要。公告认为故意错报或漏报都应视为是重要的，此时金额的大小已不再是考虑的重点了。

进一步而言，《员工会计公告第 99 号 "重要性"》（SAB 99）认为在很多情况下，故意的非重大错报或漏报是违法行为，对企业在考虑是否一个错报导致了违法行为时，除了上述因素，企业和审计师还应考虑以下因素：

● 该错报的重要性。虽然公告认为企业不需要对非重大项目的重要性进行精确校准，但对不重要的错报和那些更重要的错报区别对待显然是"合理的"。

● 该错报是如何产生的。

● 更正该错报的成本。证券交易法关于账簿和记录的规定中并没有要求企业应该不惜成本更正微小错报。但若是更正错报成本很小，不这样做就不太可能是"合理的"。

● 其他权威会计指引关于该错报的相关规定。

另外，该公告还对分部报告和汇总净额的错报作了进一步说明。如果错报出现在分部报告中，企业和审计师不仅应考虑该错报对该业务分部所带来的影响，同时还要考虑该错报对整个企业财务报表的影响。公告认为财务报表编制者和审计师应该考虑每一项错报的单独和汇总的定性与定量影响。

四、财务会计概念公告第 8 号第 3 章（2010）

2004 年 10 月，美国财务会计准则委员会（FASB）与国际会计准则理事会（IASB）决定将改进并建立共同的财务会计概念框架项目列入联合项目的工作日程，旨在对双方概念框架的差异进行研究分析，以求达成趋同。

2010 年 9 月，美国财务会计准则委员会（FASB）发布了《财务会计概念公告第 8 号》（Statement of Financial Accounting Concepts No. 8，简称 SFAC No. 8），其中第 3 章为 "有用的财务信息质量特征"（Qualitative Characteristics of Useful Financial Information），该部分内容与国际会计准则理事会（IASB）概念框架（2010）中信息质量特征内容是一致的。该公告将有用信息质量特征分为三个层次，分别为基本的质量特征、提升的质量特征和信息约束条件。具体参见图 3-2。

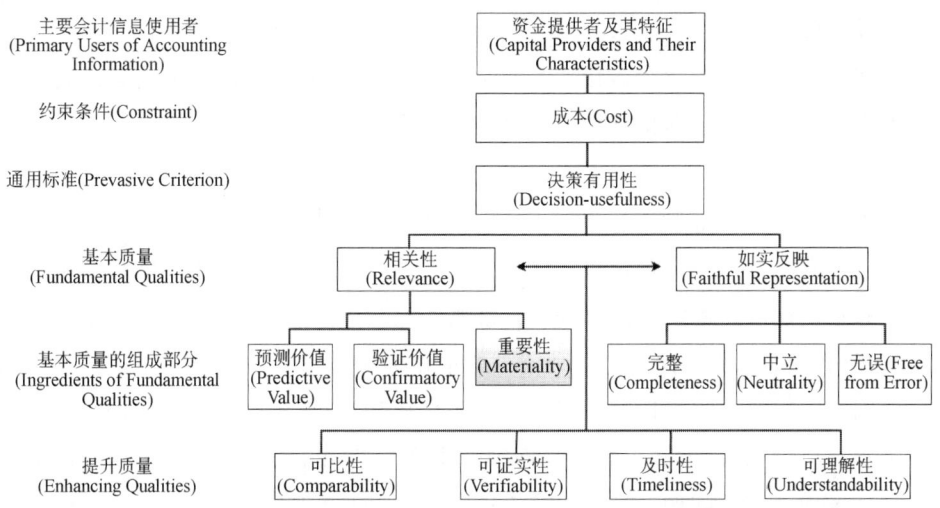

图 3-2　美国《财务会计概念公告第 8 号》（2010）第 3 章的质量特征层级

与《财务会计概念公告第 2 号》有所不同，在《财务会计概念公告第 8 号》中，重要性不是整个会计信息系统进行会计要素确认的门槛，而是报告主体会计信息质量之信息相关性的一方面。重要性的定义是置于相关性和如实反映这两个信息质量特征的定义之间的。葛家澍和陈朝琳（2011）认为重要性可以理解为是相关性的组成部分。但是，重要性与相关性下的组成部分——预测价值和验证价值并不完全是并列关系。从《财务会计概念公告第 8 号》的行文来看，预测价值和验证价值可以确认是相关性的组成部分，对预测价值和验证价值的描述是在相关性标题之下的；而该文对重要性的描述则是单独以黑体为标题，专门新起一节进行介绍。因此，我们在图 3-2 中，将陈列"重要性"的方框与陈列"预测价值"和"验证价值"的方框有所区别，以体现三者并非并列关系。

为何重要性不是整个会计信息系统进行会计要素确认的门槛呢？在《财务会计概念公告第 8 号》中的结论基础第 3.17 段和 3.18 段进行了较为详尽的阐释：在讨论意见稿和征求意见稿的讨论中，有人建议将重要性作为财务报告的普遍约束条件，理由在于重要性与其他所有的定性质量特征有关。然而，一些征求意见稿的回复意见不赞成这一观点，即不认可重要性是作为一个报告主体进行信息报告的约束条件。他们认为重要性是相关性的一个组成部分，因为不重要的信息就意味着不会对使用者的决策产生影响。最终，《财务会计概念公告第 8 号》采纳了后者的观点，将重要性列至相关性之下，认为重要性是相关性的组成部分。

在《财务会计概念公告第 8 号》中,重要性的定义为:如果信息的省略或错报会影响使用者根据特定报告主体的会计报表采取的经济决策,则信息就具有重要性。

美国财务会计准则委员会(FASB)和国际会计准则理事会(IASB)均认为,重要性是针对某个特定报告主体的,也不会去预先裁定某种特殊的情形是否具有重要性。因此,美国财务会计准则委员会(FASB)和国际会计准则理事会(IASB)都无法就此制定一个统一的量化标准。重要性是一个主体层面的相关的因素,需要依据主体财务报告项目的性质和/或金额来决定。美国财务会计准则委员会(FASB)和国际会计准则理事会(IASB)在制定具体会计准则时,也不会考虑重要性问题。

五、披露框架(Disclosure Framework)(讨论稿)(2012 年)

2012 年 7 月,美国财务会计准则委员会(FASB)发布了《披露框架》(Disclosure Framework)讨论稿(Discussion Paper)。其中提到,报告主体决定是否披露的基本标准有:如果该信息的披露有可能会改变报表使用者向该报告主体提供资源的决策;是否披露有可能影响报表使用者就该主体投资、贷款或其他经济利益作出的评估,进而影响其决策;使用者的决定可能会因其对现金流的评估发生重要改变而改变。因此,报告主体需对使用者现金流预测产生重要影响的金额进行披露。

一方面,在一系列披露清单中,报告主体应评估每项披露的相关性而非自动地包括所有重要的事项。另一方面,披露的相关性与重要性与省略和错报的性质和金额相关。然而,定量要比定性容易考虑。本质上而言,附注中的信息难以评估,因为很多都是定性而非定量的信息。即使附注中的某些信息是定量的,它可能也不会对净利润、净资产或其他任何一个省略和错报可能参考的衡量标准产生等额的影响。因此,重要性不是以净收入或其他衡量标准来确定的。

六、财务表附注——如何评估披露的重要性（征求意见稿）(2015)

2015 年 9 月，美国财务会计准则委员会（FASB）发布了《财务报表附注——如何评估披露的重要性》（Notes to Financial Statements, Assessing Whether Disclosures are Material (Topic 235)）的征求意见稿。此份征求意见稿作为美国财务会计准则委员会（FASB）披露框架（Disclosure Framework）项目组中主体决策程序的一部分，与《财务会计概念公告第 8 号》第 3 章 "有用的财务信息质量特征"（Qualitative Characteristics of Useful Financial Information）的修订征求意见稿一并发布。美国财务会计准则委员会（FASB）于 2018 年 3 月 21 日召开会议，会议决议暂不修订 Topic 235。

披露框架项目的主要目标是提高财务报表附注披露的有效性，将对财务报表使用者最有用的信息清晰地传给投资者，其中包括两个层面：一是美国财务会计准则委员会（FASB）对主体披露信息要求的一致性，二是主体对披露原则的自主掌握。

美国现行的信息披露要求存在问题，如存在主体差异性问题，对某些主体相关的披露要求，而对另一些主体则不相关，又如主体披露的信息过于冗繁。而造成这些问题的原因主要有：对不重要信息的漏报会被审计委员会视为会计差错；主体内控制度有要求其具备自主掌握披露原则的要求；主体担心漏报会给企业带来相关诉讼或美国证券交易委员会（SEC）的问询。因此，与其讨论纠结是否披露的问题，不如直接一并将不重要的信息也披露了。

《财务报表附注——如何评估披露的重要性》（征求意见稿）就如何在附注中披露的重要性判断在以下方面进行了修订：（1）重要性应在定性和定量披露方面进行运用，不仅要披露独立数，还要披露合计数；（2）重要性是一个法律概念；（3）明确说明对不重要信息的遗漏不构成会计差错。

为颁布该征求意见稿，美国财务会计准则委员会（FASB）员工进行了实地调研，发现：（1）在决定报表附注需要提供什么信息时，额外的关于如何合适地考虑重要性或主体特定相关性的解释对于减少或消除不相关披露是有效的；（2）减少不重要信息的数量将提高报表附注的有效性；（3）重要性的判断往往集中于金额的大小，定性的因素很重要，即使在决定披露的重要性时，也要考虑信息的性质。

当前体制中可能会影响主体忽略不重要披露的动机和能力的障碍包括：(1) 需要以错报的形式就忽略不重要披露上报审计委员会的要求；(2) 诉讼问题；(3) 获得信息披露自由裁量权所需的潜在内控变化；(4) 美国证券交易委员会（SEC）可能就忽略这个披露而发出意见函；(5) 进行不重要的披露所需的时间和精力少于忽略这个披露所需的辩护。

美国财务会计准则委员会（FASB）认为虽然删除不重要的披露将需要承受额外的成本和精力，但忽略不重要的披露可以节约报告主体的成本，而此成本的节约将有益于现有的投资者。对于现有和潜在投资者来说，忽略不重要的披露是收益大于成本的，因为重要信息会更加明显不会被不重要的披露所掩盖，所以沟通会更加有效。

七、财务报告概念公告第 8 号第 3 章（2018 修订）

2018 年 8 月，美国财务会计准则委员会（FASB）正式发布了《财务报告概念公告》第 8 号第 3 章"有用的财务信息质量特征"的修订。此次修订并没有对有用的财务信息质量特征层级作出修改，重要性也依然是列于相关性特征之下，修订主要是针对"重要性"定义的修订。

美国财务会计准则委员会（FASB）指出对重要性修订的原因，即为使得重要性的定义与美国证券交易委员会（SEC）、美国公众公司会计监督委员会（Public Company Accounting Oversight Board，简称 PCAOB）、美国注册会计师协会（Institute of Certified Public Accountants，简称 AICPA）和美国法律体系中所使用的重要性的定义一致。

美国财务会计准则委员会（FASB）探讨了是否将重要性界定为一个法律概念。在美国，法律概念可能是通过法规、执行和判决来建立或者修订的。有人提出，美国最高法院作出的重要性的定义是合适的。美国最高法院在证券法的反舞弊条文中，提出了重要性的定义，认为如果对于理性的资源提供者而言，信息的省略或者错报有极大可能会影响根据其所拥有的汇总信息所进行的决策，则该信息就具有重要性。但反对者认为，将重要性作为法律概念将意味着重要性判断只能由法律专业人士来执行，而重要性在会计领域是一个会计概念。此外，美国最高法院对重要性的定义是出于反舞弊的初衷，此初衷与财务报告的目标有所不同。

最终，美国财务会计准则委员会（FASB）决定再次引入已废除的《财务会计概念公告第 2 号》中对重要性的定义。《财务会计概念公告第 2 号》中对重要性的定义与美国最高法院对重要性的定义，以及美国公众公司会计监督委员会（PCAOB）、美国注册会计师协会（AICPA）使用的重要性定义，在实质上是类似的。但是，美国财务会计准则委员会（FASB）也没有完全照搬《财务会计概念公告第 2 号》中对重要性的定义，而是对其中的语言进行了修改，删除了《财务会计概念公告第 2 号》中的部分内容。

最新的重要性的定义为："结合周围的情况，如果财务报告中的某项目被省略或错报的程度可能会改变或影响理性人依赖特定报告主体的财务报告作出的经济决策，则项目具有重要性。"

八、《员工会计公告的法规汇编的 Topic 1 "财务报表" 中的 M 部分》

美国证券交易委员会（SEC）发布的《员工会计公告的法规汇编的 Topic1 "财务报表" 中的 M 部分》（Codification of Staff Accounting Bulletins Topic 1：M）也对重要性问题进行了阐释。该阐释分为两大部分，第一部分为重要性的评估，第二部分为有意的不重要的错报。对重要性的评估过程中，该公告承认了实务中有不少公司和审计师采用定量的"经验法则"，也不反对实务界在初始重要性评估中采用这些方法，但是也提醒实务界不能用定量的经验法则取代所有的相关分析。《员工会计公告的法规汇编的 Topic 1 "财务报表" 中的 M 部分》主要来自《员工会计公告第 99 号"重要性"》（SAB 99）。

该公告再次重申了《财务会计概念公告第 2 号》（1980）和美国最高法院对重要性的各自定义，并强调了重要性的评估需要从定量和定性两方面考虑。公告指出公司和审计师应该从单一项目和合计项目两个方面来衡量重要性，如果一项错报在单一项目层面是重大错误，则它不应当被其他项目错报的效应所抵消。甚至存在一种特殊情况，那就是这个错报在以前各个年度都被认为是不重要的，然而这些错报累积的效果可能在当年看来是重要的。针对有意的、不重要的错报，公告认为无论金额大小，有意的遗漏或错报都应视为是重要的。

该公告指出不反对采用"经验法则"作为评估重要性水平的第一步，但以百分比形式量化的指标只是错报程度重要性分析的开始，不能替代所有相关考量的全面分析。重要性关注的是一个项目对财务报表使用者的重要性。一个理性的人如果有很大的可能性认为一件事重要，那么这件事就是重要的。财务报告中一个项目的省略和错报是重要的：如果在具体的环境下，一个依赖该报告作出判断的理性人有可能因为是否包含或更正该项目而改变或影响其判断。美国最高法院在解释证券法时在重要性的定义里提及了"汇总信息"一词，此定义中的"汇总信息"包括错报的数量或百分比，也包括财务报表使用者使用财务报表项目的事实和背景。

由于只有那些知道所有事实的人才能合理地作出重要性的判断，因此不应该制定通用的重要性水平标准。而且单纯考虑金额的大小，而不考虑该项目的性质和事实不足以作出重要性的判断。重要性的判断必须是定量和定性因素交互作用的结果，相对小金额的错报也可能对财务报表产生重要的影响。

另外，如果该错报是管理层有意而为之，这可能就提供了该错报具有重要性的证据。因为有意图的错报可能会违反证券交易法第13章（b）（2）条款。而当有上述违法行为时，审计师必须调查公司的审计委员会是否被充分告知了该违法行为。因为无论该违法行为是否对公司的财务报表有重要影响，都触发了第10A章（b）（1）条款。第10A章（b）（1）条款陈述的是当公司的财务报表包括错报时，无论该错报产生的影响是否会与其他财务报表项目互相抵消，审计师都将被要求将该违法行为上报至审计委员会。

第二节　国际会计准则理事会发布的与重要性相关的规定

在这一节中，我们回顾了国际会计准则理事会（IASB）及其前身国际会计准则委员会（IASC）发布的与重要性相关的各种财务会计概念公告和实务公告。国际会计准则（IASs）和国际财务报告准则（IFRSs）中所涉及重要性原则应用的条款分析不在此列。

一、编制与列报财务报表的框架（1989）

1989年，国际会计准则理事会（IASB）的前身国际会计准则委员会

（IASC）对外正式发布了《编制与列报财务报表的框架》（Framework for the Preparation and Presentation of Financial Statements）。在该框架中，提出了四个财务报表主要质量特征（Principle Qualitative Characteristics），分别是可理解性、相关性、可靠性和可比性。请参见图3-3中《编制与列报财务报表的框架》（1989）的会计信息质量特征层级。

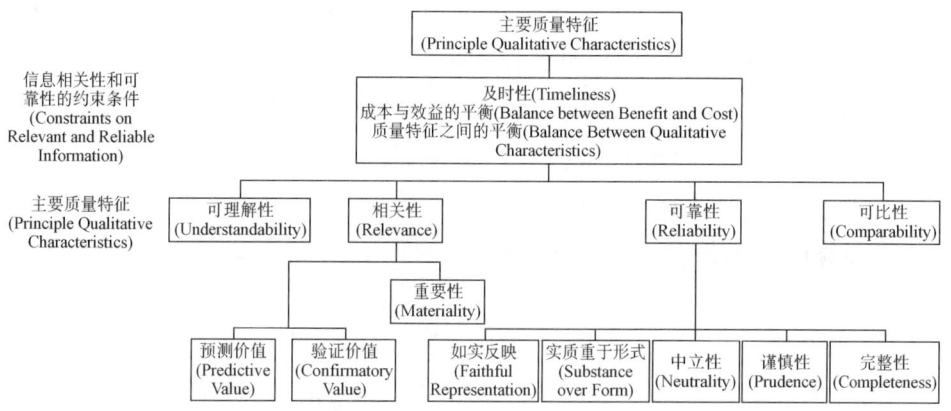

图3-3 国际会计准则理事会（IASB）《编制与列报财务报表的框架》（1989）的质量特征层级

其中，重要性是作为相关性的一个组成部分进行列示的。为什么将重要性置于相关性之下呢？《编制与列报财务报表的框架》（1989）第29段至第30段对重要性进行了说明。第29段指出：会计信息的相关性受到其性质和重要性的影响。在有的情况下，仅仅是信息的性质，就足以决定其具有相关性。例如，公司成立了一个新的分部，如果这个分部的报告影响着对该主体的风险和机会的评估，则无论该分部的财务数据金额大小，都应当予以披露。而在其他一些情况下，需要从所涉项目的性质和重要性两个方面考虑才恰当，如存货项目下的各子类别存货的情况。

《编制与列报财务报表的框架》（1989）第30段对"重要性"进行了定义，其定义为："财务报表某项目的省略或错报会影响使用者据此作出经济决策，该项目具有重要性。"指出重要性取决于在省略或者错报的情况下，项目的大小或者所涉差错的大小。因此，重要性提供的是门槛（Threshold）或者分界点（Cut-off Point）的作用，它不是一项构成有用的财务报告信息的质量特征。

二、财务报告概念框架（2010）

2004 年，国际会计准则理事会（IASB）与美国财务会计准则委员会（FASB）联合设立项目拟修订财务报告概念框架。2010 年，国际会计准则理事会（IASB）和美国财务会计准则委员会（FASB）的合作取得了阶段性成果，完成了涉及概念框架中"通用财务报告的目标"和"有用的财务信息质量特征"两章的修订。请参见图 3-4《财务报告概念框架》（The Conceptual Framework for Financial Reporting）（2010）的质量特征层级，图 3-4 的内容与美国财务会计准则委员会（FASB）2010 年发布的《财务会计概念公告》第 8 号第 3 章的质量特征层级是一致的。

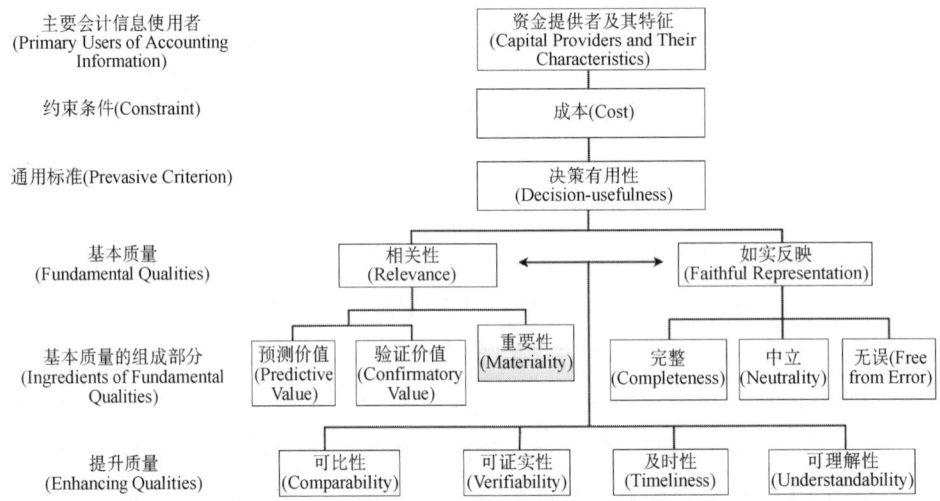

图 3-4　国际会计准则理事会《财务报告概念框架》（2010）的质量特征层级

在这一版的概念框架中，重要性依然作为会计信息质量特征之相关性下的一个组成部分。该框架对重要性的定义为："如果省略或错报信息，将影响使用者基于特定报告主体的财务信息作出的决策，则该信息具有重要性。"

与《编制与列报财务报表的框架》（1989）相比，《财务报告概念框架》（2010）中对重要性的定义，更加强调重要性的个体层面特性（Entity-specific）。在结论基础部分，该框架提出虽然重要性是普遍存在的，贯穿财务报告全过程，但不认可重要性是财务报告编制的一个约束条件。《财务报告概念框架》（2010）认为重要性是相关性的个体层面特性，需要考虑信息的性质和金额，但是它并没有一个明确的界限,需要根据特定主体的特定环境来确定。由于必须考虑特定主体的具体情况,重要性并不是一项独立的质量特征,对主体报告信息并没有约束或限制作用。

三、国际财务报告准则实务公告第 2 号：就重要性作出判断（2017）

为了进一步提高财务报告的质量,国际会计准则理事会（IASB）启动了"披露动议"（Disclosure Initiative）,该动议于 2013 年 1 月由财务报告论坛（Discussion Forum on Disclosure in Financial Reporting）提出。研究项目层面包括两个项目,一是披露原则项目（Principles of Disclosure）,该项目旨在识别和发展一套可以在准则层面应用的披露原则；二是准则层面披露评价（Standards - level Review of Disclosures）,旨在建立一套可以在准则制定方面应用的披露指南。

2013 年,国际会计准则理事会（IASB）根据关于财务报告披露的讨论会以及来自其他方面的相关调查得知：重要性应用的贫乏造成财务报表中出现过多的不相关信息,而相关信息提供不足。根据这种反馈,国际会计准则理事会（IASB）决定开始"重要性项目",于是 2014 年"重要性项目"被添加到"披露动议"中,成为"披露动议"的执行层面项目。国际会计准则理事会（IASB）开始制定指导重要性在财务报表中应用的实务公告的研究工作。"重要性项目"的目标是帮助管理人员运用重要性概念,以编制出与国际财务报告准则相一致的通用财务报表,并促使审计人员、监管当局运用重要性概念作出判断,以便使财务报表更容易理解。

国际会计准则理事会（IASB）于 2015 年发布了《实务公告：重要性在财务报表中的应用》（Practice Statement：Application of Materiality to Financial Statements）征求意见稿,主要目的在于解释和举例说明重要性概念,并且帮助财务报表编制人员运用重要性概念。征求意见回复已于 2016 年 2 月 26 日截止。国际会计准则理事会（IASB）根据收集到的意见反馈,对征求意见稿进行了修改,于 2017 年 9 月发布最终的指南——《国际财务报告准则实务公告第 2 号：就重要性作出判断》（IFRS Practice Statement 2：Making Materiality Judgements）,该实务公告于 2017 年 9 月 14 日起实施。

《国际财务报告准则实务公告第 2 号：就重要性作出判断》是一份非强制性

指引，旨在协助报告主体按照国际财务报告准则在编制通用目的财务报表过程中作出重要性判断。

《国际财务报告准则实务公告第 2 号：就重要性作出判断》对重要性的一般特征进行了描述，指出对重要性判断的需求在编制财务报表中普遍存在。主体在作出确认、计量、列报和披露时都需要进行重要性判断。在进行重要性判断时，主体需要考虑信息会合理预期对其财务报表的主要使用者产生的影响。在进行重要性判断时，主体不应考虑该信息是否可以从其他公开来源获取。此外，主体所作的重要性判断也不应受到当地法律法规的影响而使得信息少于国际财务报告准则的要求。

《国际财务报告准则实务公告第 2 号：就重要性作出判断》提供了主体在编制财务报表中进行重要性判断的"四步法"：第一步为识别，识别可能重要的信息；第二步为评估，评估第一步中识别出的信息是否确实重要；第三步为组织，在财务报表草稿中组织信息，以便将信息清晰简明地传达给主要使用者；第四步为复核，复核财务报表草稿，在完整财务报表的基础上确定是否已识别出所有重要的信息。在第二步中，《国际财务报告准则实务公告第 2 号：就重要性作出判断》指出了主体在进行重要性判断时应考虑的因素，这些因素可以分为两大类，一是定量因素，二是定性因素。其中定量因素包括收入、利润、财务状况比率、现金流量等指标；定性因素包括主体所特有的因素，如关联方的参与、是偶发还是常规化的交易、是否会导致财务报表的金额发生意外的变动趋势等，也包括主体所处的外部的因素，如地理位置和行业情况等。该实务公告认为重要性因素之间没有等级之分，但为了更高效地进行重要性判断，可以先从定量评估的角度开始。

进行重要性判断的"四步法"如图 3-5 所示。

《国际财务报告准则实务公告第 2 号：就重要性作出判断》（2017）还提供了在一些特定情况下，如何进行重要性判断的指引，如在前期信息、会计差错和契约限制条款下如何进行重要性判断，以及如何针对中期报告来进行重要性判断。

四、财务报告概念框架（2018）

2018 年 3 月，国际会计准则理事会（IASB）发布了新修订的财务报告概念

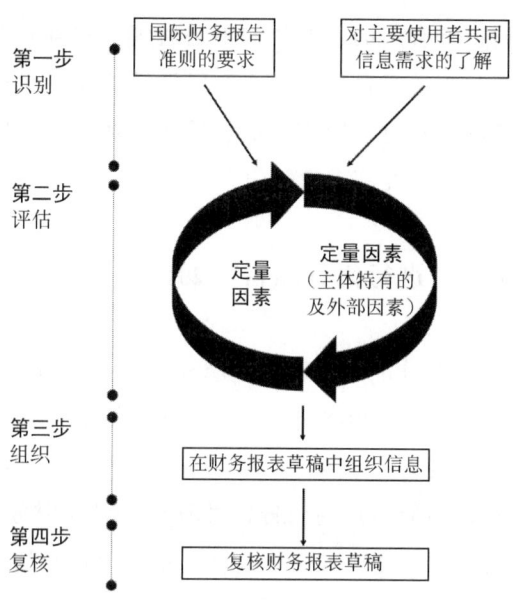

图 3-5 《国际财务报告准则实务公告第 2 号：就重要性作出判断》
(2017) 中进行重要性判断的"四步法"

框架。在对有用的财务信息的质量特征进行描述时，该版本并没有对《财务报告概念框架》(2010) 中的信息质量特征做大幅修改，只是更加明晰了谨慎性 (Prudence)、计量不确定 (Measurement Uncertainty) 和实质重于形式 (Substance over Form) 的概念。

其中，重要性依然是作为相关性的一个组成部分进行列示。在该版本概念框架中，国际会计准则理事会 (IASB) 略微修改了重要性的定义。新的定义为："财务报表某项目的省略或错报会影响通用财务报告目标的主要使用者据此作出有关特定主体的经济决策，该项目具有重要性。"

与《财务报告概念框架》(2010) 相比，《财务报告概念框架》(2018) 中的重要性定义使用了"主要使用者"(Primary Users) 一词。这一变动并非专门针对"重要性"的定义而作出的，而是因为《财务报告概念框架》(2018) 在描述财务报告目标时，缩小了使用者 (Users) 的范围。国际会计准则理事会 (IASB) 将潜在投资者、出借人和其他债权人定位为通用目的的财务报告的主要使用者，通用目的的财务报告的目标是满足这些主要使用者的决策信息需求。他们的决策包括买卖或持有权益工具和债务工具，提供或收回贷款及其他形式的信贷等。至于其他使用者，如证券市场监管部门、公众等，他们可能会发现通用财务报告对他们也是有用的，但他们不是通用目的财务报告的基本服务对象。此外，财务报表是为具有合理的商业和经济活动知识并且勤勉地审阅和分析信息的用户所准备的。有时，即使是消息灵通且勤奋的用户也可能需要寻求顾问的帮助来了解有关复杂经济现象的信息。

五、对重要性定义进行修订项目（2018）

在2018年3月国际会计准则理事会（IASB）发布的财务报告概念框架中使用了新的重要性定义后不久，2018年10月，国际会计准则理事会（IASB）又发布了名为《重要性的定义：对IAS 1 和IAS 8 的修订》（Definition of Material Amendments to IAS 1 and IAS 8）的公告，对IAS No.1（财务报表列报）和IAS No.8（会计政策、会计估计变更和会计差错更正）中提及的重要性的定义进行了修订。此修订适用于2020年1月1日及以后会计期间，允许提前采用。新定义为："如果能够合理预期某项目被省略、错报或模糊可能影响通用目的财务报表的主要使用者根据某特定报告主体提供的含有财务信息的财务报表作出的经济决策，则该项目具有重要性。"

相较《财务报告概念框架》（2018）中使用的重要性定义，新的定义有如下更新之处：

其一，新定义使用了"合理预期可能影响"（could reasonably be expected to influence）的表达，取代了原定义中的"可能影响"（could influence）。国际会计准则理事会（IASB）认为原定义中的"可能影响"有可能被理解为要求提供过多信息，因为毕竟几乎任何信息都可能影响某些使用者的决策，哪怕影响的可能性极小。而"合理预期可能影响"一词会减少这种可能性的滥用情况。然而，国际会计准则理事会（IASB）认为没有必要再对"合理预期"一词作出解释。

其二，新定义中增加了"模糊"（obscure）一词。原定义中仅提到了信息的被省略和错报，而没有提及包含不重要的信息的这种情形。国际会计准则理事会（IASB）认为把重要的信息模糊化，也会导致类似于信息省略和错报造成的后果。国际会计准则理事会（IASB）列举出了可能使重要信息变得模糊的五种方式：（1）虽然披露了关于重要项目、交易或其他事项，但语言表述含糊；（2）关于重要项目、交易或其他事项的信息分散在财务报表的不同部分；（3）不具有相似性的项目、交易或其他事项被不当地加以汇集；（4）相似的项目、交易或其他事项被不当地分解；（5）若重要信息被不重要的信息所隐藏，从而导致主要使用者无法确定哪些信息是重要的。

其三，在术语使用上，为了与国际财务报告准则中使用的表达一致，新定义中又重新使用"财务报表"（Financial Statements）代替了"财务报告"（Financial Reporting）。

在此，我们可以列举和对比美国财务会计准则委员会（FASB）和国际会计准则理事会（IASB）对重要性的定义的演进。我们在表 3-2 中列示了这两个全球知名的会计准则制定机构所作的重要性定义的英文原文和中文译文。

表 3-2　美国财务会计准则委员会（FASB）和国际会计准则理事会（IASB）对重要性的定义的演进

	规定	重要性定义的英文原文	重要性定义的中文译文
美国财务会计准则委员会（FASB）	财务会计概念公告第 2 号（1982）	The magnitude of an omission or misstatement of accounting information that, in the light of surrounding circumstances, makes it probable that the judgment of a reasonable person relying on the information would have been changed or influenced by the omission or misstatement.	如果结合周围的情况，某项目的省略或错报的程度有可能改变或影响一位理性人依赖该信息所作的判断，则该会计信息的遗漏或错报是重要的
	财务会计概念公告第 8 号第 3 章（2010）	Information is material if omitting it or misstating it could influence decisions that users make on the basis of the financial information of a specific reporting entity.	如果信息的省略或错报会影响使用者根据特定报告主体的会计报表采取的经济决策，则信息就具有重要性
	财务会计概念公告第 8 号第 3 章（2018 修订）	The omission or misstatement of an item in a financial report is material if, in light of surrounding circumstances, the magnitude of the item is such that it is probable that the judgment of a reasonable person relying upon the report would have been changed or influenced by the inclusion or correction of the item.	结合周围的情况，如果财务报告中的某项目被省略或错报的程度可能会改变或影响理性人依赖特定报告主体的财务报告作出的经济决策，则项目具有重要性

续表

	规定	重要性定义的英文原文	重要性定义的中文译文
国际会计准则理事会（IASB）	编制与列报财务报表的框架（1989）	Information is material if its omission or misstatement could influence the economic decisions of users taken on the basis of the financial statements.	财务报表某项目的省略或错报会影响使用者据此作出经济决策，该项目具有重要性
	财务报告概念框架（2010）	Information is material if omitting it or misstating it could influence decisions that users make on the basis of financial information about a specific reporting entity.	如果省略或错报信息，将影响使用者基于特定报告主体的财务信息作出的决策，则该信息具有重要性
	财务报告概念框架（2018）	Information is material if omitting it or misstating it could influence decisions that the primary users of general purpose financial reports make on the basis of financial information about a specific reporting entity.	财务报表某项目的省略或错报会影响通用财务报告目标的主要使用者据此作出有关特定主体的经济决策，该项目具有重要性
	重要性的定义：对IAS 1 和 IAS 8 的修订（2018）	Information is material if omitting, misstating or obscuring it could reasonably be expected to influence the decisions that the primary users of general purpose financial statements make on the basis of those financial statements, which provide financial information about a specific reporting entity.	如果能够合理预期某项目被省略、错报或模糊可能影响通用目的财务报表的主要使用者根据某特定报告主体提供的含有财务信息的财务报表作出的经济决策，则该项目具有重要性

第三节　中国准则制定机构以及上市公司监管机构发布的与重要性相关的规定

在进行回顾之前，我们需要说明的是，进行重要性判断是人类思维的基本方式，即使某个国家的会计准则中没有概念框架，会计准则中没有对重要性进行定义，也不代表会计实务中没有重要性原则的运用。从历史上看，我国早在秦国和秦王朝就重视确立在财务计算方面的规范，在计算和记录方面，已经体现出了重要性原则的思想。在秦国，凡是会计账目处理有误，超过了所规定的限度，以及对账目注销不当等，都应视差错数额大小依律处罚（郭道扬，2008）。

在这一节中，我们仅回顾近二十年来，我国出台的会计准则中对重要性的定义和说明。与本章前两节不同的是，我们在这一节中还对我国企业会计准则中涉及重要性原则应用的具体条文进行了整理，并列举了现行上市公司监管机构发布的披露指引中与重要性相关的规定。

一、企业会计准则（1993）

1993年起在中国实施的《企业会计准则（基本准则）》，以法律条文式规范了会计准则的基本概念。《企业会计准则（基本准则）》（1993）的相对地位类似西方国家准则制定机构的财务会计概念框架。《企业会计准则（基本准则）》第二章"一般原则"第二十一条中指出："财务报告应当全面反映企业的财务状况和经营成果。对于重要的经济业务，应当单独反映。"吴水澎（2000）理解认为，《企业会计准则（基本准则）》（1993）所建构的概念框架里的会计信息的特征如下：如实反映、有用性、可比性、一致性、及时性、明晰性、谨慎性、完整性和重要性等九个。

《企业会计准则（基本准则）》（1993）在财务报表附注披露的规定中也体现了重要性原则的应用。在第九章"财务报告"第六十四条中指出："会计报表附注是为了帮助理解会计报表的内容而对报表的有关项目等所作的解释，其内容主要包括：……会计报表中有关重要项目的明细资料……"

然而，《企业会计准则（基本准则）》（1993）并没有对重要性作出定义，更缺少对重要性概念运用的阐释。在20世纪90年代初，《企业会计准则（基本准则）》（1993）最重要的作用是起到了一种解放思想的功效，在一段时间内并没有给当时的会计实务带来很大的触动（葛家澍和杜兴强，2003）。

随后，财政部在1997~2001年间，陆续出台了16个具体会计准则，其中一些准则也体现了重要性原则的运用。例如，《会计政策、会计估计变更和会计差错更正》中指出："重大会计差错指企业发现的使公布的会计报表不再具有可靠性的会计差错。"再例如，《关联方关系及其交易的披露》指出："对企业财务状况和经营成果有影响的关联方交易，如果属于重大交易（主要指交易金额较大的，如销售给关联方产品的销售收入占本企业销售收入10%及以上），应当分别按照关联方以及交易类型披露。如果属于非重大交易，类型相同的非重大交易可以合并披露，但以不影响会计报表阅读者正确理解企业财务状况、经营成果为前提。"

二、企业会计制度（2001）

2001年开始实施的《企业会计制度》对重要性原则的运用作出规定。第一章"总则"第十三条指出，"企业的会计核算应当遵循重要性原则的要求，在会计核算过程中对交易或事项应当区别其重要程度，采用不同的核算方式。对资产、负债、损益等有较大影响，并进而影响财务会计报告使用者据以作出合理判断的重要会计事项，必须按照规定的会计方法和程序进行处理，并在财务会计报告中予以充分、准确地披露；对于次要的会计事项，在不影响会计信息真实性和不至于误导财务会计报告使用者作出正确判断的前提下，可适当简化处理。"

《企业会计制度》（2001）的具体要求也体现了对重要性概念的运用。

例如，第二章"资产"第二十五条指出："固定资产，是指企业使用期限超过1年的房屋、建筑物、机器、机械、运输工具以及其他与生产、经营有关的设备、器具、工具等。不属于生产经营主要设备的物品，单位价值在2000元以上，并且使用年限超过2年的，也应当作为固定资产。"此条文规范可视为间接规定了划分收益性支出与资本性支出的重要性水平的金额标准，是重要性原则在初始确认的应用。

例如,第二章"资产"第五十二条指出:"企业在运用短期投资成本与市价孰低时,可以根据其具体情况,分别采用按投资总体、投资类别或单项投资计提跌价准备,如果某项短期投资比较重大(如占整个短期投资10%及以上),应按单项投资为基础计算并确定计提的跌价准备。"

例如,第十章"会计调整"第一百三十三条指出:"重大会计差错,是指企业发现的使公布的会计报表不再具有可靠性的会计差错。重大会计差错一般是指金额比较大,通常某项交易或事项的金额占该类交易或事项的金额10%及以上,则认为金额比较大。"上述两条规定都采用了百分比明线规则(Bright-line Rule)来确定重要性水平,是重要性原则在确认和计量中的应用。

在列报和披露中,《企业会计制度》(2001)同样有体现对重要性概念的运用。

例如,第五章"收入"第九十八条中指出:"企业的收入,应当按照重要性原则,在利润表中反映。"

例如,第十三章"财务会计报告"第一百五十五条指出:"会计报表附注至少应当包括下列内容:……重要会计政策和会计估计的说明;重要会计政策和会计估计变更的说明;……重要资产转让及其出售的说明;……会计报表中重要项目的明细资料。"

综上可见,《企业会计制度》(2001)没有对重要性进行定义,但对重要性原则的运用做了简单的指引。此外,在重要性水平的确定上,《企业会计制度》(2001)多次采用了明线规则的划分方法。明线规则的划分方法清晰、简单、可操作性强,也符合21世纪初我们会计实务界的国情。

三、企业会计准则(2006)

为了适应我国企业和资本市场发展的实际需要,实现我国企业会计准则与国际财务报告准则的趋同,我国于2006年发布企业会计准则基本准则和若干具体准则。该准则体系历经十余年,不断修订,成为我国企业进行账务处理和编制财务报告时所依据的重要法规。我们将梳理我国企业会计准则体系中基本准则、具体准则及其应用指南对重要性作出的规定。

（一）重要性的定义

《企业会计准则——基本准则》（2014修订）第二章"会计信息质量要求"指出了会计信息质量包括可靠性、相关性、可理解性、可比性、实质重于形式、重要性、谨慎性和及时性等。其中，第十七条中指出："企业提供的会计信息应当反映与企业财务状况、经营成果和现金流量等有关的所有重要交易或者事项。"《企业会计准则——基本准则》（2014修订）没有对重要性作出定义，也没有说明重要性与其他会计信息质量特征的层级关系。

《企业会计准则讲解》（2010）明确了会计信息质量要求的层级关系。会计信息质量要求包括可靠性、相关性、可理解性、可比性、实质重于形式、重要性、谨慎性和及时性等。其中，可靠性、相关性、可理解性、可比性是会计信息特征的首要质量要求；实质重于形式、重要性、谨慎性和及时性是会计信息特征的次级质量要求。参见图3-6《企业会计准则讲解》（2010）中的会计信息质量要求层级。

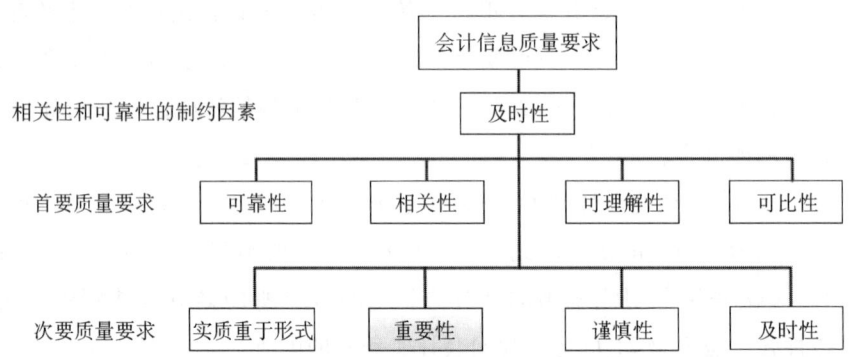

图3-6　《企业会计准则讲解》（2010）中的会计信息质量要求层级

《企业会计准则第30号——财务报表列报》（2014修订）第二章"基本要求"第十条指出："重要性，是指在合理预期下，财务报表某项目的省略或错报会影响使用者据此作出经济决策的，该项目具有重要性。"

（二）对重要性判断的总体说明

《企业会计准则第30号——财务报表列报》（2014修订）第二章"基本要求"第十条对如何进行重要性判断进行了规范："重要性应当根据企业所处的具体环境，从项目的性质和金额两方面予以判断，且对各项目重要性的判断标准一经确定,不得随意变更。判断项目性质的重要性,应当考虑该项目在性质上是否属于企业日常活动、是否显著影响企业的财务状况、经营成果和现金流量等因素;判断项目金额大小的重要性,应当考虑该项目金额占资产总额、负债总额、所有者权益总额、营业收入总额、营业成本总额、净利润、综合收益总额等直接相关项目金额的比重或所属报表单列项目金额的比重。"

(三) 重要性在确认和计量中的运用

若干具体企业会计准则及其应用指南在对会计确认和计量进行规范中,也指出需要运用重要性原则。

具体企业会计准则及其应用指南认为项目的金额大小导致的重要性影响程度的不同,因此,在确认和计量上可以分情况处理。在行文中,通常直接明示,企业在确认和计量时,如果涉及项目金额较大应当如何进行账务处理,金额较小应当如何进行账务处理。

例如,《企业会计准则第1号——存货》(2006)的应用指南中指出:"企业(商品流通)在采购商品过程中发生的运输费、装卸费、保险费以及其他可归属于存货采购成本的费用等进货费用,应当计入存货采购成本,也可以先进行归集,期末根据所购商品的存销情况进行分摊……企业采购商品的进货费用金额较小的,可以在发生时直接计入当期损益。"

《企业会计准则讲解》(2010)中对重要性的运用进行讲解时,举例道:"企业发生的某些支出,金额较小的,从支出收益期来看,可能需要在若干会计期间进行分摊,但根据重要性要求,可以一次计入当期损益。"

《企业会计准则第22号——金融工具确认和计量》(2006)(已废除)第四十三条指出:"对单项金额重大的金融资产应当单独进行减值测试,如有客观证据表明其已发生减值,应当确认减值损失,计入当期损益。对单项金额不重大的金融资产,可以单独进行减值测试,或包括在具有类似信用风险特征的金融资产组合中进行减值测试。"

《企业会计准则解释第1号》(2007)指出:"经营租赁中出租人发生的初始直接费用,是指在租赁谈判和签订租赁合同过程中发生的可归属于租赁项目的手续费、律师费、差旅费、印花税等,应当计入当期损益;金额较大的应当资本化,在整个经营租赁期间内按照与确认租金收入相同的基础分期计入当期损益。"(此条已不适用)

此外，我国财政部发布的《企业产品成本核算制度（试行）》（2013）中也有类似的规定。第二十四条提到："采购费，是指运杂费、装卸费、保险费、仓储费、整理费、合理损耗以及其他可归属于商品采购成本的费用。采购费金额较小的，可以在发生时直接计入当期销售费用。"第四十一条提到："批发零售企业发生的进货成本、相关税金直接计入成本核算对象成本；发生的采购费，可以结合经营管理特点，按照合理的方法分配计入成本核算对象成本。采购费金额较小的，可以在发生时直接计入当期销售费用。"

具体企业会计准则及其应用指南指出企业在进行会计政策选择，作出会计估计时需要遵循重要性原则，举例如下：

例如，《企业会计准则第 2 号——长期股权投资》应用指南（2014）指出："企业合并前合并方与被合并方采用的会计政策不同的，应基于重要性原则，统一合并方与被合并方的会计政策。"

《企业会计准则第 4 号——固定资产》（2006）第十九条指出："与固定资产有关的经济利益预期实现方式有重大改变的，应当改变固定资产折旧方法。"

《企业会计准则第 8 号——资产减值》（2006）应用指南规定："企业应当在资产负债表日判断资产是否存在可能发生减值的迹象。资产存在减值迹象的，应当进行减值测试，估计资产的可收回金额。在估计资产可收回金额时，应当遵循重要性要求。"

《企业会计准则第 28 号——会计政策、会计估计变更和差错更正》（2006）第四章"前期差错更正"第十二条指出："企业应当采用追溯重述法更正重要的前期差错，但确定前期差错累积影响数不切实可行的除外。"

《企业会计准则第 39 号——公允价值计量》（2014）第七章"公允价值层次"第二十四条指出："公允价值计量结果所属的层次，由对公允价值计量整体而言具有重要意义的输入值所属的最低层次决定。企业应当在考虑相关资产或负债特征的基础上判断所使用的输入值是否重要。"

（四）重要性在列报与披露中的运用

在列报和披露中，有较多的具体准则及应用指南体现出了重要性概念的运用。

例如，《企业会计准则第 30 号——财务报表列报》（2014 修订）第二章"基本要求"第九条指出："性质或功能不同的项目，应当在财务报表中单独列报,但不具有重要性的项目除外。性质或功能类似的项目,其所属类别具有重要性的,应当按其类别在财务报表中单独列报。某些项目的重要性程度不足以在资产负债表、利润表、现金流量表或所有者权益变动表中单独列示,但对附注却具有重要性,则应当在附注中单独披露。"第十一条指出:"财务报表中的资产项目和负债项目的金额、收入项目和费用项目的金额、直接计入当期利润的利得项目和损失项目的金额不得相互抵销,但其他会计准则另有规定的除外。一组类似交易形成的利得和损失应当以净额列示,但具有重要性的除外。资产或负债项目按扣除备抵项目后的净额列示,不属于抵销。非日常活动产生的利得和损失,以同一交易形成的收益扣减相关费用后的净额列示更能反映交易实质的,不属于抵销。"

《企业会计准则第30号——财务报表列报》(2014修订)第六章"附注"第三十九条指出:"重要会计政策的说明,包括财务报表项目的计量基础和在运用会计政策过程中所做的重要判断等。重要会计估计的说明,包括可能导致下一个会计期间内资产、负债账面价值重大调整的会计估计的确定依据等。企业应当披露采用的重要会计政策和会计估计,并结合企业的具体实际披露其重要会计政策的确定依据和财务报表项目的计量基础,及其会计估计所采用的关键假设和不确定因素……企业应当按照资产负债表、利润表、现金流量表、所有者权益变动表及其项目列示的顺序,对报表重要项目的说明采用文字和数字描述相结合的方式进行披露。报表重要项目的明细金额合计,应当与报表项目金额相衔接。"

《企业会计准则第30号——财务报表列报》应用指南(2014)则更详尽地阐释了重要性原则在列报和披露中的应用。"关于项目在财务报表中是单独列报还是汇总列报,应当依据重要性原则来判断。总的原则是,如果某项目单个看不具有重要性,则可将其与其他项目汇总列报;如具有重要性,则应当单独列报。企业应当遵循如下规定:(1)性质或功能不同的项目,一般应当在财务报表中单独列报,但是不具有重要性的项目可以汇总列报。比如,存货和固定资产在性质上和功能上都有本质差别,必须分别在资产负债表上单独列报。(2)性质或功能类似的项目,一般可以汇总列报,但是对其具有重要性的类别应该单独列报。比如,原材料、低值易耗品等项目在性质上类似,均通过生产过程形成企业的产品存货,因此可以汇总列报,汇总之后的类别统称为'存货'在资产负债表上单独列报。(3)项目单独列报的原则不仅适用于报表,还适用于附注。某些项目的重要性程度不足以在资产负债表、利润表、现金流量表或所有者权益变动表中单独列示，但对附注却具有重要性，在这种情况下应当在附注中单独披露。比如，对某制造业企业而言，原材料、在产品、库存商品等项目的重要性程度不足以在资产负债表上单独列示，因此在资产负债表上汇总列示，但是鉴于其对该制造业企业的重要性，应当在附注中单独披露。（4）本准则规定在财务报表中单独列报的项目，企业应当单独列报。其他会计准则规定单独列报的项目，企业应当增加单独列报项目。"

《企业会计准则第 30 号——财务报表列报》应用指南（2014）还指出："重要性是判断财务报表项目是否单独列报的重要标准……财务报表项目应当以总额列报，资产和负债、收入和费用、直接计入当期利润的利得项目和损失项目的金额不能相互抵销，即不得以净额列报，但企业会计准则另有规定的除外。比如，企业欠客户的应付款不得与其他客户欠本企业的应收款相抵销，否则就掩盖了交易的实质。再如，收入和费用反映了企业投入和产出之间的关系，是企业经营成果的两个方面，为了更好地反映经济交易的实质、考核企业经营管理水平以及预测企业未来现金流量，收入和费用不得相互抵销。本准则规定以下三种情况不属于抵销：（1）一组类似交易形成的利得和损失以净额列示的，不属于抵销。例如，汇兑损益应当以净额列报，为交易目的而持有的金融工具形成的利得和损失应当以净额列报。但是，如果相关的利得和损失具有重要性，则应当单独列报。（2）资产或负债项目按扣除备抵项目后的净额列示，不属于抵销。例如，资产计提的减值准备，实质上意味着资产的价值确实发生了减损，资产项目应当按扣除减值准备后的净额列示，这样才反映了资产当时的真实价值。（3）非日常活动产生的利得和损失，以同一交易形成的收益扣减相关费用后的净额列示更能反映交易实质的，不属于抵销。非日常活动并非企业主要的业务，非日常活动产生的损益以收入扣减费用后的净额列示，更能有利于报表使用者的理解。例如，非流动资产处置形成的利得或损失，应当按处置收入扣除该资产的账面金额和相关销售费用后的净额列报。"

此外，若干具体会计准则指出特定会计问题下，主体在编制财务报告过程中，进行列报和披露时应应用重要性原则。

例如，《企业会计准则第 35 号——分部报告》（2006）第二章"报告分部的确定"第八条指出："企业应当以业务分部或地区分部为基础确定报告分部。业务分部或地区分部的大部分收入是对外交易收入，且满足下列条件之一的，应当将其确定为报告分部：（一）该分部的分部收入占所有分部收入合计的10%或者以上。（二）该分部的分部利润（亏损）的绝对额，占所有盈利分部利润合计额或者所有亏损分部亏损合计额的绝对额两者中较大者的10%或者以上。（三）该分部的分部资产占所有分部资产合计额的10%或者以上。"

《企业会计准则第37号——金融工具列报》（2017）第一章"总则"第二条指出："金融工具列报的信息，应当有助于财务报表使用者了解企业所发行金融工具的分类、计量和列报的情况，以及企业所持有的金融资产和承担的金融负债的情况，并就金融工具对企业财务状况和经营成果影响的重要程度、金融工具使企业在报告期间和期末所面临风险的性质和程度，以及企业如何管理这些风险作出合理评价。"

《企业会计准则第37号——金融工具列报》（2014）第六章"金融工具对财务状况和经营成果影响的列报"第三十八条指出："企业应当根据自身实际情况，按照本准则要求，合理确定列报金融工具的详细程度，既不应列报大量过于详细的信息从而掩盖了真正重要的信息，也不得列报过于汇总的信息从而难以区分各项交易或相关风险之间的重要差异。"

《企业会计准则第39号——公允价值计量》（2014）第十一章"公允价值披露"第四十五条指出："企业应当披露公允价值计量中使用的重要的、可合理取得的不可观察输入值的量化信息。"

《企业会计准则第41号——在其他主体中权益的披露》（2014）第三章"在子公司中权益的披露"第八条中指出："企业应当在合并财务报表附注中披露企业集团的构成，包括子公司的名称、主要经营地及注册地、业务性质、企业的持股比例（或类似权益比例，下同）等。子公司少数股东持有的权益对企业集团重要的，企业还应当在合并财务报表附注中披露下列信息：……"第四章"在合营安排或联营企业中权益的披露"第十四条指出："存在重要的合营安排或联营企业的，企业应当披露下列信息：……"第十五条指出："对于重要的合营企业或联营企业，企业除了应当按照本准则第十四条披露相关信息外，还应当披露……"第十六条指出："企业在单个合营企业或联营企业中的权益不重要的，应当分别就合营企业和联营企业两类披露下列信息……"

（五）重要性在中期财务报告中的运用

中期财务报告所涉及的会计期间短于一个会计年度，因此，与年度报告相比，有一些特殊性。

《企业会计准则第 32 号——中期财务报告》（2006）专门针对重要性在中期报告中的运用作出了特别规定。《企业会计准则第 32 号——中期财务报告》（2006）第二章"中期财务报告的内容"第九条指出："企业在确认、计量和报告各中期财务报表项目时，对项目重要性程度的判断，应当以中期财务数据为基础，不应以年度财务数据为基础。中期会计计量与年度财务数据相比，可在更大程度上依赖于估计，但是，企业应当确保所提供的中期财务报告包括了相关的重要信息。"第七条指出："中期财务报告中的附注应当以年初至本中期末为基础编制，披露自上年度资产负债表日之后发生的，有助于理解企业财务状况、经营成果和现金流量变化情况的重要交易或者事项。"

四、上市公司监管机构发布的与重要性相关的规定

为了规范发行人、上市公司及其他信息披露义务人的信息披露行为，加强信息披露事务管理，保护投资者合法权益，中国证券监督管理委员会，上海证券交易所和深圳证券交易所也发布了若干与重要性原则运用有关的规定，这些规定主要运用于监管上市公司信息列示和披露。

例如，我国《证券法》（2014 年第十二届全国人民代表大会常务委员会第十次会议通过）（2014 年修订）第六十七条规定："发生可能对上市公司股票交易价格产生较大影响的重大事件，投资者尚未得知时，上市公司应当立即将有关该重大事件的情况向国务院证券监督管理机构和证券交易所报送临时报告，并予公告，说明事件的起因、目前的状态和可能产生的法律后果。"随后，第六十七条对这些重大事件进行了列举，例如公司的重大投资行为和重大的购置财产的决定、公司发生重大债务和未能清偿到期重大债务的违约情况、公司发生重大亏损或者重大损失等。虽然《证券法》（2014 年修订）使用的是"重大"而非"重要"这一词条，但我们认为这是该法规对上市公司应进行披露的重要事项的定性判断的指引。

中国证券监督管理委员会发布的《公开发行证券的公司信息披露编报规则第 15 号——财务报告的一般规定》（2014 年证监会公告第 54 号）（2014 年修订）第三条指出："凡对投资者进行投资决策有重要影响的财务信息，不论本规则是否有明确规定，公司均应充分披露。"由此可见，中国证券监督管理委员

会认为重要性的判断是站在投资者的角度，检查信息是否对投资者进行决策产生影响。第四条规定："公司在编制和披露财务报告时应遵循重要性原则，并根据实际情况从性质和金额两方面判断重要性。"该规定还对重要的税收优惠政策及依据、重要的应收款项、重要的预付款、重要的逾期应收利息、重要在建工程项目、重要的逾期借款、重要的应付账款、重要的逾期未付利息、重要的超过1年未支付的应付股利、重要的预计负债、重要的合营企业或联营企业、重要会计差错更正、重要的债务重组、重要资产置换、重要资产转让及出售等问题的披露作出了要求。但是《公开发行证券的公司信息披露编报规则第15号——财务报告的一般规定》没有对如何进行重要性判断作出指引。

中国证券监督委员会、上海证券交易所和深圳证券交易所对上市公司关联交易事项、对外担保事项、诉讼事项、控股和参股公司、重大合同及其履行情况、行业信息等披露作出了较为细致的规定。其中，相当部分规定采用的是明线规则。

例如，《公开发行证券的公司信息披露内容与格式准则第3号——半年度报告的内容与格式》（2017年证监会公告第18号）（2017年修订）第三十八条指出："公司应当披露报告期内发生的重大关联交易事项。若对于某一关联方，报告期内累计关联交易总额高于3000万元（创业板公司披露标准为1000万元）且占公司最近一期经审计净资产值5%以上，应按照以下发生关联交易的不同类型分别披露……"

《公开发行证券的公司信息披露编报规则第26号——商业银行信息披露特别规定》（2014年证监会公告第3号）（2014年修订）第二十条指出："商业银行发生的股权投资、收购和出售资产等事项，单笔金额超过经审计的上一年度合并财务报表中归属于本行股东的净资产金额5%或单笔金额超过20亿元的，公司应及时公告。商业银行发生的资产和设备采购事项，单笔金额超过经审计的上一年度合并财务报表中归属于本行股东的净资产金额1%的，公司应及时公告。"

上海证券交易所发布的《上海证券交易所股票上市规则》（2018年修订）9.2条提出："上市公司发生的交易（提供担保除外）达到下列标准之一的，应当及时披露：（一）交易涉及的资产总额（同时存在账面值和评估值的，以高者为准）占上市公司最近一期经审计总资产的10%以上；（二）交易的成交金额（包括承担的债务和费用）占上市公司最近一期经审计净资产的10%以上，且绝对金额超过 1000 万元；（三）交易产生的利润占上市公司最近一个会计年度经审计净利润的 10% 以上，且绝对金额超过 100 万元；（四）交易标的（如股权）在最近一个会计年度相关的营业收入占上市公司最近一个会计年度经审计营业收入的 10% 以上，且绝对金额超过 1000 万元；（五）交易标的（如股权）在最近一个会计年度相关的净利润占上市公司最近一个会计年度经审计净利润的 10% 以上，且绝对金额超过 100 万元……"

上海证券交易所发布的《上海证券交易所上市公司行业信息披露指引第六号——汽车制造》（2015）第七条规定："上市公司整车制造业务收入占公司主营业务收入 10% 以上的，应当单独披露下列反映报告期内整车经营业务的信息：（一）整车产销量，包括按车型类别、境内和境外地区或其他方式分类统计的整车产品产销数据，以及导致相关数据同比变化幅度超过 30% 的行业及自身经营因素……"

深圳证券交易所发布的《主板信息披露业务备忘录第 2 号——交易和关联交易》（2018 年修订）第六十五条："上市公司因放弃权利导致出现以下情形之一的，应当对外履行信息披露义务：（一）上市公司因放弃权利而减少的权益比例（或如不放弃权利将增加的权益比例）乘以该控股子公司、合伙企业或合作项目最近一期经审计净资产，占上市公司最近一期经审计净资产的 10% 以上且绝对金额超过一千万元；（二）上市公司因放弃权利而减少的权益比例（或如不放弃权利将增加的权益比例）乘以该控股子公司、合伙企业或合作项目最近一个会计年度经审计营业收入，占上市公司最近一个会计年度经审计营业收入的 10% 以上且绝对金额超过一千万元；（三）上市公司因放弃权利而减少的权益比例（或如不放弃权利将增加的权益比例）乘以该控股子公司、合伙企业或合作项目最近一个会计年度经审计净利润，占上市公司最近一个会计年度经审计净利润的 10% 以上且绝对金额超过一百万元；（四）因放弃权利产生的利润占上市公司最近一个会计年度经审计净利润的 10% 以上，且绝对金额超过一百万元……"

深圳证券交易所发布的《中小企业板信息披露业务备忘录第 9 号：重大经营环境变化》（2015 年修订）："二、重大经营环境变化的披露原则　上市公司披露重大经营环境的变化时，应当把握以下原则：（一）公司在发生或知悉上述事项时，应当及时评估事项对公司的影响程度，当出现下列情形之一时，应在 2 个交易日内披露相关信息：1. 对净利润的影响占上市公司最近一个会计年度经审计净利润的10%以上，且绝对金额超过100万元；2.对净利润的影响占上市公司最近一期净利润的50%以上，且绝对金额超过50万元；3.对净利润的影响占上市公司上年同期净利润的50%以上，且绝对金额超过50万元。"

中国证券监督管理委员会、上海证券交易所和深圳证券交易所发布的上市公司信息披露规范中涉及重要性原则运用的规定数量众多，我们不在正文里一一列举，请参见本报告附表。

综上所述，我们认为现行的企业会计准则和上市公司监管机构发布的披露指引在对重要性原则应用上有以下几个特点：

1. 已明确重要性的定义，并对重要性的应用作出了指引。我国2006年发布并不断在修订的企业会计准则体系完整，既对重要性进行了定义，又对重要性原则的运用做了前所未有的较细致的指引。总体指引可以参见《企业会计准则——基本准则》（2014修订）《企业会计准则第30号——财务报表列报》（2014修订）及其应用指南。这些规定明确了判断重要性须从项目的性质和金额两方面来展开，重要性在报表内和附注中有不同应用，不得滥用抵销和汇总的形式来隐藏重要信息等。还对重要性判断时的所依据的项目的性质和金额进行了举例，例如，性质上是否属于企业日常活动、是否显著影响企业的财务状况、经营成果和现金流量等因素，金额占资产总额、负债总额、所有者权益总额、营业收入总额、营业成本总额、净利润、综合收益总额等直接相关项目金额的比重等。

2. 重要性的应用贯穿会计确认、计量、列报与披露。重要性的应用具有普遍性，企业会计准则（2006）的多个具体企业会计准则及其应用指南都提及了重要性原则的应用。有的会计准则是对项目所涉及金额较大或者较小不同情形，作出不同的账务处理规范，而有的会计准则则要求在进行会计政策选择、作出会计估计时需要遵循重要性原则。在对列报和披露中，较多的准则都会提及"重要""重大"，有的甚至会给出明确的重要性划分依据。但尽管如此，在具体准则中，还是未对重要性的判断作出很具有操作性的指引。有学者认为，会计人员在运用重要性原则方面依然缺乏可参考的明确依据，使得这一原则难以在实务中得到有效的贯彻执行，以致重要性原则的现实意义并未得到充分体现。故建议，一旦在具体会计准则中出现"重要性"一词，就需要对它在该具体会计准则中的含义再次进行说明，以便会计实务工作者在进行专业判断时有明确的依据（张学军，2009）。

3. 原则指引与明线划分并存。2006 年发布并不断在修订的企业会计具体准则对重要性的应用体现了原则导向的准则制定思路。有别于《企业会计制度》(2001),《企业会计准则》(2006)较少采用明线规则来确定重要性水平,而是赋予财务报表编制者更大的判断和估计权利。然而,上市公司在编制财务报表时,尤其是编制财务报表附注时,还需要遵守中国证券监督管理委员会、上海证券交易所和深圳证券交易所发布的相关规定。这些规定大量地采用了明线规则来指引上市公司进行重要性水平的判断。明线规则简单、易操作,上市公司可将其作为核对清单(checklist),满足合规性要求,减少诉讼风险,对于上市公司监管部门而言,也易监管。但是,明线规则这种"一刀切"的方式忽视了公司的个体差异,也并非站在报表使用者的角度来进行重要性判断,损害了信息相关性,给了财务报表编制者规避明线门槛的机会,对某些公司而言,也可能增加了披露成本。

第四节　本章小结

在本章中,我们对美国财务会计准则委员会(FASB)、美国证券交易委员会(SEC)和国际会计准则理事会(IASB)发布的与重要性相关的财务会计概念公告和重要性应用指引等进行了回顾。我们有如下发现:

1. 近四十年来,美国财务会计准则委员会(FASB)和国际会计准则理事会(IASB)在财务会计理论体系中,对重要性作出定义,并几番修订该定义。目前,虽然两者对重要性的定义在措辞上有所差别,但是都强调对于重要性的判断应参考财务报表使用者决策的受影响情况,并都提及"合理预期""省略或错报""报表使用者""经济决策"等核心词汇。国际会计准则理事会(IASB)在重要性的定义中新加入"模糊"(obscure)一词,并列举了可能使重要信息变得模糊的五种方式,这是对以往重要性定义作出的重大补充。

2. 重要性在有用的财务信息质量特征层级中位置是明确的。在 20 世纪 80 年代,美国财务会计准则委员会(FASB)曾认为重要性是整个会计信息确认的门槛,如今,美国财务会计准则委员会(FASB)和国际会计准则理事会(IASB)均认为重要性是相关性的一个组成部分。

3. 美国财务会计准则委员会（FASB）和国际会计准则理事会（IASB）对重要性的认识是接近的。他们均认为重要性是一个主体层面的因素，需要依据主体的财务报告的项目的性质和/或金额来决定。重要性的判断必须是定量和定性交替作用的结果，不反对采用"经验法则"作为评估重要性水平的第一步，但以百分比形式量化的指标只是错报程度重要性分析的开始，不能替代所有相关考量的全面分析。因此，美国财务会计准则委员会（FASB）和国际会计准则理事会（IASB）都不会发布一个统一的定量的重要性判断标准，也不会去预先裁定某种特殊的情形是否具有重要性。

4. 美国证券资本市场是美国企业融资的重要渠道，美国证券交易委员会（SEC）在上市公司信息监管中发挥着主导作用，因此证券监管机构发布专号公告来对重要性的判断进行规范。针对实务界采用定量的"经验法则"的现状，美国证券交易委员会（SEC）发布的《员工会计公告第99号"重要性"》（SAB 99）指出，相关人员不应该完全依赖某些定量指标对重要性进行评估，对重要性的评估应结合相关定量和定性因素进行综合考虑和判断，还提出了若干有可能存在导致重要性遗漏或错报的质量因素。

5. 近年，随着美国财务会计准则委员会（FASB）和国际会计准则理事会（IASB）的披露报告项目的相继启动，重要性概念的探讨再次被提上日程，在附注的披露中如何运用重要性原则是现阶段讨论的热点。国际会计准则理事会（IASB）已经取得了阶段性成果，并于2017年发布《国际财务报告准则实务公告第2号：就重要性作出判断》，供采用国际财务报告准则的主体自愿使用。该实务公告不仅提出了主体在编制财务报表中进行重要性判断的"四步法"，还提供了在一些特定情况下，如何进行重要性判断的指引，即存在前期信息、会计差错和契约限制条款下如何进行重要性判断，以及如何针对中期报告来进行重要性判断。

本章还对我国现行的企业会计准则和上市公司监管机构发布的披露指引进行了整理。我国2006年发布并不断在修订的企业会计准则体系完整，既对重要性进行了定义，又对重要性原则在会计确认、计量、列报和披露的运用做了较细致的指引。《企业会计准则》（2006）较少采用明线规则来确定重要性水平，而是赋予财务报表编制者更大的判断和估计的权利。然而，上市公司在编制财务报表时，尤其是编制财务报表附注时，还需要遵守中国证券监督管理委员会、上海证券交易所和深圳证券交易所发布的相关规定。而这些规定大量地采用了明线规则来指引上市公司进行重要性水平的判断,过多、过细的明线规则会导致上市公司在信息披露中较多采用核对清单模式(checklist approach),而并非站在财务使用者的角度进行重要性判断。

我国可以借鉴美国证券交易委员会(SEC)发布的《员工会计公告第99号"重要性"》(SAB 99)和国际会计准则理事会(IASB)发布的《国际财务报告准则实务公告第2号:就重要性作出判断》(2017),对我国企业会计基本准则、相关具体会计准则涉及的重要性的内容进行补充完善,弥补我国会计实务中重要性应用的不足,从而规范会计人员对重要性的职业判断,提高财务报告信息的决策支持度。

第四章 学术文献回顾

在本章中,我们对学术文献中对重要性的研究和探讨进行了回顾。我们按照常见的会计研究方法,即规范研究、经验研究、问卷调查和实验研究分别进行整理。鉴于学术研究中非常关注审计重要性原则的应用,因此,在本章中,我们的文献回顾不仅包括探讨财务报表中重要性原则应用的文献,也包括部分研究审计的重要性文献。

第一节 规范研究

规范研究(Normative Study)聚焦于什么是重要性以及在会计和审计中如何进行重要性判断问题,以期得出一些具体结论或提供建议。重要性判断作为一种基本的思维方式,会计重要性所属会计基本理论范畴,因此,规范研究方法是会计学者们对重要性开展学术探讨使用最多的研究方法。国外早期对会计重要性的研究基本都采用这一方法,而这一方法也是为我国学者对重要性展开研究所采用的最主要的方法。

一、国外研究

国外学者最早对重要性的提出是 1939 年学者吉尔门(Stephen Gilman)撰写的《利润的会计概念》(Accounting Concepts of Profits)一书(叶清辉,

2003)。书中提到以下惯例：保守主义（Doctrine of Conservatism）、一致主义（Doctrine of Consistency）、公开主义（Doctrine of Disclosure）和重要主义（Doctrine of Materiality）。其中所称主义是指早期会计文献对源自实务工作的惯例，其作用与现行基本会计原则相当。吉尔门相当重视重要性，将它与公开主义并列提出，显示重要性与公开性是财务报告披露的基本原则。

20世纪50至70年代，美国会计学会（American Accounting Association，简称AAA）、美国注册会计师协会（AICPA）、英格兰及威尔士特许会计师协会（The Institute of Chartered Accountants in England and Wales，简称ICAEW）在对会计原则、会计信息质量及会计基本理论等主题探讨中也谈及重要性概念。这些报告包括美国会计学会（AAA）发布的《公司财务报表的会计与报告准则》（Accounting and Reporting Standards for Corporate Financial Statement）、《基本会计理论说明》（A Statement of Basic Accounting Theory）、美国注册会计师协会（AICPA）发布的《会计基本假设》（The Basic Postulates of Accounting）、《总结企业一般公认会计原则》（Inventory of Generally Accepted Accounting Principle for Business Enterprises）等。

我们找到最早的专门探讨重要性并可全文阅读的规范研究文章是博恩斯坦（Bernstein，1967），题目为"The Concept of Materiality"，发表于美国《会计研究》（The Accounting Review）杂志。博恩斯坦提出不能否认职业判断的价值，然而职业判断的过度自由会导致报表编制者对类似的实务情形作出五花八门的判断，这说明需要制定有关重要性判断的标准指引。他建议设立重要性水平判断区间（Border Zone），认为判断区间这种形式较好地保留了职业判断的自由空间，并建议可将重要性水平设定为税后净利润的10%~15%。博恩斯坦也承认这种使用判断区间的方法并非完美，也不适用于所有情形，但是这篇文章提出建立一个宽泛的指引形式，为探讨规范重要性的应用做了良好的铺垫。

范·阿尔塞尔（Van Arsdell，1975）对美国财务会计准则委员会（FASB）发布的《确定重要性的标准》（1975）讨论备忘录进行了介绍，希望通过这样的介绍让人们了解长达246页的报告的大致内容。该文章列举了3个确定重要性的基本问题和6个具体实施的问题，还提出了站在报告使用者的角度进行重要性判断时应考虑的7个因素等。具体内容可参见本课题报告第三章第一节的相关内容。

对实务中重要性判断提出批判的著名文章，来自时任美国证券交易委员会

(SEC) 主席亚瑟·莱维特（Arthur Levitt）于 1998 年发表题目为"数字游戏"（The Numbers Game）的演讲，后刊登于美国《注册会计师》杂志（The CPA Journal）。这篇文章严词批评企业界对重要性水平的误用与滥用，表达了人们对重要性被滥用进而引发的对盈余管理的担忧。它指出许多企业的管理当局经常调整金额小、不重要但对达成其预期利润有利的分录，且同时刻意地回避调整许多同样是金额小、不重要的分录，而判断是否重要的标准就是看金额是否触碰到特定的百分比限额（Defined Percentage Ceiling）。它指出这种刻意的"不重要"的错误，都是造成财务报表失真的主要原因之一，会被放大成为资本市场上的巨额亏损，绝对有必要加以禁止。美国证券交易（SEC）委员会主席 Arthur Levitt 的这番演讲也表达了上市公司监管部门希望规范重要性判断的意图。一年多后，在 1999 年 8 月，美国证券交易委员会（SEC）首席会计师 Thomas Ray 就发布了《员工会计公告第 99 号"重要性"》（SAB 99）。

格兰特等（Grant etc al.，2000）对《员工会计公告第 99 号"重要性"》（SAB 99）进行了介绍和评述。这篇文章首先批判了实务中有的公司用重要性原则作为托辞进行盈余管理，以达到华尔街对公司的盈利预期，然后对公告概要进行了介绍，认为该公告为企业和审计师编制财务报表时的重要性应用做了系统性梳理，设定了基本规则，这对抑制盈余管理有一定帮助。

莱斯曼和梅金斯（Lathmam & Makins）律师事务所也于 1999 年撰文，从法律的视角对《员工会计公告第 99 号"重要性"》（SAB 99）实施的影响进行了推测，认为该公告的实施会增加审计时长和审计成本，也会导致重要性判断更加复杂，此外这一公告会成为美国证监会的执法以及原告对公司进行诉讼时的依据。

丘宁和希格斯（Chewning & Higgs，2002）通过列举美国财务会计准则委员会（FASB）发布的具体会计准则和美国证券交易委员会（SEC）制定的关于证券市场信息披露的规则 S–X（regulation S–X）中涉及重要性判断的定量标准，发现在确认和计量中，5%~10% 是最经常使用的相对值，参照的指标既有收入、利润指标，也有资产、权益等指标；在信息披露的规范中，定量指标的门槛值放得很宽，跨越 1%~90%。这篇文章最后建议，既然出台统一的重要性判断指引很难，那么为提高上市公司披露质量且加强会计信息横向可比性可以另辟蹊径：管理层和审计师披露重要性门槛值的运用情况。

霍尔斯特鲁姆和梅西耶（Holstrum & Messier，1982）撰写了关于重要性研究的学术文献综述型文章，对 20 世纪 80 年代以前的相关研究进行了回顾。针对重要性定义中通常要求站在使用者角度来进行重要性判断，他们指出站在使用者角度来进行重要性判断有三个问题：（1）报表编制者不知道使用者是如何进行投资和信贷决策的；（2）报表编制者、审计师和使用者是三个不同的群体；（3）难以得知报表编制者和审计师作出的判断是如何影响使用者的。经过文献回顾，他们发现人们在进行重要性判断时，最经常采用的参照对象是收益（income），比例大约为经常性收益的 5%~10%。最后，这篇文章总结认为难以从文献回顾中得到某个结论，也不能提出认为对实务和制度改进有用的综合性建议。

十三年之后，梅西耶等人（2005）对 20 世纪 80 年代之后发表的有关重要性的研究进行了回顾。Messier 等人（2005）发现由于风险导向审计的运用，学者们主要关注的是重要性原则在审计中的运用。该文献回顾中将研究分为档案研究（Archival Studies）和行为研究（Behavioral Studies）两个部分进行分析。档案研究部分总结了以审计相关档案（包括审计手册、审计底稿）以及市场公开信息为研究对象的相关研究，并提出：第一，收入一直以来是确定重要性水平的主要因素，且是否修改审计报告也与项目对收入的影响有关；第二，事务所在确定计划重要性水平的方法上存在差异；第三，忽略潜在错报的主要原因是审计师认为错报不具有重要性；第四，超预期收益对投资者并不重要。行为研究部分按信息使用者、审计人员以及竞争对手等三类研究参与者分类总结出以下几点发现：第一，与档案研究部分相同，收入仍然是确定重要性水平最重要的因素；第二，重要性水平的确定会因审计师经验和事务所类型有很大出入，且定性因素也会对其产生影响；第三，权威的意见对于审计重要性的判断有一定影响。梅西耶等人（2005）在回顾总结后提出了六点未来可拓展的有关重要性的研究方向，例如，重要性水平在审计计划阶段的确定方式的对比，评价重要性的决策过程，性质因素在重要性判断中的应用，内控缺陷的重要性确定，集团审计重要性水平的确定以及非财务数据相关的鉴证业务重要性水平的确定等。

埃格利（Edgley，2014）也是一篇对重要性文献进行回顾的综述，同时也是一篇采用系谱学方法（genealogical approach）对重要性进行探讨的文章。这篇文章对会计准则指引、会计杂志、教科书、著名的案例等来源进行查找，认为重要性在这些来源中并不是一个简单的词，而是通过描述一种意象，或者用隐含披露（metaphorical disclosure）的形式呈现的。该文从社会责任、用成本效益原则解决问题、会计与审计的关系、经验法则、用以回避或达到目标等方面探讨重要性的内涵，最终得到结论：重要性的应用是一种业绩活动（performative activity），糅合了多种博弈，是提供可见的信息、控制信息，隐藏信息和主观性事项的集合。

随着近年来会计经验研究方法的兴起，较少国外学术研究者采用纯粹的规范研究方法对重要性问题进行探讨。

二、国内研究

国内较少有专门针对重要性在财务报表中应用的文献。大多数文献都是在探讨财务会计理论、财务报告概念框架和会计信息质量等问题时，因涉及重要性，才对重要性进行了介绍和阐释（例如，娄尔行，1992；杨纪琬，1995；葛家澍和林志军，1996；刘峰，1996；吴水澎，2000；葛家澍和刘峰，2003；葛家澍和杜兴强，2003；会计信息质量特征研究课题组，2006；杨世忠，2008；葛家澍和陈朝琳，2011；陆建桥，2018；钱逢胜和乔元芳，2018）。

杨纪琬（1995）建议会计信息的重要性特征也可应用于我国会计准则的制定工作，原因在于会计电算化当时在我国还没有普及，会计人员的素质还不尽如人意。例如，按照规定，应付债券溢价折价摊销可以采用实际利率法，也可以采用直线法，如果两者计算结果影响不大，可直接采用直线法节约核算手续和成本。

葛家澍和林志军（1996）认为，重要性是报告披露的标准之一，披露的充分性与重要性的作用是相互制约的，"充分披露并不等于对可能影响决策的所有经营活动或事项的信息都要赋予同等程度的比重，因此在披露中要区别对待。对于重要事项及其影响，必须详尽披露；而对某些次要的信息可以适当简化或省略，以避免其掩盖或冲淡重要信息的有效利用。"

吴水澎（2000）在探讨中国会计理论体系时，对重要性进行了探讨。其以认识论为基础提出综合观点，认为完整性和重要性相互矛盾、相互统一，辩证地决定了会计信息的充分性。

会计信息质量特征研究课题组（2006）认为重要性是对众多的会计信息施加了一种限制，提供了一个分界线的功能。对于重要性判断的运用，如果没有权威标准，或在特定情况下已决定的最小定量标准并不适用，就要由个人来估计重要性，此时会计人员的个人经验和素质将直接决定会计信息的重要与否。

专门针对重要性概念进行探讨的研究还有期刊文章,如林斌(1998),李明辉(2003),刘冬荣和杨琼(2003),谢盛纹(2007),张学军(2009),孙蕊(2018)等。

林斌(1998)对会计的重要性原则进行了介绍,认为其是会计中比较难把握的原则,"艺术性"和"科学性"聚其一身,在因会计信息而引起的诉讼中占有相当大的比例。该文介绍了美国对重要性作出的定义、重要性原则的理论框架,还介绍了美国审计中的重要性原则等。在对我国提出建议时,该文指出要在制定财务会计概念框架时对重要性进行规范。在会计具体准则对重要性原则进行规范时,应根据客观性、经验论、逻辑论、一致性、量化等要求来制定和修订,注意采用列举法来说明项目的性质,尽量多采用国际上流行的重要性准则惯例。

谢盛纹(2007)指出会计重要性是一个讨论与探究会计理论与实务问题的基础性概念,一个自然而然地存在会计实践中的终极概念,一个"会计思维"——乃至人类思维方式所必需的概念,它构成了一切会计经验的基础。在具体建议中,谢盛纹(2007)从审计重要性的原则入手,介绍了国际审计与鉴证准则委员会(IAASB)关于重要性规范的最新发展动态,认为这是重要性指南的未来发展方向。

孙蕊(2018)将会计重要性概念运用的主要特征总结为:在特定主体环境下,以用户导向为核心,以财务报告错报、漏报作检验的一种专业判断。该文认为会计重要性原则定义包容性较弱,没有涵盖更广阔的视角,而且会计重要性定义与审计重要性定义相似,容易造成概念混淆,不利于实务应用。因此,应结合会计重要性运用特征、受托责任履行以及判断风险等视角来全面界定会计重要性的概念,鼓励会计重要性方面的理论和实证研究,试图去建立"会计重要性判断标准",以服务于会计实践。

专门针对重要性的硕士或博士论文有叶清辉(2003)和李丹(2007)的研究。

叶清辉(2003)写的是一篇专门针对会计重要性开展的全面且有理论深度的中文论文。这篇题为《会计重要性判断的再认识》的博士论文在如下几个方面作出了突出贡献:

1. 该文不仅介绍了中国大陆地区,还对我国台湾地区的会计和审计法规中涉及重要性的规定进行了梳理与评述,还对海峡两岸在重要性方面的用词差异进行了对比。

2. 该文对美国《员工会计公告第 99 号"重要性"》（SAB 99）作了较为详尽的介绍，评价其是对重要性概念的理论研究和实务实践影响最大的文献，但是矫枉过正地重视重要性判断中的质量因素。与其他文献不同的是，叶清辉（2003）依据《员工会计公告第 99 号"重要性"》（SAB 99）的建议，直接对重要性判断进行范例解析，用案例来说明重要性判断过程的难点和争议点。这篇文章提到的一些具体问题都是以前文献尚未探讨的，例如，重要性水平的稳定性，重要性水平计算的方法、逻辑及假定前提是否应当像其他会计政策一样保持一致性。

3. 该文分析了重要性与成本效益原则的关系，重要性与相关性的关系，重要性原则与谨慎性原则，重要性与完整性等，提出了深入的、有见地的观点。例如，指出虽然谨慎性原则在理论上因违背如实反映的原则欠缺正当性，但在实务里却是会计审计人员的护身盔甲。而重要性原则在理论上虽然能增强报表的可理解性，有充分的正当性，但在实务里却是麻烦的制造者。

4. 该文探讨了信息科技的发展对重要性的影响，还分析了各国文化差别对重要性水平评估的影响，最后还提出了采用模糊集合理论诠释重要性概念。其认为重要性的判断具有很强的主观性，符合模糊理论的应用场景。根据模糊理论，报表编制者与使用者将各自的重要性概念的模糊归属值集合，两个模糊集合区域的交集是重要的项目。时隔十五年，这些观点在今天看来，依然具有前沿性。

第二节　经验研究

经验研究（Empirical Study）是按照理论推导、假设提出、模型设计、经验数据结果展示等步骤开展的研究。有学者认为，重要性概念的经验研究起始于 20 世纪 50 年代（Edgley，2014）。然而我们找到的可供全文阅读的有关重要性概念的经验研究在 20 世纪 70 年代之后[①]。

[①] 我们将埃格利（Edgley，2014）提到的伍尔西（Woolsey，1954）和博恩斯坦（Bernstein，1967）分别划分进入问卷研究和规范研究中。

一、对审计重要性原则的研究

对重要性问题开展的经验研究,主要是针对审计重要性原则的应用,学者们对审计工作手册、审计工作底稿、公开的审计报告和财务报表进行查阅和研究,查看审计师在审计的过程中如何应用重要性。

斯坦巴特(Steinbart,1987)对十家会计师事务所的审计手册进行研究,发现事务所在进行重要性判断中有两个决策,分别是确定合适的重要性水平参考基数和确定所乘的百分比。其中,确定重要性水平参考基数十分主观,取决于企业的财务状况、审计项目的风险等。文章还发现审计师会根据上一年度的重要性水平,修改本年度的重要性水平。弗里德伯格等(Friedberg etc al.,1989)研究了当时美国八大会计师事务所中六家的审计工作手册,发现他们在进行重要性判断时,考虑了错报对净利润的影响,以及对盈利趋势的影响。

对审计工作底稿的研究,可以考察审计师在审计计划阶段和审计评估阶段如何应用重要性。布洛克迪克等(Blokdijk etc al.,2003)对荷兰五大和非五大会计师事务所在1988~1989年间的工作底稿进行研究,发现重要性水平随着企业的规模增加而提高,但是提高的幅度是减缓的(类似于非线性关系)。计划阶段的重要性水平确定还受到了其他诸多因素的影响,例如企业控制质量、业务复杂度、法律诉讼、上市交易所等。该研究还发现五大会计师事务所在计划阶段的重要性水平比非五大会计师事务所低。

学者们对公开的审计报告和财务报表进行研究,难以直接获得企业或者审计师所应用的重要性水平,因此,对公开资料的研究一般都是针对某些特别会计处理的,从侧面去窥探重要性的应用,例如,对会计变更的研究,就是从侧面去窥探重要性的应用。但正如霍尔斯特鲁姆和梅西耶(1982)指出,这种方法无法区分审计师的重要性原则运用和企业在编制财务报表时对重要性的运用。

莫里斯(Morris etc al.,1984)对开始执行 SFAS No.34 利息费用的资本化的 221 家美国公司进行研究。当时的审计准则规定,如果审计师认为资本化利息费用的会计变更影响具有重要性,则出具带说明段的非标准审计意见。该文章从这一角度来考察审计师应用重要性原则,发现得到非标准审计意见的公司的资本化金额的绝对值更大,变异系数更小,资本化金额占净利润的比例更高,资本化金额占固定资产的比例更高。类似地,一些学者对其他会计政策变更进行了研究，例如，外币交易（Chewning 等人，1989）、通胀情况下会计（Frishkoff 和 Phillips，1985）等，主要的研究发现与来自审计手册和工作底稿的研究一致，收益（Income）是对审计师进行重要性判断时最重要的参考基数。

二、对财务报表编制者对重要性的应用的研究

仅有少量经验研究是关注公司管理层在编制财务报表和进行信息披露中如何应用重要性原则的。原因在于，学术研究者难以直接获得上市公司在会计确认、计量和披露中所采用的重要性水平，只能通过某个会计账务处理的视角，并通过精巧的研究设计，收集数据加以分析、窥探和推断会计重要性的应用。

阿西托等（Acito etc al.，2009）是从会计差错更正的视角来对财务报表编制者的重要性原则运用开展研究，该文章发表于 The Accounting Review 杂志。他们收集了 2004~2006 年间 250 家美国上市公司对租赁会计的会计差错更正的处理，其中重要的会计差错更正采用重述法（Restatement），不重要的会计差错更正采用当期调整法（"Catch Up" Adjustment）。分别对采用重述法更正的会计差错和采用当期调整法更正的会计差错进行研究，可以帮助研究者推断上市公司的会计差错更正决策的依据，也考察了上市公司对重要性原则的应用。阿西托等人（2009）选取的研究年度是在 1999 年美国证券交易委员会（SEC）发布的《员工会计公告第 99 号"重要性"》（SAB 99）之后，因此，它也一定程度上揭示了《员工会计公告第 99 号"重要性"》（SAB 99）实施效果。在对会计差错更正的金额分析中，该研究发现平均而言，采用重述法更正的会计差错的金额高于采用当期调整法更正的会计差错，且采用重述法更正的会计差错的金额分布确实有类似于净利润的 5% 这一"经验法则"所指的现象。这一发现证明了财务报表编制者在进行会计重要性水平的衡量中，确实考虑了金额这一定量因素，且在定量因素中最关键的因素是净利润。然而，超过三分之一的采用重述法更正的会计差错的金额是低于净利润的 5% 的，甚至金额低于采用当期调整法更正的会计差错。这说明了定性因素对重要性判断发挥了作用。图 4-1 列示了阿西托等人（2009）在这篇文献中的图 1 第 B 部分，它展示了采用重述法更正的会计差错和采用当期调整法更正的会计差错的金额分析。图 4-1 的上半部分展示了采用重述法更正的会计差错的金额分布，净利润的 5% 处有明显的波峰，而下半部分采用当期调整法更正的会计差错的金额却没有这一现象。在对

定性因素的进一步的 Logistic 回归分析中,阿西托等人(2009)有前所未有的发现:上市公司会计差错更正决策受到了其他公司的以前行为的影响,即某些上市公司是受到了"羊群效应"(herding)的影响才采用了重述法更正会计差错。

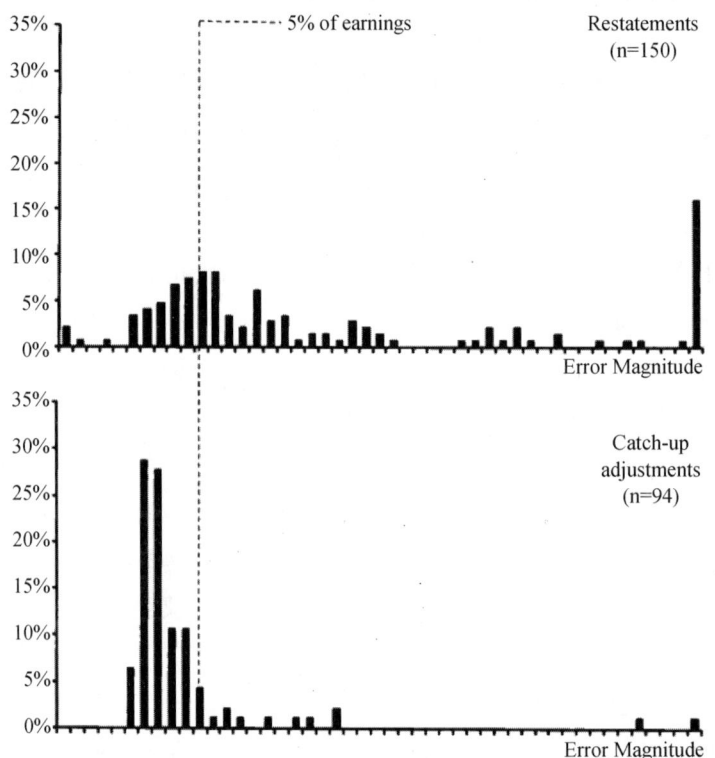

图 4-1 Acito 等人(2009)对会计差错更正的金额分析

波利(Poli,2003)对意大利上市公司编制财务报表时对重要性原则的运用进行了分析。这篇研究关注的是财务报表列报,因为意大利上市公司在自愿实施意大利会计准则时,有权决定财务报表项目的列示,例如,如果公司认为固定资产项目下有某项资产重要,可以单独列示一项"其他资产"。该研究对2004年意大利上市公司的财务报表中划分的"其他"项目进行了分析,从定量分析来看,这些项目占总资产的比值非常低,接近0,该研究认为各个公司对重要性原则的运用呈现出了异质性(heterogeneous),有的甚至是相冲突的。

海茨曼等(Heitzman etc al.,2010)写了一篇研究上市公司信息披露中使用重要性原则的文章,发表于 Journal of Accounting and Economics 杂志。类似地,研究者难以直接测试公司披露中所采用的重要性水平,只能通过某个独特事件的发生,从某个视角去展开研究。这篇文章选取美国上市公司对广告费用的披露来进行研究,在 1994 年之前,当广告费用超过销售收入的 1% 时,公司就需要披露,然而在 1994 年,美国证券交易委员会(SEC)放宽了对广告费用的披露要求,将决定权给予上市公司,即上市公司认为此项目重要才披露。这一变化为探究重要性判断与自愿披露的关系提供了机会,海茨曼等人(2010)构建了三种情形,分别是纯经重要性判断而做的披露,纯自愿披露和重要性判断与自愿披露相结合。该研究发现重要性判断与自愿披露相结合的模型具有最高的解释力,即公司在进行信息披露决策时,既考虑了项目的重要性程度,又受到自愿披露的其他动因的影响。

库恩和约翰斯通(Keune & Johnstone,2012)也是从会计差错更正的视角来对管理层、审计师和审计委员会的重要性判断进行研究。该研究选取的重要性判断的定性因素为上市公司是否能达到分析师预期,选取的重要性判断的定量因素为错报的金额是否超过收入或者资产的 5%。该文章以 2006 年美国证券交易委员会发布的《员工会计公告第 108 号"在当期财务报表中考虑前期差错的定量影响"》(SAB 108)为研究背景,因为该公告改变了上市公司对前期差错的定量判断依据,要求上市公司同时考虑错报金额对损益表和资产负债表的影响。因此,一些被认为不重要的差错,在 SAB 108 实施之后就变得重要了。那么,公司管理层还会无视那些重要的差错吗?该文章关注这一变化,发现审计师可能出于保护声誉的目的,会不允许管理层无视那些重要差错。此外,有财务知识的审计委员会成员也会不允许管理层无视那些重要差错。

第三节　问卷调查

问卷调查(Survey Study)主要通过问卷收集数据,也可以用访谈或其他方式收集数据,来探究报表编制者、审计师和报表使用者对重要性的判断,以期了解哪些因素会对重要性产生影响。

早在 20 世纪 50 年代,学者就采用了问卷调查来进行重要性在财务报表中的应用的研究。伍尔西(1954)邀请了注册会计师、财务总监、会计师、投资银行家等779人参与了他的调查问卷的作答。在调查问卷中，他设计了三种会计事项相关的情形让作答者进行判断是否具有重要性而进行披露，这三种会计事项相关的情形分别是长期租赁、有价证券和或有负债。例如，在对长期租赁的调查中，他发现，平均而言，当每年支付的租金占税前利润的比例达到11.6%时，作答者认为这项长期租赁达到了重要性水平，需要披露。其中，全国性会计师事务所的注册会计师所使用的判断的比例最高（17.6%），地方性会计师事务所的注册会计师判断的比例次之（12.3%），财务总监、投资银行家和会计师的判断比例分别为11.3%、9.4%和9.2%。其他两种情形的调查结果也呈现类似的结论。Woolsey（1954）指出造成重要性水平判断结果不一致的原因是缺乏指导重要性进行判断的标准。

帕蒂洛（Pattillo，1976）发布了一份受到"Financial Executives Research Foundation"资助的问卷调查研究的结果。研究中设计的问卷被派发给了六类不同的对象：（1）供职于"财富500"的财务高管；（2）财务高管，但并非供职于"财富500"；（3）银行家；（4）分析师；（5）注册会计师；（6）学者。他发现总体而言，重要性水平在净利润的5.2%~8.3%，但这六个不同群组对重要性的评估水平有着显著差异，其中分析师所认可的重要性水平最低，而供职于"财富500"的财务高管认可的重要性水平最高。此外，报表编制者的两个群组（供职于"财富500"和非"财富500"财务高管）在重要性评估上，较为一致，他们最为关注科目的性质、金额占净利润的比重以及金额的绝对值大小。然而，信息使用者的六个群组（银行家、分析师、注册会计师和学者）在重要性评估上呈现出较大差异。

问卷调查开展难度在于要选择有代表性且样本数量足够大的访问对象，此外问卷调查存在固有弊端，即难以确保所有的访问对象都全面和如实地回答了问题。

第四节 实验研究

实验研究（Experiment Study）关注的是信息使用者、审计师以及其他使用者（如法官、律师）是如何进行重要性判断的。

J. 罗斯等（J. Rose etc al., 1970）首先肯定了重要性水平在审计过程中的关键地位，并基于公认的重要性水平的定义以及文献回顾提出应当解决"如何界定重要性水平"这一问题。为解决上述问题，J. 罗斯等人引入了韦伯—费希纳定律，将投资者的判断行为量化，即通过多组成对的数据刺激来研究某一特定信息引起投资者行为变化的门槛值。该研究运用简化的心理学模型，以每股收益（EPS）作为主要数据刺激，并引入资产负债率和速动比率作为辅助数据刺激，通过对 121 位全日制以及在职的 MBA 学生的行为测试，结果发现：首先，EPS 越大，受试者对 EPS 的重视程度越高；其次，学习背景的差异对结果并不构成影响；最后，数据刺激与感官刺激对受试者的行为影响模式是一致的。J. Rose 等人也指出，由于现实世界数据刺激存在多重噪音，仅靠此方式，无法确定某项数据的重要性门槛值。

哈卡等（Haka etc al.，1986）邀请了 220 名本科生模拟使用者的重要性水平对其价值最大化的影响。他们设计了三档不同的重要性水平，分别是售价和成本之间的差额的 2%、10% 和 20%。研究发现重要性水平会影响参与者的购买决策，售价和成本的差额越大，学生们越会去购买那些高价格的产品，且当所采用的重要性水平高时，有会计知识背景的学生会更多考虑售价与成本的关系。

费雪（Fisher，1990）运用了实验性的市场法来研究重要性的披露在证券价格、交易额以及营业利润方面对信息使用者的影响。实验选择了研究生及本科生作为投资人的代表，并构造了一个重复单周期的、存在两项资产（现金及股份）的双向竞拍市场。在这个市场中，重要性水平的披露程度是被控制的，包括不披露、私下披露以及公开披露。实验结果表明随着重要性披露范围的扩大，市场的有效性也将提高。同时，公开披露重要性也要比私下披露更加有效。

德绍特等（De Zoort etc al.，2003）研究了外部审计的重要性判断以及可调整会计事项的准确性是否会影响审计委员会对审计师提出的调整意见的支持。有 55 位上市公司审计委员会成员参与了此次研究。在此实验研究中，审计委员会成员分别受询，是支持审计师提出的可能的账务调整方案，还是支持管理层提出的不进行账务调整的方案。当会计事项的调整涉及年后与客户破产相关的坏账准备金增加时，相关调整的测量不一定精确。在仅考虑定量因素时，审计师会因会计事项影响了企业税前利润的 4.6% 而要求账务调整，因为他们认为这达到了税前利润的 5% 这一重要性水平。而加入以结果为导向的定性因素后，审计师会考量该事项对于每股盈余变化趋势的影响以及可能出现的证券市场反应。研究结果表明，在审计师的重要性判断同时考虑了定量因素及以结果为导向的定性因素，且该会计事项在精确测量的前提下，该审计师更能够得到审计委员会成员的支持。

然而，有学者认为，采用实验研究方法来开展对重要性估计和判断的研究耗时耗力，可行性比较低（Frishkoff，1970）。梅西耶等人（2005）在综述文章中指出实验研究的贡献在于一是发现净利润是影响重要性的金额判断时最重要的因素，二是发现了一些影响重要性判断的定性因素。

第五节　本章小结

通过对国内外关于重要性概念的学术文献进行梳理，我们认为这些研究推动了更多的研究从不同角度、不同情境分析重要性，为改进和发展重要性指引提供了有益帮助。通过文献回顾，我们得到了以下结论：

1. 从研究方法上看，规范研究方法是研究者们对重要性开展学术探讨使用最多的研究方法，也是早期学术研究最经常使用的方法。规范研究对重要性的概念、在会计质量特征中的地位、实务运用概况进行了探讨，还对美国《员工会计公告第 99 号 "重要性"》（SAB 99）进行了评价。随着数据可获得性的增强以及数据分析能力的提升，经验研究方法越来越受到重视，世界上最知名的三本会计杂志，The Accounting Review，Journal of Accounting and Economics 和 Journal of Accounting Research 基本只接受以经验研究方法撰写的论文。然而，以经验研究方法对财务报表编制中应用重要性开展的研究有很大难度，研究者们只能选取特别视角，或者以某项会计准则变化为背景，通过精巧的研究设计来开展研究，因此目前对重要性原则开展的经验研究成果尚不十分丰富。问卷调查研究直接通过问卷或访谈收集数据，可以直接对报表编制者对重要性的判断来提问，它也是研究者们获得实务中重要性原则运用情况的有用途径。

2. 我国在重要性概念上的研究相对匮乏，不仅专门针对重要性的研究数量较少，而且研究方法单一，目前中文文献基本都采用的是规范研究法。

3. 正如文献综述文章霍尔斯特鲁姆和梅西耶（1982）所述的那样，我们难以从中外文献回顾中得到某个结论，这可能是由于重要性判断的主观性、主体特异性、判断因素中的定量因素与定性因素交织等造成的。

第五章 我国企业对重要性原则的应用

第一节 研究概述

本章中,我们试图获知企业管理层和财务人员在会计确认和计量时是如何应用重要性原则的。一种途径是对企业管理层和财务人员进行当面访谈或者开展问卷调查。但当面访谈和问卷调查都存在固有缺陷,即我们难以判断作答者是否真实、客观地回答了问题。此外,在与企业和会计事务所的相关人士进行沟通的过程中,我们也发现实务界对会计重要性的认识存在着严重的不足,不同企业、不同职位的人士对会计重要性的认识差异巨大。因此,我们试图从一个相对客观的角度来窥察我国企业对会计重要性在确认计量中的应用。

我们注意到企业在进行前期会计差错的更正的评估和判断中,会运用会计重要性原则。《企业会计准则第28号——会计政策、会计估计变更和差错更正》(2006)规范了企业进行前期差错更正的确认、计量和相关信息的披露要求。在《企业会计准则讲解》(2010)明确指出,企业应当采用追溯重述法更正重要的前期差错,而对于不重要的前期差错,企业不需调整财务报表相关项目的期初数,但应调整发现当期与前期相同的相关项目。《企业会计准则讲解》(2010)还对如何识别重要的前期差错进行了进一步解释。重要的前期差错,是指足以影响财务报表使用者对企业财务状况、经营成果和现金流量作出正确判断的前期差错。不重要的前期差错,是指不足以影响财务报表使用者对企业财务状况、经营成果和现金流量作出正确判断的前期差错。前期差错的重要性取决于在相关环境下对遗漏或错误表述的规模和性质的判断。前期差错所影响的财务报表项目的金额或性质，是判断该前期差错是否具有重要性的决定性因素。一般来说，前期差错所影响的财务报表项目的金额越大、性质越严重，其重要性水平越高。

基于此，可作出如下合理推断：企业运用追溯重述法更正的会计差错，是企业认为重要的前期差错；而对于不重要的前期差错，其更正的影响已"隐藏"于当期的会计报表项目中。如果我们可以收集和整理出企业运用追溯重述法更正的会计差错，并对它们进行一些分析，或许可以推断出企业判断该前期差错是否具有重要性的影响因素。我们仿效 Acito 等人（2009）与 Acito 等人（2015）的做法，从前期会计差错更正的视角来对企业进行重要性判断展开研究。

第二节　样本收集与样本分布

我们手工翻阅了我国非金融类 A 股上市公司 2013 年、2014 年和 2015 年共计 8520 份年报，阅读年报的财务报表附注中"报告期内发生重大会计差错更正需追溯重述的情况说明"的内容，识别出披露发生了前期会计差错追溯重述法更正的公司共计 130 家，涉及共 193 项会计差错更正。

表 5-1 按照年度统计了采用追溯重述法进行前期会计差错更正的公司数量和差错更正数量。从年度分布看，前期会计差错更正的发生在三年内较为均匀，并不存在于某个年度过度聚集的情形。

表 5-1　　　　按年度统计发生前期会计差错更正的公司数和项目数

	公司数（家）	项目数（个）
2013 年	42	61
2014 年	39	63
2015 年	49	69
合计	130	193

表 5-2 按中国证监会发布的《上市公司行业分类指引》（2012 年修订）统

计了发生前期会计差错更正的公司的行业分布情况。其中，制造业公司的数量是最多的，比例为 56.92%，但是这并非由于制造业公司更容易，或者更愿意进行前期会计差错更正，更不能直接推论出制造业公司所采用的重要性水平更低。这一比例低于同时期中国上市公司中制造业公司所占比例 63.34%。我们对比了表 5-2 中发生会计差错更正的公司的行业分布和同时期中国非金融类上市公司的行业分布，我们认为并没有显著差异①，并不存在于某个行业过度聚集的情形。

表 5-2　　　　按行业统计发生前期会计差错更正的公司数

行业	公司数（家）	比例
农、林、牧、渔业	4	3.08%
采矿业	8	6.15%
制造业	74	56.92%
电力、热力、燃气及水生产和供应业	7	5.38%
批发和零售业	8	6.15%
交通运输、仓储和邮政业	5	3.85%
住宿和餐饮业	1	0.77%
信息传输、软件和信息技术服务业	13	10.00%
房地产业	6	4.62%
租赁和商务服务业	1	0.77%
水利、环境和公共设施管理业	1	0.77%
卫生和社会工作	1	0.77%
综合	1	0.77%
合计	130	100.00%

---

① 非金融类上市公司的行业比例为 1.69%、2.68%、63.35%、3.38%、5.46%、3.17%、0.39%、6.37%、4.61%、1.37%、0.74% 和 1.13%。

第三节 研究发现

一、前期会计差错更正性质分析——所涉会计项目

前期差错所影响的财务报表项目的性质，是判断该前期差错是否具有重要性的决定性因素。因此，我们关注前期会计差错更正会影响哪些财务报表项目，统计了193项前期会计差错更正发生于何种会计事项。

表5-3列举了193项采用追溯重述法进行前期会计差错更正所涉及的会计事项。其中发生项目数在两项以上的项目，有列出事项名称，只发生一项的项目在"其他事项"中合并列示。这些其他事项包括应收利息未入账、资金被大股东占用、以前年度盈余公积抵消、借款利息资本化、长期资产未及时入账、售后租回差错、折旧摊销未转入投资性房地产、未纳入财务核算的监管户资金挂账、股东出资确认，还有少数几家公司没有披露具体原因。

从表5-3的结果来看，前期会计差错更正涉及税金相关的会计事项发生项目数最多，达到37项，这与表5-4中提到的"来自监管机构的处罚"这一外部因素有密切关系。这反映出上市公司在进行会计差错重要性判断时，极其重视税务机关缴税检查的后果，认为这是导致项目具有重要性的重要定性因素。该发现与我国证监会《2017年上市公司年报会计监管报告》中的观点一致，该监管报告指出："年报分析发现，个别上市公司因主管税务机关对其子公司进行税务检查需补缴以前期间税款。确定应缴纳税款的金额涉及会计估计和判断，公司在未具体分析该事项是否属于前期会计差错、相关补缴金额是否重大的情况下，均将其作为重要会计差错追溯调整前期财务报表。"

表5-3　　　　　　　　前期会计差错更正所涉及的会计事项

前期会计差错更正所涉及的会计事项	项目数（个）
税金相关	37
收入确认	29

续表

前期会计差错更正所涉及的会计事项	项目数（个）
企业合并	17
成本费用确认	15
科目重分类	12
往来款	9
长期股权投资	8
公允价值计量	8
职工薪酬	6
工程项目进度有关的收入成本的确认与计量	7
坏账准备的计提	6
未决诉讼	5
政府补助	5
预计负债	4
在建工程结转固定资产	2
负债的确认	2
存货的计量	2
其他事项	19
合计	193

前期会计差错更正涉及收入确认、企业合并和成本费用确认，分别有 29 项、17 项、15 项。这三类对财务报表影响重大，尤其是对利润表影响重大的项目也是会计差错的高发区。

另外，有 12 项差错的发生源于科目重分类，有 9 项差错的发生源于往来款，长期股权投资、公允价值计量、职工薪酬、工程项目进度有关的收入成本的确认与计量、坏账准备的计提、未决诉讼、政府补助，出现项目数在 5 次以上，这些项目也是会计账务处理中具有一定难度的会计事项。

二、前期会计差错更正性质分析——外部因素

在整理数据的过程中，我们发现多家公司在运用追溯重述法更正的会计差错的年度，更换了原有的会计师事务所。继任的会计师事务所给予了上市公司压力，它们才"被动"地进行了会计差错更正吗？例如，四川水井坊股份有限公司（股票代码：600779）于 2015 年更换了会计师事务所，由毕马威华振会计

师事务所（特殊普通合伙）更换为普华永道中天会计师事务所（特殊普通合伙）。因此在其2015年的年报中，该公司进行了前期会计差错更正的追溯调整，并做了如下披露："2015年4月28日，本公司前任审计师毕马威华振会计师事务所（特殊普通合伙）就此事项向本公司2014年度财务报表出具了带有保留意见的审计报告……于2015年度，本公司就备忘录所规定的技术改造扶持资金使用调整与郫县财政局进行了持续沟通……因此，按照企业会计准则相关规定，将收到的技术改造扶持资金全额调整为其他应付款进行核算。本集团已对此前期会计处理进行了更正并进行了追溯调整……。"

此外，我们发现多家公司在披露会计差错的具体情况时，提及其受到了监管机构的处罚。例如，海南亚太实业发展股份有限公司（股票代码：000691）的前期会计差错更正所是源于受到了证监会的处罚，其披露道："公司于2016年2月22日收到中国证券监督管理委员会《行政处罚决定书》（2016年12号），指出公司2010~2014年信息披露存在以下违法事实……公司对上述《行政处罚决定书》所述财务数据错报金额进行了复核确认，同时对营业成本、开发成本重新进行计算确认，根据《企业会计准则第28号——会计政策、会计估计变更及差错更正》的规定，公司对上述事项作为前期差错作出了追溯重述……"。再如，湖南黄金股份有限公司（股票代码：002155）的会计差错更正是由于税务机关要求其补税，其2015年年报中披露："报告期内，主管税务机关对公司子公司洪江辰州2010~2013年度的纳税情况进行了检查，根据检查结论，公司应补缴2010~2013年度增值税408184.94元、企业所得税3211211.25元。公司本期采用追溯重述法对该项差错进行了更正。"

因此，在表5-4中，我们列示了更换会计师事务所和来自监管部门的压力以及这两大外部因素所导致的前期会计差错更正。

在130家公司中，有46家公司在进行前期会计差错更正的年度更换了会计师事务所，占比约为42%。我们统计了2013年、2014年和2015年，所有A股上市公司更换会计师事务所比例，分别为10.31%、5.32%、9.14%，平均为8.26%，远低于我们样本中发生会计差错更正的公司中更换比例42%。为何进行前期会计差错更正的公司，这么频繁地更换了原有的会计师事务所？或许，我们可以反过来说，是更换了会计事务所，上市公司才在继任会计事务所影响下，进行了前期会计差错更正。

表 5-4　　　　　　　前期会计差错更正发生的内外因素

原因		公司数（家）	项目数（个）
外部因素	更换会计师事务所	46	90
	来自监管机构的处罚	30	40
	小计	67①	115②
内部因素		63	78
合计		130	193

有 30 家公司在解释前期会计差错的具体情况时提及其受到了监管机构的处罚，占 130 家公司的比例约为 23%。

有 63 家公司没有被监管机构处罚或者存在更换会计师事务所的情形，我们暂且推断这些公司是由于内部动因，自愿地进行前期会计差错更正。

三、前期会计差错更正金额分析——内外因素

前期差错所影响的财务报表项目的金额，同样是判断该前期差错是否具有重要性的决定性因素。在会计差错更正的影响额的确定中，我们采用了如下原则：(1) 如果公司仅披露了前期差错更正对年初未分配利润的影响额，则以此影响额作为该项会计差错更正的影响额；(2) 如果公司披露了前期差错更正对各个利润表项目的影响额，则分析该项差错更正会涉及的会计科目，确定受影响的关键利润表项目，选取影响额中绝对值最大的金额作为该项会计差错更正的影响额；③ (3) 如果公司披露的前期差错涉及前期多个年度，我们仅关注这一会计差错更正对上一个年度的影响额；(4) 如果公司披露的前期差错更正仅影响资产负债表项目，不影响利润表项目，则我们选取影响额中绝对值最大的金额作为该项会计差错更正的影响额。

---

① 有 9 家公司，15 项会计差错更正，既涉及更换会计师事务所，又有来自监管机构的处罚，46 + 30 - 9 = 67。

② 有 9 家公司，15 项会计差错更正，既涉及更换会计师事务所，又有来自监管机构的处罚，90 + 40 - 15 = 115。

③ 例如，某公司在披露中指出，因前期会计差错更正调减未实际发货但已确认的收入，调减营业收入 - 31977500.00 元，调减营业成本 - 24817437.41 元，调减资产减值损失 - 872469.53 元，调减营业利润 - 6287593.06 元，调减利润总额 - 6287593.06 元，调减所得税费用 - 502330.85 元，调减净利润 - 5785262.21 元。我们认为其差错存在与收入确认上，营业收入是受影响的关键报表项目，因此，推断 - 31977500 元为该项会计差错更正的影响额。

在表 5–5 中，我们按照外部因素和内部因素区分，分别统计了 193 项前期会计差错更正的影响额的绝对数的分布。由于绝对数的数值分布较广，我们没有采用等额的数值划分方式来对它们的分布进行统计，而是采用了 –1 亿元、–1000 万元、–100 万元、0 元、100 万元、1000 万元、1 亿元这七个临界值，共计九个区间来进行统计。

表 5–5　　　　　前期会计差错更正影响额的绝对数分布

绝对数	外部因素		内部因素	
	项目数（个）	百分比	项目数（个）	百分比
小于 –1 亿元	10	8.70%	3	3.85%
–1 亿元至 –1000 万元	26	22.61%	16	20.51%
–1000 万元至 –100 万元	21	18.26%	15	19.23%
–100 万元至 0	8	6.96%	2	2.56%
0 至 100 万元	2	1.74%	6	7.69%
100 万元至 1000 万元	17	14.78%	17	21.79%
1000 万元至 1 亿元	17	14.78%	13	16.67%
大于 1 亿元	14	12.17%	6	7.69%
合计	115	100%	78	100%

在表 5–6 中，我们按照外部因素和内部因素区分，分别统计了 193 项采用追溯重述法进行前期会计差错更正的影响额的绝对数的描述性统计指标。平均值和中位数的统计结果显示，总体来看，外部因素导致的前期会计差错更正影响额为负，内部因素导致的前期会计差错更正影响额为正；外部原因导致的前期会计差错更正影响额的极端值更具有极端性；变异系数的统计结果显示，外部原因导致的前期会计差错更正影响额具有更高的离散性。

表 5–6　　　　　前期会计差错更正影响额的绝对数的描述性统计

	外部因素	内部因素
项目数	115（个）	78（个）
平均值	–636725.43	32959173.48
中位数	–902400.00	433418.51
最大值	–3815048914.52	–394505202.73
最小值	1470000000.00	1414637120.86
标准差	458248850.95	200628042.03
变异系数	–719.70	6.09

此外，我们按照外部因素和内部因素区分，分别统计了193项前期会计差错更正的影响额的相对数的分布。在计算前期会计差错更正的影响额的相对数的过程中，我们选择了前三年扣除非经常性损益的净利润的平均值作为分母。

在表5-7中，我们按照外部因素和内部因素区分，分别统计了193项前期会计差错更正的影响额的相对数的分布。类似地，我们没有采用等额的数值划分方式来对它们的分布进行统计，而是采用了-1000%、-100%、-10%、-5%、0、5%、10%、100%、1000%这九个临界值，共计十一个区间来进行统计。

表5-7　　　　　　前期会计差错更正影响额的相对数分布

相对数	外部因素		内部因素	
	项目数（个）	百分比	项目数（个）	百分比
小于-1000%	3	2.61%	0	0.00%
-1000%至-100%	13	11.30%	4	5.13%
-100%至-10%	22	19.13%	16	20.51%
-10%至-5%	6	5.22%	5	6.41%
-5%至0	20	17.39%	15	19.23%
0至5%	5	4.35%	12	15.38%
5%至10%	8	6.96%	2	2.56%
10%至100%	18	15.65%	17	21.79%
100%至1000%	13	11.30%	4	5.13%
大于1000%	7	6.09%	3	3.85%
合计	115	100%	78	100%

在表5-8中，我们按照外部因素和内部因素区分，分别统计了193项前期会计差错更正的影响额的绝对数的描述性统计指标。平均值的统计结果显示，总体来看，外部因素和内部因素导致的前期会计差错更正影响额除以前三年扣除非经常性损益的净利润的平均值均为正；由于平均值受到极端值的影响，中位数的统计结果则显示，外部因素和内部因素导致的前期会计差错更正影响额除以前三年扣除非经常性损益的净利润的平均值均为负。外部因素导致的前期会计差错更正影响额的相对数的极端值更具有极端性；从变异系数的统计结果显示，外部原因导致的前期会计差错更正影响额的相对数具有更高的离散性。

表 5-8　　　　　前期会计差错更正影响额的相对数的描述性统计

	外部因素	内部因素
项目数	115（个）	78（个）
平均值	159.86%	60.78%
中位数	-1.03%	-0.45%
最小值	-14089.02%	-392.34%
最大值	13205.03%	1969.53%
标准差	21.33	3.36
变异系数	13.34	5.53

总体而言，表 5-5~表 5-8 的结果都展示出采用追溯重述法进行前期会计差错更正影响额的绝对数和相对数的分布都非常分散，且我们没有观察到它们存在某个门槛值特征。此外，相较于内部因素导致的前期差错更正，外部因素导致的前期差错更正的影响额的绝对数和相对数更加离散。

第四节　上市公司年报会计监管报告所涉重要性应用问题

前三节中，我们从会计差错更正的视角对我国上市公司在会计确认和计量中应用重要性原则进行了分析，为了应验我们的观点，我们也收集了监管机构对上市公司应用重要性原则的监管意见。为掌握上市公司执行会计准则和财务信息披露规范的情况，中国证监会会计部每年抽样审阅了部分上市公司年报，对会计处理、财务信息披露情况及其存在的问题进行了分析，发布了上市公司年报会计监管报告。我们翻阅了 2013~2017 年上市公司年报会计监管报告，发现证监会所提及部分事项与上市公司应用重要性原则有关。

《2015 年上市公司年报会计监管报告》《2016 年上市公司年报会计监管报告》《2017 年上市公司年报会计监管报告》都提到了有些上市公司在会计确认和计量中没有适当地运用重要性原则。

《2015 年上市公司年报会计监管报告》指出："根据企业会计准则，对单项金额重大的应收款项应当单独进行减值测试，单独测试未发生减值的应收款项

(包括单项金额重大和不重大的应收款），应当包括在具有类似信用风险特征的应收款组合中再进行减值测试。关于'重大'的标准由公司根据自身情况予以确定。年报分析发现，有的上市公司披露其单项金额重大的判断依据为期末余额占应收账款总余额 15% 及以上的应收款项。此类判断依据采用相对标准并且比例较高，可能导致公司不存在符合条件的单项金额重大的应收账款。有的上市公司，在单项金额重大的判断依据或金额标准未发生变更的情况下，本年和比较期间报表仅在期末余额中列示单项金额重大的应收款项余额，而期初余额中未见反映。"

《2015 年上市公司年报会计监管报告》指出："关于是否对被投资单位具有重大影响，企业会计准则给出了原则性定义，即对一个企业的财务和经营政策有参与决策的权力，但并不能够控制或者与其他方一起共同控制这些政策的制定。实务中应结合直接或间接拥有被投资单位的比例、是否在被投资单位的董事会或类似权力机构中派有代表等因素进行判断。当投资方直接或间接持有被投资单位 20% 以上但低于 50% 的表决权时，一般认为对被投资单位具有重大影响，除非有明确的证据表明不能参与被投资单位的生产经营决策，不具有重大影响。根据《公开发行证券公司信息披露编报规则第 15 号——财务报告的一般规定（2014 年修订）》，对于持有被投资单位 20% 或以上表决权但不具有重大影响的，公司应披露相关判断和依据。"

《2015 年上市公司年报会计监管报告》指出："年报分析发现，个别上市公司因主管税务机关对其子公司进行税务检查需补缴以前期间税款。确定应缴纳税款的金额涉及会计估计和判断，公司在未具体分析该事项是否属于前期会计差错、相关补缴金额是否重大的情况下，均将其作为重要会计差错追溯调整前期财务报表。"

《2013 年上市公司年报会计监管报告》和《2014 年上市公司年报会计监管报告》在对上市公司信息披露中应用重要性原则进行了点评。

《2013 年上市公司年报会计监管报告》指出上市公司在信息披露中避重就轻："少数公司在披露其内控评价结论时未按照要求明确对内部控制是否有效作出结论，而是采用了消积保证的方式披露'未发现重大缺陷'，模糊内控评价结论。"

《2014 年上市公司年报会计监管报告》指出："部分公司财务信息与非财务信息披露的重要性标准不一致，在财务信息部分披露了重要非全资子公司，却没有在非财务信息部分的主要子公司、参股公司分析中予以披露。"

第五节　本章小结

在前三节中，我们从上市公司前期会计差错更正的处理，来推断上市公司对重要性原则的运用。如果上市公司采用追溯重述法来更正某项会计差错，则说明这项会计差错具有重要性。我们对非金融类 A 股上市公司 2013～2015 年 130 家的 193 项发生重大会计差错更正需追溯重述的情况说明进行整理和分析，得到了以下结论：

1. 前期会计差错的性质是重要性判断中的重要因素，其中来自税务机关的税务检查是导致追溯重述法更正的会计差错最主要的原因。因此，我们有这样的顾虑：上市公司可能未具体分析该事项是否属于重要前期会计差错，相关补缴金额是否重大，均将其作为重要会计差错追溯调整前期财务报表。

2. 上市公司在进行重要性判断时，受到了外部因素的影响，例如，更换会计师事务所，受到外部监管机构处罚。这些外部因素还在一定程度上影响了上市公司对重要性水平金额的估计与判断，造成前期会计差错更正影响额的数值分布具有更大的离散性。

3. 在对前期会计差错更正的量化分析中，我们没能得到前期会计差错更正影响额的某个临界值或者门槛值特征。相反，无论是前期会计差错更正影响额的绝对数的分布，还是前期会计差错更正影响额的相对数的分布，都展现了非常大的离散性，或许这从一个侧面反映出我国上市公司在应用重要性原则时，其主观判断存在着极大的差异。

我们的研究缺陷在于，运用重要性的判断需要考虑定量和定性因素，虽然我们得到了一些发现，但我们无法解释定量因素和定性因素是如何在企业应用重要性原则时发挥作用的。在对前期会计差错更正的金额相对数的分析中，我们也可能没有选择适当的分母作为参照，因此，相对数分布的高离散性并不一定成立。

此外，上市公司进行前期会计差错更正追溯重述的动因复杂，我们很可能忽略了其他一些重要的因素。例如，上市公司进行前期会计差错更正可能是因为公司为了进行盈余管理，故意高报盈余，从而导致会计差错。张为国和王霞（2004）以 1999~2001 年的年度财务报表中出现"会计差错更正"的 A 股上市公司为样本，发现高报盈余的会计差错有着明显的盈余管理的动机，当期利润低于上期、有较高的资产负债率、线下项目产生的收益高等情况下，公司更容易产生会计错误以获得更高的盈余数据。因此，我们的研究分析难以排除其他因素的影响，研究结论的解释力受到一定的限制。

在第四节中，我们发现中国证监会会计部在对上市公司监管中指出部分上市公司在财务报表编制过程中对重要性原则应用不当，表现为在会计确认和计量中对重要性定量和定性标准选取的不当，以及在信息披露的决策过程中表现随意、避重就轻、标准不一。

第六章 结论与启示

第一节 研究结论

本课题报告以重要性的应用现状及问题作为出发点,首先对"重要性"三个字的词意进行了阐述和分析,查阅了多个会计准则制定机构对重要性的定义;其次梳理了主要会计准则制定机构和上市公司监管机构发布的与重要性相关的规定;再次对学术界就会计与审计重要性展开的规范研究、经验研究、问卷调查和实验研究分别进行整理;最后在收集数据的基础上总结我国上市公司应用重要性原则的现状。本报告得到如下研究结论:

1. 本报告研究的是财务会计中的重要性概念,重要性对应的英文原文是"materiality",国内外会计准则对重要性的定义有如下特点:一方面以透过报表使用者的感受和反应的间接方式来定义,会计信息重要性的判断是要求报表编制者在揣摩信息使用者的感受和反应后再作出决定;另一方面,在解释"重要"二字含义的过程中,均没有直接认为重要就是对作出的经济决策产生影响,而是强调信息的省略或错报对作出的经济决策产生影响才是重要的。重要性的定义看似容易理解,实则是模糊的、难以指导操作的。

2. 美国财务会计准则委员会(FASB)、国际会计准则理事会(IASB)和我国会计准则制定机构对重要性的认识是接近的,虽然重要性在各自的会计信息质量特征层级中列示位置略有差异,但他们均认为重要性是一个主体层面的因素，需要依据主体的财务报告的项目的性质和/或金额来决定，重要性的判断必须是定量和定性交替作用的结果。会计准则制定机构都不会发布一个统一的定量的重要性判断标准，也不会去预先裁定某种特殊的情形是否具有重要性。

3. 针对重要性在实务中应用，美国证券监管机构和国际会计准则理事会（IASB）发布公告来进行指引。美国证券交易委员会（SEC）于1999年发布专门公告《员工会计公告第99号"重要性"》来规范重要性判断，明确提出对重要性的评估应结合相关定量和定性因素进行综合考虑，还提出了若干有可能存在导致重要性的遗漏或错报的质量因素。国际会计准则理事会（IASB）于2017年发布《国际财务报告准则实务公告第2号：就重要性作出判断》指引主体应用重要性判断，这一实务公告是"披露动议"的执行层面项目，侧重于披露中的重要性原则运用。

4. 通过对国内外关于重要性概念的文献进行梳理，我们认为这些研究推动了更多的研究从不同角度、不同情境分析重要性，有的文献曾经为改进和发展重要性指引提供了有益帮助。然而，对财务报表编制中如何运用重要性开展研究有很大难度，需要规范研究、经验研究、问卷调查等多种研究方法结合。此外，我们也发现，我国在重要性概念上的研究非常匮乏，不仅研究成果稀少，而且研究方法单一。

5. 本课题报告试图通过对上市公司前期会计差错更正的不同处理方法，来推测上市公司应用的重要性水平，在对A股2840家上市公司2013～2015年年度报告中前期会计差错更正分析后，我们发现：首先，企业在进行重要性估计与判断时，关注前期差错所影响的财务报表项目的性质，其中，对重要性判断影响最大的性质因素是税务部门对税金的审核，收入确认、企业合并和成本费用确认等重大项目也是报表编制者认为的性质严重的项目。其次，企业在应用重要性判断时，受到了外部因素的影响，例如，更换会计师事务所、受到外部监管机构处罚。这些外部因素还在一定程度上影响了企业在对重要性水平的金额的估计与判断，造成前期会计差错更正影响额的数值分布具有更大的离散性。最后，在对前期会计差错更正的量化分析中，我们没能得到前期会计差错更正影响额的某个临界值或者门槛值特征。相反，无论是前期会计差错更正影响额的绝对数的分布，还是前期会计差错更正影响额的相对数的分布，都展现出了非常大的离散性，或许这从一个侧面反映出我国企业在应用重要性原则时，其主观判断存在着极大的差异。

第二节 政策建议

我国现行的企业会计准则（2006）体系中，既对重要性进行了定义，又对重要性原则在会计确认、计量、列报和披露方面的应用做了若干指引。企业会计准则（2006）较少采用明线规则来确定重要性水平，而是赋予财务报表编制者判断和估计的裁量权。然而，上市公司在编制财务报表时，尤其是编制财务报表附注时，还需要遵守中国证券监督管理委员会、上海证券交易所和深圳证券交易所发布的相关规定，而这些规定大量地采用了明线规则来指引上市公司进行重要性水平的判断。过多、过细的明线规则会导致上市公司在信息披露中较多采用核对清单模式（checklist approach），而并非站在财务使用者的角度进行重要性判断。我们赞同构建高质量的信息披露规范体系是推动以信息披露为中心的监管转型的重要前提，虽然信息披露规范体系中指出的各种明线规则会减少监管成本、诉讼成本，但可能会增加上市公司披露成本，导致财务报告中形成机械化的表述，从而降低信息相关性。

我们建议我国财政部借鉴美国证券交易委员会（SEC）发布的《员工会计公告第99号"重要性"》（SAB 99）和国际会计准则理事会（IASB）发布的《国际财务报告准则实务公告第2号：就重要性作出判断》（2017），单独发布指引公告，规范我国会计实务中重要性应用的不足，从而提高会计人员对重要性的职业判断能力，提高财务报告信息的决策支持度。具体建议如下：

一、对重要性定义的修订

我国目前使用的重要性定义，在实质上与美国财务会计准则委员会（FASB）和国际会计准则理事会（IASB）对重要性作出的定义差异不大。但我们注意到，美国财务会计委员会（FASB）和国际会计准则理事会（IASB）均于2018年修改各自对重要性作出的定义。国际会计准则理事会（IASB）在重要性的定义中新加入"模糊"（obscure）一词，对多年使用的"省略和错报"进行了补充，并列举了可能使重要信息变得模糊的五种方式，这是对以往重要性定义作出的重大改进。可能使重要信息变得模糊的五种方式主要针对的是信息列报和披露存在的问题，例如披露语言表述含糊或不清晰，将重要项目、交易或其他事项的信息分散在财务报表的不同部分，将重要信息隐藏于不重要的信息里，从而导致主要使用者无法确定哪些信息是重要的。我们认为在重要性的定义中加入"模糊"一词，可以提高报表编制者对信息披露质量的重视，意识到除了漏报或错报之外，玩文字游戏、避重就轻同样是没有适当应用重要性原则。

二、对重要性判断之定量指标的使用

我国企业会计准则（2006）指出，应当考虑该项目的大小，例如金额占资产总额、负债总额、所有者权益总额、营业收入总额、营业成本总额、净利润、综合收益总额等直接相关项目金额的比重或所属报表单列项目金额的比重。上市公司监管部门也发布了众多明线指标，用于指导上市公司进行信息披露。但是，在这些规定中都没有说明定量指标的使用在整个重要性判断中的步骤，也没有说明定量指标的使用与定性指标的使用应如何结合。

《员工会计公告第99号"重要性"》（SAB 99）和《国际财务报告准则实务公告第2号：就重要性作出判断（2017）》也都认可在进行重要性判断时使用定量指标，并明确了定量指标计算可以作为重要性判断的第一步。《员工会计公告第99号"重要性"》（SAB 99）指出不反对采用"经验法则"作为评估重要性水平的第一步。《国际财务报告准则实务公告第2号：就重要性作出判断（2017）》提出，虽然重要性因素之间没有等级，但先从定量角度评估信息项目可能是评估重要性的高效方法。如果主体仅根据交易、其他事项或情况的影响大小即可将某项信息识别为重要信息，则主体不必再就其他重要性因素进一步评估此项信息。在这些情况下，定量门槛值（用于评估规模的其中一项指标的特定水平、比率或金额）能够成为重要性判断的有用工具。

因此，我们建议在重要性应用指引中明确定量指标的使用可以作为重要性判断的第一步，但仅仅依靠定量评估并不总能够充分证明某项信息不具重要性，公司应进一步结合定性指标进行评估。

三、对重要性判断之定性指标的应用

我国企业会计准则（2006）对重要性判断中定性指标的应用，没有作出具体的指引，只提及应当考虑该项目在性质上是否属于企业日常活动、是否显著影响企业的财务状况、经营成果和现金流量等因素。

《员工会计公告第99号"重要性"》（SAB 99）可借鉴之处在于，其列举了若干省略或错报可能导致的后果，例如，是否改变了利润的趋势，是否达到了分析师对企业的预期，是否影响了管理层薪酬，是否会导致证券市场潜在的反应等。《国际财务报告准则实务公告第2号：就重要性作出判断（2017）》则是从主体特有的和外部的两个方面对定性因素进行了阐释。主体的特有因素包括利润的趋势、关联方交易等，外部的因素包括主体的地理位置、行业、主体经营所处的经济环境等。

我们建议参考上述两份公告的内容，在重要性应用指引中以列举方式指出重要性判断中定性指标，然后加以兜底性条款以弥补列举式的不足。

四、对重要性判断之特定情况的规定

《国际财务报告准则实务公告第2号：就重要性作出判断（2017）》提供了在一些特定情况下，如何进行重要性判断的指引，例如，存在前期信息、会计差错和债务契约限制条款时如何进行重要性判断，以及如何针对中期报告来进行重要性判断。我国企业会计准则（2006）在具体准则层面也对部分特定情况进行了规范，例如中期报告中重要性原则应用，但仍有部分特定情况仍缺乏指引。我们可以借鉴该份公告中探讨的国际财务报告准则中的重要性要求与当地法律法规的关系，对会计准则中的重要性要求和其他监管部门发布的披露指引关系作出说明。此外，针对存在前期信息、债务契约限制条款等特定情形，作出专门的重要性应用指引。

参考文献

中文文献：

[1] 葛家澍、陈朝琳："财务报告概念框架的新篇章——评美国 FASB 第 8 号概念公告（2010 年 9 月）",《会计研究》,第 3 期。

[2] 葛家澍、杜兴强：《财务会计概念框架与会计准则问题研究》,中国财政经济出版社 2003 年版。

[3] 葛家澍、林志军,《现代西方会计理论》,厦门大学出版社 1996 年版。

[4] 葛家澍、刘峰：《会计理论——关于财务会计概念结构的研究》,中国财政经济出版社 2003 年版。

[5] 郭道扬："20 世纪会计大事评说",《财会通讯》,1997 年。

[6] 郭道扬："秦国与秦王朝的财计法规",《中国总会计师》,2008 年第 5 期。

[7] 会计信息质量特征研究课题组："对建立我国会计信息质量特征体系的认识",《会计研究》,2006 年第 1 期。

[8] 李丹："会计重要性判断标准的研究（Doctoral dissertation, 对外经济贸易大学）"。

[9] 李明辉："略论会计,审计和法律中的重要性概念",《中国注册会计师》,第 1 期。

[10] 林斌："论会计的重要性原则",《会计研究》,第 12 期。

[11] 刘冬荣、杨琼："会计和审计中重要性概念的再思考",《上海会计》,第 3 期。

[12] 刘峰：《会计准则研究》,东北财经大学出版社 1996 年版。

[13] 陆建桥："新国际财务报告概念框架的主要内容及其对会计准则制定和会计审计实务发展的影响",《中国注册会计师》,第 8 期。

[14] 娄尔行："论财务会计概念",中国财政经济出版社 2004 年版。

[15] 钱逢胜、乔元芳："有用财务信息的质量特征——财务报告概念框架（2018）第 2 章",《新会计》,2018 年第 6 期。

[16] 任春艳："从安然事件看重要性原则的滥用及其治理",《中国注册会计师》,第 1 期。

[17] 孙蕊："会计重要性概念述评",《财会月刊》,第 23 期。

[18] 吴水澎:"中国会计理论研究",中国财政经济出版社2000年版。

[19] 谢盛纹:"重要性概念及其运用:过去与未来",《会计研究》,第2期。

[20] 杨纪琬:"建立我国会计准则体系的原则",《会计研究》,第1期。

[21] 杨世忠:"企业会计信息质量的评价与鉴定",《上海立信会计学院学报》,第4期。

[22] 叶清辉:"会计重要性判断的再认识",博士论文。

[23] 张为国、王霞:"中国上市公司会计差错的动因分析",《会计研究》,第4期。

[24] 张学军:"解读企业会计准则中的重要性原则",《财会月刊:会计版(上)》,第7期。

英文文献:

[1] Acito, A. A., Burks, J. J., & Johnson, W. B. (2009). Materiality decisions and the correction of accounting errors. The Accounting Review, 84 (3), 659–688.

[2] Acito, A., Burks, J. J., & Johnson, W. B. (2016). The Materiality of Accounting Errors: Evidence from SEC Comment Letters and Implications for Research Proxies. Available at SSRN 2605993.

[3] Bernstein, L. A. (1967). The concept of materiality. The accounting review, 42 (1), 86–95.

[4] Blokdijk, H., Drieenhuizen, F., Dan, A. S., & Stein, M. T. (2003). Factors affecting auditors' assessments of planning materiality. Auditing A Journal of Practice & Theory, 22 (2), 297–307.

[5] Brody, R. G., Lowe, D. J., & Pany, K. (2003). Could 51 million be immaterial when Enron reports income of 105 million?. Accounting Horizons, 17 (2), 153–160.

[6] Chewning, E. G., & Higgs, J. L. (2002). What Does "Materiality" Really Mean?. Journal of Corporate Accounting & Finance, 13 (4), 61–71.

[7] Chewning, G., & Wheeler, S. (1989). Auditor reporting decisions involving accounting principle changes: some evidence on materiality thresholds. Journal of Accounting Research, 27 (1), 78.

[8] DeZoort, F. T. , D. R Hermanson, and R. W. Houston. (2003). Audit committee support for auditors: The effects of materiality justification and accounting precision. Journal of Accounting and Public Policy. Volume 22, Issue 2, March – April 2003, Pages 175 – 199

[9] Edgley, C. (2014). A genealogy of accounting materiality. Critical Perspectives on Accounting, 25 (3), 255 – 271.

[10] Fisher, M. H. (1990). The effects of reporting auditor materiality levels publicly, parivately, or not at all in an experimental settting. Auditing: A Journal of Practice &Theory 9 (Supplement): 184 – 223.

[11] Friedberg, A. H. , J. R Strawser, J. H. Cassidy. (1989). Factors affecting materiality judgments: A comparison of "Big Eight" accounting firms materiality views with the results of empirical research. Advances in Accounting 7: 187 – 201.

[12] Frishkoff, P. (1970). An empirical investigation of the concept of materiality in accounting. Journal of Accounting Research, 116 – 129.

[13] Frishkoff P. , M. E. Phillips. (1985). Materiality in commercial bank inflation accounting. Advances in Accounting 2: 31 – 46.

[14] Grant, C. T. , DePree Jr, C. M. , & Grant, G. H. (2000). Earnings management and the abuse of materiality. Journal of Accountancy, 190 (3), 41.

[15] Heitzman, S. , Wasley, C. , & Zimmerman, J. (2010). The joint effects of materiality thresholds and voluntary disclosure incentives on firms' disclosure decisions. Journal of accounting and economics, 49 (1), 109 – 132.

[16] Holstrum, G. L. , & Messier Jr, W. F. (1982). A review and integration of empirical research on materiality. Auditing: A Journal of Practice and Theory, 2 (1), 45 – 63.

[17] Iskandar, T. M. , & Iselin, E. R. (1999, September). A review of materiality research. In Accounting Forum (Vol. 23, No. 3, pp. 209 – 239). Blackwell Publishers Ltd.

[18] Iyer, G. , & Whitecotton, S. (2007). Re – defining "materiality": an exercise to restore ethical financial reporting. Advances in Accounting, 23, 49 – 83.

[19] Keune, M. B. , & Johnstone, K. M. (2012). Materiality judgments and the resolution of detected misstatements: The role of managers, auditors, and audit

committees. The Accounting Review, 87 (5), 1641 –1677.

[20] Latham & Watkins Corporation SAB 99: The SEC Defines "Materiality" https://www.lw.com/upload/pubContent/_pdf/pub326.pdf.

[21] Levitt Jr, A. (1998). The numbers game. The CPA Journal, 68 (12), 14.

[22] Messier Jr, W. F., Martinov-Bennie, N., & Eilifsen, A. (2005). A review and integration of empirical research on materiality: Two decades later. Auditing: A Journal of Practice & Theory, 24 (2), 153 –187.

[23] Morris, M. H., Nichols, W. D., & Pattillo, J. W. (1984). Capitalization of interest, materiality judgment divergence and users' information needs. Journal of Business Finance & Accounting, 11 (4), 547 –555.

[24] Poli, S. (2013). The application of the accounting concept of materiality in the Italian listed companies financial statement. International Journal of Finance and Accounting, 2 (4), 214 –219.

[25] Ro, B. T. (1982). An analytical approach to accounting materiality. Journal of Business Finance & Accounting, 9 (3), 397 –412.

[26] Steinbart, P. J. (1987). The construction of a rule-based expert system as a method for studying materiality judgments. Accounting Review, 62 (1), 97 –116.

[27] Singh, M., & Peters, S. J. (2015). Materiality: Investor Perspectives.

[28] Tan, C. E., & Young, S. M. (2015). An Analysis of "Little r" Restatements. Accounting Horizons, 29 (3), 667 –693.

[29] Van Arsdell, S. C. (1975). Criteria for determining materiality. Journal of Accountancy (1975), 140 (000004), 72 –78.

[30] Vance, D. E. (2011). A meta-analysis of empirical materiality studies. Journal of Applied Business Research (JABR), 27 (5), 53 –72.

[31] Pattillo, J. W. (1976). The Concept of Materiality in Financial Reporting, Financial Executive Research Foundation.

[32] Rose, J., W. Beaver, S. Becker & G. Sorter, (1970). Toward an Empirical Measure of Materiality, Journal of Accounting Research (Supplement 1970), 138 –148.

[33] Woolsey, S. M. (1954). Judging materiality in determining requirements for full disclosure. Journal of Accountancy (pre-1986), 98 (000006), 745.

本篇附录

上市公司监管机构发布的信息披露
规定中涉及重要性应用的条款

规定	涉及条款
《上市公司信息披露管理办法》（中国证券监督管理委员会令 第 40 号）（2007 年）	第三章 定期报告 第十九条　上市公司应当披露的定期报告包括年度报告、中期报告和季度报告。凡是对投资者作出投资决策有重大影响的信息，均应当披露。 …… 第三十条　发生可能对上市公司证券及其衍生品种交易价格产生较大影响的重大事件，投资者尚未得知时，上市公司应当立即披露，说明事件的起因、目前的状态和可能产生的影响。前款所称重大事件包括： （一）公司的经营方针和经营范围的重大变化； （二）公司的重大投资行为和重大的购置财产的决定； （三）公司订立重要合同，可能对公司的资产、负债、权益和经营成果产生重要影响； （四）公司发生重大债务和未能清偿到期重大债务的违约情况，或者发生大额赔偿责任； （五）公司发生重大亏损或者重大损失； （六）公司生产经营的外部条件发生的重大变化； （七）公司的董事、1/3 以上监事或者经理发生变动；董事长或者经理无法履行职责； （八）持有公司 5% 以上股份的股东或者实际控制人，其持有股份或者控制公司的情况发生较大变化； （九）公司减资、合并、分立、解散及申请破产的决定；或者依法进入破产程序、被责令关闭； （十）涉及公司的重大诉讼、仲裁，股东大会、董事会决议被依法撤销或者宣告无效； （十一）公司涉嫌违法违规被有权机关调查，或者受到刑事处罚、重大行政处罚；公司董事、监事、高级管理人员涉嫌违法违纪被有权机关调查或者采取强制措施； （十二）新公布的法律、法规、规章、行业政策可能对公司产生重大影响； （十三）董事会就发行新股或者其他再融资方案、股权激励方案形成相关决议； （十四）法院裁决禁止控股股东转让其所持股份；任一股东所持公司 5% 以上股份被质押、冻结、司法拍卖、托管、设定信托或者被依法限制表决权；

续表

规定	涉及条款
《上市公司信息披露管理办法》（中国证券监督管理委员会令 第40号）（2007年）	（十五）主要资产被查封、扣押、冻结或者被抵押、质押； （十六）主要或者全部业务陷入停顿； （十七）对外提供重大担保； （十八）获得大额政府补贴等可能对公司资产、负债、权益或者经营成果产生重大影响的额外收益； （十九）变更会计政策、会计估计； （二十）因前期已披露的信息存在差错、未按规定披露或者虚假记载，被有关机关责令改正或者经董事会决定进行更正； （二十一）中国证监会规定的其他情形。
《公开发行证券的公司信息披露编报规则第15号——财务报告的一般规定》（2014年证监会公告第54号）（2014年修订）	第三条　凡对投资者进行投资决策有重要影响的财务信息，不论本规则是否有明确规定，公司均应充分披露。 第四条　公司在编制和披露财务报告时应遵循重要性原则，并根据实际情况从性质和金额两方面判断重要性。 …… 第十条　财务报表中会计数据的排列应自左至右，最左侧为最近一期数据。表内各重要报表项目应标有附注编号，并与财务报表附注编号一致。 …… 第六十九条　其他对投资者决策有影响的重要交易和事项，公司应披露具体情况、判断依据及相关会计处理。 （注：该规定还对重要的税收优惠政策及依据、重要的应收款项、重要的预付款、重要的逾期应收利息、重要的在建工程项目、重要的逾期借款、重要的应付账款、重要的逾期未付利息、重要的超过1年未支付的应付股利、重要的预计负债、重要的合营企业或联营企业、重要会计差错更正、重要的债务重组、重要资产置换、重要资产转让及出售等问题的披露作出了要求。）

续表

规定	涉及条款
《公开发行证券的公司信息披露编报规则第26号——商业银行信息披露特别规定》（2014年证监会公告第3号）（2014年修订）	第十八条　除日常经营范围的对外担保外，商业银行的对外担保事项，单笔担保金额超过经审计的上一年度合并财务报表中归属于上市公司股东的净资产金额5%或单笔担保金额超过20亿元的，公司应及时公告。 第十九条　商业银行涉及的诉讼事项，单笔金额超过经审计的上一年度合并财务报表中归属于本行股东的净资产金额1%的，公司应及时公告。 第二十条　商业银行发生的股权投资、收购和出售资产等事项，单笔金额超过经审计的上一年度合并财务报表中归属于本行股东的净资产金额5%或单笔金额超过20亿元的，公司应及时公告。 商业银行发生的资产和设备采购事项，单笔金额超过经审计的上一年度合并财务报表中归属于本行股东的净资产金额1%的，公司应及时公告。 第二十一条　商业银行发生重大突发事件（包括但不限于银行挤兑、重大诈骗、分支机构和个人的重大违规事件），涉及金额达到最近一期经审计的合并财务报表中归属于本行股东的净利润1%以上的，公司应按要求及时进行公告。 第二十二条　商业银行的关联交易包括与关联方之间发生的各类贷款、信贷承诺、证券回购、拆借、担保、债券投资等表内、外业务，资产转移和向商业银行提供服务等交易。 商业银行应在定期报告中披露与关联自然人发生关联交易的余额及其风险敞口。还应当及时披露与关联法人发生的交易金额占商业银行最近一期经审计净资产的0.5%以上的关联交易，应当及时披露。如果交易金额在3000万元以上且占最近一期经审计净资产1%以上的关联交易，除应当及时披露外，还应当提交董事会审议。如果交易金额占商业银行最近一期经审计净资产5%以上的关联交易，除应当及时披露外，还应当将该交易提交股东大会审议。商业银行的独立董事应当对关联交易的公允性以及内部审批程序履行情况发表书面意见。如商业银行根据相关规则，对日常发生的关联交易进行了合理预计，并履行了相应的董事会或股东大会审批和披露程序，则在预计范围内无须重复履行董事会和股东大会审批和披露程序。

续表

规定	涉及条款
《公开发行证券的公司信息披露内容与格式准则第2号——年度报告的内容与格式》(2017年证监会公告第17号)(2017年修订)	第二十七条 公司应当回顾分析在报告期内的主要经营情况。对重要事项的披露应当完整全面，不能有选择地披露。公司应当披露已对报告期产生重要影响以及未对报告期产生影响但对未来具有重要影响的事项等。内容包括但不限于： （一）主要经营业务。应当包括（但不限于）收入、成本、费用、研发投入、现金流等项目，需要提示变化并分析变化的原因。若公司业务类型、利润构成或利润来源发生重大变动，应当详细说明。 1. 收入与成本：公司应当结合行业特征和自身实际情况，分别按行业、产品及地区说明报告期内公司营业收入构成情况。对于占公司营业收入或营业利润10%以上的行业、产品或地区，应当分项列示其营业收入、营业成本、毛利率，并分析其变动情况。对实物销售收入大于劳务收入的公司，应当按行业口径，披露报告期内的生产量、销售量和库存量情况。若相关数据同比变动在30%以上的，应当说明原因。公司应当披露已签订的重大销售合同截至本报告期的履行情况。 …… （六）主要控股参股公司分析。公司应当详细介绍主要子公司的主要业务、注册资本、总资产、净资产、净利润，本年度取得和处置子公司的情况，包括取得和处置的方式及对公司整体生产经营和业绩的影响。如来源于单个子公司的净利润或单个参股公司的投资收益对公司净利润影响达到10%以上，还应当介绍该公司主营业务收入、主营业务利润等数据。若单个子公司或参股公司的经营业绩同比出现大幅波动，且对公司合并经营业绩造成重大影响的，公司应当对其业绩波动情况及其变动原因进行分析。 主要子公司或参股公司的经营情况的披露应当参照上市公司经营情况讨论与分析的要求。对于与公司主业关联较小的子公司，应当披露持有目的和未来经营计划；对本年度内投资收益占净利润比例达50%以上的公司，应当披露投资收益中占比在10%以上的股权投资项目。 第四十条 公司应当披露报告期内发生的重大关联交易事项。若对于某一关联方，报告期内累计关联交易总额高于3000万元（创业板公司披露标准为1000万元）且占公司最近一期经审计净资产值5%以上，应当按照以下发生关联交易的不同类型分别披露。 第四十一条 公司应当披露重大合同及其履行情况，包括但不限于： （一）在报告期内发生或以前期间发生但延续到报告期的托管、承包、租赁其他公司资产或其他公司托管、承包、租赁本公司资产的事项，且该事项为公司带来的损益额达到公司当年利润总额的10%以上时，应当详细披露有关合同的主要内容，包括但不限于：有关资产的情况，涉及金额、期限、损益及确定依据，同时应当披露该损益对公司的影响。 ……

续表

规定	涉及条款
《公开发行证券的公司信息披露内容与格式准则第3号——半年度报告的内容与格式》（2017年证监会公告第18号）（2017年修订）	第二十六条　公司应当回顾分析在报告期内的主要经营情况。对重要事项的披露应当完整全面，不能有选择地披露。公司应当披露已对报告期产生重要影响以及未对报告期产生影响但对未来具有重要影响的事项等。内容包括但不限于： …… （六）主要控股参股公司分析。公司应当介绍主要子公司的主要业务、注册资本、总资产、净资产、净利润，本半年度取得和处置子公司的情况，包括取得和处置的方式及对公司整体生产经营和业绩的影响。如来源于单个子公司的净利润或单个参股公司的投资收益对公司净利润影响达到10%以上，还应当介绍该公司主营业务收入、主营业务利润等数据。 第三十八条　公司应当披露报告期内发生的重大关联交易事项。若对于某一关联方，报告期内累计关联交易总额高于3000万元（创业板公司披露标准为1000万元）且占公司最近一期经审计净资产值5%以上，应按照以下发生关联交易的不同类型分别披露。 …… 第三十九条　公司应当披露重大合同及其履行情况。包括但不限于： （一）在报告期内发生或以前期间发生但延续到报告期的托管、承包、租赁其他公司资产或其他公司托管、承包、租赁公司资产的事项，且该事项为公司带来的损益额达到近一期经审计利润总额的10%以上时，应当详细披露有关合同的主要内容，包括但不限于：有关资产的情况，涉及金额、期限、损益及确定依据，同时应当披露该损益对公司的影响。
《上海证券交易所股票上市规则》（2018年修订）	9.2 上市公司发生的交易（提供担保除外）达到下列标准之一的，应当及时披露： （一）交易涉及的资产总额（同时存在账面值和评估值的，以高者为准）占上市公司最近一期经审计总资产的10%以上； （二）交易的成交金额（包括承担的债务和费用）占上市公司最近一期经审计净资产的10%以上，且绝对金额超过1000万元； （三）交易产生的利润占上市公司最近一个会计年度经审计净利润的10%以上，且绝对金额超过100万元； （四）交易标的（如股权）在最近一个会计年度相关的营业收入占上市公司最近一个会计年度经审计营业收入的10%以上，且绝对金额超过1000万元； （五）交易标的（如股权）在最近一个会计年度相关的净利润占上市公司最近一个会计年度经审计净利润的10%以上，且绝对金额超过100万元。 上述指标涉及的数据如为负值，取其绝对值计算。

续表

规定	涉及条款
《上海证券交易所股票上市规则》（2018年修订）	9.3 上市公司发生的交易（提供担保、受赠现金资产、单纯减免上市公司义务的债务除外）达到下列标准之一的，除应当及时披露外，还应当提交股东大会审议： （一）交易涉及的资产总额（同时存在账面值和评估值，以高者为准）占上市公司最近一期经审计总资产的50%以上； （二）交易的成交金额（包括承担的债务和费用）占上市公司最近一期经审计净资产的50%以上，且绝对金额超过5000万元； （三）交易产生的利润占上市公司最近一个会计年度经审计净利润的50%以上，且绝对金额超过500万元； （四）交易标的（如股权）在最近一个会计年度相关的营业收入占上市公司最近一个会计年度经审计营业收入的50%以上，且绝对金额超过5000万元； （五）交易标的（如股权）在最近一个会计年度相关的净利润占上市公司最近一个会计年度经审计净利润的50%以上，且绝对金额超过500万元。 上述指标涉及的数据如为负值，取绝对值计算。 9.11 上市公司发生"提供担保"交易事项，应当提交董事会或者股东大会进行审议，并及时披露。 下述担保事项应当在董事会审议通过后提交股东大会审议： （一）单笔担保额超过公司最近一期经审计净资产10%的担保； （二）公司及其控股子公司的对外担保总额，超过公司最近一期经审计净资产50%以后提供的任何担保； （三）为资产负债率超过70%的担保对象提供的担保； （四）按照担保金额连续12个月内累计计算原则，超过公司最近一期经审计总资产30%的担保； （五）按照担保金额连续12个月内累计计算原则，超过公司最近一期经审计净资产的50%，且绝对金额超过5000万元以上； （六）本所或者公司章程规定的其他担保。 对于董事会权限范围内的担保事项，除应当经全体董事的过半数通过外，还应当经出席董事会会议的三分之二以上董事同意；前款第（四）项担保，应当经出席会议的股东所持表决权的三分之二以上通过。 10.2.3 上市公司与关联自然人发生的交易金额在30万元以上的关联交易（上市公司提供担保除外），应当及时披露。 公司不得直接或者间接向董事、监事、高级管理人员提供借款。 10.2.4 上市公司与关联法人发生的交易金额在300万元以上，且占公司最近一期经审计净资产绝对值0.5%以上的关联交易（上市公司提供担保除外），应当及时披露。

续表

规定	涉及条款
《上海证券交易所股票上市规则》（2018年修订）	10.2.5 上市公司与关联人发生的交易（上市公司提供担保、受赠现金资产、单纯减免上市公司义务的债务除外）金额在3000万元以上，且占上市公司最近一期经审计净资产绝对值5%以上的关联交易，除应当及时披露外，还应当比照第9.7条的规定，提供具有执行证券、期货相关业务资格的证券服务机构，对交易标的出具的审计或者评估报告，并将该交易提交股东大会审议。 11.1.1 上市公司应当及时披露涉案金额超过1000万元，并且占公司最近一期经审计净资产绝对值10%以上的重大诉讼、仲裁事项。
《上海证券交易所上市公司关联交易实施指引》（2011）	第十八条　上市公司与关联自然人拟发生的交易金额在30万元以上的关联交易（上市公司提供担保除外），应当及时披露。 第十九条　上市公司与关联法人拟发生的交易金额在300万元以上，且占公司最近一期经审计净资产绝对值0.5%以上的关联交易（上市公司提供担保除外），应当及时披露。 第二十条　上市公司与关联人拟发生的关联交易达到以下标准之一的，除应当及时披露外，还应当提交董事会和股东大会审议： （一）交易（上市公司提供担保、受赠现金资产、单纯减免上市公司义务的债务除外）金额在3000万元以上，且占上市公司最近一期经审计净资产绝对值5%以上的重大关联交易。上市公司拟发生重大关联交易的，应当提供具有执行证券、期货相关业务资格的证券服务机构对交易标的出具的审计或者评估报告。对于第七章所述与日常经营相关的关联交易所涉及的交易标的，可以不进行审计或者评估； ……
《上海证券交易所上市公司募集资金管理办法》（2013年修订）	第十九条　单个募投项目完成后，上市公司将该项目节余募集资金（包括利息收入）用于其他募投项目的，应当经董事会审议通过，且经独立董事、保荐机构、监事会发表明确同意意见后方可使用。上市公司应在董事会会议后2个交易日内报告本所并公告。 节余募集资金（包括利息收入）低于100万元或者低于该项目募集资金承诺投资额5%的，可以免于履行前款程序，其使用情况应在年度报告中披露。

续表

规定	涉及条款
《上海证券交易所试点创新企业股票或存托凭证上市交易实施办法》（2018年）	第六十七条 已在境外上市红筹公司发生本办法第六十六条规定的交易事项，达到下列标准之一的，应当及时披露： （一）交易涉及的资产总额（同时存在账面值和评估值的，以孰高者为准）占公司最近一期经审计总资产的10%以上； （二）交易的成交金额（包括承担的债务和费用）占公司最近一个会计年度经审计净资产的10%以上； （三）交易标的（如股权）在最近一个会计年度的相关营业收入占公司最近一个会计年度经审计营业收入的10%以上，且金额超过5000万元。 第六十八条 已在境外上市红筹公司与关联人发生以下关联交易之一的，应当及时披露： （一）与关联自然人发生的金额在人民币1000万元以上的交易； （二）与关联法人发生的金额在人民币5000万元以上，且占上市公司最近一期经审计总资产的0.1%以上的交易； （三）本所或者公司认为可能引发公司与关联人之间利益倾斜的交易。
《上海证券交易所上市公司行业信息披露指引第三号——煤炭》（2015年）	第十二条 上市公司应当披露与行业特征相关的财务数据。上市公司应当细化收入、成本及毛利的具体构成，按地区、业务板块、煤炭品种、煤炭来源披露营业收入、营业成本、毛利率（额）等指标及其与上年同期的变化。 公司单一地区、业务板块、煤炭品种、煤炭来源的营业收入占总营业收入5%以下的，可免于披露。
《上海证券交易所上市公司行业信息披露指引第五号——零售》（2015年）	第八条 上市公司应当披露与行业特点相关的财务数据。上市公司应当细化收入、成本及毛利的具体构成，按经营业态、地区、经营模式、商品主要类别、销售渠道披露营业收入、营业成本、毛利率（额）及其与上年同期的变化。 前述细化后，经营业态、地区、经营模式、商品类别、销售渠道中任一项的营业收入占总营业收入5%以下的，可免于披露与之相对应的上述信息。 第十条 上市公司应当披露线上销售情况。上市公司应当披露自建线上销售平台的交易额（GMV）、营业收入、访问量、入驻商家数量；加盟外部线上平台情况及营业收入；可以披露订单数量、PC及移动端订单占比。 线上销售占公司总销售额5%以下的，可免于披露交易额、营业收入以外的其他信息。

续表

规定	涉及条款
《上海证券交易所上市公司行业信息披露指引第六号——汽车制造》（2015年）	第七条 上市公司整车制造业务收入占公司主营业务收入10%以上的，应当单独披露下列反映报告期内整车经营业务的信息： （一）整车产销量，包括按车型类别、境内和境外地区或其他方式分类统计的整车产品产销数据，以及导致相关数据同比变化幅度超过30%的行业及自身经营因素； （二）整车销售收入、成本及毛利，包括按车型类别统计的主要整车产品收入、成本、毛利、毛利率及其上年度可比数据； （三）零部件配套体系，包括主要车型类别的零部件外购和自制比例，以及零部件配套体系建设情况； 发动机、变速器和底盘等核心零部件的外购比例超过50%的，应当汇总或分别披露该零部件前5名供应商的采购额及占该零部件采购总额的比例； （四）整车销售方式：采用代理销售模式的，应当披露报告期末授权销售门店数量，以及报告期内新增门店数量和退网门店数量；采用订单销售模式的，应当披露报告期末已经签订但尚未履行完毕的主要订单情况，包括订单金额、尚未确认收入金额、仍需交付的车型类别和数量。公司还应当披露报告期内通过互联网销售整车的总体情况。 第八条 上市公司汽车零部件制造业务对外销售收入占公司主营业务收入10%以上的，应当单独披露下列反映报告期内零部件经营业务的信息： （一）零部件产销量，包括按零部件类别、整车配套和售后服务不同市场、境内和境外地区或其他方式分类统计的零部件产销数据，以及导致相关数据同比变化幅度超过30%的行业及自身经营因素； （二）零部件销售收入、成本及毛利，包括按零部件类别分类统计的主要零部件产品收入、成本、毛利、毛利率及其上年度可比数据，以及零部件产品重要原材料价格变化对产品成本的影响； （三）零部件销售方式，包括销售模式、销售渠道及其变化情况。
《上海证券交易所上市公司行业信息披露指引第七号——医药制造》（2015年）	第八条 上市公司应当按照其药（产）品的主要治疗领域，分别披露报告期营业收入、营业成本、毛利率及同比增减情况，并进行同行业对比。相关数据同比变化达30%以上的，应当说明发生重大变化的原因。 第十条 上市公司应当结合医药制造业及所处细分行业特点、自身经营和销售模式、销售渠道，披露报告期内下列销售费用信息： （一）销售费用的具体构成，包括市场（学术）推广费、广告费、销售渠道费用等的开支及比重情况；

续表

规定	涉及条款
《上海证券交易所上市公司行业信息披露指引第七号——医药制造》（2015年）	（二）销售费用占同期营业收入的比例。相关数据同比变化达30%以上的，应当说明发生重大变化的原因； （三）与同行业平均销售费用和同行业代表性公司进行比较，说明公司销售费用发生的合理性以及控制费用措施的有效性。
《上海证券交易所上市公司行业信息披露指引第九号——钢铁》（2015年）	第五条　上市公司应当披露钢材制造和销售的以下情况： （一）整体情况，结合经营战略，分地区、分产品披露的产量、销量、平均销售价格、营业收入、营业成本、毛利率（额）等主要经营数据，及其较前一年度的重大变动情况和变动原因； （二）优势品种，独有产品、领先产品、特殊钢铁等优势品种的品名、用途、产量、销量、核心竞争力、主要客户、主要销售区域、营业收入及占比、毛利率（额）、市场占有率，及其对应的下游行业发展状况等。 公司单一钢材品种的营业收入或毛利额占公司营业总收入或总毛利额10%以下的，可免于披露上述信息。
《上海证券交易所上市公司行业信息披露指引第十号——建筑》（2015年）	第十五条　上市公司应当汇总披露存货中已完工未结算的情况，包括累计已发生成本、累计已确认毛利、预计损失、已办理结算的金额、已完工未结算的余额。 公司可以披露前5大已完工未结算项目的情况，包括累计已发生成本、累计已确认毛利、预计损失、已办理结算的金额、已完工未结算的余额。
《上海证券交易所上市公司行业信息披露指引第十一号——光伏》（2015年）	第六条　上市公司从事光伏电站开发业务的，单个电站项目投资规模占公司报告期末净资产10%以上，或者从事光伏电站工程承包业务的，单个电站项目收入或净利润占公司当期收入或净利润10%以上的，应当披露以下光伏电站的项目信息： （一）集中式和分布式光伏电站的装机容量、所在地、国家和地方的电价补贴及承诺年限； （二）各电站项目的计划开发建设周期、投资规模、资金来源、当期已投入金额； （三）各电站项目的进展情况，包括取得项目核准、开工建设、实现并网、持有待售、持有运营、已出售等； （四）电站项目中使用自产产品的情况； （五）报告期从事光伏电站工程承包业务确认的工程收入。

续表

规定	涉及条款
《上海证券交易所上市公司行业信息披露指引第十二号——服装》（2015年）	第四条 上市公司加工制造服装服饰产品的收入占年度服装业营业收入50%以上的，应当披露公司的产能状况，包括主要工厂或下属公司的产品类别、设计产能、产能利用率、在建产能及投资建设情况。公司还应当结合市场供求变化情况，披露产能实现的影响和调整计划。
《上海证券交易所上市公司行业信息披露指引第十四号——酒制造》（2016年）	第十条 上市公司应当结合行业特点和自身经营模式，披露报告期内以下主营业务构成情况： （一）按照产品档次分项披露的营业收入、营业成本、毛利率及同比增减情况，毛利率同比变动5个百分点以上的，应当披露变化原因； （二）按照销售渠道分项披露的营业收入、营业成本、毛利率及同比增减情况，毛利率同比变动5个百分点以上的，应当披露变化原因； （三）按照地区分部分项披露的营业收入、营业成本、毛利率及同比增减情况，毛利率同比变动5个百分点以上的，应当披露变化原因； （四）公司应当披露原料成本、人工成本和制造费用等成本构成情况。成本构成因素同比变化20%以上的，公司应当披露具体原因、影响程度和应对措施。 第十一条 上市公司应当结合行业特点、自身经营销售模式、渠道管理特点，披露报告期内以下销售费用情况： （一）销售费用的具体构成和比重、销售费用总额和占当期营业收入比例。销售费用同比变化30%以上的，应当披露变化原因。 （二）广告宣传费用同比变化30%以上的，应当披露具体构成和各项费用比重，包括全国性、地区性广告费用金额及比重。 （三）促销费用同比变化30%以上的，应当披露促销政策变化的原因。
《上海证券交易所上市公司行业信息披露指引第十五号——广播电视传输服务》（2016年）	第七条 上市公司从事基本业务以外的其他业务，应当披露相关业务的主要盈利模式、主要竞争对手情况及可能存在的风险，并分析其与基本业务的协同效应，以及对公司的影响。 前款其他业务的营业收入占当期营业收入总额30%以上的，公司应当按细分业务板块分项披露营业收入、营业成本、毛利率及同比增减情况，并保持信息披露的持续性和一致性。未达到该款标准的，公司可以结合自身经营特点披露经营情况。

续表

规定	涉及条款
《上海证券交易所上市公司行业信息披露指引第十六号——环保服务》（2016 年）	第七条　上市公司从事固体废弃物处理业务的，应当按照垃圾处理类型分别披露以下信息： …… （二）各类垃圾处理收入、占总收入的比例及毛利率情况，各类垃圾处理收入同比变化30%以上的，应当披露变化原因； 第十条　上市公司从事环境修复业务的，应当披露以下信息： （一）按照城市环境修复、矿山修复、耕地修复等业务类型分项披露的各业务收入和收入占比，各项业务收入同比变化30%以上的，应当披露变化原因；
《上海证券交易所上市公司行业信息披露指引第十七号——水的生产与供应》（2016 年）	第十六条　上市公司从事水务工程施工建设业务，且相关营业收入或净利润占公司最近一个会计年度经审计营业收入或净利润30%以上的，应当比照《上市公司行业信息披露指引第十号——建筑》，在年度报告和临时报告中披露相关行业经营性信息。
《上海证券交易所上市公司行业信息披露指引第十八号——化工》（2016 年）	第十三条　上市公司应当披露报告期内以下重要财务信息： （一）固定资产投资情况。上市公司固定资产占比达到报告期末公司总资产50%以上的，应当披露新增固定资产投资规模、预计产能、建设周期、在建工程转固情况；
《上海证券交易所上市公司行业信息披露指引第十九号——航空运输》（2016 年）	第十三条　上市公司应当在企业会计准则原则性规定的基础上，披露以下行业具体会计政策和财务信息： …… （三）固定资产减值损失或固定资产处置损失金额占最近一期经审计净利润10%以上且绝对金额超过5000万元的，应当披露相关情况和原因。 第十四条　上市公司应当以列表方式披露报告期内主要补贴或奖励收入，包括民航基础设施建设基金先征后返、航线补贴、政府专项补贴或奖励等。应收补贴或奖励收入占最近一期经审计净利润10%以上且绝对金额超过5000万元的，应当披露是否存在政策变动及偿付不确定性风险。

续表

规定	涉及条款
《深圳证券交易所股票上市规则》（2018年修订）	9.2 上市公司发生的交易达到下列标准之一的，应当及时披露： （一）交易涉及的资产总额占上市公司最近一期经审计总资产的10%以上，该交易涉及的资产总额同时存在账面值和评估值的，以较高者作为计算数据； （二）交易标的（如股权）在最近一个会计年度相关的营业收入占上市公司最近一个会计年度经审计营业收入的10%以上，且绝对金额超过一千万元； （三）交易标的（如股权）在最近一个会计年度相关的净利润占上市公司最近一个会计年度经审计净利润的10%以上，且绝对金额超过一百万元； （四）交易的成交金额（含承担债务和费用）占上市公司最近一期经审计净资产的10%以上，且绝对金额超过一千万元； （五）交易产生的利润占上市公司最近一个会计年度经审计净利润的10%以上，且绝对金额超过一百万元。 上述指标计算中涉及的数据如为负值，取其绝对值计算。 9.3 上市公司发生的交易（上市公司受赠现金资产除外）达到下列标准之一的，上市公司除应当及时披露外，还应当提交股东大会审议： （一）交易涉及的资产总额占上市公司最近一期经审计总资产的50%以上，该交易涉及的资产总额同时存在账面值和评估值的，以较高者作为计算数据； （二）交易标的（如股权）在最近一个会计年度相关的营业收入占上市公司最近一个会计年度经审计营业收入的50%以上，且绝对金额超过五千万元； （三）交易标的（如股权）在最近一个会计年度相关的净利润占上市公司最近一个会计年度经审计净利润的50%以上，且绝对金额超过五百万元； （四）交易的成交金额（含承担债务和费用）占上市公司最近一期经审计净资产的50%以上，且绝对金额超过五千万元； （五）交易产生的利润占上市公司最近一个会计年度经审计净利润的50%以上，且绝对金额超过五百万元。 上述指标计算中涉及的数据如为负值，取其绝对值计算。
《深圳证券交易所主板上市公司规范运作指引》（2015年修订）	5.1.2 本节所称重大信息是指对上市公司股票及其衍生品种交易价格可能或者已经产生较大影响的信息，包括下列信息： （一）与公司业绩、利润分配等事项有关的信息，如财务业绩、盈利预测、利润分配和资本公积金转增股本等； （二）与公司收购兼并、资产重组等事项有关的信息； （三）与公司股票发行、回购、股权激励计划等事项有关的信息； （四）与公司经营事项有关的信息，如开发新产品、新发明，订立未来重大经营计划，获得专利、政府部门批准，签署重大合同；

续表

规定	涉及条款
《深圳证券交易所主板上市公司规范运作指引》（2015年修订）	（五）与公司重大诉讼或者仲裁事项有关的信息； （六）应当披露的交易和关联交易事项有关的信息； （七）有关法律、行政法规、部门规章、规范性文件、《股票上市规则》、本指引和本所其他相关规定规定的其他应当披露事项的相关信息。
《深圳证券交易所中小企业板上市公司规范运作指引》（2015年修订）	5.1.2 本节所称重大信息是指对上市公司股票及其衍生品种交易价格可能或者已经产生较大影响的信息，包括下列信息： （一）与公司业绩、利润分配等事项有关的信息，如财务业绩、盈利预测、利润分配和资本公积金转增股本等； （二）与公司收购兼并、资产重组等事项有关的信息； （三）与公司股票发行、回购、股权激励计划等事项有关的信息； （四）与公司经营事项有关的信息，如开发新产品、新发明，订立未来重大经营计划，获得专利、政府部门批准，签署重大合同； （五）与公司重大诉讼或者仲裁事项有关的信息； （六）应当披露的交易和关联交易事项有关的信息； （七）有关法律、行政法规、部门规章、规范性文件、《股票上市规则》、本指引和本所其他相关规定规定的其他应披露事项的相关信息。
《深圳证券交易所创业板上市公司规范运作指引》（2015年）	5.1.2 本节所称重大信息是指对上市公司股票及其衍生品种交易价格可能或者已经产生较大影响的信息，包括下列信息： （一）与公司业绩、利润分配等事项有关的信息，如财务业绩、盈利预测、利润分配和资本公积金转增股本等； （二）与公司收购兼并、资产重组等事项有关的信息； （三）与公司股票发行、回购、股权激励计划等事项有关的信息； （四）与公司经营事项有关的信息，如开发新产品、新发明，订立未来重大经营计划，获得专利、政府部门批准，签署重大合同； （五）与公司重大诉讼或者仲裁事项有关的信息； （六）应当披露的交易和关联交易事项有关的信息； （七）有关法律、行政法规、部门规章、规范性文件、《创业板上市规则》、本指引和本所其他相关规定规定的其他应披露事项的相关信息。

续表

规定	涉及条款
《主板信息披露业务备忘录第2号——交易和关联交易》（2018年修订）	第六十五条　上市公司因放弃权利导致出现以下情形之一的，应当对外履行信息披露义务： （一）上市公司因放弃权利而减少的权益比例（或如不放弃权利将增加的权益比例）乘以该控股子公司、合伙企业或合作项目最近一期经审计净资产，占上市公司最近一期经审计净资产的10%以上且绝对金额超过一千万元； （二）上市公司因放弃权利而减少的权益比例（或如不放弃权利将增加的权益比例）乘以该控股子公司、合伙企业或合作项目最近一个会计年度经审计营业收入，占上市公司最近一个会计年度经审计营业收入的10%以上且绝对金额超过一千万元； （三）上市公司因放弃权利而减少的权益比例（或如不放弃权利将增加的权益比例）乘以该控股子公司、合伙企业或合作项目最近一个会计年度经审计净利润，占上市公司最近一个会计年度经审计净利润的10%以上且绝对金额超过一百万元； （四）因放弃权利产生的利润占上市公司最近一个会计年度经审计净利润的10%以上，且绝对金额超过一百万元； （五）所涉控股子公司、合伙企业或合作项目最近三年的平均净资产收益率不低于上市公司最近一个会计年度的净资产收益率； （六）所涉控股子公司、合伙企业或合作项目最近三年的平均毛利率或净资产收益率高于行业平均毛利率或平均净资产收益率的水平； （七）所涉控股子公司、合伙企业或合作项目最近三年主营业务收入的年均复合增长率达到20%以上，或超过上市公司最近三年主营业务收入的年均复合增长率； （八）放弃权利涉及公司最近三年内的募集资金投资项目、重大资产重组置入资产； （九）公司董事会或本所认为放弃权利对上市公司构成重大影响的其他情形。
《主板信息披露业务备忘录第6号——资产评估相关事宜》（2015年）	三、资产评估相关信息披露要求 …… 9. 上市公司在重大资产重组、收购资产或其他交易过程中，评估报告使用收益法的，应当在该交易完成后连续三个会计年度（含完成当年）的年度报告中以对比列示的方式披露相关标的资产的利润或现金流量预测数和实现数，凡相关标的资产利润或现金流量实现数低于预测数10%—20%的，公司及其聘请的评估师应当在股东大会及指定报刊上作出解释，并向投资者公开道歉；凡未来年度报告利

续表

规定	涉及条款
《主板信息披露业务备忘录第6号——资产评估相关事宜》（2015年）	润或现金流量实现数低于预测数20%以上的，公司及评估师除公开解释并道歉以外，我部将视年度报告事后审查情况，根据本所《股票上市规则》的规定对公司董事会或评估机构及相关人员采取监管措施；对有意提供虚假资料，出具虚假评估报告，误导投资者的，我部将报中国证监会查处。
《中小企业板信息披露业务备忘录第1号：业绩预告、业绩快报及其修正》（2016年）	二、公司预计第一季度业绩将出现下列情形之一的，应在知悉后的第一时间在年度报告摘要中或以临时报告形式披露第一季度业绩预告： （一）归属于上市公司股东的净利润（以下简称"净利润"）为负值； （二）净利润与上年同期相比上升或者下降50%以上； （三）与上年同期相比实现扭亏为盈。比较基数较小的公司（即上一年第一季度基本每股收益绝对值低于或等于0.02元人民币）预计出现本款第（二）项情形且净利润变动的金额较小的情况除外。
《中小企业板信息披露业务备忘录第2号：定期报告披露相关事项》（2018年修订）	（五）经营情况讨论与分析的披露 公司在编制年度报告全文的"经营情况讨论与分析"时，除遵守中国证监会《年报准则》等相关规定外，还应当按照以下要求详细披露相关内容： 1. 毛利率变动情况。公司应当分析销售毛利率变动情况，如同比变动达到30%以上的，应当量化分析导致毛利率变动的主要原因。公司分析毛利率变动情况时，可以结合产品结构、产销率、产能利用率、主要客户、人工成本、原材料价格等因素。 2. 产品的销售和积压情况。公司应当在年度报告中对产品的销售和积压情况进行分析，报告期末产品、存货占到总资产10%以上的，应当说明主要产品市场供求情况、产品销售价格及原材料价格的变动趋势和存货跌价准备计提的方法、依据和充分性，并说明对公司的影响及拟采取的对策。 3. 主要供应商、客户情况。公司应当说明前五名供应商、客户是否与公司存在关联关系，并披露相关关联采购或销售金额及所占比例，以及公司董事、监事、高级管理人员、核心技术人员、持股5%以上股东、实际控制人和其他关联方在主要客户、供应商中是否直接或者间接拥有权益等；单一供应商或者客户采购、销售比例超过30%的，除应当按照《年报准则》的规定披露外，还应当在年度报告中说明该供应商或者客户的名称，公司与该供应商、客户是否存在关联关系或除关联关系外的其他关系，公司防范过度依赖单一客户或者供应商的风险应对措施。 4. 主要设备盈利能力、使用情况及减值情况。公司应当在年度报告中分析说明主要资产的盈利能力变动情况，是否出现替代资产或资产升级换代导致公司主要资产盈利能力降低，如有，应当详细说明影响程度及公司拟采取的措施；主要资产产能低于计划产能70%的应当详细说明原因、可能存在的风险以及公司采取的对策。

续表

规定	涉及条款
《中小企业板信息披露业务备忘录第 9 号：重大经营环境变化》（2015 年修订）	二、重大经营环境变化的披露原则上市公司披露重大经营环境的变化时，应当把握以下原则： （一）公司在发生或知悉上述事项时，应当及时评估事项对公司的影响程度，当出现下列情形之一时，应在 2 个交易日内披露相关信息： 1. 对净利润的影响占上市公司最近一个会计年度经审计净利润的 10% 以上，且绝对金额超过 100 万元； 2. 对净利润的影响占上市公司最近一期净利润的 50% 以上，且绝对金额超过 50 万元； 3. 对净利润的影响占上市公司上年同期净利润的 50% 以上，且绝对金额超过 50 万元； 4. 可能导致股票及其衍生品种交易价格发生异常波动； 5. 预期对公司未来期间的净利润产生重大影响； 6. 如果不披露该事项，可能引起投资者普遍猜测或者重大误解。 上述净利润指归属于公司普通股股东的净利润，不包括少数股东损益金额。
《中小企业板信息披露业务备忘录第 10 号：日常经营重大合同》（2017 年修订）	一、上市公司签署与日常经营活动相关的销售产品或商品、提供劳务、承包工程等重大合同，达到下列标准之一的，应及时公告： （一）合同金额占公司最近一个会计年度经审计营业总收入 50% 以上，且绝对金额在 1 亿元人民币以上的； 七、上市公司签署与日常经营活动相关的销售产品或商品、提供劳务、承包工程等重大合同，达到下列标准之一的，除应当按照本备忘录第二条至第五条所述的要求对外披露外，还应当按照本备忘录第八条的规定履行相应义务： （一）年均合同金额（即"合同金额除以合同执行年限"，下同）占公司最近一个会计年度经审计营业总收入 100% 以上，且绝对金额在 1 亿元人民币以上的； （二）年均合同金额占公司最近一个会计年度经审计营业总收入 50% 以上、绝对金额在 1 亿元人民币以上，且合同仅为意向性协议，其法律效力及对协议方的约束力较低或无约束力的。
《创业板信息披露业务备忘录第 7 号：日常经营重大合同》（2017 年修订）	一、上市公司一次性签署与日常经营活动相关的采购、销售、工程承包或者提供劳务等重大合同，达到下列标准之一的，应当及时披露： （一）合同金额占公司最近一个会计年度经审计主营业务收入 50% 以上，且绝对金额超过 1 亿元的； ……

续表

规定	涉及条款
《深圳证券交易所行业信息披露指引第 1 号——上市公司从事畜禽、水产养殖相关业务》（2015年）	第五条　上市公司根据《公开发行证券的公司信息披露编报规则第 15 号——财务报告的一般规定》披露财务报告附注时，应对同时按照下列要求履行信息披露义务： …… （三）单项政府补助影响净利润的金额占当期净利润绝对值的比例在 10% 以上且绝对金额超过人民币 500 万元的，应当详细披露政府补助的具体内容及条款、会计处理方法、涉及金额和实际收到金额等。 （四）披露应收账款项目注释时，若单个客户应收账款余额占应收账款总额比例超过 10% 且账龄超过一年以上的，应对详细披露该客户应收账款较高的原因并提示回款风险等。
《深圳证券交易所行业信息披露指引第 2 号——上市公司从事固体矿产资源相关业务》（2015年）	第四条　上市公司拟取得、出让矿业权或者主要资产为矿业权的公司股权，达到本所《股票上市规则》披露要求的，首次披露时应披露以下基本情况： …… （四）涉及矿产资源储量信息时，应按照以下要求披露： …… 2. 如果披露的资源储量中预测的资源量（334）占资源储量的 50% 及以上，应在显著位置声明：预测的资源量（334）属于潜在矿产资源，有无经济意义尚不明确。
《深圳证券交易所行业信息披露指引第 3 号——上市公司从事房地产业务》（2017年修订）	第六条　上市公司应当依据自身经营模式和结算方式，在年度财务报告附注中披露与房地产行业特征相关的收入确认、存货、投资性房地产等具体会计政策，并披露以下信息： …… （六）在"投资性房地产"项目附注中披露采用公允价值计量的投资性房地产主要项目的所处位置、建筑面积、报告期内租金收入、期初公允价值、期末公允价值；报告期内公允价值变动超过 10% 的，应当对比可比项目披露变动原因；报告期内投资性房地产公允价值变动损益占公司最近一期经审计净利润 30% 以上的，应当单独披露投资性房地产公允价值评估报告或者市场价值调研报告； 第九条　上市公司拟建、在建项目的预计投资金额增减变化达到或者超过原预计投资金额 50%，且原预计投资金额占上市公司最近一期经审计净资产的 10% 以上的，应当及时披露项目的基本情况、投资成本变化情况、已投入金额、调整后年度预计投资计划、变化原因及影响等。

续表

规定	涉及条款
《深圳证券交易所行业信息披露指引第3号——上市公司从事房地产业务》（2017年修订）	第十五条　上市公司直接或者间接与其员工共同投资开展房地产业务的，上市公司应当在年度报告中披露开展前述业务的总体情况，包括但不限于主要项目名称、盈亏情况、各类别主体的实际投资金额及占比、收益分配金额、实际投资金额与收益分配金额之间的匹配性、退出情况。参与主体涉及上市公司董事、监事、高级管理人员及其所控制或者委托的组织，或者与其关系密切的家庭成员，且单一参与主体投资金额为三十万元以上的，上市公司还应当在年度报告中按参与主体逐一披露前述情况。 第二十条　本指引所称"主要项目"，是指房地产项目预计投资金额、已投资金额占上市公司最近一期经审计总资产的10%以上，或者报告期内项目所产生的收入占上市公司最近一期经审计营业收入的10%以上，或者报告期内项目所产生的净利润占上市公司最近一期经审计净利润的10%以上。如主要项目不足五个的，则指报告期内所产生的收入前五的房地产项目。
《深圳证券交易所行业信息披露指引第7号——上市公司从事土木工程建筑业务》（2017年）	第七条　上市公司可根据中国证监会相关格式准则要求，披露财务报告附注时，应当同时按照下列要求履行信息披露义务： …… （三）若单个客户应收账款余额占应收账款总额比例超过10%且账龄超过三年以上的，应当在应收账款附注中详细披露该应收账款较高的原因并提示汇款风险等。 第十二条　上市公司应当按照分阶段披露原则及时披露重大项目的进展情况。项目执行过程中发生重大质量问题、重大资金问题、重大用工问题，以及中止和撤销等可能导致影响项目或合同收入30%以上的情况的，应当说明影响及后续安排。
《深圳证券交易所行业信息披露指引第8号——上市公司从事零售相关业务》（2017年）	第六条　上市公司根据中国证监会相关格式准则要求，披露年度报告、半年度报告时，应当同时按照以下要求履行信息披露义务： …… （五）自有品牌（定制包销、定牌生产、原始设计等）商品销售收入占总销售额5%以上的上市公司，应当披露自有品牌商品的类别、营业收入及占比情况。

续表

规定	涉及条款
《深圳证券交易所行业信息披露指引第 9 号——上市公司从事快递服务业务》（2017 年）	第六条　从事快递服务业务的上市公司根据中国证监会相关格式准则要求，披露年度报告时，应当同时按照下列要求履行信息披露义务： …… （二）公司应当分业务类型（如快递服务、物料销售等）披露营业收入、营业成本和毛利率等财务数据；应当分季度披露营业收入、营业成本和毛利率等财务数据。营业收入、营业成本的构成因素较上年变动 30% 以上的，公司应当结合宏观经济、行业发展和自身经营等情况，披露具体原因、影响程度、风险和应对措施；毛利率变动 5 个百分点以上的，应当详细披露变化原因；境外营业收入占比 30% 以上的，应当按主要国家和地区披露营业收入情况。 第八条　从事快递服务业务的上市公司根据中国证监会相关格式准则要求，披露半年度报告时，应当同时按照下列要求履行信息披露义务： （一）公司应当区分业务类型披露营业收入、营业成本、毛利率等财务数据；营业收入、营业成本构成因素较上年同期变动 30% 以上的，公司应当结合宏观经济、行业发展和自身经营等情况，披露具体原因、影响程度、风险和应对措施； 第九条　上市公司每月定期披露月度快递服务业务收入及其同比变动情况，在同比变动幅度超过 30% 时，还应当披露具体原因。公司应当在报告月度结束后 20 日内披露上述有关内容。
《深圳证券交易所行业信息披露指引第 10 号——上市公司从事民用爆破相关业务》（2018 年）	第七条　上市公司根据中国证监会相关格式准则要求，披露年度报告和半年度报告时，应当同时按照下列要求履行信息披露义务： …… （八）上市公司在海外开展民用爆破业务涉及营业收入占公司最近一个会计年度经审计营业收入、或涉及净利润占公司最近一个会计年度经审计净利润、或涉及投资额占公司最近一个会计年度经审计净资产 10% 以上的，或从事其他对公司存在较大影响的海外业务的，应当对公司海外业务开展的具体情况进行披露。报告期内，上市公司开展海外业务所在国家或地区的经营环境和行业政策发生重大变化的，应当披露具体影响和应对措施。 第八条　上市公司根据《公开发行证券的公司信息披露编报规则第 15 号——财务报告的一般规定》披露财务报告附注时，应披露与行业相关的具体会计政策，并按照下列要求履行信息披露义务： （一）依据自身业务模式和结算方式对收入确认会计政策进行详细披露，并披露行业特殊的收入确认条件、确认时点、核算依据等。如按完工百分比法确认的，还应当详细披露确定完工进度的方法；

续表

规定	涉及条款
《深圳证券交易所行业信息披露指引第 10 号——上市公司从事民用爆破相关业务》（2018 年）	（二）按照不同业务模式对应收款项的确认、信用政策、坏账计提政策进行详细披露； （三）披露主要会计政策和会计估计时，应结合公司的具体情况分主要产品披露存货盘点制度和具体盘点方法； （四）披露报告期内安全专项储备的核算情况，包括计提比例、计提金额和安全专项储备在报告期内的使用情况。 第九条　上市公司拟新增或减少的产能达到上一会计年度期末许可产能总量 10% 的，应以临时报告形式披露相关事项的进展，包括新取得许可和资质的情况、新建生产线试运行及正式投产的情况等。
《深圳证券交易所行业信息披露指引第 11 号——上市公司从事珠宝相关业务》（2018 年）	第二条　上市公司珠宝相关业务的营业收入占公司最近一个会计年度经审计营业收入 30% 以上的，或者归属于母公司股东的净利润（以下简称净利润）占公司最近一个会计年度经审计净利润 30% 以上的，或者该业务可能对公司业绩或股票及其衍生品种交易价格产生较大影响的，应该按照本指引规定履行信息披露义务。
《深圳证券交易所行业信息披露指引第 12 号——上市公司从事软件与信息技术服务业务》（2018 年）	第七条　上市公司根据中国证监会相关格式准则要求，披露半年度报告和年度报告时，应当同时按照下列要求履行信息披露义务： …… （二）上市公司应当结合客户所处行业和自身实际情况，对于占公司营业收入或营业利润 10% 以上的行业，分项列示该行业营业收入、营业成本、毛利率，并分析其变动情况； （三）上市公司应当详细披露报告期内单一销售合同金额占公司最近一个会计年度经审计营业收入 30% 以上且金额超过 5000 万元的正在履行的合同情况，包括项目名称、合同金额、业务类型、项目执行进度、本期确认收入、累积确认收入、回款情况等内容，项目进展未达到计划进度或预期的，应当披露原因。 第九条　上市公司根据《公开发行证券的公司信息披露编报规则第 15 号——财务报告的一般规定》披露财务报告附注时，应当同时按照下列要求履行信息披露义务： …… （二）存在账龄超过三年的单项金额重大的应收账款的，应当在应收账款附注中详细披露该应收账款金额较大的原因并提示回款风险等；

续表

规定	涉及条款
《深圳证券交易所行业信息披露指引第 12 号——上市公司从事软件与信息技术服务业务》（2018 年）	第十条 适用于本指引的上市公司为政府、企事业单位等客户提供 SaaS（software as a service，软件即服务）服务的，若实现收入金额达到公司报告期内营业收入 10% 或者实现营业利润达到公司报告期内营业利润 10% 的，应当在半年度报告和年度报告中披露企业客户数量、最终用户数量和续费率。 第十二条 上市公司应当按照分阶段披露原则及时披露单一销售合同金额占公司最近一个会计年度经审计营业收入 30% 以上且金额超过 5000 万元的重大合同的进展情况。合同执行过程中如发生中止、撤销等可能导致影响合同收入 30% 以上的情况，应当说明影响及后续安排。
《深圳证券交易所创业板行业信息披露指引第 1 号——上市公司从事广播电影电视业务》（2016 年修订）	第六条 上市公司参与制作或发行的电影上映后，当累计票房收入首次超过公司最近一个会计年度经审计的合并财务报表营业收入的 50% 时，应当在知悉前述票房收入信息后及时披露，披露内容包括电影的上映期间、累计票房收入及统计区间，并披露截至公告前一日来源于该电影的营业收入区间，区间范围在 30% 以内。
《深圳证券交易所创业板行业信息披露指引第 2 号——上市公司从事药品、生物制品业务》（2015 年修订）	第三条 从事药品、生物制品业务的上市公司根据中国证监会相关格式准则要求，披露年度报告、半年度报告时，应当在"董事会报告"部分详细披露报告期内药品项目的研发、生产及销售情况，至少包括下列内容： （一）已进入注册程序的药品名称、注册分类、适应症或者功能主治、注册所处的阶段、进展情况； （二）报告期内新进入或者退出省级、国家级《国家基本医疗保险、工伤保险和生育保险药品目录》（以下简称"《医保药品目录》"）的药品名称、适应症或者功能主治、发明专利起止限、所属注册分类、是否属于中药保护品种等； （三）本报告期及去年同期销售额占公司同期主营业务收入 10% 以上的主要药品名称、适应症或者功能主治、发明专利起止限、所属注册分类、是否属于中药保护品种等； （四）本报告期及去年同期的生物制品批签发数量及其变动比例。

续表

规定	涉及条款
《深圳证券交易所创业板行业信息披露指引第3号——上市公司从事光伏产业链相关业务》（2015年）	第十条　上市公司采用EPC、BT、BOT等模式从事光伏电站业务的，新签合同金额占公司最近一个会计年度经审计营业收入30%以上的，应当参照《创业板信息披露业务备忘录第2号——上市公司信息披露公告格式第17号：上市公司重大合同公告格式》履行临时信息披露义务，披露内容还应当同时包括项目规模、所在地、交易价格、结算方式、自产产品供应情况、主要风险等。
《深圳证券交易所创业板行业信息披露指引第4号——上市公司从事节能环保服务业务》（2015年）	第五条　上市公司从事节能环保工程类业务的，根据中国证监会相关格式准则在披露定期报告时，应当同时按照本指引附表一的披露格式，履行以下信息披露义务： …… （二）在年度报告、半年度报告中详细披露报告期内订单金额占公司最近一个会计年度经审计营业收入30%以上且金额超过5000万元的正在履行的订单情况，包括项目名称、订单金额、业务类型、项目执行进度、本期确认收入、累计确认收入、回款情况等内容，项目进展未达到计划进度或预期的，应当说明并披露原因。
《深圳证券交易所创业板行业信息披露指引第5号——上市公司从事互联网游戏业务》（2015年）	第三条　从事互联网游戏业务的上市公司在年度报告、半年度报告中披露公司经营情况时，应对同时按照下列要求履行披露义务： （一）披露游戏业务经营情况时，披露报告期内主要游戏（指开发及运营收入占游戏业务总收入30%以上的游戏，下同）的详细信息，包括主要游戏的名称、所属游戏类型（端游、页游、手游等）、运营模式（自主运营、联合运营等）、收费方式（时间收费、道具收费、技能收费、剧情收费、客户端服务收费等），报告期内主要游戏收入及其占公司游戏业务收入的比例； …… 第六条　上市公司开发或者运营的新游戏上线后的12个月内，累计已实现收入首次达到公司最近一个会计年度经审计营业收入30%以上的，应当及时披露该产品的运营情况，包括用户数量、活跃用户数、付费用户数、ARPU值、充值流水、已确认收入、统计收入与经审计营业收入可能存在差异的风险提示等。 第七条　上市公司开发或者运营的主要游戏月度充值流水较前三个月的月均值下降首次达到50%以上时，应当及时披露该产品该月度的运营情况，包括用户数量、活跃用户数、付费用户数、ARPU值、充值流水等，并分析月度充值流水大幅下降对公司当期经营业绩的影响及相应的风险。

续表

规定	涉及条款
《深圳证券交易所创业板行业信息披露指引第6号——上市公司从事互联网视频业务》（2015年）	第四条　上市公司应当在年度报告、半年度报告中按互联网行业通用指标披露互联网视频业务的运营情况，包括日均页面浏览量、日均独立访问者数量、日均视频播放量、点击转化率、注册用户数、用户平均停留时长、付费用户数、ARPU值等。 公司应当按照不同终端类型（如PC客户端、网页端、移动端、其他终端等）分别披露前述通用指标，及其与主要竞争对手相应指标的对比（如能获得相关数据），说明公司在行业中的竞争地位。
《深圳证券交易所创业板行业信息披露指引第7号——上市公司从事电子商务业务》（2015年）	第三条　上市公司应当在年度报告、半年度报告中按互联网行业通用指标披露电子商务网站的运行情况，包括页面浏览量、独立访问数量、注册用户数、活跃用户数、用户平均停留时长、付费用户数、ARPU值等；从事移动电子商务业务的，应当披露总装机量、用户覆盖人数、用户月度平均使用时长、付费用户数、ARPU值等。除上述指标外，公司可结合自身业务情况，对反映公司运营状况的其他指标进行自愿披露。
《深圳证券交易所创业板行业信息披露指引第9号——上市公司从事LED产业链相关业务》（2017年）	第五条　上市公司从事LED产业链相关核心产品的研发、生产、销售业务的，根据中国证监会相关格式准则在披露年度报告时，应当同时披露报告期内占比公司营业收入10%以上产品的关键技术指标。 第六条　上市公司从事LED产业链相关核心产品的研发、生产、销售业务的，根据中国证监会相关格式准则在披露年度报告、半年度报告时，应当同时按照下列要求履行信息披露义务： （一）披露报告期内及去年同期销售收入占公司营业收入10%以上产品的销售量、销售收入、销售毛利率，并进行同比变动分析； （二）披露报告期内销售收入占公司营业收入10%以上产品的产能、产量、产能利用率、在建产能等，并进行解释说明； （三）按照销售模式类别（直销、代销、经销等）披露报告期内及去年同期公司的销售收入构成。 第七条　上市公司从事LED产业链相关核心产品的研发、生产、销售业务的，若报告期内公司产品海外销售收入占同期营业收入30%以上的，还应当在定期报告中披露主要收入来源地的大洲名称、销售量、销售收入、报告期内当地行业政策、汇率或贸易政策发生的重大不利变化及其对公司当期和未来经营业绩的影响情况。

实务篇
SHI WU PIAN

第一章 概 述

第一节 研究背景

会计信息披露的质量可能会直接影响投资者的决策。如果会计信息披露的质量较低,一方面可能是由于信息披露的不准确、不完整或不相关,直接影响债权人或投资者的决策;另一方面可能是由于债权人或投资者对信息披露主体的会计信息质量失去信心,进而导致对资本市场失去信心,从而降低对会计信息的使用,使得编制会计信息的社会支出不满足成本效益原则。

那么,什么才是高质量的信息披露呢?企业是否需要事无巨细地将信息披露在财务报表中?实务中,企业在依据会计准则进行日常会计核算及编制财务报表时,会应用重要性原则,以决定哪些信息应当包括在财务报表中,哪些信息应当排除在外或者与其他信息合并,以及信息应当如何在财务报表中列示以保证报表的清晰性和可理解性。因此,重要性原则的应用,对财务报表是否能够"向财务会计报告使用者提供与企业财务状况、经营成果和现金流量等有关的会计信息,反映企业管理层受托责任履行情况,有助于财务会计报告使用者作出经济决策"至关重要。也就是说,重要性原则在财务报表中的实务应用直接影响着会计信息披露的质量。

企业在合理应用重要性原则时离不开会计准则的相关规定及参考性指引。目前,企业会计准则中规定了重要性的定义,并给出了一定的判断标准。并且,在某些具体会计准则中也强调了重要性原则的应用，并给出了确认与计量、列报与披露的若干指引。但总体来讲，企业会计准则中有关重要性应用的指引较为有限，财务报表编制者在实务应用时可能面临一定困难。

除企业会计准则之外，我国现行其他法律法规中，尤其是针对上市公司的法律法规，在一定程度上规定了重要性的判断标准，列举了某些重大事项，并设定了部分金额标准，从而可在一定程度上指导重要性原则在信息披露实务中的应用。但总体来讲，这些规定是为了某些监管目的而设立的，并不是完全针对企业编制财务报表时需要特别关注的因素。

国际会计准则理事会（IASB）于2017年9月发布了《国际财务报告准则实务公告2：作出重要性判断》，旨在为企业在编制通用财务报表时提供重要性判断的指引。我国实务对编制财务报表时运用的重要性判断也有诸多探讨。

本课题研究通过对于重要性原则的实务应用的多视角调研，旨在结合我国国情，为重要性原则应用指引的制定提供政策性建议。

第二节　研究目标

《企业会计准则——基本准则》规定，"财务会计报告的目标是向财务会计报告使用者提供与企业财务状况、经营成果和现金流量等有关的会计信息，反映企业管理层受托责任履行情况，有助于财务会计报告使用者作出经济决策。"并且规定，"财务会计报告使用者包括投资者、债权人、政府及其有关部门和社会公众等。"

本研究通过调研若干具有代表性的财务报表使用者（包括投资者、债权人、政府机构）、财务报表编制者、审计师等，了解各方在实务中如何应用重要性原则。通过分析投资者的需求及监管机构的关注事项，对比财务报表编制者重要性信息的披露标准，找出共性及差异，为重要性原则应用指引的制定提供政策性建议。

研究成果主要包括以下三大块内容：

1. 通过实务调研若干具有代表性的财务报表使用者、财务报表编制者、审计师等，形成中国现行重要性原则应用的实务研究报告；

2. 将实务调研中获取的数据及案例进行整理,形成中国现行重要性原则应用的案例库;

3. 基于实务调研的结果,对比财务报表使用者、编制者、审计师的重要性标准,找出共性及差异,并结合中国国情,对中国重要性原则应用指引的制定提供政策性建议。

第三节 研究侧重点

本研究通过调研若干具有代表性的财务报表使用者(包括投资者、债权人、政府机构)、财务报表编制者、审计师等,从以下方面了解各方在实务中如何应用重要性原则:

1. 财务报表主要使用者的范围;
2. 实务中对重要性原则的定性和定量标准;
3. 重要性原则在财务报表主表中的应用;
4. 重要性原则在财务报表附注中的应用;
5. 哪些特殊交易对报表使用者而言通常是重要的;
6. 中期报告中重要性原则的应用;
7. 应用重要性原则简化会计处理、列报和披露的考虑;
8. 个别非重要信息,集合后重要的,应如何考虑;
9. 重要性原则在会计差错方面的应用,以前年度不重要的会计差错在当期重要性的考量;
10. 重要性原则应用时如何兼顾报表使用者的会计知识水平等;
11. 重要性在可比报表中的应用(如何遵循一贯性原则);
12. 重要性原则与准则中的其他相关概念的关联(比如重要、重大等);
13. 监管中对重要性标准的规定等。

本研究主要通过同花顺、万得资讯等数据库以及监管机构的官方网站等公开渠道获取相关信息,并选取若干样本进行实务调研,进而分析不同类型的报表使用者、财务报表编制者、审计师等对于财务信息的需求以及各方在实务中如何应用重要性原则,找出其中的共性和差异。具体实务调研内容汇总如表

1-1所示。

表1-1　　　　　　　　　　调研内容汇总

报表使用者/编制者/审计师	实务调研内容
债权人	·债券信用评级报告（包括银行间市场债券）
股权投资人	·股权评级报告 ·公司整体分析报告
监管机构（包括证监会、财政部、上交所及深交所、全国股转公司、审计署等）	·相关法律法规 ·A股IPO/新三板挂牌申请文件的反馈意见 ·公开发行公司债券申请文件的反馈意见 ·A股上市公司/新三板挂牌公司的年报问询函 ·年度检查报告等
财务报表编制者	·相关企业会计准则规定 ·年度财务报表 ·年报信息披露重大差错责任追究制度
审计师	·相关审计准则规定 ·审计报告

第四节　研究特色

本课题研究的特色主要体现在以下几个方面：

一方面，进行多视角的实务调研并形成研究报告：本研究从各类财务报表使用者、财务报表编制者及审计师的角度，选取若干样本进行实务调研，通过分析梳理样本数据，多视角地了解各方如何在实务中应用重要性原则。通过分析投资者的需求及监管机构的关注事项，对比财务报表编制者重要性信息的披露标准，找出共性及差异，并结合中国国情，为重要性原则应用指引的制定提供政策性建议。

另一方面，形成重要性原则应用的案例库：在进行实务调研的过程中，搜集并整理一些典型的重要性原则应用的案例，供日后在制定适合中国国情的重要性应用指引时参考。

第五节　研究的局限性

本研究主要通过同花顺、万得资讯等数据库以及监管机构的官方网站等公开渠道获取相关信息，并选取若干样本进行实务调研。由于某些有关重要性应用的信息（例如，债权人进行信用评级时对于各类财务数据的权重分配，审计师针对相关公司设定的具体重要性标准等）无法从公开渠道获取，因此受此限制，本研究在内容的选择和实务调研的深度方面存在一定局限性。

第六节　研究成果简介

通过大量的实务调研，我们识别出下述特征和信息：

1. 债权人更关注企业资产负债及现金流的情况，较少关注营运能力方面的财务指标。债权人关注的主要财务指标所需财务信息绝大部分可以从财务报表主表中直接获得。

2. 短期股票投资人更关注企业的成长能力及盈利能力，较少关注企业的资本结构、现金流、偿债能力和营运能力。

3. 长期股权投资者在对财务报表进行整体分析时，除关注短期股票投资者关注的盈利能力和成长能力方面的指标外，通常还会希望全面了解目标企业的整体状况，从而全面关注企业盈利能力、偿债能力、营运能力、每股指标及其他一些相关指标。

4. 监管机构在使用财务信息时，不同监管机构的侧重点不同。

部分监管机构在监督企业财务信息披露时，本着有利于资本市场投资者、保护中小投资者利益的角度进行监管，因此这类监管机构的关注重点与一般投资者的目标一致，且对准则制定机构将来制定重要性指引时有借鉴作用。具体包括：

（1）证监会和交易所等资本市场监管者，比较注重定期报告或临时报告中披露的重大关联交易、重大担保交易、重大诉讼及仲裁、其他重大交易以及影响债券发行人偿债能力的重大事件,并对这些事项的披露进行了性质列举,且对部分项目设定了重要性的金额标准,从而较好地指导了重要性原则在信息披露实务中的应用。

(2)上海及深圳证券交易所还对一些重点的传统行业明确了行业关键指标及差异化信息披露的标准,便于各行业上市公司以投资者需求为导向披露行业经营与财务信息,提高重大信息披露的有效性与透明度。

(3)监管机构对于不同发展阶段及不同行业的企业,设定了不同的重要性权重。

部分监管机构在监督企业财务信息披露时,主要侧重于一些特殊事项(如应交税费、费用超支情况等),对将来制定重要性原则指引的准则制定机构而言,这类监管机构的侧重点缺乏借鉴意义。

5. 财务报表编制者编制财务报表时遵循的重要性标准,包括定性和定量标准。

6. 注册会计师在计划和执行财务报表审计工作时,运用重要性的方式和方法。

基于上述实务研究,我们获得了财务报表信息的相关方在重要性方面的侧重点,从而对重要性原则制定提供实务需求信息。此外,我们还基于实务研究过程中的发现,提出了一些财务报表列报和披露的具体建议,供相关部门参考。

第二章 投资者及债权人关于重要性的考虑

投资者及债权人是财务报表的主要使用者,其中,投资者主要包括短期股票投资人及长期股权投资者。本章将通过分析债权人、短期股票投资人及长期股权投资者在分析企业财务报表时主要关注的具体内容,来研究投资者及债权人对重要性的实务应用。

银行信贷分析部门会直接研究企业财务报表,但研究方法和关注点并不公开;信用评级机构会对企业及其发行的债券进行信用评级,出具信用评级公告,债权人在考虑是否购买某公司债券以及是否借款给某公司时,往往关注该公司的信用评级结果(如有);证券公司投资部门一般会根据发生的热点事件对企业的股票进行投资评级,出具股票评级报告,短期股票投资人在考虑是否购买某公司的股票时,往往关注该公司的股票评级结果(如有)。部分海外投资分析机构会对一些A股上市公司出具整体分析报告,长期股权投资者在考虑是否对某公司进行股权投资时,往往关注该公司的整体分析报告(如有)。因此,本章将对信用评级、股票评级及公司整体分析过程中涉及的重要财务信息予以分析,从而获得债权人、短期股票投资人及长期股权投资者关于重要性的考虑。

第一节 债权人对重要性的实务应用

2004年12月30日,中国人民银行发布《银行间债券市场发行债券信用评级的有关具体事项的公告》，要求银行间债券市场发行债券（包括证券公司短期融资券，即短期公司债）要开展信用评级工作。发债机构和发行的债券，除不需评级外，均应经过在中国境内工商注册且具备债券评级能力的评级机构的信用评级。

2015年1月15日，中国证监会发布《公司债券发行与交易管理办法》，要求"公开发行公司债券，应当委托具有从事证券服务业务资格的资信评级机构进行信用评级"。

另外，贷款企业信用评级也是一定贷款规模以上的企业通过贷款卡年审、获取银行贷款的必须条件。

上述信息说明企业在开展重要的融资活动中通常会聘请信用评级机构对其进行信用评级。因此，对于债权人而言，信用评级报告是其通常获取和关注的信息，且对其投资决策起着重要的作用。本节将通过介绍信用评级、选取信用评级报告进行分析，从而进一步调查研究债权人在分析企业财务报表时对重要性的实务应用。

一、信用评级简介

以下将从信用等级符号及含义、信用评级程序、信用评级方法及信用评级对投资者的作用四个方面简单介绍信用评级。

（一）信用评级等级符号及含义

1. 银行间债券市场信用评级符号及含义[①]：

（1）银行间债券市场长期债券信用评级等级划分为三等九级，符号表示为AAA、AA、A、BBB、BB、B、CCC、CC、C。

银行间债券市场长期债券信用等级符号及含义如下所示：

①AAA级：偿还债务的能力极强，基本不受不利经济环境的影响，违约风险极低；

②AA级：偿还债务的能力很强，受不利经济环境的影响不大，违约风险

---

① 《中国人民银行信用评级管理指导意见》（银发〔2006〕95号）附件《信用评级要素、标识及含义》一（三）信用等级的划分、符号及含义。

很低；

③A 级：偿还债务能力较强，较易受不利经济环境的影响，违约风险较低；

④BBB 级：偿还债务能力一般，受不利经济环境影响较大，违约风险一般；

⑤BB 级：偿还债务能力较弱，受不利经济环境影响很大，违约风险较高；

⑥B 级：偿还债务的能力较大地依赖于良好的经济环境，违约风险很高；

⑦CCC 级：偿还债务的能力极度依赖于良好的经济环境，违约风险极高；

⑧CC 级：在破产或重组时可获得保护较小，基本不能保证偿还债务；

⑨C 级：不能偿还债务。

注：除 AAA 级、CCC 级以下等级外，每一个信用等级可用"＋""－"符号进行微调，表示略高或略低于本等级。

（2）银行间债券市场短期债券信用评级等级划分为四等六级，符号表示为 A－1、A－2、A－3、B、C、D。

银行间债券市场短期债券信用等级符号及含义如下所示：

①A－1 级：还本付息能力最强，安全性最高；

②A－2 级：还本付息能力较强，安全性较高；

③A－3 级：还本付息能力一般，安全性易受不良环境变化的影响；

④B 级：还本付息能力较低，有一定的违约风险；

⑤C 级：还本付息能力很低，违约风险较高；

⑥D 级：不能按期还本付息。

注：每一个信用等级均不进行微调。

2. 借款企业信用等级符号及含义[①]

借款企业信用等级划分三等九级，符号表示为 AAA、AA、A、BBB、BB、B、CCC、CC、C。

借款企业信用等级符号及含义如下所示：

（1）AAA 级：短期债务的支付能力和长期债务的偿还能力具有最大保障；经营处于良性循环状态，不确定因素对经营与发展的影响最小；

（2）AA 级：短期债务的支付能力和长期债务的偿还能力很强；经营处于良性循环状态，不确定因素对经营与发展的影响很小；

[①] 《中国人民银行信用评级管理指导意见》（银发〔2006〕95 号）附件《信用评级要素、标识及含义》二（三）借款企业信用等级。

（3）A级：短期债务的支付能力和长期债务的偿还能力较强；企业经营处于良性循环状态，未来经营与发展易受企业内外部不确定因素的影响，盈利能力和偿债能力会产生波动；

（4）BBB级：短期债务的支付能力和长期债务偿还能力一般，目前对本息的保障尚属适当；企业经营处于良性循环状态，未来经营与发展受企业内外部不确定因素的影响，盈利能力和偿债能力会有较大波动，约定的条件可能不足以保障本息的安全；

（5）BB级：短期债务支付能力和长期债务偿还能力较弱；企业经营与发展状况不佳，支付能力不稳定，有一定风险；

（6）B级：短期债务支付能力和长期债务偿还能力较差；受内外不确定因素的影响，企业经营较困难，支付能力具有较大的不确定性，风险较大；

（7）CCC级：短期债务支付能力和长期债务偿还能力很差；受内外不确定因素的影响，企业经营困难，支付能力很困难，风险很大；

（8）CC级：短期债务的支付能力和长期债务的偿还能力严重不足；经营状况差，促使企业经营及发展走向良性循环状态的内外部因素很少，风险极大；

（9）C级：短期债务支付困难，长期债务偿还能力极差；企业经营状况一直不好，基本处于恶性循环状态，促使企业经营及发展走向良性循环状态的内外部因素极少，企业濒临破产。

注：每一个信用等级可用"＋""－"符号进行微调，表示略高或略低于本等级，但不包括AAA＋。

3. 评级展望的类别及含义[①]

评级展望作为评级结果的有效补充，是对被评级对象未来信用状况的走向的判断。评级展望被应用于主体信用评级中，是对被评级对象在未来1~2年可能发生的走向所发表的意见，主要关注可能引起评级结果变化的趋势和风险。评级展望一般被分为稳定、正面、负面、发展中四类，如表2-1如示。

表2-1　　　　　　　　　　评级展望的分类与释义

类别	含义
稳定	未来1~2年，信用等级变动的可能性较低

---

① 陈树元："评级展望与评级观察"，《信用评级》，中国金融出版社，第8页。

续表

类别	含义
正面	未来 1~2 年，信用等级有被上调的可能性
负面	未来 1~2 年，信用等级有被下调的可能性
发展中	未来 1~2 年，信用等级被上调、下调、维持不变的可能性均有，变动的方向不明确

（二）信用评级程序①

根据中国人民银行于 2006 年 11 月 21 日发布的《信贷市场和银行间债券市场信用评级规范》（以下简称《规范》），国内评级机构在开展业务时的具体评级程序通常为八个步骤，如图 2-1 所示。

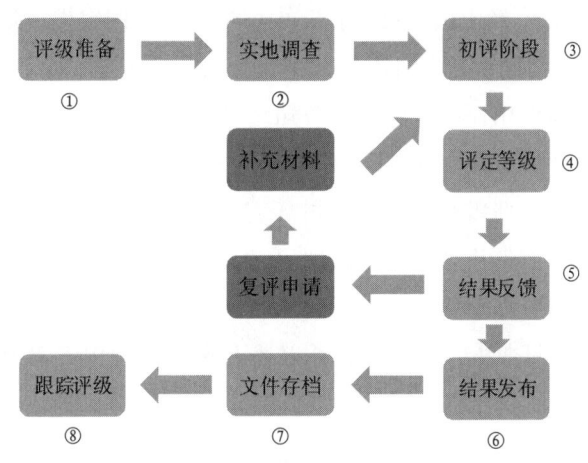

图 2-1　信用评级程序

（三）信用评级方法

信用评级基本方法可以分为要素分析法和模型法。要素分析法（定性分析）是通过综合判定和专家意见最终给出信用等级的方法。模型法（定量分析）是通过数理模型对影响信用评级的因素进行统计分析、构建预测评级对象未来信用风险大小的评级模型，并对评级对象进行信用评级的方法。②

定量分析主要是针对财务报表的分析以及运用相关财务指标预测受评对象的基

---

① 陈树元："信用评级的流程"，《信用评级》，中国金融出版社，第 9 页。
② 谢多主编，冯光华副主编，《信用评级》，中国金融出版社，第 51 页。

本经营和现金流量等,定性分析主要是针对行业风险和管理素质等方面作出的判断。最终信用等级的确定更是综合各种影响因素和专家意见而得出的一种定性结果。①

(四) 信用评级对投资者的作用②

投资者是信用评级的主要信息使用者。对投资者而言,信用评级最主要的功能是风险提示。当然,信用评级还有助于降低投资者的信息成本,方便其进行投资组合的决策。

二、样本选取

截至 2015 年底,经中国人民银行、中国证监会、国家发改委及中国保监会四个国家政府部门共同认定的具有资质的评级机构共五家,分别为:

1. 中诚信国际信用评级有限责任公司("中诚信");
2. 联合资信评估有限责任公司("联合资信");
3. 大公国际资信评级有限责任公司("大公国际");
4. 东方金诚国际信用评估有限公司("东方金诚");
5. 上海新世纪资信评估有限责任公司("上海新世纪")。

我们采用抽样调查法,随机抽取了上述五家评级机构于 2016 年出具的 100 份信用评级报告。抽取样本对应的评级机构分布如图 2-2 所示。

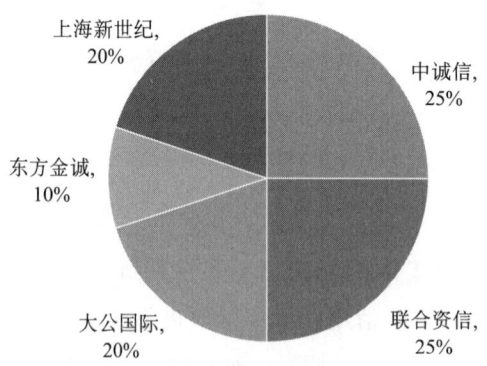

图 2-2 评级机构分布

---

① 刘澄、李锋主编,王未卿、鲍新中、刘祥东副主编,《信用管理》,人民邮电出版社,第 35 页。
② 叶春伟主编,《信用评级理论与实务》(第二版),格致出版社,上海人民出版社,第 10 页。

信用评级报告中定性分析部分主要涵盖宏观经济和政策环境、行业分析、公司经营分析、公司基本情况、战略规划或公司发展规划、公司治理和内部管理等方面,较少涉及财务指标。我们通过统计这 100 份信用评级报告中定量分析部分提及的主要财务指标(如例 2 – 1 所示)及其出现的频率,分析财务报表中对于债权人而言相对重要的报表项目及相关披露信息。

【例 2 – 1】联合资信于 2016 年 6 月 27 日出具的关于中粮集团有限公司跟踪评级报告(联合〔2016〕1126 号)关注的财务指标节选

财务数据

项目	2013 年	2014 年	2015 年	2016 年 3 月
现金类资产(亿元)	469.88	676.81	613.87	628.35
资产总额(亿元)	2843.33	4397.94	4589.78	4630.17
所有者权益(亿元)	962.00	1264.43	1348.55	1316.10
长期债务(亿元)	431.11	676.77	869.41	893.62
全部债务(亿元)	1117.98	2066.27	2115.60	2173.13
营业收入(亿元)	1848.94	2453.29	4006.62	865.42
利润总额(亿元)	45.25	30.82	34.40	10.69
EBITDA(亿元)	119.02	139.67	156.54	--
经营性净现金流(亿元)	81.84	-125.03	-35.84	-13.57
营业利润率(%)	11.35	8.24	6.18	7.53
净资产收益率(%)	2.43	0.77	0.98	--
资产负债率(%)	66.17	71.25	70.62	71.58
全部债务资本化比率(%)	53.75	62.04	61.07	62.28
流动比率(%)	120.28	115.13	126.77	125.72
全部债务/EBITDA(倍)	9.39	14.79	13.51	--
EBITDA 利息倍数(倍)	3.59	1.88	1.79	--
经营现金流动负债比(%)	6.28	-5.51	-1.67	--

注:2016 年一季度财务数据未经审计;公司短期债务及相关指标计算包含"其他流动负债"中的短期融资券;现金类资产计算已剔除受限资金。

三、调研结果

通过研究抽取的 100 份信用评级报告,统计发现评级公司关注的主要财务指标体现在以下五个方面:

(一) 资本结构及资产质量

资本结构及资产质量方面，评级公司主要关注货币资金、流动资产、资产总额、短期债务、总债务、负债总额、所有者权益合计及资产负债率，其在样本中出现的频率如图2-3所示。

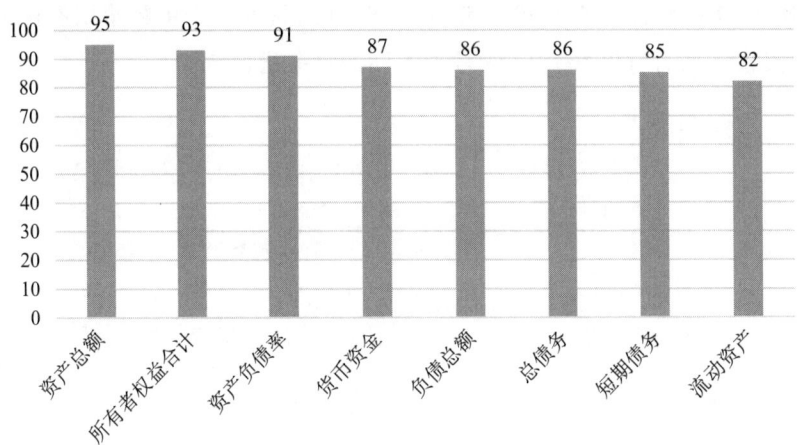

图2-3 关注指标及频率

其中，资产负债率＝负债总额÷资产总额。

(二) 盈利能力

盈利能力方面，评级公司主要关注营业收入、利润总额、净利润、营业利润率、净资产收益率及毛利率，其在样本中出现的频率如图2-4所示。

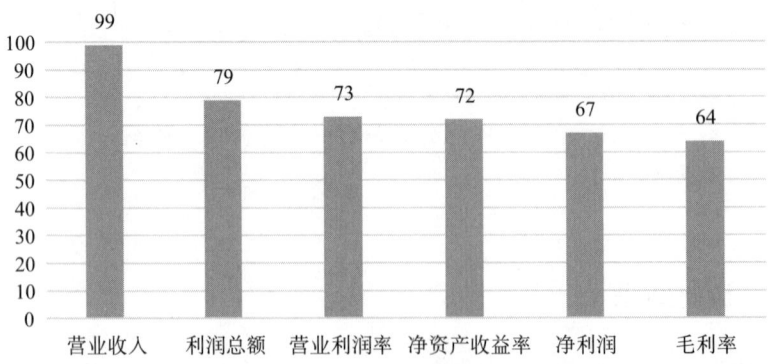

图2-4 关注指标及频率

其中，营业利润率 = 营业利润 ÷ 营业收入；
净资产收益率 = 净利润 ÷ 平均所有者权益；
毛利率 = (主营业务收入 - 主营业务成本) ÷ 主营业务收入。

(三) 偿债能力

偿债能力方面，评级公司主要关注 EBITDA（息税折旧及摊销前利润）、EBITDA 利息倍数、EBITDA 与总债务的比、流动比率及速动比率，其在样本中出现的频率如图 2-5 所示。

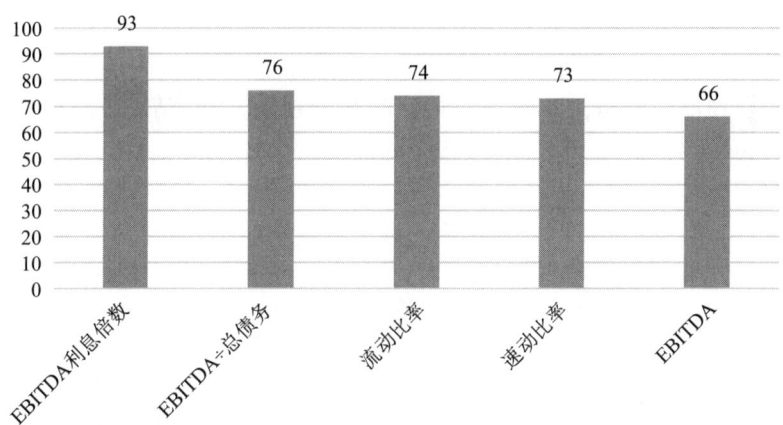

图 2-5　关注指标及频率

其中，EBITDA = EBIT + 折旧 + 摊销；
EBITDA 利息倍数 = EBITDA ÷ (计入财务费用的利息支出 + 资本化利息支出)；
流动比率 = 流动资产 ÷ 流动负债；
速动比率 = 速动资产 ÷ 流动负债。

(四) 现金流量情况

现金流量方面，评级公司主要关注经营活动产生的现金流量净额、投资活动产生的现金流量净额及筹资活动产生的现金流量净额，其在样本中出现的频率如图 2-6 所示。

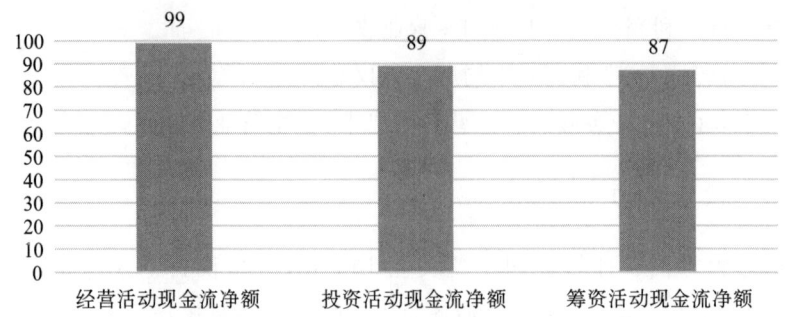

图 2-6 关注指标及频率

(五) 表外偿债能力

表外偿债能力方面,评级公司主要关注过往债务履约情况、对外担保总额或余额及银行授信额度,其在样本中出现的频率如图 2-7 所示。

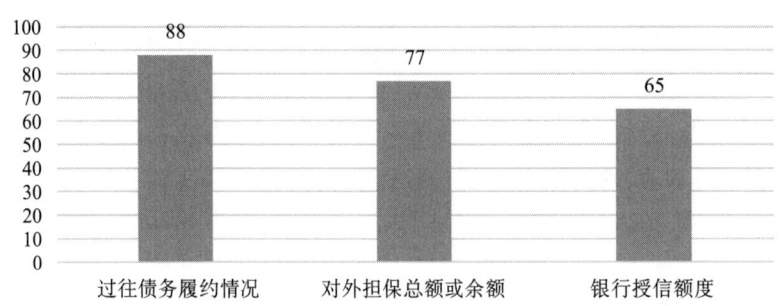

图 2-7 关注指标及频率

同时,通过研究抽取的 100 份信用评级报告,统计发现评级公司相对较少关注营运能力方面的财务指标。营运能力是指企业的经营运行能力,即企业运用各项资产以赚取利润的能力。企业营运能力的财务分析比率有存货周转率、应收账款周转率、营业周期、流动资产周转率和总资产周转率等。样本中未出现营业周期、流动资产周转率,其余比率在样本中出现的频率如图 2-8 所示。

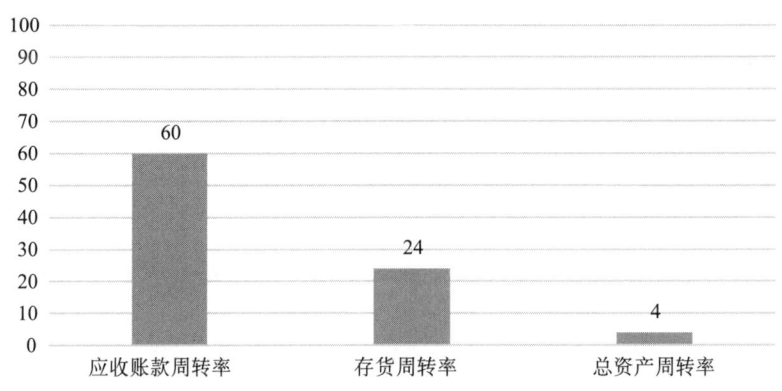

图 2-8 指标及频率

注：应收账款周转率 = 主营业务收入净额 ÷ 应收账款平均余额；

存货周转率 = 营业成本 ÷ 存货平均余额；

总资产周转率 = 营业收入 ÷ 平均资产总额。

应收账款周转率出现频率相对较高，是因为其直接影响债权人较为关注的现金流状况。

第二节 短期股票投资人对重要性的实务应用

证券公司投资部门一般会根据发生的热点事件对企业的股票进行投资评级，出具股票评级报告。对于短期股票投资人而言，股票评级报告是其通常获取和关注的信息，且对其投资决策起着重要的作用。本节将通过介绍股票评级、选取股票评级报告进行分析，从而进一步调查研究短期股票投资人在分析企业财务报表时对重要性的实务应用。

一、股票评级简介

股票评级是指通过对股票发行公司的财务潜力和管理能力进行评价从而对有升值可能的股票给予高低评级的行为。以下将从股票评级等级符号及含义、股票评级方法、股票评级对投资者的作用三个方面简单介绍股票评级。

（一）股票评级等级符号及含义

各证券公司的评级内容、等级及含义有所不同，对于短期投资分析，关键评级指标均为股价。下面以招商证券的股票评级为例：

1. 公司短期评级

以报告日起6个月内，公司股价相对同期市场基准（沪深300指数）的表现为标准：

（1）强烈推荐：公司股价涨幅超基准指数20%以上；

（2）审慎推荐：公司股价涨幅超基准指数5-20%之间；

（3）中性：公司股价变动幅度相对基准指数介于±5%之间；

（4）回避：公司股价表现弱于基准指数5%以上。

2. 公司长期评级

（1）A：公司长期竞争力高于行业平均水平；

（2）B：公司长期竞争力与行业平均水平一致；

（3）C：公司长期竞争力低于行业平均水平。

3. 行业股票评级

以报告日起6个月内，行业指数相对于同期市场基准（沪深300指数）的表现为标准：

（1）推荐：行业基本面向好，行业指数将跑赢基准指数；

（2）中性：行业基本面稳定，行业指数跟随基准指数；

（3）回避：行业基本面向淡，行业指数将跑输基准指数。

（二）股票评级方法

股票分析师在进行股票评级时，结合定性分析和定量分析的结果进行评级。定性分析部分主要为公司基本情况、行业分析、公司经营分析及风险提示等方面。定性分析部分主要为文字分析，较少涉及财务指标。定量分析部分的关键是目标股价，股票分析师在判断目标股价时主要考虑的是每股收益和市盈率。股票分析师主要依据目标股价的涨跌幅进行股票评级。

(三) 股票评级对投资者的作用[①]

股票评级作为资信评估的一个项目，具有重要的作用。具体如下：

1. 股票评级为投资者提供股票的信息，减少了投资者获取信息的成本，并成为投资者决策的重要依据；
2. 股票评级为上市公司之间的比较提供信息，促使其改善经营管理；
3. 股票评级能引导股民投资趋于理性化，促进股票市场健康发展；
4. 股票评级可对资本市场起到监督作用，是市场经济正常运行的有利保证。

二、样本选取

经中国证券业协会统计2015年度总资产、净资产、营业收入及净利润均排名前20的证券公司共15家，具体如表2-2所示。

表2-2 所选证券公司

中信证券	银河证券	光大证券	国泰君安	华泰证券
海通证券	申万宏源	中泰证券	国信证券	中信建投
广发证券	招商证券	安信证券	方正证券	兴业证券

我们采用抽样调查法，随机抽取上述证券公司于2016年发布的100份股票评级报告。抽取样本对应的板块分布如图2-9所示。

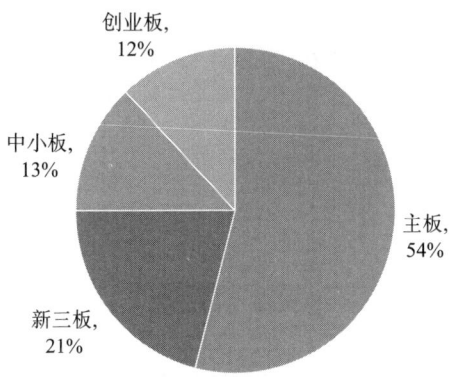

图2-9 板块分布

[①] 全全友，硕士学位论文《对股票评级的思考与框架设计》。

股票评级报告中定性分析部分主要为公司基本情况、行业分析、公司经营分析及风险提示等方面，较少涉及财务指标。我们通过统计这 100 份股票评级报告中定量分析部分提及的主要财务指标（如例 2–2～例 2–5 所示）及其出现的频率，分析财务报表中对于证券公司而言相对重要的报表项目及相关披露信息。

在预测企业未来三年财务报表的过程中，证券公司在结合企业历史财务数据的基础上，根据自身对企业及相关行业的了解预测未来三年的财务数据时，各证券公司的预测结果可能会存在差异，但评级结果基本一致。因此，我们分别选取了中泰证券及广发证券对于美康生物的股票评级（如例 2–2～例 2–3 所示）及中泰证券和申万宏源对于新都化工的股票评级（如例 2–4～例 2–5 所示）作为样例供参考分析。

【例 2–2】中泰证券于 2016 年 6 月 23 日出具的关于美康生物（300439.SZ）股票评级报告节选

业绩预测

指标	2014A	2015A	2016E	2017E	2018E
营业收入（百万元）	597.85	683.14	790.67	927.52	1,098.3
营业收入增速	38.37%	14.27%	15.74%	17.31%	18.42%
净利润增长率	32.99%	17.13%	17.53%	17.30%	19.22%
摊薄每股收益（元）	1.62	0.47	0.56	0.65	0.78
前次预测每股收益（元）					
市场预测每股收益（元）					
偏差率（本次-市场/市）					
市盈率（倍）	0.00	84.38	48.31	41.19	34.55
PEG	0.00	4.93	2.76	2.38	1.80
每股净资产（元）	4.87	3.79	4.25	4.90	5.68
每股现金流量（元）	1.37	0.52	0.55	0.65	0.76
净资产收益率	33.27%	12.52%	13.13%	13.34%	13.73%
市净率	0.00	10.57	6.34	5.50	4.74
总股本（百万元）	85.00	340.02	340.02	340.02	340.02

■ 投资建议：我们预计公司 2016～2018 年营业收入分别为 7.91 亿元、9.28 亿元和 10.98 亿元，同比增长 15.74%、17.31%、18.42%，归属母公司净利润分别为 1.90 亿元、2.22 亿元和 2.65 亿元，同比增长 17.53%、17.30%、19.22%，对应 EPS 分别为 0.56 元、0.65 元、0.78 元。公司目前股价对应 2016 年 57PE，可比公司平均估值 60 倍左右，基于公司业务处于快速扩张期，商业模式极具差异化、扩张性，看好公司后续销售加速整合、异地连锁化医检服务快速扩张，同时分级诊疗政策加快落地，有利于公司区域性 ICL 发展和 POCT 产品销售，我们给予公司 55-60PE，目标价 30-34 元，维持"买入"评级。

【例 2-3】广发证券于 2016 年 6 月 23 日出具的关于美康生物（300439.SZ）股票评级报告节选

- 盈利预测与投资评级

  公司此次布局意图明确，就是为了发力自身 IVD 检验服务业务。进一步向 IVD 综合服务商（集约化供应商）的目标迈进。2016~2018 年 EPS 至 0.57/0.71/0.90 元，对应 PE 57/45/36 倍，考虑到公司后续外延扩张预期依然强烈且执行力强，依然给予"买入"评级。

- 风险提示

  海外并购存在不确定性；传统生化业务下滑；经销商整合的不确定性。

盈利预测：

	2014A	2015A	2016E	2017E	2018E
营业收入（百万元）	597.85	683.14	818.13	989.22	1,194.45
增长率(%)	38.37%	14.27%	19.76%	20.91%	20.75%
EBITDA（百万元）	204.06	219.39	264.84	327.12	405.53
净利润(百万元)	137.68	161.27	192.00	242.30	304.15
增长率(%)	32.99%	17.13%	19.06%	26.19%	25.53%
EPS（元/股）	1.620	0.474	0.565	0.713	0.895
市盈率（P/E）	-	84.38	56.95	45.13	35.95
市净率（P/B）	-	10.57	7.39	6.35	5.40
EV/EBITDA			37.38	29.69	23.34

数据来源：公司财务报表，广发证券发展研究中心。

【例 2-4】中泰证券于 2016 年 6 月 20 日出具的关于新都化工（002539.SZ）股票评级报告节选

业绩预测

指标	2014A	2015A	2016E	2017E	2018E
营业收入（百万元）	4,667.04	5,837.73	8,184.28	9,117.37	10,386.6
营业收入增速	21.26%	25.08%	40.20%	11.40%	13.92%
净利润增长率	6.40%	76.70%	71.45%	58.62%	41.65%
摊薄每股收益（元）	0.34	0.20	0.34	0.54	0.77
前次预测每股收益（元）					
市场预测每股收益（元）					
偏差率（本次-市场/市场）					
市盈率（倍）	50.74	80.57	41.53	83.32	65.36
PEG	7.93	1.05	0.58	1.42	1.57
每股净资产（元）	6.99	2.95	3.29	3.83	4.60
每股现金流量	0.76	0.23	1.06	1.42	1.74
净资产收益率	4.91%	6.73%	10.35%	14.10%	16.65%
市净率	2.49	5.42	4.30	11.75	10.88
总股本（百万股）	331.04	1,010.10	1,010.10	1,010.10	1,010.10

备注：市场预测取 聚源一致预期

- 从各项指标来看，公司经营正走在持续向好的通道，复合肥主业稳定增长，品种盐的产品、渠道逐步拓展，黄磷、调味品战略延伸，同时打磨两年的"哈哈农庄"正式大规模推广，切入中小城市及农村生活领域，未来值得期待。我们预计 2016~2018 年新都化工实现归属于母公司净利润 3.44 亿元、5.46 亿元、7.73 亿元，对应 2016~2018 年 EPS 分别为 0.34 元、0.54 元、0.77 元。目标价 18.4 元，"买入"评级。

【例 2 - 5】 申万宏源于 2016 年 6 月 21 日出具的关于新都化工（002539.SZ）股票评级报告节选

- **盈利预测与估值：**入股广盐股份顺利进入食盐批发环节，携手圆通速递，解决农村物流最后一公里问题同时低成本揽客增加客户粘性。联手腾讯游戏、网鱼信息等游戏、电竞、网咖巨头进军农村娱乐，协同推广哈哈农庄电商品牌，想象空间巨大。盐改各方面布局充分，预计食盐业务将在2017年的一、二季度呈现快速增长态势。公司的传统业务复合肥销量2016年预计仍将保持稳定增长叠加黄磷投产开始贡献业绩，调味品布局逐步推进，互联网金融顺利接入，**维持盈利预测，维持增持评级**。预计 2016~2018 年 EPS（按最新股本摊薄）为 0.27 元、0.54 元、0.82 元，当前股价对应 2016~2018 年 PE 为 56X、28X 和 19X。

财务数据及盈利预测

	2015	2016Q1	2016E	2017E	2018E
营业收入（百万元）	5,838	1,515	7,500	10,190	12,950
同比增长率（%）	25.08	4.14	28.47	35.87	27.09
净利润（百万元）	201	51	277	545	825
同比增长率（%）	76.70	10.47	38.10	96.75	51.38
每股收益（元/股）	0.20	0.05	0.27	0.54	0.82
毛利率（%）	17.6	17.7	18.3	20.4	21.2
ROE（%）	6.7	1.7	9.0	10.4	—
市盈率	77		56	28	19

注："市盈率"是指目前股价除以各年业绩；"净资产收益率"是指摊薄后归属于母公司所有者的ROE。

三、调研结果

通过阅读抽取的 100 份股票评级报告，统计发现短期股票投资人关注的主要财务指标为营业收入及其增长率、净利润及其增长率、每股收益、每股净资产及市盈率，其在样本中出现的频率如图 2-10 所示。

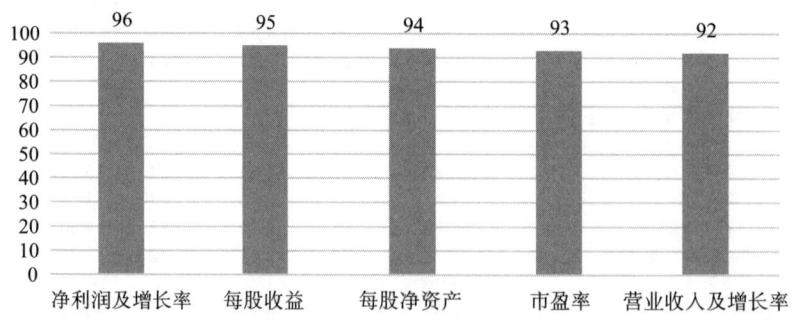

图 2-10 关注指标及频率

注：每股收益 = 归属于普通股股东的当期净利润÷当期发行在外普通股的加权平均数；

每股净资产＝股东权益÷总股数；

市盈率＝每股市价÷每股收益。

上述财务指标涉及财务报表项目如表2-3所示：

表2-3　　　　　　　　　具体财务报表项目

资产负债表	利润表	财务报表附注
★ 资产合计 ★ 负债合计 ★ 所有者权益合计	★ 营业收入 ★ 净利润 ★ 每股收益	★ 普通股股数 ★ 优先股股数

注：★表示该指标在100个样本中出现的频率大于等于90次。

第三节　长期股权投资者对重要性的实务应用

为研究分析长期股权投资者对重要性的实务应用，我们通过数据平台Thomson one、EMIS、LexisNexis（律商联讯）及搜索引擎百度、谷歌，搜索了613家A股上市公司（截至2016年8月底仅在A股上市的公司约为2820家），未发现国内证券公司、投资银行或其他投资机构出具的公司整体分析报告。但注意到有5家海外机构会对一些A股上市公司出具整体分析报告。这5家海外机构具体为[1]：

1. Global Data：该公司是一个世界领先的为消费行业、工业技术行业及医疗保健行业提供数据分析的投资分析机构。

2. Canadean：该公司是一家专业从事饮料与食品行业市场研究的咨询公司，在饮料行业研究领域已有多年历史。目前，其研究范围覆盖了快速消费品市场及相关行业，包含包装、原料、软饮料、啤酒、零售、餐饮、葡萄酒和烈酒、化妆品和洗浴用品及食品。

3. ICD RESEARCH：该公司是 Progressive Digital Media Group 的研究和行业信息部门。ICD 提供行业领先的市场研究和商业信息。（直译官网简介）

注：Progressive Digital Media Group 于2016年1月25日收购了 GlobalData

---

[1] 关于5家海外机构的介绍均为其官网简介直译。

Plc.（其简介参见1），Progressive Digital Media Group 更名为 GlobalData Plc.。

4. Timetric：该公司提供信息解决方案及技术支持以使企业能够推动公司价值及管理业务风险。

5. Wright Investors Service：该公司在服务的市场上，其被公认为是一个提供高质量的投资和金融服务的投资分析机构。

其中，前四家海外机构出具的均为 SWOT 分析报告（包括运用 SWOT 分析方法出具的战略和财务分析报告），仅有 Wright Investors Service，Inc. 出具了投资研究报告。关于这两类报告的具体介绍请参见后续内容。

对长期股权投资者而言，其在决定是否对某企业进行股权投资前，往往需要全面了解目标企业的整体情况。因此，整体分析报告可以为其提供参考信息，对其投资决策起着重要的作用。本节将通过介绍整体分析报告（包括 SWOT 分析报告及投资研究报告）、选取整体分析报告进行分析，从而进一步调查研究长期股权投资者在分析企业财务报表时对重要性的实务应用。

一、长期股权投资者研究方法简介

本部分将逐一介绍 SWOT 分析报告（包括运用 SWOT 分析方法出具的战略和财务分析报告）及投资研究报告。

（一）SWOT 分析[①]

SWOT 分析是由美国哈佛商学院率先采用的一种经典的分析方法。它根据企业所拥有的资源，进一步分析企业内部的优势与劣势以及企业外部环境的机会与威胁，进而选择适当的战略。

1. 基本原理

SWOT 分析是一种综合考虑企业内部条件和外部环境的各种因素，进行系统评价，从而选择最佳经营战略的方法。这里，S 是指企业内部的优势（Strengths），W 是指企业内部的劣势（Weakness），O 是指企业外部环境的机会（Opportunities），T 是指企业外部环境的威胁（Threats）。

---

① 中国注册会计师协会编，2016 年度注册会计师全国统一考试辅导教材《公司战略与风险管理》，经济科学出版社，第 65 至 67 页。

企业内部的优势和劣势是相对于竞争对手而言的，一般表现在企业的资金、技术设备、员工素质、产品、市场、管理技能等方面。判断企业内部的优势和劣势一般有两项标准：一是单项的优势和劣势。例如，企业资金雄厚，则在资金上占优势；市场占有率低，则在市场上处于劣势。二是综合的优势和劣势。为了评估企业的综合优势和劣势，应选定一些重要因素，加以评价打分，然后根据其重要程度按加权平均法加以确定。

企业外部环境的机会是指环境中对企业有利的因素，如政府支持、高新技术的应用、良好的购买者和供应者关系等。企业外部环境的威胁是指环境中对企业不利的因素，如新竞争对手的出现、市场增长缓慢、购买者和供应者讨价还价能力增强、技术老化等。这是影响企业当前竞争地位或影响企业未来竞争地位的主要障碍。

表2-4列示了SWOT分析的典型格式。

表2-4　　　　　　　典型的SWOT分析格式

优势	劣势
• 企业专家所拥有的专业市场知识 • 对自然资源的独有进入性 • 专利权 • 新颖的、创新的产品或服务 • 企业地理位置优越 • 由于自主知识产权所获得的成本优势 • 质量流程与控制优势 • 品牌和声誉优势	• 缺乏市场知识与经验 • 无差别的产品和服务（与竞争对手比较） • 企业地理位置较差 • 竞争对手进入分销渠道的有限地位 • 产品或服务质量低下 • 声誉败坏
机会	威胁
• 发展中国家新兴市场(如中国互联网) • 并购、合资或战略联盟 • 进入具有吸引力的新的细分市场 • 新的国际市场 • 政府规则放宽 • 国际贸易壁垒消除 • 某一市场的领导者力量薄弱	• 企业所处的市场中出现新的竞争对手 • 价格战 • 竞争对手发明新颖的、创新性的替代产品或服务 • 政府颁布新的规则 • 出现新的贸易壁垒 • 针对企业产品或服务的潜在税务负担

2. SWOT分析的应用

SWOT分析根据企业的目标列出对企业生产经营活动及发展有着重大影响的内部及外部因素，并且根据所确定的标准对这些因素进行评价，从中判定出企业的优势与劣势、机会和威胁。

SWOT分析是要使企业真正考虑到：为了更好地对新出现的产业和竞争环境作出反应，必须对企业的资源采取哪些调整行动；是否存在需要弥补的资源缺口；企业需要从哪些方面加强其资源；要建立企业未来的资源必须采取哪些行动；在分配公司资源时，哪些机会应该最先考虑。这就是说，SWOT 分析中最核心的部分是评价企业的优势和劣势、判断企业所面临的机会和威胁并作出决策，即在企业现有的内外部环境下，如何最优地运用自己的资源，并且考虑建立公司未来的资源（见图 2-11）。

		外部环境	
		机会	威胁
内部环境	优势	增长型战略(SO) （Ⅰ）	多元化战略(ST) （Ⅳ）
	劣势	扭转型战略(WO) （Ⅱ）	防御型战略(WT) （Ⅲ）

图 2-11 SWOT 分析

从图 2-11 中可以看出，第Ⅰ类型的企业具有很好的内部优势以及众多的外部机会，应当采取增长性战略，如开发市场、增加产量等。第Ⅱ类企业面临着巨大的外部机会，却受到内部劣势的限制，应采用扭转型战略，充分利用环境带来的机会，设法清除劣势。第Ⅲ类企业内部存在劣势，外部面临强大威胁，应采用防御型战略，进行业务调整，设法避开威胁和消除劣势。第Ⅳ类企业具有一定的内部优势，但外部环境存在威胁，应采取多种经营战略，利用自己的优势，在多样化经营上寻找长期发展的机会，或进一步增强自身竞争优势，以对抗竞争的威胁。

3. SWOT 分析对长期股权投资者的作用

长期股权投资者通过查看 SWOT 分析报告（如有），可以了解到目标企业的优势和劣势，及其外部环境中存在的机会与威胁。同时，可以通过 SWOT 分析报告，判断企业将可能采用的经营战略。从而为长期股权投资者锁定目标企业提供参考。

（二）投资研究报告

投资研究报告通过对企业进行整体分析，包括公司概况、竞争对手分析、销售分析、股票业绩、股利分析、盈利分析、财务状况分析等，给予企业投资质量评级，包括以下四个方面：投资可行性、财务优势、盈利能力及稳定性、成长能力。其投资质量评级结果包含 4 个字母及 1 个数字，具体字母含义为：

　　A：杰出的；

　　B：优秀的；

　　C：良好的；

　　D：中等的；

　　L：有限的；

　　N：未评分。

数字为 0~20 表示成长能力从低到高。

质量投资评级举例：BAC8

投资可行性	B	优秀的
财务优势	A	杰出的
盈利能力及稳定性	C	良好的
成长能力	8	

　　长期股权投资者通过查看投资研究报告（如有），可以全面了解目标企业。同时，参考 WRIGHT INVESTORS SERVICE 给出的质量投资评级，为其投资决策提供参考依据。

二、样本选取

　　我们采用抽样调查法，随机抽取上述五家机构于 2016 年发布的 100 份整体分析报告。抽取样本对应的海外机构分布如图 2-12 所示。

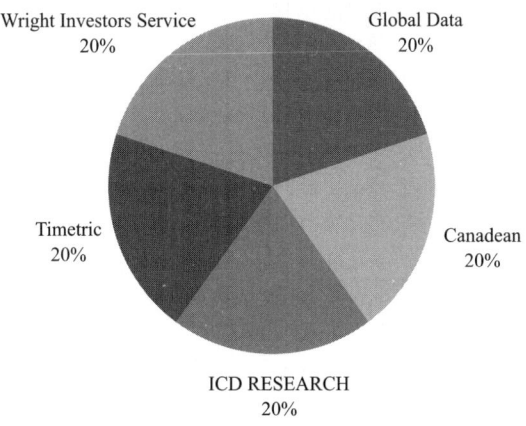

图 2-12　样本分布

整体分析报告中定性分析部分主要涵盖企业的历史及简介、企业的战略、员工素质、主要产品和服务及主要竞争者等，较少涉及财务指标。因此，我们通过统计这 100 份整体分析报告中定量分析部分提及的主要财务指标（如例 2-6～例 2-7 所示）及其出现的频率，分析财务报表中对于长期股权投资者而言相对重要的报表项目及相关披露信息。

【例 2-6】Timetric 于 2016 年 6 月 2 日出具的关于浦东银行（600000.SH）的整体分析报告（SWOT 分析报告）节选（译文）

上海浦东发展银行股份有限公司 - 关键比率 - 年度

关键比率	单位/货币	2015	2014	2013	2012	2011
权益比率						
每股收益	人民币	2.66	2.52	2.19	1.83	1.46
每股股利	人民币	0.52	0.76	0.66	0.55	0.30
股利保障倍数	绝对值	5.17	3.33	3.32	3.33	4.88
每股账面价值	人民币	16.90	13.95	10.96	9.52	7.98
盈利能力比率						
净利率	%	21.86	21.96	22.74	22.75	22.51
税前利润率	%	28.89	28.97	29.93	29.79	29.57
净资产收益率	%	16.06	18.08	20.02	19.26	18.33
资产收益率	%	1.00	1.12	1.11	1.09	1.02
固定资产收益率	%	2.31	2.39	2.37	2.33	2.29
增长率						
息税折旧及摊销前利润增长率	%	7.81	15.19	20.32	24.87	41.76
净利润增长率	%	7.61	14.92	19.70	25.29	42.28
每股收益增长率	%	4.91	13.50	24.53	25.29	18.57
成本比率						
营业成本占收入比	%	49.78	53.17	51.48	51.17	49.31
杠杆比率						
负债权益比	绝对值	1.65	0.83	0.74	0.86	0.80
净负债权益比	绝对值	1.65	0.83	0.74	0.86	0.80
债务资本比率	绝对值	0.10	0.05	0.04	0.05	0.04
效益比率						
资产周转率	绝对值	0.05	0.05	0.05	0.05	0.05
资本周转率	绝对值	0.73	0.82	0.88	0.85	0.81
单位员工净利润	人民币	1044954.00				
资本支出与销售比	%	2.90	1.66	0.98	2.23	2.21
效益比率	绝对值	0.20	0.19	0.21	0.21	0.22

数据来源：Timetric

【例 2-7】Wright Investors Service 于 2016 年 9 月 14 日出具的关于民生控股（000416）的整体分析报告（投资研究报告）节选（译文）

财务比率：民生控股股份有限公司					
会计年度	2015	2014	2013	2012	2011
会计年度结束日	2015年12月31日	2014年12月31日	2013年12月31日	2012年12月31日	2011年12月31日
应收账款周转率	13.0	96.9	14.4	286.2	70.8
应收账款周转天数	49.3	15.3	13.3	4.3	4.2
存货周转率	23.1	35.9	21.5	22.2	24.3
存货周转天数	15.8	10.2	17.0	16.4	15.0
固定资产原值周转率	2.0	4.1	4.0	4.1	6.6
固定资产净值周转率	4.7	9.9	9.3	8.8	11.7
折旧摊销占固定资产原值比	4.3%	3.4%	3.5%	4.4%	9.3%
折旧摊销年度变化	0.1	-0.0	-0.1	-0.5	-0.2
折旧摊销年度变化率	29.3%	-10.6%	-18.3%	-47.0%	-16.7%

三、调研结果

通过研究抽取的100份整体分析报告，统计发现投资分析机构关注的主要财务指标体现在以下五个方面：

（一）盈利能力

盈利能力方面，投资分析机构主要关注净资产收益率、资产收益率、EBITDA及增长率、单位员工净利润、营业收入及增长率、毛利率、市盈率、单位员工收入、营业利润及增长率等，其在样本中出现的频率如图2-13所示。

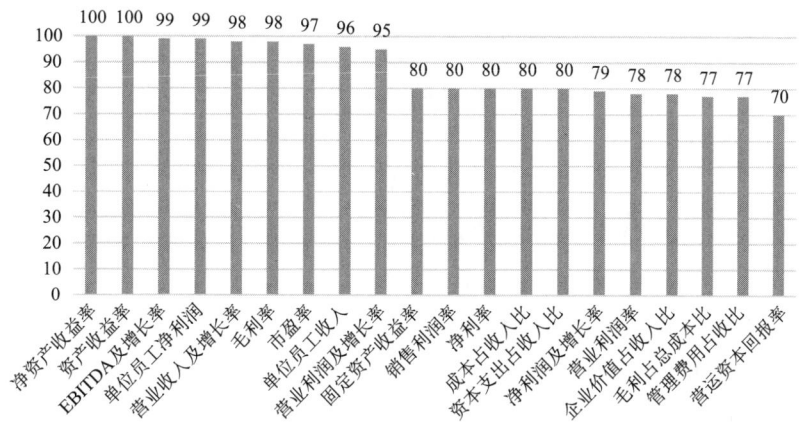

图2-13 关注指标及频率

其中，净资产收益率 = 净利润 ÷ 平均所有者权益；

资产收益率 = 净利润 ÷ 平均资产总额；

EBITDA = EBIT + 折旧 + 摊销；

单位员工净利润 = 净利润 ÷ 平均员工人数；

毛利率 =（营业收入 – 营业成本）÷ 营业收入；

市盈率 = 每股市价 ÷ 每股收益；

单位员工收入 = 收入 ÷ 平均员工人数；

固定资产收益率 = 净利润 ÷ 平均固定资产总额；

销售利润率 = 利润总额 ÷ 营业收入；

净利率 = 净利润 ÷ 营业收入；

成本占收入比 =（营业成本 + 三项费用）÷ 营业收入；

资本支出占收入比 = 资本支出 ÷ 营业收入；

营运资本周转率 = 销售收入 ÷（流动资产 – 流动负债）；

营业利润率 = 营业利润 ÷ 营业收入；

企业价值占收入比 =（企业市值 + 负债 + 优先股 – 现金及现金等价物）÷ 营业收入；

毛利占总成本比 =（营业收入 – 营业成本）÷ 主营营业成本；

管理费用占收比 = 管理费用 ÷ 营业收入；

营运资本回报率 = 净利润 ÷（流动资产 – 流动负债）。

（二）偿债能力

偿债能力方面，投资分析机构主要关注流动比率、速动比率、债务资本比率、净负债率、负债权益比、资本回报率、现金比率，其在样本中出现的频率如图 2 – 14 所示。

其中，流动比率 = 流动资产 ÷ 流动负债；

速动比率 = 速动资产 ÷ 流动负债；

债务资本比率 = 总负债 ÷（总资产 – 流动负债）；

净负债率 = 净负债 ÷ 所有者权益；

负债权益比 = 负债 ÷ 权益；

资本回报率 = 息税前利润 ÷（总资产 – 流动负债）；

现金比率 =（货币资金 + 交易性金融资产）÷ 流动负债。

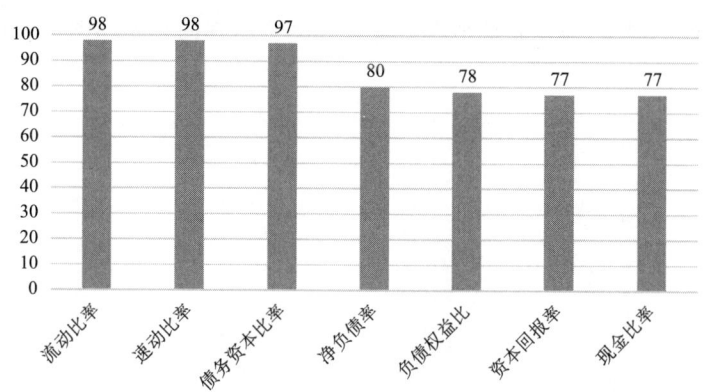

图 2-14 关注指标及频率

（三）营运能力

营运能力方面，投资分析机构主要关注存货周转率、总资产周转率、固定资产周转率、流动资产周转率、营运资本增长率，其在样本中出现的频率如图 2-15 所示。

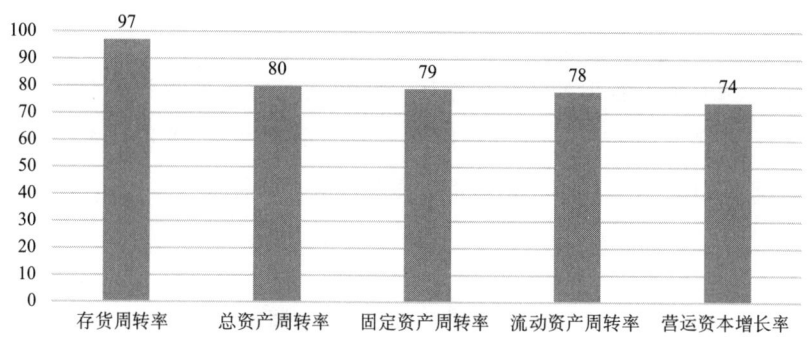

图 2-15 关注指标及频率

其中，存货周转率 = 营业成本 ÷ 存货平均余额；

总资产周转率 = 营业收入 ÷ 平均资产总额；

固定资产周转率 = 营业收入 ÷ 平均固定资产净值；

流动资产周转率 = 营业收入 ÷ 平均流动资产总额；

营运资本 = 流动资产 - 流动负债。

（四）每股指标

每股指标方面，投资分析机构主要关注每股收益及增长率、每股股利、每股账面价值、每股收益÷每股股利,其在样本中出现的频率如图 2-16 所示。

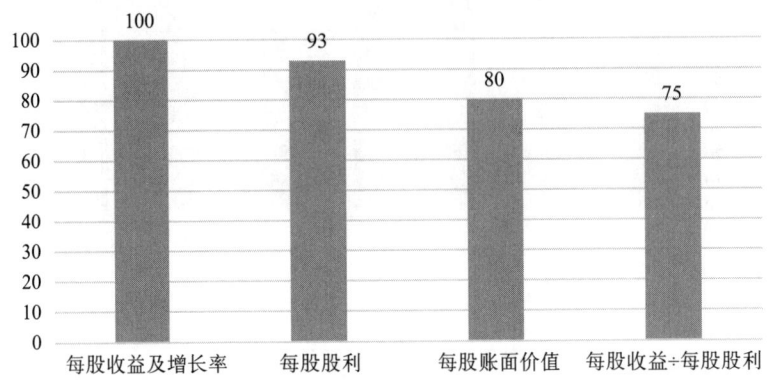

图 2-16 关注指标及频率

其中,每股收益=归属于普通股股东的当期净利润÷当期发行在外普通股的加权平均数;

每股账面价值=(股东权益总额-优先股权益)÷发行在外的普通股股数。

(五) 其他指标

同时,通过研究抽取的 100 份整体分析报告,统计发现投资分析机构对股息率、企业价值÷总资产、资产总额增长率、企业价值÷EBITDA 等其他财务指标也比较关注,其在样本中出现的频率如图 2-17 所示。

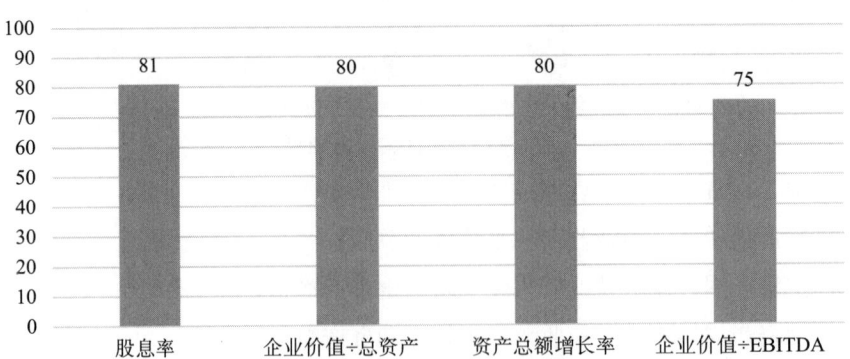

图 2-17 关注指标及频率

其中,股息率=股息÷股票价格。

企业价值=企业市值+负债+优先股-现金及现金等价物。

第四节 本章小结

一、债权人

通过调研发现,债权人关注的主要财务指标在评级报告中列示的基本格式如例 2-1 所示。

通过例 2-1 可以看出,信用评级过程中所使用的财务数据为最近三年经审计的财务数据及最近一期未经审计的财务数据,说明债权人不仅关注当期财务报表,同时也较为关注前两期比较期间财务报表。

基于对债权人的实务调研结果,发现其更为关注公司以下方面的财务指标,如表 2-5 所示。

表 2-5　　　　　　　　　债权人关注的财务指标

资本结构及资产质量	盈利能力	偿债能力	现金流量情况	表外偿债能力
★ 资产总额	★ 营业收入	★ EBITDA 利息倍数	★ 经营活动现金流净额	✦ 过往债务履约情况
★ 所有者权益合计	▲ 利润总额	▲ EBITDA ÷ 总债务	✦ 投资活动现金流净额	▲ 对外担保总额或余额
★ 资产负债率	▲ 营业利润率	▲ 流动比率	✦ 筹资活动现金流净额	▲ 银行授信额度
✦ 货币资金	▲ 净资产收益率	▲ 速动比率		
✦ 负债总额	▲ 净利润	▲ EBITDA		
✦ 总债务	▲ 毛利率			
✦ 短期债务				
✦ 流动资产				

注:★ 表示该指标在 100 个样本中出现的频率大于等于 90 次;
　　✦ 表示该指标在 100 个样本中出现的频率大于等于 80 次小于 90 次;
　　▲ 表示该指标在 100 个样本中出现的频率大于等于 60 次小于 80 次。

上述财务指标涉及财务报表项目如表 2-6 所示。

表 2-6　　　　　　　　　　　具体财务报表项目

资产负债表	利润表	现金流量表	财务报表附注
★ 资产合计 ★ 负债合计 ★ 所有者权益合计 ✚ 货币资金 ✚ 流动资产合计 ✚ □应付票据 ✚ 交易性金融负债 ✚ 短期借款 ✚ 一年内到期的非流动负债 ✚ 流动负债合计 ✚ 长期借款 ✚ 应付债券 ▲ 应收票据 ▲ 应收账款 ▲ 其他应收款 ▲ 交易性金融资产	★ 营业收入 ▲ 营业成本 ▲ 营业利润 ▲ 利润总额 ▲ 所得税费用 ▲ 净利润	★ 经营活动产生的现金流量净额 ✚ 投资活动产生的现金流量净额 ✚ 筹资活动产生的现金流量净额	★ 财务费用中的利息费用 ★ 资本化的利息支出 ✚ 折旧和摊销费用 ✚ 已逾期未偿还的借款情况

注：★ 表示该指标在 100 个样本中出现的频率大于等于 90 次；

　　✚ 表示该指标在 100 个样本中出现的频率大于等于 80 次小于 90 次；

　　▲ 表示该指标在 100 个样本中出现的频率大于等于 60 次小于 80 次。

债权人对财务报表的分析，是为了获取有用的信息，支持评估企业从现在到未来期间的信息的合理性，特别是对企业偿债能力的预期和评价。

根据上述调研结果，可以看出债权人更关注企业资产负债及现金流的情况，其关注的主要财务指标所需财务信息绝大部分可以从财务报表主表中直接获得，少数信息（如对外担保总额或余额等）可以从财务报表附注中提取，通用财务报表的内容基本上能够满足债权人的需求，但还有部分信息（银行授信额度）可能不在财务报表及其附注中披露。

企业财务报表对过去到现在这一期间作出的说明有助于分析企业当前的能力和管理质量。但从上述调研结果看，发现债权人较少关注营运能力方面的财务指标，如存货周转率等。债权人也较少关注现行准则要求披露的一些表外信息。但是，财务报表附注中的一些披露如金融工具风险披露中的流动负债到期日分析、资本承担、经营租赁承担等，对企业未来期间的负债偿付时间、新增负债或大额现金支出提供了很好的补充信息。目前所用的信用评级方法较少涉及上述信息，一方面可能是报表使用者还没有很好地了解这些财务信息的内容，另一方面可能是这些非主表信息不易被使用者轻易抽取，因此，其在投资评级报告中出现的频率相对较低。此外，如果将来企业会计准则的一些修改（如租赁准则）导致将一些目前在表外的负债转到表内反映，则可能对企业的信用评级产生直接影响。

由于债权人是财务报表的主要使用者之一，而债权人在考虑是否购买某公司债券以及是否借款给某公司时，往往关注该公司的信用评级结果（如有）。因此，我们基于信用评级过程中对不同财务指标的关注程度，提出如下建议：

1. 债权人关注的银行授信额度可能不在财务报表及其附注中披露，建议考虑是否需增加相关信息披露要求。

2. 债权人关注内容相对偏重资本结构、盈利能力、偿债能力、现金流量情况及表外偿债能力。部分表外披露信息虽对债权人有用，但未获得重视。建议进一步研究财务报表附注的披露方法和质量，如何使得这些信息较为容易地被报表使用者获取和使用。

二、短期股票投资人

通过调研发现，短期股票投资人关注的主要财务指标在评级报告中列示的基本格式如例2-2~例2-5所示。

短期股票投资人在分析企业成长能力和盈利能力时，综合考虑了定性和定量信息，因为两者互为背景。短期股票投资人将关键业绩指标作为叙述性说明的一部分，成为连通定量与定性信息的有效方式。

此外，短期股票投资机构在分析企业价值创造能力时，会将财务信息与其他来源信息结合起来（如管理层分析、董事会信息、对外公告信息等），而不是割裂开来。各种渠道获取的信息构成短期股票投资机构的评价体系中紧密联系的链条。

根据调研结果，可以看出短期股票投资人更为关注公司的成长能力及盈利能力，具体关注指标为营业收入及增长率、净利润及增长率、每股收益、每股净资产及市盈率。

另外，可能出于短期投资的目的，对于公司的资本结构、现金流、偿债能力和营运能力较少关注。

同时，通过调研发现，证券公司股票评级的关键指标为目标股价，分析师主要依据目标股价的涨跌幅进行股票评级。目标股价＝预计每股收益×目标市盈率。

基于实务调研结果，虽然短期股票投资人关注的每股净资产及市盈率指标无法从主表中直接获得，但计算这些指标所需的财务信息可以从主表中直接获得,因此证券公司可以较为容易地取得相关信息。

短期股票投资人的主要目的为短期持有股票后出售以获取利益,因此,其最为关注公司的成长能力和盈利能力,通用报表的信息已经可以满足短期股票投资人的需求。

三、长期股权投资者

通过调研发现,长期股权投资者关注的主要财务指标在整体分析报告中列示的基本格式如例 2-6~例 2-7 所示。

通过例 2-6~例 2-7 可以看出,海外机构在对公司进行整体分析过程中所使用的财务数据为最近五年的财务数据,说明长期股权投资者不仅关注当期财务报表,同时也较为关注前四期比较期间财务报表。

表 2-7　　　　　　　　长期股权投资者关注的财务指标

盈利能力	偿债能力	营运能力	每股指标	其他指标
★ 净资产收益率 ★ 资产收益率 ★ EBITDA 及增长率 ★ 单位员工净利润 ★ 营业收入及增长率 ★ 毛利率 ★ 市盈率 ★ 单位员工收入 ★ 营业利润及增长率 ✚ 固定资产收益率 ✚ 销售利润率 ✚ 净利率 ✚ 成本占收入之比 ✚ 资本支出占收入比 ▲ 净利润及增长率 ▲ 营业利润率 ▲ 企业价值占收入比 ▲ 毛利占总成本比 ▲ 管理费用占收比 ▲ 营运资本回报率	★ 流动比率 ★ 速动比率 ✚ 债务资本比率 ✚ 净负债率 ▲ 负债权益比 ▲ 资本回报率 ▲ 现金比率	★ 存货周转率 ✚ 总资产周转率 ✚ 固定资产周转率 ▲ 流动资产周转率 ▲ 营运资本增长率	★ 每股收益及增长率 ★ 每股股利 ★ 每股账面价值 ★ 每股收益÷每股股利	✚ 股息率 ✚ 企业价值÷总资产 ✚ 资产总额增长率 ▲ 企业价值÷EBITDA

注:★ 表示该指标在 100 个样本中出现的频率大于等于 90 次;

　　✚ 表示该指标在 100 个样本中出现的频率大于等于 80 次小于 90 次;

　　▲ 表示该指标在 100 个样本中出现的频率大于等于 60 次小于 80 次。

基于实务调研结果，发现长期股权投资者更为关注公司以下方面的财务指标，如表2-7所示。

上述财务指标涉及财务报表项目如表2-8所示。

表2-8　　　　　　　　　　具体财务报表项目

资产负债表	利润表	现金流量表	财务报表附注
★ 货币资金	★ 营业收入	✚ 购建固定资产、无形资产和其他长期资产支付的现金	★ 每股股利
★ 应收票据	★ 营业成本		★ 普通股股数
★ 应收账款	★ 净利润		★ 折旧和摊销费用
★ 其他应收款	★ 每股收益		▲ 优先股股数
★ 交易性金融资产	✚ 销售费用	▲ 现金及现金等价物	
★ 存货	✚ 管理费用		
★ 流动资产合计	✚ 财务费用		
★ 资产合计	✚ 利润总额		
★ 流动负债合计	✚ 所得税费用		
★ 负债合计			
★ 所有者权益合计			
▲ 固定资产			

注：★ 表示该指标在100个样本中出现的频率大于等于90次；
　　✚ 表示该指标在100个样本中出现的频率大于等于80次小于90次；
　　▲ 表示该指标在100个样本中出现的频率大于等于60次小于80次。

长期股权投资者在对财务报表进行整体分析时，综合考虑了定性和定量信息，因为两者互为背景。

长期股权投资者在考虑定性信息时，综合了各种信息，包括宏观经济、环境问题、社会问题等，这些信息均可能对企业创造价值的能力产生影响。同时，也关注对企业财务、经营、战略、声誉及监管方面有影响的信息。

对于长期股权投资者而言，其意在长期持有企业股权，仅关注证券公司为短期股票投资者出具股票评级报告时关注的盈利能力和成长能力方面的指标是远远不够的。因此，长期股权投资者通常会希望全面了解目标企业的整体状况，从而全面关注企业盈利能力、偿债能力、营运能力、每股指标及其他一些相关指标。

根据上述调研结果，长期股权投资者关注的主要财务指标所需财务信息绝大部分可以从财务报表主表中直接获得，少数信息（如折旧、摊销等）可以从财务报表附注中提取，通用财务报表的内容基本上能够满足长期股权投资者的需求。还有部分信息（如平均员工人数等）可能不在财务报表及其附注中披露，但可结合公司在其他资料中的信息获得，如可在年度报告中获得员工人数的相关信息。

同时，通过调研发现，目前长期股权投资者关注和使用的财务信息已基本可从财务报表中获得，主要依赖于财务报表主表，而对于财务报表附注使用不多，一方面可能是报表使用者还没有很好地了解财务信息的内容，另一方面可能是这些非主表信息不易被使用者轻易抽取。

由于长期股权投资者是财务报表的主要使用者之一，而长期股权投资者在考虑是否持有某公司股权时，往往关注该公司的整体分析报告（如有）。因此，基于整体分析报告中对不同财务指标的关注程度，我们建议基于不同财务报表使用者对于财务报表信息披露的需求不同，在制定重要性原则及发布重要性指引时，指引财务报表编制者根据财务报表的具体使用目的结合重要性的判断标准编制财务报表。

第三章　监管者关于重要性的考虑

　　除企业会计准则之外，我国现行其他法律法规也在一定程度上规定了重要性的判断标准，列举了某些重大事项，并设定了部分金额标准，从而可在一定程度上指导重要性原则在信息披露实务中的应用。我们目前公开的法律法规涉及重要性的规定，主要是针对在资本市场上募集资金的公司（包括发行股票募集资金的公司及发行债券募集资金的公司），因此，在本章第一节中，我们主要研究相关法律法规中关于资本市场上与公司重大信息披露相关的法规，以期发现在现行法律法规中监管者对重要性的考量并对重要性原则在财务报表中的应用提供参考。

　　除了满足投资者的需求外，公司财务信息的披露也需要应对监管机构的监督和检查。监管机构对于申请上市、挂牌或发行公司债券的公司进行审查的主要目的是为了规范资本市场，发现公司经营风险，保护投资者利益。因此从提高监管效率、节约审查成本的角度出发，监管机构在上述审查过程中并非会对所有财务信息一律重点检查，而是会遵循重要性的原则，对于那些能够帮助财务报表使用人了解企业经营状况及重大风险，影响财务报表使用人的投资决策的财务信息重点关注。监管机构的审查内容主要反映于其出具的反馈意见及问询函中，本章第二节将对监管机构出具的 A 股 IPO、新三板挂牌申请和公司债券发行的反馈意见以及监管机构出具的上市公司的年报问询函进行调研，以分析监管机构在其监管过程中重点关注的财务报表信息，从而了解重要性在监管实务中的应用。

　　监管机构也在日常对于管辖范围内的各类公司的信息进行日常监管、评估和检查，以规范各类公司的日常管理和提升信息披露的质量。第三节调研了各类监管检查机构对管辖和关注的各类公司所出具的监管检查报告，分析与财务信息相关的监管重点领域，以期得出重要性概念在日常监管检查中进行应用的标准和特点。

第一节　法律法规中监管者对重要性的考虑

在法制健全的证券市场上，上市公司披露的信息是上市公司与投资者、市场监管者的主要交流渠道，投资者鉴别公司质量的手段之一是阅读公司的信息披露文件，以此了解公司的生产经营情况和财务状况，并作出相应选择。如果信息披露不及时、不全面或不真实，就可能对投资者形成误导，损害投资者的利益。因此，充分、及时而有效的信息披露制度是证券市场规范发展的可靠保证。

目前，我国已初步形成了以《证券法》为主体，相关的行政法规、部门规章等规范性文件为补充的全方位、多层次的上市公司信息披露制度框架，初步建立了一套较为完整的信息披露制度体系。这些法律法规的发布者主要涉及全国人大常委会、国务院、证监会、上交所、深交所、全国股转公司、中国人民银行、银监会、国家发改委、最高人民检察院、公安部等。

我国上市公司信息披露制度的体系包括发行信息披露、持续性信息披露及法律责任救济制度三大方面。其中发行信息披露通常包括初次发行时的发行申报材料、招股说明书、募集说明书，申请证券上市交易时的上市公告书等。持续性信息披露则主要包括了定期报告制度和临时报告制度，其中定期报告通常有年度报告、中期报告和季度报告，临时报告通常适用于发生法定的重大事件或重大变动的情形。法律责任救济制度则是对信息披露制度的最终落实和实现投资者保障目的的重要途径。在本次调研过程中，我们查阅了我国现行法律法规关于信息披露重要性的大量规定，并对信息重要性的认定标准进行定性及定量的归纳总结，以期能够发现该等法律法规在设定重要性标准时的规律，并给重要性原则在财务报表中的应用提供一定的参考。

一、法律法规中的与重要性相关的概念及判断标准

我国证券类法规在应用重要性概念时，主要采用的法律用语是"重大"事件、"重大"事项或"重大"信息。我们理解，具有重大性的信息一般来说都是重要的，证券类法规中的"重大"与本书其他章节的"重要性"无本质的区别。

上市公司在日常经营活动中，发生重大事件，应立即向公众披露，这是各国证券监管法律规章的普遍要求，我国也不例外。如表3-1显示，我国现行法律法规关于重大性的判断标准主要采用的是"对投资者决策有重大影响"或对证券价格产生较大影响的标准。因此，我国证券类重要法规在规定重大事项时以事项发生的披露是否导致证券价格发生较大变动或是否会对投资者作出投资决策有重大影响为判断依据。

表3-1只列示了部分重要法规关于重大性的判断标准。我们将调研中查阅的涉及重大性判断标准的相关法规作为附件，详见案例库表3-2。

表3-1　证券类重要法规关于重大性判断标准的规定（部分法规）

发文单位	相关法规	法规对应的"重大性"标准
基本法律		
全国人大常委会	《证券法（2014年修订）》	第67条规定：发生可能对上市公司股票交易价格产生较大影响的重大事件，投资者尚未得知时，上市公司应当立即将有关该重大事件的情况向国务院证券监督管理机构和证券交易所报送临时报告，并予公告，说明事件的起因、目前的状态和可能产生的法律后果
行政法规		
国务院	《股票发行与交易管理暂行条例》	第60条规定：发生可能对上市公司股票的市场价格产生较大影响、而投资人尚未得知的重大事件时，上市公司应当立即将有关该重大事件的报告提交证券交易场所和证监会，并向社会公布，说明事件的实质
部门规章		
证监会	《上市公司信息披露管理办法》	第11条规定：发行人编制招股说明书应当符合中国证监会的相关规定。凡是对投资者作出投资决策有重大影响的信息，均应当在招股说明书中披露。

续表

发文单位	相关法规	法规对应的"重大性"标准
部门规章		
证监会	《上市公司信息披露管理办法》	第19条规定：上市公司应当披露的定期报告包括年度报告、中期报告和季度报告。凡是对投资者作出投资决策有重大影响的信息，均应当披露。 第30条规定：发生可能对上市公司证券及其衍生品种交易价格产生较大影响的重大事件，投资者尚未得知时，上市公司应当立即披露，说明事件的起因、目前的状态和可能产生的影响
证监会	《公司债券发行与交易管理办法》	第45条规定：公开发行公司债券的发行人应当及时披露债券存续期内发生可能影响其偿债能力或债券价格的重大事项
证监会	《公开发行证券的公司信息披露内容与格式准则第1号——招股说明书（2015年修订）》	第3条规定：本准则的规定是对招股说明书信息披露的最低要求。不论本准则是否有明确规定，凡对投资者作出投资决策有重大影响的信息，均应披露
证监会	《公开发行证券的公司信息披露内容与格式准则第2号——年度报告的内容与格式（2017年修订）》	第3条规定：本准则的规定是对公司年度报告信息披露的最低要求；对投资者投资决策有重大影响的信息，不论本准则是否有明确规定，公司均应当披露
证监会	《公开发行证券的公司信息披露编报规则第15号——财务报告的一般规定（2014年修订）》	第3条规定：凡对投资者进行投资决策有重要影响的财务信息，不论本规则是否有明确规定，公司均应充分披露
自律规范		
上交所	《上海证券交易所股票上市规则（2018年第二次修订）》	2.3规定：上市公司和相关信息披露义务人应当在本规则规定的期限内披露所有对上市公司股票及其衍生品种交易价格可能产生较大影响的重大事件（以下简称重大信息或重大事项）
上交所	《上海证券交易所公司债券上市规则（2018年修订）》	3.3.1规定：债券上市期间，发生可能影响发行人偿债能力或者债券价格的重大事项，或者存在关于发行人及其债券的重大市场传闻的，发行人应当按照相关法律、行政法规、部门规章、规范性文件、本规则及本所其他规定及时向本所提交并披露临时报告，说明事件的起因、目前的状态和可能产生的后果

续表

发文单位	相关法规	法规对应的"重大性"标准
全国股转公司	《全国中小企业股份转让系统挂牌公司信息披露细则》	第4条规定:挂牌公司及其他信息披露义务人应当及时、公平地披露所有对公司股票及其他证券品种转让价格可能产生较大影响的信息(以下简称"重大信息"),并保证信息披露内容的真实、准确、完整,不存在虚假记载、误导性陈述或重大遗漏

上述法律法规在总体层面上,给出了重大性的判断标准,从而为重要性原则在信息披露实务中的应用提供了原则性的指引。

二、对重大交易披露的具体规定

(一) 对上市公司重大交易披露的具体规定

相关法律法规在对重大交易事项的披露设定了如前所述的基本标准的同时,针对不同交易的类别(比如关联交易、担保交易、重大诉讼及仲裁以及其他重大交易等),还具体设定了金额和比例的标准。相关规则规定,对于一定金额或比例以上的重大交易,上市公司应该及时披露。除此之外,对于超出更大金额或达到更大比例的交易除应及时披露之外,还应提交股东大会审议。我们将在下文展开论述该等具体的金额和比例标准。

1. 重大关联交易的披露标准

相比较于其他交易,关联交易更具特殊性和可操控性,报表使用者对于关联交易也更为关注,因此,针对关联交易,交易所在发布的股票上市规则中,对关联交易的披露作出了特别规定。

一方面,对应在年度报告中进行披露的重大关联交易进行了具体规定,即对某一关联方,报告期内累计关联交易总额高于3000万元(创业板公司披露标准为1000万元)且占公司最近一期经审计净资产值5%以上的关联交易应分不同交易类型进行详细披露。

另一方面,交易所还规定了应"及时披露"及"提交股东大会审议"的金额标准,包括关联交易的绝对金额标准,以及占净资产的比例标准,且需同时满足。我们注意到,创业板由于企业规模较小,绝对金额标准略低于主板。具体金额和比例详见表3-2。

表 3–2　　　　应当"及时披露"及"提交股东大会审议"的
　　　　　　　　关联交易的金额标准及比例标准

交易对象	交易金额		占净资产绝对值比例
	主板	创业板	
应当"及时披露"			
关联自然人	>30 万元		—
关联法人	>300 万元	>100 万元	>0.5%
应当"提交股东大会审议"			
关联人	>3000 万元	>1000 万元	>5%

2. 重大担保交易的披露标准

由于担保交易比较特殊，交易所规定发生提供担保事项时，应"及时披露"，并特别规定了"提交股东大会审议"的标准，主要考虑单笔担保额及担保总额的绝对值，以及占净资产的比例，还考虑被担保对象的资产负债率等因素，满足其中的一种情形即需要"提交股东大会审议"。应提交股东大会审议的担保事项的金额标准及比例标准如表 3–3 所示。

表 3–3　　　　应提交股东大会审议的担保事项的金额
　　　　　　　　标准及比例标准　　　　　　　　　　单位：人民币万元

指标	比例	金额	
		创业板	主板
单笔担保额÷净资产	10%	—	—
累计担保金额÷总资产	30%	—	—
对外担保总额÷净资产	50%	—	—
累计担保金额÷净资产 且，累计担保金额	50% —	— 3000	— 5000
担保对象资产负债率	70%	—	—

3. 重大诉讼、仲裁的披露标准

上交所和深交所发布的股票上市规则，以及全国股转公司发布的信息披露细则，设定了应在临时报告中"及时披露"的重大诉讼、仲裁的金额标准，以及性质兜底条款。

金额标准包括涉案金额的绝对值，以及占净资产比例的标准，且需同时满足。上交所和深交所关于涉案金额的绝对值均为人民币为 1000 万元，仅创业板由于企业规模较小,标准略低(人民币 500 万元),而全国股转公司未设定涉案金额的绝对值标准。比例标准主要考虑涉案金额占公司最近一期经审计净资产的比例,"及时披露"的比例标准为 10%。

4. 其他重大交易的披露标准

交易所对于除关联交易、担保交易及重大诉讼和仲裁之外的应予以披露的不同类型的重大交易(包括重大的购买或出售资产、对外投资、租入租出固定资产等交易)从金额和比例两方面分别进行了规定。针对不同类型的重大交易,上交所和深交所设定了应"及时披露"及"提交股东大会审议"的金额标准,包括绝对金额标准及比例标准,且需同时满足。具体如下:

绝对金额标准:如图 3-1 显示,金额标准主要考虑交易成交金额、交易产生的利润、交易标的营业收入、交易标的净利润的绝对值。"及时披露"的绝对金额标准明显低于"提交股东大会审议"的绝对金额标准。创业板由于企业规模较小,各项标准略低。

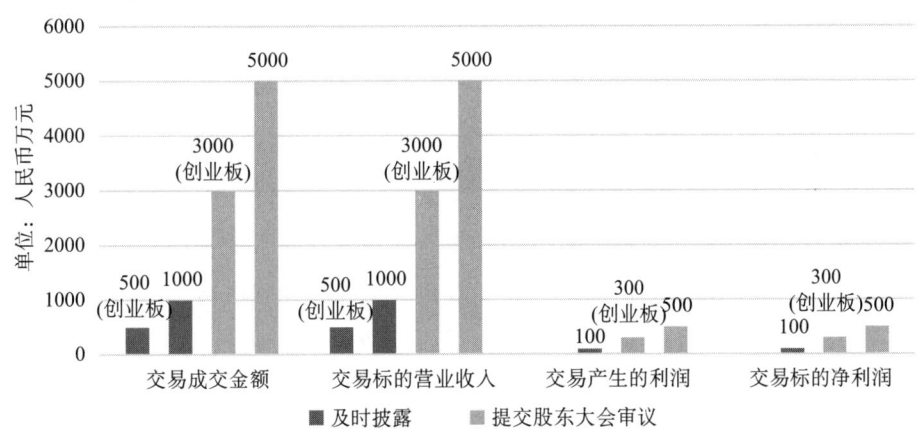

图 3-1 其他重大交易"及时披露"及"提交股东大会审议"的金额标准

比例标准:比例标准主要考虑交易涉及的资产总额、交易的成交金额、交易标的营业收入、交易产生的利润及交易标的净利润分别占公司最近一期经审计总资产、净资产、营业收入、净利润的比例。前述各项应"及时披露"的比例标准均为 10%,应"提交股东大会审议"的比例标准均为 50%。

(二)对债券发行人重大事件披露的具体规定

证监会、上交所、深交所、国家发改委、中国银行间市场交易商协会,分别就公司债券、企业债券、银行间市场债券的存续期间,应在临时报告中披露的影响债券发行人偿债能力的重大事件的标准进行了规定,包括只考虑性质的情形列举,以及同时考虑性质与比例标准的情形。其中,只考虑性质的情形列举主要涉及债券发行人的经营环境、债券评级、债务清偿情况、资产权属受限、持续经营能力、偿债保障措施等方面。

如表 3-4 显示,对于同时考虑性质与比例标准的情形,公司债券、企业债券、银行间市场债券均考虑债券存续期间发行人发生的损失占上年末净资产的比例是否超过 10%,公司债券还额外考虑债券存续期间发行人当年累计新增借款或对外提供担保、放弃债权或财产占上年末净资产的比例是否超过 10%。

表 3-4　　影响债券发行人债券偿债能力的情形——同时考虑性质与比例标准

项目	公司债券	企业债券	银行间市场债券
当年累计新增借款或对外提供担保/上年末净资产	>20%	不适用	不适用
放弃债权或财产/上年末净资产	>20%	不适用	不适用
发生损失/上年末净资产	>10%	>10%	>10%

(三) 对具体披露规定的汇总

通过详细列举前述上市公司及债券发行人在具体重大交易披露的规定,我们可以发现,在具体交易层面上,相关规定对应在定期报告或临时报告中披露的重大关联交易、重大担保交易、重大诉讼及仲裁、其他重大交易以及影响债券发行人偿债能力的重大事件,进行了性质列举,并设定了部分金额标准,从而较好地指导了重要性原则在重大交易信息披露实务中的应用,也给在财务报表中如何应用重要性原则提供了一些具体的参考,在制定财务报表重要性原则时可以参考其关于信息重大性的考虑因素、标准设定等。

表 3-5 总结了上述各类重大交易在及时披露时的比例标准。如表 3-5 所示,在计算重大关联交易、重大诉讼及仲裁、影响债券发行人偿债能力的重大事件的比例标准时,主要参照净资产一个基准,通常的比例标准为 10%,而重大关联交易的比例标准为 0.5%。在计算其他重大交易的比例标准时,需同时参照总资产、净资产、营业收入、净利润这四个基准,通常的比例标准为 10%。

表 3-5　应"及时披露"的各重大事项与各项基准的比例关系汇总

基准	重大关联交易	重大担保交易	重大诉讼及仲裁	其他重大交易	影响债券发行人偿债能力的重大事件
总资产	不适用	不适用	不适用	>10%	不适用
净资产	>0.5%	不适用	>10%	>10%	>10%
营业收入	不适用	不适用	不适用	>10%	不适用
净利润	不适用	不适用	不适用	>10%	不适用

三、对特定行业的披露规定

在前述关于一般行业的披露要求的规定之外，上交所及深交所对于一些重点行业进一步发布了具有行业特征的披露指引。详见下述分析。

（一）上交所的行业信息披露指引

上交所于 2015 年年初调整了上市公司自律监管模式，由辖区监管转变为分行业监管。由于监管模式的转变，截至 2018 年年底，上交所出台了上市公司行业信息披露一般指引，以及房地产、煤炭、电力、零售、汽车制造、医药制造、石油和天然气开采、钢铁、建筑、光伏、服装、新闻出版等共十九个行业的上市公司信息披露指引。这些指引对应在年度报告及临时报告中披露的重大信息设定了具体标准。

上交所发布的行业信息披露指引关于具有行业特征的重要性的规定，主要包括需细化收入、成本及毛利具体构成的披露标准、重要组成部分、重大投资或建设项目、重大变动几个方面。

1. 需细化收入、成本及毛利具体构成的披露标准

上交所要求各行业上市公司，当达到一定行业特定标准时，需在年度报告或临时报告中按照不同的经营业态、地区、经营模式、商品及项目等披露与行业特征相关的经营及财务数据，细化披露收入、成本及毛利的具体构成。

如表 3-6 显示，大多数行业的披露标准所参照的基准主要是营业总收入或主营业务收入，比例标准因行业而有所差异，其中光伏、钢铁、汽车制造和房地产参照的比例标准为 10%，零售及煤炭行业参照的比例标准是 5%。除上述基准外，钢铁行业参照的基准还包括总毛利额的 10%。另外，光伏电站开发业

务由于资本投入大，参照的基准是单个电站项目投资规模占报告期末净资产的10%，不同于其他行业。

表 3-6 上交所需细化披露收入、成本及毛利的具体构成的分行业标准

行业	指标	比例
服装	门店营业收入÷营业总收入	10%
	境外营业收入÷营业总收入	30%
光伏	开发的单个电站项目投资规模÷净资产	10%
	承包或运营的单个电站项目收入÷营业总收入	10%
	承包或运营的单个电站项目净利润÷净利润	10%
钢铁	单一钢材品种的营业收入÷营业总收入	10%
	单一钢材品种的毛利额÷总毛利额	10%
	线上营业收入÷营业总收入	10%
	线上毛利额÷总毛利额	10%
汽车制造	整车制造业务收入÷主营业务收入	10%
	零部件制造业务对外销售收入÷主营业务收入	10%
房地产	单一经营业态租金收入÷营业总收入	10%
	单一地区租金收入÷营业总收入	10%
	单一项目租金收入÷营业总收入	10%
零售	单一经营业态营业收入÷总营业收入	5%
	单一地区营业收入÷总营业收入	5%
	单一经营模式营业收入÷总营业收入	5%
	单一商品类别营业收入÷总营业收入	5%
	单一销售渠道营业收入÷总营业收入	5%
煤炭	单一地区营业收入÷总营业收入	5%
	单一业务板块营业收入÷总营业收入	5%
	单一煤炭品种营业收入÷总营业收入	5%
	单一煤炭来源营业收入÷总营业收入	5%

2. 重要组成部分的披露标准

上交所分行业的信息披露指引对建筑业，石油和天然气开采及煤炭行业的重要组成部分，根据其行业特点设定了相关的标准，以便上市公司在年度报告及临时报告中有针对性地披露其重要组成部分的相关信息。具体标准详见表 3-7。

表 3-7　　　　　　　上交所分行业的重要组成部分标准

行业	重要组成部分	指标	比例
建筑	主要业务开展区域	项目收入÷上一会计年度营业收入	10%
		项目利润÷上一会计年度净利润	10%
石油和天然气开采	主要油气田	单个油气田产量÷公司总产量	10%
煤炭	主要矿区	矿区资源量÷公司总资源量	10%
		矿区可采储量÷公司总可采储量	10%

3. 重大投资或建设项目的披露标准

上交所分行业的信息披露指引要求各行业上市公司在年度报告及临时报告中披露重大投资或建设项目的投资情况、建设进展、经营及财务信息等,并根据其行业特点设定了重大投资或建设项目的标准。具体标准详见表 3-8。

表 3-8　　　　　上交所分行业的重大投资或建设项目标准

行业	指标	比例
服装	开店预计资金投入÷报告期末净资产	10%
建筑	项目金额÷上一会计年度营业收入	10%
	项目利润÷上一会计年度净利润	10%
钢铁	项目产能÷最近一个会计年度期末产能	10%
	项目产量÷最近一个会计年度期末产量	10%
石油和天然气开采	项目总证实储量÷最近一个会计年度期末总证实储量	10%
	项目总证实已开发储量÷最近一个会计年度期末总证实已开发储量	10%
	项目总证实未开发储量÷最近一个会计年度期末总证实未开发储量	10%
煤炭	项目投资额÷最近一期净资产	10%
	项目资源量÷最近一期期末总资源量	10%
	项目可采储量÷最近一期期末总可采储量	10%

4. 重大变化的披露标准

上交所分行业的信息披露指引要求各行业上市公司,当一些行业特定指标的变动达到一定程度时,需在年度报告及临时报告中披露关于重大变化的相关说明、原因、应对措施,以及对公司经营状况与财务报表的影响等,并根据其行业特点,设定了重大变化的标准。具体标准详见表 3-9。

表 3-9　　　　　　　　　　上交所分行业的重大变化标准

行业	指标	比例
房地产	增加或减少权益土地储备面积÷最近一期期末土地储备面积总和	10%
	增加或减少权益土地储备面积涉及金额÷最近一期净资产	10%
	同一投资性房地产公允价值同比变动	10%
	重大项目的投资额增加或减少÷原预计投资额	50%
电力	装机容量的变化÷上年度公司总装机容量	10%
	发电量的变化÷上年度公司发电量	10%
医药制造	按药（产）品的主要治疗领域的营业收入同比变化	30%
	按药（产）品的主要治疗领域的营业成本同比变化	30%
	按药（产）品的主要治疗领域的毛利率同比变化	30%
	销售费用占同期营业收入的比例同比变化	30%
服装	按照主要产品类别毛利率同比变化	30%
	按照各项品牌毛利率同比变化	30%
	按照直营店、加盟店等门店类型毛利率同比变化	30%
	销售费用总额和占当期营业收入比例同比变化	30%
建筑	项目进展的变化或差异的影响金额÷项目或合同收入	30%

（二）深交所的行业信息披露指引

随着上交所行业信息披露指引的出台，深交所也陆续出台了房地产、禽畜及水产养殖、固体矿产资源、工程机械、零售、快递服务、民用爆破、珠宝等十二个行业的上市公司信息披露指引。这些行业信息披露指引对应在财务报表附注及临时报告中披露的与行业特征相关的重大信息，设定了相关标准，主要从重大事项、重大变动两个方面进行规定。

1. 重大事项的披露标准

深交所要求禽畜及水产养殖行业，当某些事项达到一定的行业特定标准时，应在财务报表附注或临时报告中披露与该事项相关的信息。具体标准详见表 3-10。

2. 重大变化的披露标准

深交所分行业的信息披露指引要求各行业上市公司，当一些行业特定指标的变动达到一定程度时，应在财务报表附注及临时报告中披露关于重大变化的相关说明、原因、应对措施，以及对公司经营状况与财务报表的影响等，并根据其行业特点，设定了重大变化的标准。具体标准详见表 3-11。

表 3-10   深交所禽畜及水产养殖行业重大事项标准

指标	比例
单项政府补助影响净利润的金额÷当期净利润	10%
单个客户应收账款余额÷应收账款总额	10%
新建产能项目投资金额÷最近一期净资产	10%
重大疫病预计损失金额÷最近一期净资产	10%
重大自然灾害预计损失金额÷最近一期净资产	10%

表 3-11   深交所分行业重大变化标准

行业	指标	比例
房地产	单项投资性房地产公允价值变动	10%
	单项投资性房地产公允价值变动损益÷最近一期净利润	30%
	存货、在建工程或固定资产等转换为以公允价值计量的投资性房地产影响上市公司最近一年净利润（净资产）	10%
	在建投资性房地产公允价值变动损益影响金额÷最近一年利润	10%
	拟建或在建项目的预计投资金额增加或减少÷原预计投资金额	50%
禽畜、水产养殖	销售数量同比变动	30%
	销售数量环比变动	30%
	销售收入同比变动	30%
	销售收入环比变动	30%

（三）对行业标准的汇总分析

两家交易所对一些重点的传统行业明确了行业关键指标及差异化信息披露的标准，规定了具有行业特征的重大事项、重大组成部分、重大投资或建设项目、重大变化的披露标准，便于各行业上市公司以投资者需求为导向披露行业经营与财务信息，提高重大信息披露的有效性与透明度。

表 3-12 总结了交易所关于各行业具有行业特征的指标及其比例。其中：

- 零售行业主要关注经营业态及模式、经营地区、商品、销售渠道等行业特征指标；
- 服装行业主要关注门店、产品类别、品牌、销售费用等行业特征指标；
- 医药制造行业主要关注产品治疗领域和销售费用这两个行业特征；
- 禽畜、水产养殖主要关注大客户、政府补助、疫病、自然灾害、产能和销量等行业特征指标；

- 汽车制造行业区分整车及零部件关注行业特征指标；
- 钢铁行业主要关注钢材品种、线上销售、产能及产量等行业特征指标；
- 煤炭行业主要关注经营地区、业务板块、煤炭来源及品种、投资额、资源量及可采储量等行业特征指标；
- 石油和天然气开采行业主要关注油田的产量和储量这两个行业特征指标；
- 电力行业主要关注装机容量和发电量这两个行业特征指标；
- 光伏行业主要关注电站这一行业特征指标；
- 房地产行业主要关注经营业态、经营地区、项目、以公允价值计量的投资性房地产、土地储备、投资额等行业特征指标；
- 建筑行业主要区分项目及其进展关注行业特征指标。

同时，表3–12显示，行业信息披露指引关于信息重大性，参照的基准主要是总收入、净利润、净资产，以及公司的产量或资源总量，比例标准通常为10%。而关于重大变化，主要参照收入、成本或毛利本身的变动是否超过30%，以及某些指标相对于净资产、产量或资源总量的变动是否超过10%。

表3–12 行业信息披露指引关于各行业具有行业特征的指标及其比例

行业	行业特征指标	比例
零售	单一经营业态营业收入÷总营业收入	5%
	单一地区营业收入÷总营业收入	5%
	单一经营模式营业收入÷总营业收入	5%
	单一商品类别营业收入÷总营业收入	5%
	单一销售渠道营业收入÷总营业收入	5%
服装	门店营业收入÷营业总收入	10%
	境外营业收入÷营业总收入	30%
	开店预计资金投入÷报告期末净资产	10%
	按照主要产品类别毛利率同比变化	30%
	按照各项品牌毛利率同比变化	30%
	按照直营店、加盟店等门店类型毛利率同比变化	30%
	销售费用总额和占当期营业收入比例同比变化	30%

续表

行业	行业特征指标	比例
医药制造	按药（产）品的主要治疗领域的营业收入同比变化	30%
	按药（产）品的主要治疗领域的营业成本同比变化	30%
	按药（产）品的主要治疗领域的毛利率同比变化	30%
	销售费用占同期营业收入的比例同比变化	30%
禽畜、水产养殖	单项政府补助影响净利润的金额÷当期净利润	10%
	单个客户应收账款余额÷应收账款总额	10%
	新建产能项目投资金额÷最近一期净资产	10%
	重大疫病预计损失金额÷最近一期净资产	10%
	重大自然灾害预计损失金额÷最近一期净资产	10%
	销售数量同比变动	30%
	销售数量环比变动	30%
	销售收入同比变动	30%
	销售收入环比变动	30%
汽车制造	整车制造业务收入÷主营业务收入	10%
	零部件制造业务对外销售收入÷主营业务收入	10%
钢铁	单一钢材品种的营业收入÷营业总收入	10%
	单一钢材品种的毛利额÷总毛利额	10%
	线上营业收入÷营业总收入	10%
	线上毛利额÷总毛利额	10%
	项目产能÷最近一个会计年度期末产能	10%
	项目产量÷最近一个会计年度期末产量	10%
煤炭	单一地区营业收入÷总营业收入	5%
	单一业务板块营业收入÷总营业收入	5%
	单一煤炭品种营业收入÷总营业收入	5%
	单一煤炭来源营业收入÷总营业收入	5%
	项目投资额÷最近一期净资产	10%
	项目资源量÷最近一期期末总资源量	10%
	项目可采储量÷最近一期期末总可采储量	10%
石油和天然气开采	单个油气田产量÷公司总产量	10%
	项目总证实储量÷最近一个会计年度期末总证实储量	10%
	项目总证实已开发储量÷最近一个会计年度期末总证实已开发储量	10%
	项目总证实未开发储量÷最近一个会计年度期末总证实未开发储量	10%

续表

行业	行业特征指标	比例
电力	装机容量的变化÷上年度公司总装机容量	10%
	发电量的变化÷上年度公司发电量	10%
光伏	开发的单个电站项目投资规模÷净资产	10%
	承包或运营的单个电站项目收入÷营业总收入	10%
	承包或运营的单个电站项目净利润÷净利润	10%
房地产	单一经营业态租金收入÷营业总收入	10%
	单一地区租金收入÷营业总收入	10%
	单一项目租金收入÷营业总收入	10%
	存货、在建工程或固定资产等转换为以公允价值计量的投资性房地产影响上市公司最近一年净利润（净资产）	10%
	增加或减少权益土地储备面积÷最近一期期末土地储备面积总和	10%
	增加或减少权益土地储备面积涉及金额÷最近一期净资产	10%
	同一投资性房地产公允价值同比变动	10%
	单项投资性房地产公允价值变动损益÷最近一期净利润	30%
	重大项目的投资额增加或减少÷原预计投资额	50%
建筑	项目收入÷上一会计年度营业收入	10%
	项目利润÷上一会计年度净利润	10%
	项目金额÷上一会计年度营业收入	10%
	项目利润÷上一会计年度净利润	10%
	项目进展的变化或差异的影响金额÷项目或合同收入	30%

第二节 监管机构反馈意见及问询函审查重点

一、A股IPO及新三板挂牌监管审查重点

根据相关法规的要求，企业进行A股IPO申请和新三板挂牌申请时分别需要经过证监会和全国中小企业股份转让系统有限责任公司（以下简称股转公司）的审查批准。证监会及股转公司在上述审查过程中会针对企业提供的申请材料就其关注的重点问题向申请企业出具反馈意见，并要求申请企业予以回复。企业回复内容得到了证监会和股转公司的认可，有效地消除了监管疑虑后，企

业的 A 股 IPO 申请和新三板挂牌申请才可能得到批准。证监会及股转公司相当于在公众投资者阅读申请公司财务报表之前先对于其财务报表进行审阅，因此通过分析证监会和股转公司出具的反馈意见，可以了解其在审查过程中的关注问题，从而研究证监会和股转公司对财务信息重要性的关注和应用。

（一）样本选择

通过查询证监会及股转公司的公开披露信息，自 2015 年 7 月 1 日至 2016 年 6 月 30 日，证监会共出具 174 份 A 股 IPO 申请反馈意见，其中主板 113 份、创业板 61 份，股转公司出具的新三板挂牌反馈意见有上千份。本次调研中，我们从中随机选取了证监会出具的 100 份 A 股 IPO 申请反馈意见（其中包括主板公司和创业板公司各 50 份）及股转公司出具的 50 份新三板挂牌申请反馈意见作为样本进行调研。

（二）调研方法

本次调研中，我们会对选取的样本进行定性和定量分析。首先我们会研究监管机构在 A 股 IPO 申请和新三板挂牌申请过程中的共同关注点，分析其关注的具体内容、问及频率及关注的原因。其次我们会进一步分板块、分行业研究监管机构对于不同板块及不同行业申请公司审查时的关注重点，分析在不同板块、不同行业的监管审查中财务信息重要性设置的差异及差异产生的原因。最后我们会在本节末基于上述研究和分析的结果上总结监管机构在设置财务信息重要性时的考量因素，并对于企业重要性标准的制定提出一些建议。

（三）调研结果

通过对于 150 份反馈意见的调研，我们按照资产负债表、利润表、现金流量表及其他财务信息分三类对监管机构的审查重点进行了归纳和总结，调研结果如表 3-13 所示。

表 3-13　　　　　　上市或挂牌反馈意见监管机构的审查重点

资产负债表	主板	创业板	新三板	合计	提及比率
存货及存货跌价准备	33	45	11	89	59%
应收账款及坏账准备	26	48	11	85	57%

续表

资产负债表	主板	创业板	新三板	合计	提及比率
无形资产及研发费	21	28	1	50	33%
固定资产	11	35	3	49	33%
应付职工薪酬	16	25	0	41	27%
在建工程	10	17	4	31	21%
利润分配	13	12	3	28	19%
其他应收款	5	19	2	26	17%
预计负债及或有负债	9	14	2	25	17%
预收账款	3	18	1	22	15%
实收资本	9	5	7	21	14%
预付账款	2	14	3	19	13%
应付账款	1	16	1	18	12%
应收/应付票据	3	9	3	15	10%
利润表	**主板**	**创业板**	**新三板**	**合计**	**提及比率**
收入确认	45	49	30	124	83%
毛利率及净利润变动	28	46	26	100	67%
成本列报	26	38	12	76	51%
管理费用及销售费用	19	38	6	63	42%
营业外收支	14	24	12	50	33%
财务费用	2	10	5	17	11%
现金流量表及其他	**主板**	**创业板**	**新三板**	**合计**	**提及比率**
关联方	42	41	31	114	76%
税费相关	17	41	11	69	46%
现金流量表	8	33	13	54	36%
企业合并及子公司	16	12	13	41	27%
租赁相关	9	12	0	21	14%
对外担保	2	2	7	11	7%

1. 共同关注点

通过表 3-13 对于主板、创业板和新三板三个板块监管反馈意见中涉及的财务信息的汇总分析，我们总结出监管机构对于财务数据的共同关注点如下：

（1）资产负债表共同关注点。

①存货及存货跌价准备，包括存货余额的组成；各期末存货余额变动的原因；期末存货是否存在跌价风险，是否计提了充分的跌价准备。

②应收账款及坏账准备，包括各期末应收账款余额变动原因；应收账款余额变动趋势是否与收入的变动趋势一致；应收账款的坏账准备计提是否充分。

③无形资产及研发费,包括研发支出的计量和归集方法;研发支出的资本化是否符合企业会计准则的规定。

④固定资产及在建工程,包括固定资产折旧政策是否合理;在建工程的计量和转固时点是否准确;利息资本化是否符合企业会计准则的规定;固定资产和在建工程的减值准备计提是否充分。

⑤应付职工薪酬,包括报告期内职工薪酬变动是否与公司业务发展及业绩的变动趋势一致;期末应付职工薪酬的变动原因;公司的"五险一金"是否足额缴纳、是否符合国家的有关规定。

如表3-13所示,我们选取的反馈意见样本中提及上述5项资产负债表问题的样本比率均超过了20%,其中存货及应收账款相关问题的提及比率超过了50%。上述5项问题中,与资产相关的有4项,唯一一项负债类科目应付职工薪酬相关的问题也有过半数集中于公司是否按照国家法律的规定支付职工薪酬及为员工缴纳社会保险费用。由此可见对于资产负债表信息,监管机构的关注重点集中于公司生产经营过程中重要资产的存在性及价值确认的准确性,负债类科目的关注程度相对较低。

监管机构对于资产类科目关注的重点又集中于与企业生产经营活动直接相关的核心资产质量。例如:关注度最高的存货是企业获取利润的物质基础,存货价值的上升和下降,直接影响到企业是否能够通过日常销售赚取利润。关注度次之的应收账款与企业的收入及现金流量都直接相关,应收账款的可收回性决定了企业是否能够把收入真正转换为现金流入,应收账款无法收回既会导致企业的资产损失也会使得企业出现资金周转的困难。而固定资产、在建工程和无形资产三个科目通常涉及了企业生产经营中的土地、厂房、设备及技术,因此企业的固定资产及在建工程规模和无形资产研发决定了企业的生产能力和技术水平。

(2)利润表共同关注点。

①收入确认,包括收入来源是否真实;各期间收入的变动是否合理;收入核算是否与同行业上市公司存在重大差异;不同业务模式下收入确认政策是否符合企业会计准则的规定;是否存在收入跨期调整问题。

②毛利率和净利润变动,包括各产品毛利率差异的原因,是否与同行业上市公司的平均毛利相近;各期间毛利率波动的原因,是否与同行业上市公司的毛利率变动趋势相同;主营业务成本和收入是否配比;毛利率下降对于公司经

营的影响及公司的应对策略。

③成本列报，包括成本归集结转的方法是否准确；成本确认是否真实、完整；主要原材料及能源耗用与产量、收入之间是否匹配；各期间成本明细的变动是否合理。

④销售费用和管理费用，包括销售费用和管理费用是否与经营规模和收入变化匹配；销售费用和管理费用归集是否完整；各期销售费用和管理费用明细的变动是否合理。

⑤营业外收支，包括营业外收支的主要构成；公司是否存在过度依靠营业外收入的情况；政府补助是否按照企业会计准则的规定进行了恰当的分类和计量；是否存在大额罚款等未披露情况。

如表 3-13 所示，我们选取的反馈意见样本中提及上述 5 项利润表问题的样本比率均超过了 30%，收入相关问题的提及比率高达 83%，成本及毛利率相关问题的提及比率也超过了 50%。

盈利能力是公司价值的重要体现，也是决定公司能否满足上市条件的重要标准之一。一个公司盈利能力的优劣取决于其经营模式是否合理，收入来源是否稳定且保持增长潜力，产品或服务的毛利率是否在行业中具有竞争力。因此，收入、成本和毛利率等反映公司盈利能力的财务指标是投资者最关注的公司财务信息之一，这些指标的真实性和披露的充分性将直接影响到投资者的决策行为。因此监管机构对于利润表的关注重点集中于对公司收入确认的真实性、成本及费用核算的完整性及毛利率的准确性及可比性的深入审查。

（3）现金流量表及其他财务信息共同关注点。

①关联方，包括关联方认定是否完整、准确；是否存在未披露的重要关联方交易；与关联方之间的交易是否必要、公允；前五大客户及供应商是否包括关联方，是否对其存在重大依赖。

②税费相关，包括公司享有的税收优惠是否符合国家相关法律法规的规定；是否存在经营成果对税收优惠的严重依赖；公司是否按照国家规定计提及缴纳税款，是否存在被税务机关处罚的风险；税收申报数是否与申请文件中的原始报表存在重大不一致。

③现金流量表，包括经营活动、投资活动及筹资活动中大额其他项目的主要构成；各期现金流量中部分项目大额变动的原因。现金流量变动是否与固定资产采购，应付职工薪酬，企业合并等相关财务信息相互勾稽。

④企业合并及子公司信息,包括企业合并范围确认是否准确;资产重组对于企业合并范围及股权结构的影响;企业合并是否按照企业会计准则的规定进行会计处理。

⑤租赁相关,包括公司租赁相关的会计处理是否符合企业会计准则的规定;租赁用于生产经营的房产是否存在产权瑕疵,是否会影响公司的持续经营;公司不可撤销租赁费用及租金波动对于公司盈利能力的影响。

如表3-13所示,我们选取的反馈意见样本中提及上述5项问题的样本比率有4项超过了20%,其中关联方相关问题的提及比率最高为76%,税费相关问题的提及比率为46%,现金流量表相关问题的提及比率也接近40%。

由于企业与关联方之间的交易相对更容易操纵,所以企业可能会利用其与关联方之间的交易达到虚增利润或减少成本的目的,从而影响财务报表使用者对于公司经营情况的判断,因此监管机构会将审查企业关联方交易的真实性和公允性作为关注重点。另外,企业为了避免监管机构发现其异常的关联方交易,可能会对于一些关联方或关联方交易不作披露,因此监管机构也会同时要求中介机构等对于企业关联方披露的完整性进行检查和核实。

监管机构对于企业税费的关注一方面是考量企业是否对于税收优惠的依赖性过高,另一方面企业的部分税种会与其经营业绩挂钩,监管机构通过检查企业的税费情况和纳税申报信息可以进一步验证企业经营业绩的真实性。

企业的现金流量表反映了企业一段时期内经营活动、投资活动和筹资活动的现金流入和流出情况。监管机构对于现金流量表信息的问询,一方面可以帮助其了解企业大额现金流动的性质,分析企业的现金获取能力、偿债能力和资金周转能力,进而评价企业的财务前景和经营可持续性;另一方面现金流量表中披露的信息也会与资产负债表及利润表信息相关联,监管机构可以通过梳理上述信息间的勾稽关系,分析企业现金流量与其经营业绩和资产变动的匹配性,检查企业提供的财务数据是否真实、准确。

(4)分析归纳。

通过对于A股IPO及新三板挂牌申请反馈意见中共同关注点的归纳,可以看出监管机构对于部分重点问题在主板、创业板及新三板三个板块的上市及挂牌审查中都赋予了较高的重要性。对于应收账款、存货、无形资产、固定资产及在建工程等直接与公司生产经营相关的核心资产,对于收入、成本、毛利率等体现公司经营成果的利润表信息,对于关联方交易等影响投资者利益的敏感方面，对于现金流量、政府补助及税收优惠依赖性等涉及企业持续经营能力的关键问题，监管机构均要求企业进行详尽解释和披露，以保证投资者可以充分了解企业的财务状况以作出投资决策。

对于上述关注重点，我们查阅了现行准则及其相关的披露要求，可以看到现行准则的相关披露要求已经较好涵盖了上述关注重点，财务报表的主表及附注中都会对相关科目及明细进行列报和披露，同时也会对涉及减值计提政策等重大会计估计方法及假设进行描述。投资者可以通过查阅财务报表对上述信息获得较为充分的了解。

2. 不同板块监管重点的差异

上文中我们利用对主板、创业板和新三板三个板块反馈意见统计的汇总结果分析了监管机构在 A 股 IPO 审查和新三板挂牌审查时的关注重点，即监管机构对主板、创业板和新三板关注的共性问题。下文中我们将对于三个板块的监管反馈问题进行横向比较，以期分析在不同板块间，审查问题的重要性设置是否会有所不同，即监管机构对各个板块关注的个性问题。图 3-2、图 3-3 和图 3-4 分别列示了主板、创业板和新三板对应资产负债表、利润表及现金流量表和其他财务信息审查重点的对比情况。

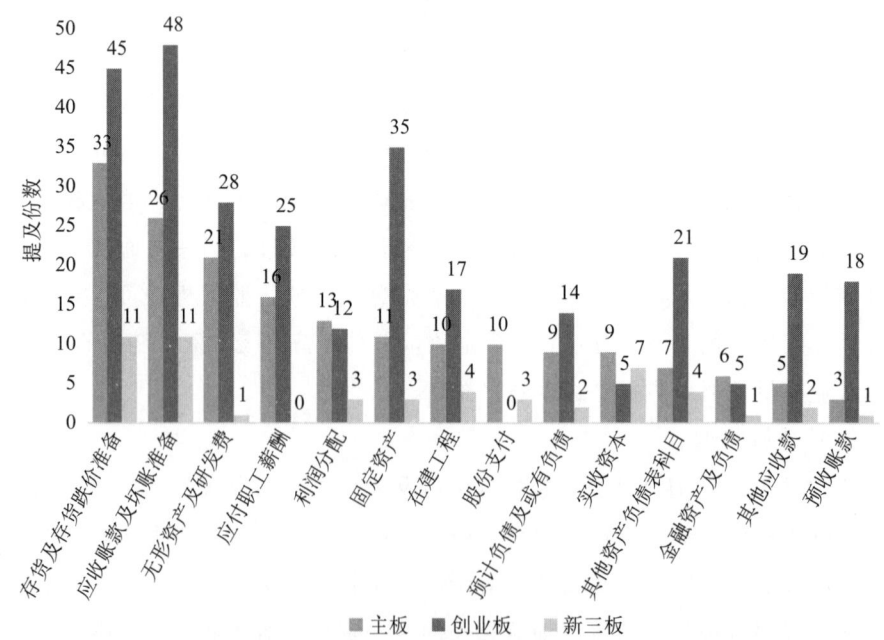

图 3-2　A 股 IPO 及新三板挂牌监管审查重点——资产负债表

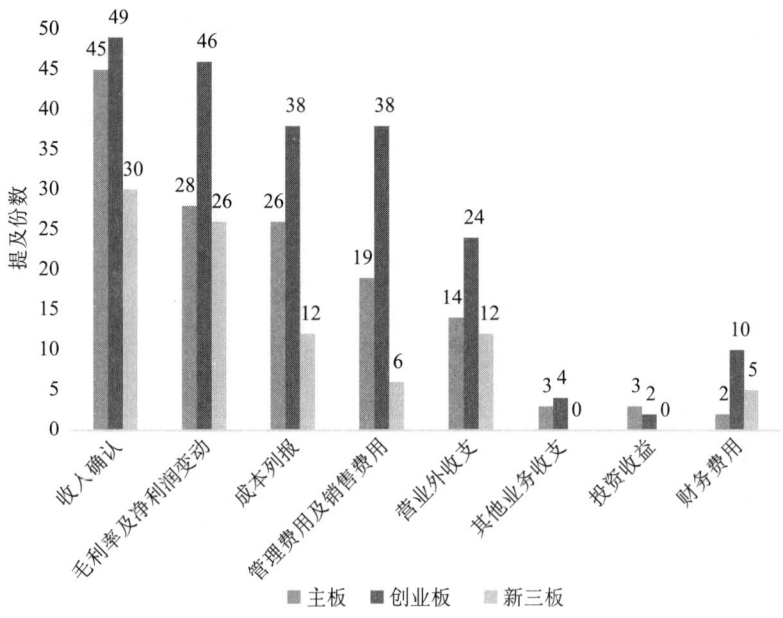

图 3-3　A 股 IPO 及新三板挂牌监管审查重点——利润表

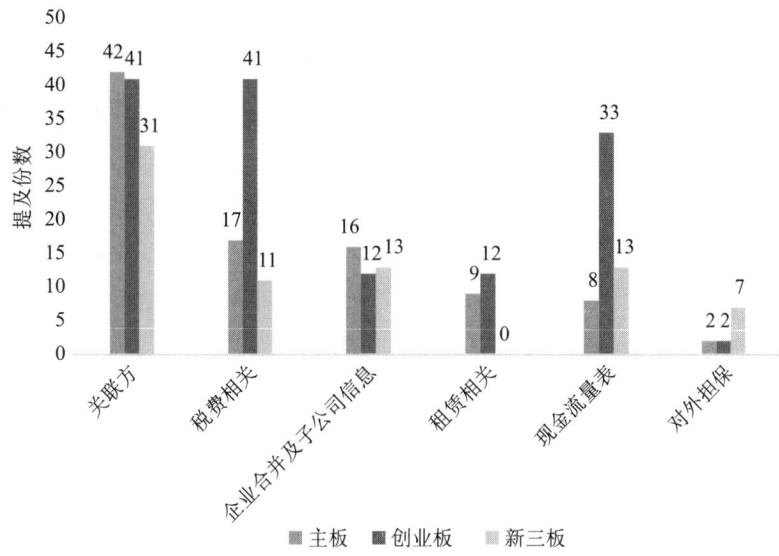

图 3-4　A 股 IPO 及新三板挂牌监管审查重点——现金流量表及其他

（1）资产负债表。

表 3-14 资产负债表问询频率最高的前十大问题比较

问题	主板	问题	创业板	问题	新三板
存货及存货跌价准备	33	应收账款及坏账准备	48	存货及存货跌价准备	11
应收账款及坏账准备	26	存货及存货跌价准备	45	应收账款及坏账准备	11
无形资产及研发费	21	固定资产	35	实收资本	7
应付职工薪酬	16	无形资产及研发费	28	资产负债结构	7
固定资产	11	应付职工薪酬	25	在建工程	4
在建工程	10	其他应收款	19	固定资产	3
股份支付	10	预收账款	18	预付账款	3
预计负债及或有负债	9	在建工程	17	应收/应付票据	3
实收资本	9	应付账款	16	股份支付	3
金融资产及负债	6	预计负债及或有负债	14	其他应付款	3

从表 3-14 中可以看出，监管机构对新三板公司资产负债表问题的问询数量明显少于主板和创业板公司，对于询问重点三个板块存在着较多重合，但随着我们对于数据分析的扩展和细化，又有一些新的监管重点体现出来，同时板块间也体现出一些侧重点的差异。

①前五大关注点有所调整。对于主板和创业板公司，上文中提及的资产负债表前五大监管关注点仍然占据前五位，仅是相对而言的重要性排序略有调整。而对于新三板公司，综合统计的前五大关注点中只有存货及存货跌价准备、应收账款及坏账准备、固定资产及在建工程三个依旧排在板块统计的前五位，其余的两个关注点分别变为实收资本及资产负债结构。其中实收资本主要关注公司原有投资人是否足额缴纳出资，是否履行验资程序，实收资本的来源是否真实合法；资产负债结构则主要关注公司资产负债率较高、流动比率和速动比率较低的原因，其偿债能力是否较强，未来偿债安排如何以及是否会对于企业的持续经营造成影响。

实收资本和资产负债结构这两个指标是反映公司净资产规模和持续经营能力的重要参考。实收资本是公司净资产的初始来源及创造利润的基础，如果原有股东出资不实，公司资产规模低于账面金额，无疑会使得公司净资产不足，可能大量依靠债务融资来维持公司的经营运转，同时也会在挂牌上市后损害新引入投资人的利益。而公司的资产负债结构不合理，一方面会使得公司的经营杠杆率过高，营业所得主要用于归还融资成本，无法给股东带来实际收益；另一方面如果公司没有有效地安排偿债方案，可能会在债务到期时无法正常清偿债务，从而影响公司的持续经营。监管机构对于新三板公司实收资本和资产负债结构的关注主要是因为新三板挂牌条件未像主板和创业板上市条件那样对于公司的净资产规模等作出明确的限制和要求，但是监管机构仍然认为有必要对于挂牌公司的净资产相关信息进行审查，所以对这两个指标赋予了较高的监管重要性。

②创业板及新三板往来类科目的重要性提升。从表 3-14 可以看出，在主板公司的前十大资产负债表关注点中往来科目仅涉及应收账款，但是在创业板和新三板的前十大资产负债表关注点又增加了其他应收款、其他应付款、预收账款、预付账款、应付账款及应收/应付票据六项。对于上述六项往来科目的关注点主要集中于解释往来余额的组成及变动原因。资产类往来科目进一步关注是否存在坏账的风险，是否存在应该计入成本费用的预付账款。预收款项则进一步关注其变动是否与收入变动一致，是否与现金流量数据相勾稽，预收款项对应合同的完成状态等。

监管机构对于创业板和新三板往来科目的关注，首先是因为预收账款和预付账款的余额会间接与公司的收入成本相关。预收余额变动与收入变动不符，预收账款余额持续增大可能反映出企业的销售过程存在问题，合同执行较慢，无法及时完成销售并确认收入。预付账款余额较大则一方面可能会存在资产减值风险，另一方面也可能是因为企业未及时确认成本费用而是将其一直计入往来科目。对于预收账款和预付账款的关注，可以间接了解企业的经营状况以及成本归集的完整与否。其次其他应收款和其他应付款中通常会包含着一些性质特殊的余额，这部分余额可能是因为记账不准确所致，也可能是因为企业进行了一些异常交易造成的，对于这两个科目的关注可以使得监管机构及时了解企业的异常交易，同时要求企业对于记账不规范的情况进行更正。最后，监管机构对于创业板和新三板公司往来科目的关注程度较主板而言较高，主要可能是因为主板申请公司的上述往来科目核算更为规范，披露也更为详尽所致。

③主板复杂交易关注程度较高。主板公司的前十大资产负债表关注点中包含了关于股份支付和金融资产及负债两类问题，新三板公司的监管重点中也包含了股份支付的内容。其中股份支付相关问题主要涉及对于交易是否属于股份支付的判断以及对于股份支付的会计处理是否符合企业会计准则的审查。金融资产及负债相关问题则主要包括金融资产及负债的确认计量及分类是否准确，

套期保值及衍生金融工具相关的会计处理是否符合企业会计准则的规定等。

股份支付是近几年国内企业开始实施的员工激励安排，旨在通过将员工的切身利益与公司发展相联系的方法使得员工更好地为企业提供服务。股份支付的会计处理较企业的日常经营行为相关的会计处理而言相对复杂，可能存在较高的财务信息错报风险。而股份支付计划主要在一些成熟的企业和新兴成立但成长潜力较高的公司中实施，主板和新三板公司多为此类公司，因此相关交易可能较多，监管机构对该项问题的关注程度也随之增强。

金融资产及负债一般包括企业购买的股票、债券及企业为套期保值等目的而购买的衍生金融工具等。随着企业经营成熟度的提高，企业内部对于资金利用效率及风险规避能力的要求都逐步提升。申请主板上市的大型企业由于拥有较强的管理能力和丰富的经验，会更多涉及一些复杂的金融交易行为。一方面，有效妥当的交易安排可以帮助企业获得投资收益或者规避外汇或利率等波动带来的风险；另一方面，不善的交易安排也可能使得企业遭受较大的经济损失。因此监管机构会对于金融资产及负债相关的会计处理特别关注，以使得财务数据正确反映出企业的交易实质，进一步对投资者揭示相关风险。

（2）利润表。

表 3-15　　　　　　　利润表问询频率最高的前六大问题比较

问题	主板	问题	创业板	问题	新三板
收入确认	45	收入确认	49	收入确认	30
毛利率及净利润变动	28	毛利率及净利润变动	46	毛利率及净利润变动	26
成本列报	26	成本列报	38	成本列报	12
管理费用及销售费用	19	管理费用及销售费用	38	营业外收支	12
营业外收支	14	营业外收支	24	管理费用及销售费用	6
其他业务收支	3	财务费用	10	财务费用	5

从表 3-15 中可以看出，监管机构对于新三板公司利润表相关科目的询问数量少于主板和创业板公司。此外由于利润表涉及科目数量较少，因此即使是在板块之间比较，关注的重点问题仍然高度重合，尽管权重顺序稍有不同，但是收入、毛利率及净利润变动仍是三个板块关注的重中之重。

（3）现金流量表及其他财务信息。

表 3 – 16　　　现金流量表及其他问询频率最高的前六大问题比较

问题	主板	问题	创业板	问题	新三板
关联方	42	关联方	41	关联方	31
税费相关	17	税费相关	41	现金流量表	13
企业合并及子公司信息	16	现金流量表	33	企业合并及子公司信息	13
租赁相关	9	企业合并及子公司信息	12	税费相关	11
现金流量表	8	租赁相关	12	对外担保	7
对外担保	2	对外担保	2	租赁相关	0

从表 3 – 16 中可以看出，尽管监管机构对于三个板块的现金流量表及其他财务信息的关注点高度重合，但是不同板块对于相同问题赋予的权重存在差异且关注的侧重点也不完全一致。

监管机构对于主板和新三板公司企业合并及子公司信息的关注度略高于创业板公司，但两个板块的关注侧重点又有所不同。主板公司是由于资产重组、企业合并等业务较多，因此监管机构对于其关注的重点在于合并范围确认是否合理，企业合并的会计处理是否符合企业会计准则的规定，而对于新三板公司则更关注子公司业务对于集团层面的影响。

监管机构对于创业板和新三板公司较主板公司而言更为关注现金流量相关信息，主要是由于创业板和新三板公司的发展尚不稳定，经营现金流波动较大，且有时存在着与净利润波动不一致的情况。现金流量的信息一方面反映着企业将经营成果转化为现金流入的能力，另一方面也能够检验企业业绩的真实性，因此监管机构对于创业板和新三板公司的现金流量关注度更高。

（4）分析归纳。

通过对于主板、创业板及新三板反馈意见中关注重点的对比分析，可以看出监管机构对于在这三个板块申请上市或挂牌公司的审查重点还是有所不同，这主要是由于不同板块申请公司的发展阶段及其自身特点所导致的。

①主板。根据监管机构对于资本市场不同层次的划分及对不同板块设计的定位，申请主板上市的公司主要为经营相对稳定、盈利能力较强的大型成熟企业。该类企业的资产结构相对合理，现金流量较为充足，经营活动的稳定性较强，因此对于该类企业，监管机构在其净资产规模、现金流量等方面赋予的重

要性相对较低。同时该类企业可能会出于进一步发展壮大的目的进行大量的资产重组活动，并通过投资金融工具等交易提高资金管理效率，规避市场风险。针对此类特点，监管机构在对于主板申请公司的反馈意见中涉及了较多关于股份支付、套期会计、衍生金融工具等复杂交易的问题。

②创业板。申请创业板上市的公司主要为创新型、成长型中小企业，对于该类企业，监管机构除了关注其经营成果外也会同时关注其资产管理能力的强弱，因此对于各项往来科目的问询增多。

③新三板。申请新三板挂牌的公司主要为创新型、创业型、成长型中小微企业，且股转公司对于新三板挂牌主体的资产规模、盈利水平都没有硬性的政策指标规定，因此新三板审查过程中监管机构会在资产状况层面更为关注其实收资本充足率及资产结构合理性。同时也会对于新三板挂牌申请公司的股份支付等新兴交易重点监管。

由此可见，各项财务报表科目的重要性设置既需要考虑科目自身的特性及其反映的信息，同时也需要根据企业的发展阶段及业务特点予以调整。由于现行企业会计准则对于企业财务信息披露的内容规定了最低标准，而且是针对所有企业作出的普遍性规定，所以企业在进行财务信息披露时仅按照现行企业会计准则进行机械地披露将无法明确体现出企业的经营特点，可能会导致对一些重要财务信息的披露过于简略，同时对不重要财务信息披露得过于繁杂。

3. 监管重点的行业差异

经过对不同板块反馈意见的比较，我们发现对于不同发展阶段的企业监管机构的关注重点会不尽相同，而各个企业间除了发展阶段差异外，还存在着行业差异。因此我们基于上文选取的A股IPO和新三板监管反馈意见样本，进一步研究监管机构对于不同行业的审查重点。样本中的行业分布如图3-5所示。

通过对于不同行业反馈意见的汇总，我们发现虽然上文列示的共同关注点仍为监管重心，但是监管机构对于不同行业的反馈问题仍然反映出一定的行业特点。我们对于不同行业的特别关注点列举如表3-17所示。

根据表3-17对于不同行业特别关注点的汇总结果，我们对于上述特别关注点的产生原因进行了进一步的分析。

(1) 技术服务业及科技制造业。技术服务业及科技制造业均为与科技相关产业，因此这两个行业中的很多企业都会享受增值税、所得税等各方面的税收

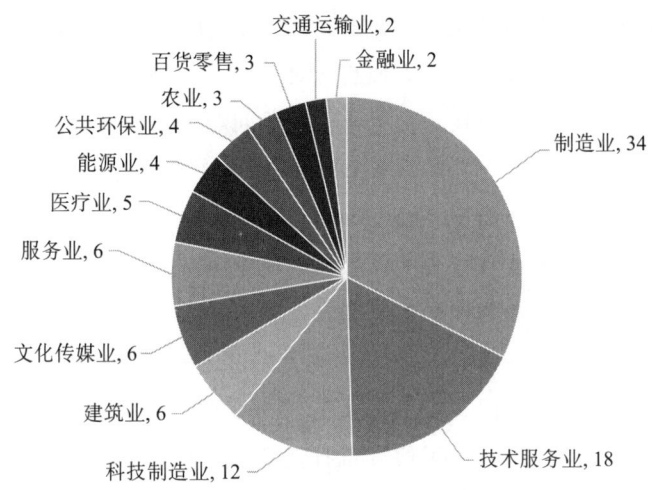

图 3-5 样本中的行业分布

表 3-17　　　　　　　　不同行业的特别关注点

行　　业	特别关注点
技术服务业	• 税费相关 • 销售费用
科技制造业	• 税费相关 • 无形资产及研发支出
建筑业	• 固定资产 • 现金流量
文化传媒业	• 无形资产 • 税费相关
一般服务业	• 职工薪酬
医疗业	• 无形资产 • 营业外收支
能源业	• 专项储备
农业	• 存货及生物资产 • 税费相关
零售百货业	• 租赁相关
金融业	• 金融资产及负债
公共环保业	• 无形资产 • 金融资产
交通运输业	• 预计负债及或有负债

优惠。如果企业在是否满足税收优惠条件上存在瑕疵，一方面可能导致企业的税收负担加重，利润下降；另一方面也可能会使企业因为违反税法而受到税收处罚。因此监管机构对于科技相关行业的税费问题关注程度较高。

科技制造业与传统制造业的区别在于其产品科技含量较高，属于技术密集型行业。对于科技制造业而言，公司保有的专利权等无形资产数量以及研发能力都至关重要，科技企业一旦丧失了技术优势就很难在市场竞争中立足。所以监管机构对于科技制造业的无形资产和研发支出赋予了较高的重要性。

技术服务业通常是在现有的技术基础上提供进一步服务，因此其对于无形资产研发的依赖性不强，但是由于其服务较为专业，因此需要通过更多的各类平台进行推介，才能使得客户了解并选择其服务，所以销售费用对于技术服务业属于较为重要的费用。

（2）建筑业。建筑业属于重资产的行业，大型机械等固定资产的规模决定了公司的经营能力，其折旧政策的制定也对公司的成本有较大影响。同时建筑行业因为其收入通常按照工程进度在不同的工程节点结算，而成本则是在建造过程中不断发生，因此公司需要保有较为充足的现金流，并且需要对现金流安排进行合理配置，否则极可能导致融资成本增加，甚至造成资金流断裂。所以固定资产和现金流相关的财务信息对于建筑行业企业而言属于相对重要的财务信息。

（3）文化传媒业。媒体资源经营权、各类广告及栏目的版权等无形资产均为文化传媒行业的重要资产之一，随着互联网、移动传媒等新兴媒体平台的发展，发明专利、软件著作权等无形资产对于文化传媒业企业的重要性也逐步上升。因此，是否具有核心的无形资产是衡量文化传媒业企业盈利能力的关键评判标准。

为了鼓励文化传媒业的发展，丰富人民的文化生活，国家对于文化传媒企业也制定了各类的税收优惠政策，监管机构除了关注文化传媒企业的无形资产外，对税收优惠对于该行业企业的影响及企业是否对税收优惠依赖性过高也进行了重点审查。

（4）一般服务业。一般服务业通常为劳动密集型行业，因此职工薪酬构成了该行业公司的关键成本组成部分。了解其职工薪酬的变动，有助于了解公司是否按照国家法律规定为员工缴纳社保；查看薪酬的变动是否与企业经营业绩的变动趋势一致，有助于发现企业是否存在虚增收入或少计成本的情况。

（5）医疗业。对于医疗行业的企业，其拥有的专利权、商标权和特许经营权是其利润的重要来源，而对于新的药品及新型医疗设备的研发则是其企业发展的核心推动力。所以优质的无形资产和必要的研发能力是医疗企业最重要的资源之一。由于医疗企业的前期研发投入较高，同时医疗行业的发展关系到国计民生，因此政府会对于该行业的企业给予较多的政府补助，对于政府补助会计核算的规范性也就自然成为了监管关注的重点问题。

（6）能源业。能源业涉及矿产的开采冶炼及电力、热力等的生产，该行业的企业生产过程中存在较高的危险性，因此按照国家法律的规定需要计提专项的安全生产费，用于企业安全生产的日常支出和安全生产设备的购置。监管机构会特别关注该行业企业安全生产费相关的会计处理，以了解企业是否按照法律规定计提并使用安全生产费，其会计核算是否符合企业会计准则的要求。

（7）农业。农业企业的主要经营活动包括农林牧副渔产品的生产、养殖及加工，因此存货及各项生物资产是农业企业最为重要的资产。存货和各项生物资产的价值波动直接影响着农业企业的资产质量，因此监管机构会要求农业企业重点解释其存货的构成及变动，披露生产性生物资产和消费性生物资产的划分标准，说明其生物资产相关的会计处理是否符合企业会计准则的规定。同时作为国民支柱性行业，农业企业也不同程度地享受了各类税收优惠和出口退税政策，监管机构同样要求农业企业披露其税收优惠影响。

（8）零售百货业。零售百货业中很多企业都会通过租赁方式获得经营场所，因此租赁房产的产权是否存在瑕疵，租金费用的波动都会影响到企业经营的持续性。所以租赁相关的问题是零售百货业企业的一个特别关注点。

（9）金融业。金融业的企业涉及较多的金融资产及负债的交易，该类交易通常安排复杂且可能包含较多风险因素，因此监管机构对于金融行业企业的金融资产及负债披露及会计处理的准确性关注度较高。

（10）公共环保业。BOT业务是很多公共环保业企业的主营业务之一。BOT业务是基础设施投资、建设和经营的一种方式，即政府和私营企业达成特许经营协议，允许其在一定时期内筹集资金建设某一基础设施并管理和经营该设施及其相应的产品与服务。当特许经营期限结束时，私营企业按约定将该设施移交给政府部门，转由政府指定部门经营和管理。在BOT业务中对于特许经营相关的无形资产和政府保底协议相关的金融资产的确认是该企业会计处理的关键，因此也是监管机构关注的重点。

（11）交通运输业。交通运输业企业可能会因为交通事故等涉及较多的赔偿事项，因此监管机构会特别关注该行业企业是否就相关事项估计预计负债，或对于或有负债进行披露。

通过上述分析可以看出，每个行业的监管特别关注点都与该行业的特性相关。监管机构在对不同行业的公司进行审查时并没有简单地依照同一套重要性标准，而是对于不同行业设计了具有行业针对性的审查要点。

二、年报问询函的关注重点

公司 A 股上市或新三板挂牌后即需要按照监管机构的信息披露要求披露重大交易事项、定期财务报告等。对于上市公司的年报披露，监管机构制定了多项文件以保证年报信息披露的规范性和充分性，包括证监会发布的《公开发行证券的公司信息披露内容与格式准则第 2 号——年度报告的内容与格式》，上海证券交易所和深圳证券交易所（以下简称交易所）发布的定期报告披露事项等业务备忘录及行业信息披露指引，股转公司对于挂牌公司年报披露的要求等。此外，为了进一步提高上市或挂牌公司的年报披露质量，发现其潜在经营风险，上市或挂牌公司披露年报后，交易所及股转公司会选择其监管的部分公司进行事后审查并出具年报问询函，要求公司予以公开答复及补充披露。

交易所及股转公司对上市或挂牌公司年报问询函涉及的财务问题通常为监管机构关注的信息披露要点，我们可以通过对于监管机构年报问询函的分析了解在上市公司的财务信息披露中哪些信息属于重要性较高且需要予以充分披露的内容，并且与 A 股 IPO 和新三板挂牌反馈意见不同的是，年报问询函中的监管关注点已经从 A 股 IPO 或新三板挂牌审查时对企业问题的全面诊断转变为了对于企业当年特别风险和异常情况的关注。通过对于年报问询问题的分析可以使我们更好地了解企业日常信息披露过程中各类财务信息重要性的安排及重要性设置时的考虑因素。

（一）样本选择

通过查询交易所及股转公司的公开披露信息，截至 2016 年 7 月 31 日，上交所对于上市公司 2015 年年报出具了 76 份年报问询函，深交所出具了 177 份年报问询函。交易所共计对上市公司 2015 年年报出具 253 份年报问询函，其中主板上市公司 157 份，中小板上市公司 53 份，创业板上市公司 43 份。股转公司对于新三板挂牌公司 2015 年年报共出具 35 份年报问询函。本次调研中，我们从中随机选取了交易所对于上市公司 2015 年年报出具的 100 份年报问询函（其中包括上交所主板公司 20 份，深交所主板公司 20 份，中小板公司 30 份，创业板公司 30 份）及股转公司对于新三板挂牌公司出具的 30 份年报问询函作为样本进行调研。

（二）调研方法

本次调研中，我们首先对于不同板块上市或挂牌公司年报问询函的共同关注点进行归纳，总结具体的关注内容和问及频率。其次我们会将年报问询函的共同关注点与 A 股 IPO 及新三板挂牌反馈意见的共同关注点进行比较，分析两者之间的差异及产生差异的原因。再次我们会分板块研究年报问询中的问询重点，总结监管机构对于不同板块的个别关注点及关注原因。最后我们会在本节末基于上述研究和分析的结果对于制定企业重要性标准提出一些建议。

（三）调研结果

通过对于 130 份年报问询函的调研，我们按照资产负债表、利润表、现金流量表及其他财务信息分三类总结监管机构的关注重点，调研结果如表 3-18 所示。

表 3-18　　　　　　　年报问询函监管机构的关注重点

资产负债表	主板	中小板	创业板	新三板	合计	提及比率
应收账款及坏账准备	23	16	15	4	58	45%
存货及存货跌价准备	13	15	11	6	45	35%
其他应收款	13	14	6	6	39	30%
无形资产及研发费	9	5	12	5	31	24%
固定资产及在建工程	13	5	5	1	24	18%
预付账款	6	6	7	1	20	15%
借款	11	2	4	2	19	15%
商誉及减值	5	3	6	0	14	11%
金融资产及负债	4	6	3	1	14	11%
长期股权投资	5	5	3	0	13	10%

续表

利润表	主板	中小板	创业板	新三板	合计	提及比率
收入确认	31	17	14	3	65	50%
毛利率及利润变动	26	16	14	1	57	44%
营业外收支	18	11	5	1	35	27%
管理费用及销售费用	15	8	4	1	28	22%
成本列报	10	4	3	1	18	14%
资产减值损失	4	4	2	0	10	8%
投资收益	5	2	1	1	9	7%
财务费用	3	1	1	0	5	4%

现金流量及其他	主板	中小板	创业板	新三板	合计	提及比率
关联方	16	11	6	5	38	29%
现金流量表	12	8	8	5	33	25%
企业合并及子公司信息	12	9	7	5	33	25%
担保及质押	4	3	0	1	8	6%
税费相关	2	3	1	1	7	5%

1. 共同关注点

（1）资产负债表。

①应收账款及坏账准备，包括应收账款账龄信息及坏账准备的计提依据；结合收入变动趋势解释应收账款余额变动的原因；说明坏账准备本年变动原因及合理性；说明公司的收款措施和期后回款情况。

②存货及存货跌价准备，包括结合行业情况、技术发展、市场形势、存货结构及价格走势等因素说明相关产品存货跌价准备的计提是否充分；结合公司产能、营业成本和销售情况分析存货余额的合理性。

③其他应收款，包括其他应收款年末余额形成的原因及长期未能收回的原因；其他应收款的坏账准备计提是否充分；其他应收款中是否存在非经营性资金占用情况。

④无形资产及研发费，包括无形资产的确认计量是否准确，减值计提是否充分合理；说明研发费用资本化的条件及确认时点是否符合企业会计准则的规定；与同行业比较分析内部开发支出资本化比率是否合理。

⑤固定资产及在建工程，包括说明年末在建工程状态，分析在建工程转固时点是否合理，披露利息资本化金额和资本化率；固定资产及在建工程的减值

计提是否合理。

如表 3-18 所示，我们选取的年报问询函样本中提及上述 5 项资产负债表问题的样本比率有四项超过了 20%，且全部为资产类科目。与之前分析的 A 股 IPO 及新三板挂牌申请反馈意见资产负债表关注问题相比，监管机构对于年报问询函的关注重点多有重合，但是提及的比率有所降低。这主要是因为，监管机构审查上市或挂牌公司年报时通常不再像审查申请上市或挂牌公司的招股说明书或公开转让说明书时那样，对于公司的各项财务信息进行全面检查，而是更有针对性地对于公司特有的风险及复杂或异常的交易进行问询，因此重点财务问题的涵盖范围大体一致，但是各个问题的问及频率都有所降低。

与 A 股 IPO 及新三板挂牌申请反馈意见资产负债表关注的前五大问题相比，年报问询函对于资产负债表关注的前五大问题中减少了对于应付职工薪酬的关注。这主要是由于上市公司通常会在遵循法律法规方面较非上市公司更为规范，因此涉及员工薪酬支付及社保缴纳规范性方面的问题不再作为关注的重点。

同时年报问询函中新增了对于其他应收款相关问题的关注，且提及比率达到了 29%。一方面，其关注重点在于作为资产类科目，其他应收款的可收回性影响了公司的资产质量，对于其他应收款坏账准备的计提也会影响到公司的利润水平；另一方面，其他应收款中可能包含着一些非经营性资金占用性质的余额。非经营性资金占用主要是指上市公司为控股股东、实际控制人及其关联方垫付工资与福利保险、广告等期间费用；以有偿或无偿的方式直接或间接地拆借资金和代偿债务；其他在没有商品和劳务对价的情况下，提供给控股股东及其关联方使用资金、与控股股东及其关联方互相代为承担成本和其他支出等。监管机构之所以关注上市公司的其他应收款中是否存在非经营性资金占用是因为上市公司的股权相对较为分散，存在着大量持股比例较低的公众投资者。其他应收账款中如果存在类似性质的余额且未充分披露，则上市公司的控股股东等很可能利用其控制地位无偿使用上市公司资金，谋取自身利益，这种情况无疑会损害上市公司中、小投资人的利益。

（2）利润表。

①收入确认，包括解释收入变动与成本或毛利率变动不匹配的原因；分析收入变动是否具有周期性，第四季度的收入大幅增长是否合理；解释收入及毛

利大幅下降的原因，说明公司未来改变这一趋势的计划。

②毛利率及净利润变动，包括解释不同产品、不同地区毛利率的差异；结合同行业公司毛利率，分析毛利率变动的合理性；说明净利润持续下降的原因及公司的主营业务是否具有可持续性。

③营业外收支，包括营业外收入的确认是否符合企业会计准则的规定；政府补助、非流动资产处置损益、债务重组利得等会计处理是否准确；是否对于营业外收支的性质进行充分披露。

④销售费用及管理费用，包括说明销售费用及管理费用中部分明细项的性质；销售费用及管理费用归集是否符合企业会计准则的规定；解释销售费用和管理费用总额及其中部分性质费用大幅变动的原因。

⑤成本列报，包括成本结转方法是否合理，结转金额是否正确；说明营业成本的主要构成及各构成要素的变动及影响。

如表 3-18 所示，我们选取的年报问询函样本中提及上述 5 项利润表问题的年报问询函比率有 4 项超过了 20%，其中收入相关问题的问及比率为 50%。尽管利润表的部分问题仍维持了较高的问询频率，但是年报问询函利润表相关问题的问询频率也普遍低于 A 股 IPO 及新三板挂牌申请反馈意见，其原因与上文对于资产负债表问题的分析基本相同。

年报问询函中与利润表相关的前五大问题与 A 股 IPO 及新三板挂牌申请反馈意见的关注点完全一致，只是权重排序稍有不同。通过进一步分析上述每项会计科目涉及的具体问题，可以看出年报问询函与 A 股 IPO 及新三板挂牌申请反馈意见对于同一会计科目的关注侧重点也有所不同。比如 A 股 IPO 及新三板挂牌申请反馈意见中对于收入和毛利率的关注重点在于通过详细解释公司的收入来源和利润模式证明公司收入和毛利的真实性和准确性，而年报问询函则更多通过对于收入毛利变动趋势的分析，了解企业经营发展的实际情况并要求企业对于不利的变动趋势说明应对计划。又如对于营业外收入，A 股 IPO 及新三板挂牌申请反馈意见的一个重要关注点是公司的经营利润是否过分依赖于政府补助等营业外收入，而在年报问询函中这一关注重点已经有所弱化，其更关注相关的政府补助、债务重组利得等营业外收入是否进行了正确的会计处理或者是否进行了充分的披露。从这些侧重点的转换可以看出，监管机构对于已上市或挂牌企业财务问题的关注已经从上市或挂牌申请时的全面诊断变为对于上市或挂牌公司经营问题的重点监控。

(3) 现金流量表及其他财务信息。

①关联方，包括说明公司与重要供应商及客户是否存在关联方关系；关联方交易是否真实及公允；补充披露关联方资金占用的性质、产生的原因及期后偿还情况。

②现金流量，包括解释经营活动现金流量变动与营业收入、净利润变动不匹配的合理性；说明现金流量表中部分明细项的性质及发生大额变动的原因；结合公司的经营状况及现金流量，分析公司是否存在持续经营风险及相关应对措施。

③企业合并及子公司信息，包括披露本年度发生的企业合并情况及子公司信息；说明企业合并相关会计处理及合并范围的确认是否符合企业会计准则的规定；说明子公司长期亏损原因及长期股权投资减值计提是否充分。

④担保及质押，包括公司是否需要对于担保责任进行预估，是否需要计提预计负债；公司的股权被质押是否会影响公司控制权的稳定性。

⑤税费相关，包括说明营业税金及附加的变动趋势与收入等变动趋势不一致的原因；分析递延所得税资产确认的合理性和所得税费用计提的准确性；逾期未缴税金对于企业生产经营的影响。

如表 3-18 所示，我们选取的年报问询函样本中提及上述 5 项问题的年报问询函比率仅有 3 项超过了 20%，剩下 2 项的提及比率均低于 10%。年报问询函对于现金流量表及其他财务披露信息的问询频率同样低于 A 股 IPO 及新三板挂牌申请反馈意见。

与 A 股 IPO 及新三板挂牌申请反馈意见对于现金流量表及其他财务信息的前五大关注点相比，其中的 4 项与年报问询函关注点相同，但是年报问询函不再对于租赁相关的问题进行过多关注。这主要是因为监管机构在年报问询函中关注的多为企业当年发生的新变化或产生的新问题。如果公司的重要经营场所以租赁方式取得，该公司通常已经在其上市或挂牌审查过程证实了该经营模式的可持续性，并在公开信息中进行了充分披露，无须在年报问询函中反复审查。此外年报问询函中税费相关问题的重要性也下降较多，这主要是由于中国国内的税务环境相对较为稳定，除非发生大范围的税制改革，企业适用的税收法规及享受的税收优惠在各年间通常不会发生太大变化，因此监管机构对于公司税收优惠依赖性及税务合规性的问题在我们选取的样本中已较少提及，税费相关问题涉及的方面较为零散且各方面问题的数量均较少。

(4）分析归纳。

通过对于年报问询函共同关注点的归纳，可以看出监管机构对于年报问询函的关注重点与对于 A 股 IPO 及新三板挂牌审查的关注重点存在着一些差异。

①年报问询函的问询问题数量相对少于 A 股 IPO 及新三板挂牌申请反馈意见。这主要是因为监管机构对于 A 股 IPO 及新三板挂牌申请的审查为事前审查，即由监管机构审查企业是否具备进入资本市场的资格。由于资格审查的有效程度直接决定了进入资本市场的企业的质量，因此其审查会更为严格和审慎，问询问题数量也更多。年报问询函则为事后审查，即在上市公司披露年报信息后对于关键信息披露不全面或者监管机构存在疑问的方面进行问询。由于企业进入资本市场后，其重要交易及财务信息都会对于投资者公开，因此监管机构主要还是鼓励企业自主进行信息披露，仅就企业的复杂及异常交易进行关注和监督，因此年报问询函问询问题的数量会有所降低。另外，较非上市公司而言，上市公司在监管机构及公众投资者的监督之下其自身的经营合规性逐步加强，所以 A 股 IPO 及新三板挂牌申请反馈意见中涉及的资产、职工及税务等方面是否存在违法行为，是否可能对于企业的生产经营造成不利影响方面的问题已较少被问及。

②年报问询函关注的重点与 A 股 IPO 及新三板挂牌申请反馈意见有所不同。由于监管目的和方向不同，在 A 股 IPO 及新三板挂牌申请反馈意见中，可以看出监管机构会对于公司的合法合规性、业务真实性、财务数据匹配性、财务规范性、关联方交易情况等问题进行全方位的问询和了解。而在年报问询中，可以看出交易所及股转公司不再进行全面审查，虽然关注的财务报表科目和披露信息与 A 股 IPO 及新三板挂牌申请反馈意见存在部分重合，但是关注重点更多是要求企业对于其经营活动当年出现的困境和经营环境的不利变动进行解释并提供应对计划，鼓励和督促上市公司对于其自身特有的风险和价值因素等信息进行充分的披露，从而帮助投资者作出更有针对性的投资决策。

③年报问询函的审查中更注重对于中小投资者的保护。由于年报问询函的审查对象是拥有众多中小投资者的上市公司，相比非上市公司而言，控股股东及实际控制人等更可能利用自身对于公司的控制损害中小投资者的利益。因此监管机构对于上市公司的年报审查中更注重了对于中小投资者的保护，增强了对于上市公司非经营性资金占用情况、商誉确认及减值等问题的审查。其中对

于非经常性资金占用情况的审查,有助于中小投资者了解公司的控股股东或实际控制人等是否不当占用上市公司资金,为其自身谋取利益。而对于商誉确认依据和减值测试的审查,则有助于中小投资者了解公司股权收购的实际情况,商誉等资产是否存在减值,从而进一步判断上市公司投资活动的合理性。

2. 不同板块间的关注重点差异

上文中我们分析了监管机构对于各板块公司年报的共同关注点,下文中我们将对于主板、中小板、创业板和新三板四个板块的年报问询重点进行横向比较。由于监管机构并未针对所有的上市及挂牌公司进行年报问询,而是仅选取了部分公司进行审查,审查的重点也主要集中于被问询公司当年经营环境发生的新变化及其自身存在的特别风险,因此年报问询函中问询问题的差异化和个性化程度较强,无法充分反映出不同板块的监管特点。所以我们在下文中仅会对于监管机构在各板块年报问询中的个别关注点进行归纳总结并分析其关注原因,而不再对于各板块间监管关注重点的差异原因进行进一步的研究。图3-6、图3-7和图3-8分别列示了监管机构对于主板、中小板、创业板和新三板公司的资产负债表、利润表、现金流量表及其他财务信息问询重点的对比情况。

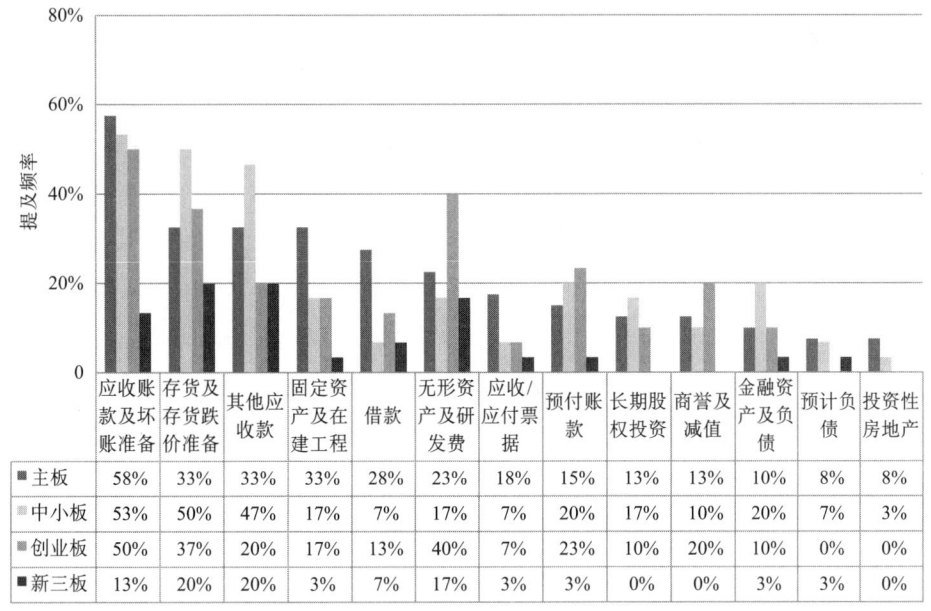

	应收账款及坏账准备	存货及存货跌价准备	其他应收款	固定资产及在建工程	借款	无形资产及研发费	应收/应付票据	预付账款	长期股权投资	商誉及减值	金融资产及负债	预计负债	投资性房地产
■主板	58%	33%	33%	33%	28%	23%	18%	15%	13%	13%	10%	8%	8%
□中小板	53%	50%	47%	17%	7%	17%	7%	20%	17%	10%	20%	7%	3%
▨创业板	50%	37%	20%	17%	13%	40%	7%	23%	10%	20%	10%	0%	0%
■新三板	13%	20%	20%	3%	7%	17%	3%	3%	0%	0%	3%	3%	0%

图3-6 年报问询函关注重点——资产负债表

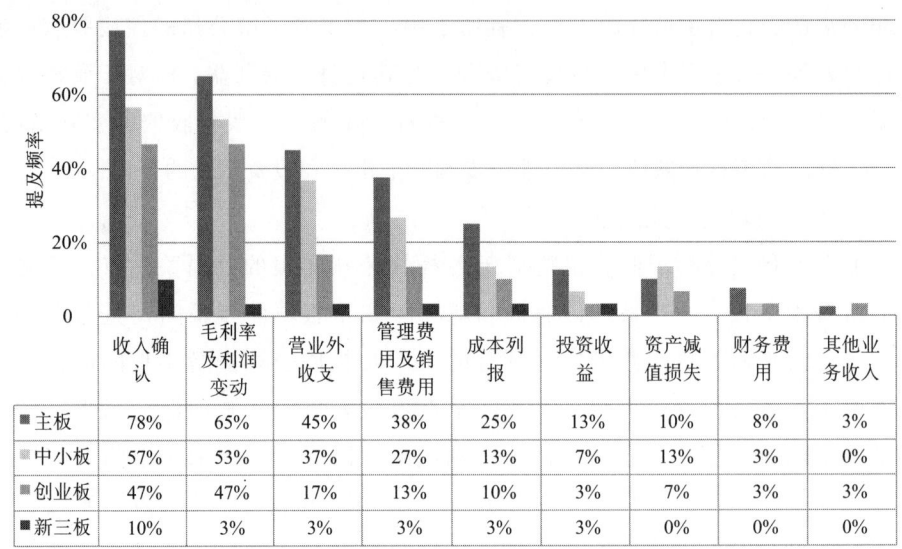

图 3-7　年报问询函关注重点——利润表

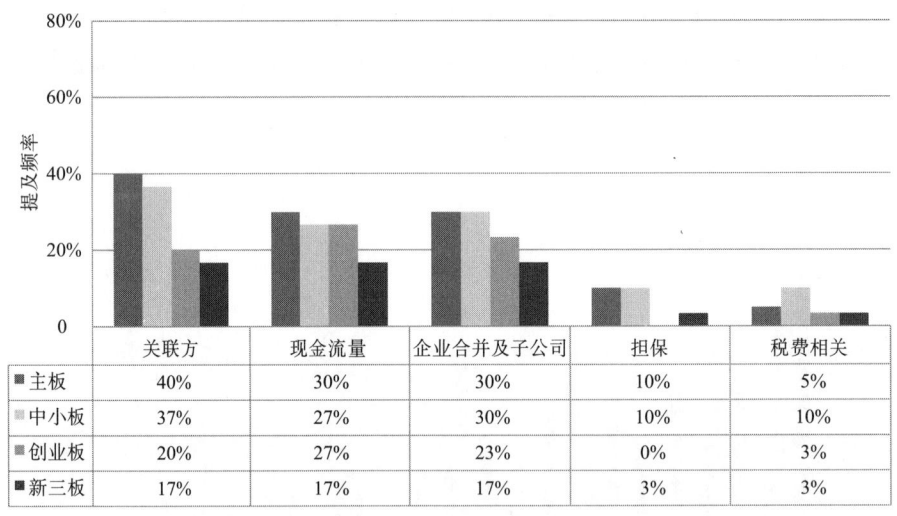

图 3-8　年报问询函关注重点——现金流量表及其他

（1）资产负债表。

表 3-19　　资产负债表问询频率最高的前十大问题比较

问题	主板	问题	中小板	问题	创业板	问题	新三板
应收账款及坏账准备	58%	应收账款及坏账准备	53%	应收账款及坏账准备	50%	存货及存货跌价准备	20%

续表

问题	主板	问题	中小板	问题	创业板	问题	新三板
存货及存货跌价准备	33%	存货及存货跌价准备	50%	无形资产及研发费	40%	其他应收款	20%
其他应收款	33%	其他应收款	47%	存货及存货跌价准备	37%	无形资产及研发费	17%
固定资产及在建工程	33%	预付账款	20%	预付账款	23%	应收账款及坏账准备	13%
借款	28%	金融资产及负债	20%	商誉及减值	20%	借款	7%
无形资产及研发费	23%	固定资产及在建工程	17%	其他应收款	20%	固定资产及在建工程	3%
应收/应付票据	18%	无形资产及研发费	17%	固定资产及在建工程	17%	应收/应付票据	3%
预付账款	15%	长期股权投资	17%	应付职工薪酬	17%	预付账款	3%
长期股权投资	13%	递延所得税资产	13%	借款	13%	金融资产及负债	3%
商誉及减值	13%	商誉及减值	10%	长期股权投资	10%	预计负债	3%

从表3-19中可以看出对于资产负债表相关科目，四个板块上市或挂牌公司年报问询的重点重合度较高，但是也存在着部分板块差异。

在上文对于年报问询函共同关注点的分析中，我们综合各板块问询问题后统计出的资产负债表前五大关注点分别为应收账款及坏账准备、存货及存货跌价准备、其他应收款、无形资产及研发费、固定资产及在建工程五项。通过进一步分板块分析，可以看出上述前五项问题的问询频率在各个板块中的排名仍然靠前。

对主板和新三板公司的前五大关注点中新增了借款相关问题。监管机构对于借款信息的关注主要集中于要求公司按照融资途径（如银行贷款、票据、债券、信托融资、基金融资等）披露报告期末各类融资余额、融资成本区间、期限结构等，并且说明公司是否存在财务风险。

对中小板的前五大关注点中新增了预付账款和金融资产及负债相关问题。

对于预付账款的关注主要集中于说明预付账款的主要性质、交易内容及尚未结算的原因，分析预付账款余额变动的合理性及坏账风险。监管机构对于金融资产及负债的关注点主要为解释公司理财产品、可供出售金融资产的会计处理原则，判断其会计处理是否符合企业会计准则的规定。监管机构对于预付账款的关注主要是因为一方面预付账款余额较大，账龄较长，可能会存在资产减值的风险；另一方面长期未结算的预付账款很可能存在于关联方之间，对于预付账款的审查有助于发现企业存在的一些未披露的非经营性资金占用问题，保护中小投资者的利益。而监管机构对于金融资产及负债的关注主要是因为近几年很多企业开始积极地通过购买理财产品等金融工具来提高资金利用效率，但是企业在金融工具会计处理方面的经验较少，财务规范性较差，随着企业涉及金融资产及负债的交易增多，其对于企业财务报表的影响不断增大，监管机构对相关会计处理和信息披露的关注程度也相应增强。

对创业板的前五大关注点中新增了预付账款和商誉及减值相关问题。年报问询函中对于预付账款的关注内容及关注原因，创业板与中小板大体相同。对于创业板公司商誉相关问题，监管机构的关注要点主要涉及商誉初始确认金额的合理性和商誉计提减值的准确性和充分性。监管机构之所以对于创业板公司的商誉减值关注较多，主要是因为创业板上市公司主要为创新型、成长型中小企业，该类企业通常资产规模较小，商誉对于该类企业属于较为重要的一项资产，甚至可能占公司资产总额的较大比例，因此商誉减值的计提对于创业板公司的影响较大。

（2）利润表。

表 3-20　　　　利润表问询频率最高的前五大问题比较

问题	主板	问题	中小板	问题	创业板	问题	新三板
收入确认	78%	收入确认	57%	收入确认	47%	收入确认	10%
毛利率及利润变动	65%	毛利率及利润变动	53%	毛利率及利润变动	47%	毛利率及利润变动	3%
营业外收支	45%	营业外收支	37%	营业外收支	17%	营业外收支	3%
管理费用及销售费用	38%	管理费用及销售费用	27%	管理费用及销售费用	13%	管理费用及销售费用	3%
成本列报	25%	成本列报	13%	成本列报	10%	成本列报	3%

如表 3-20 所示，监管机构对于四个板块利润表问询频率最高的前五大问题完全重合，且重要性排序也均一致，可以看出监管机构对于上市或挂牌公司的利润表关注重点在板块间具有较强的一致性。

（3）现金流量表及其他财务信息。

表 3-21　现金流量表及其他财务信息问询频率最高的前五大问题比较

问题	主板	问题	中小板	问题	创业板	问题	新三板
关联方	40%	关联方	37%	现金流量	27%	关联方	17%
现金流量	30%	企业合并及子公司	30%	企业合并及子公司	23%	现金流量	17%
企业合并及子公司	30%	现金流量	27%	关联方	20%	企业合并及子公司	17%
担保	10%	担保	10%	税费相关	3%	担保	3%
税费相关	5%	税费相关	10%	担保	0	税费相关	3%

如表 3-21 所示，监管机构对于四个板块现金流量表及其他财务信息问询频率最高的前五大问题也是一致的，但是重要性排序略有不同。与其他三个板块均首要关注关联方相关问题不同，监管机构将创业板公司现金流相关问题列在了关注的首位，问询范围涉及经营活动、投资活动和筹资活动三方面，问询内容包括对于大额其他项及特别交易性质的解释和对于当年现金流量大幅变化原因的分析。此外监管部门对于中小板和创业板关注程度第二位的为企业合并及子公司相关问题，中小板相关问题主要集中于对子公司亏损原因的分析，主要是因为被问及企业合并及子公司相关问题的几家中小板上市公司大多存在长期亏损的子公司，由于子公司的经营业绩将直接影响到合并财务报表中利润情况，子公司的长期亏损也反映出企业投资管理方面的问题，因此监管机构关注程度较高。创业板相关问题主要集中于对于合并范围是否符合企业会计准则规定的审查，主要是因为被问及企业合并及子公司相关问题的几家创业板上市公司大多在当年发生了股权收购或子公司处置，因此监管机构要求其对于合并范围确定的准确性进行说明。

（4）分析归纳。

通过对于主板、中小板、创业板及新三板年报问询函中问询重点的对比分析，可以看出尽管监管机构问询的问题存在较多共性的方面，但在各板块的年报问询函中还是存在着一些个别关注点。监管机构的个别关注点一方面集中于对被问询公司当年发生的重大或复杂交易的审查，比如金融工具相关交易、股权收购或处置行为；另一方面集中于对各类公司反映其特别风险的财务信息的审查。比如对于资产规模较小的创业板公司中大额商誉初始确认及减值的关注。

三、公司债券发行监管重点

公司公开发行公司债券分为面向公众投资者公开发行（以下简称大公募）及面向不限人数的合格投资者公开发行（以下简称小公募）两类。大公募发行公司债券需经由证监会核准，而小公募发行公司债券则由交易所预审核无异议后提交给证监会，证监会以交易所预审核意见为基础简化核准程序自受理发行申请文件之日起三个月内，作出是否核准的决定，并出具相关文件。

（一）样本选择

由于选择大公募发行的公司数量不多且证监会针对公司债券发行的反馈问题较少涉及财务相关信息，因此我们选取交易所对于公司债券发行预审核反馈意见进行调研分析。本次调研中，我们从交易所2015年10月至2016年3月披露的公司债券发行预审核反馈意见中随机选取了50份（其中上海证券交易所25份，深圳证券交易所25份）作为样本进行调研。

（二）调研结果

通过对于50份公司债券发行反馈意见的调研，我们总结出的公司债券发行监管重点如图3-9所示。

我们依旧按照资产负债表、利润表、现金流量表及其他财务信息将监管重点进行分类总结。

1. 资产负债表监管重点

公司债券发行监管中对于资产负债表信息的关注重点集中于资产价值相关信息和资产管理相关信息两个方面。

（1）资产价值相关。

①应收账款及存货减值风险，包括分析应收账款的可收回性，说明坏账准备的计提是否充分；分析存货余额的具体构成，存货跌价准备的计提是否充分，

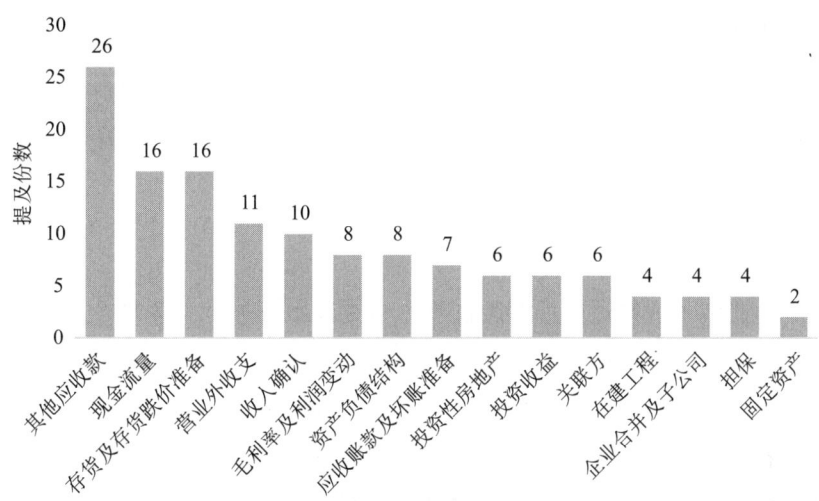

图 3-9 公司债券发行监管重点

存货结转是否符合企业会计准则的规定。

②投资性房地产公允价值，包括披露投资性房地产公允价值的计量依据及公允价值大幅增加的原因；分析投资性房地产按照公允价值模式进行后续计量是否合理，是否符合企业会计准则的规定。

③固定资产及在建工程，包括分析固定资产折旧政策的合理性；说明在建工程余额中的建设项目情况，并披露后续可能发生的建设相关的资本性支出金额。

（2）资产管理相关。

①应收账款周转率及存货周转率，包括分析应收账款的账龄结构，解释应收账款周转率下降的原因；结合期末存货库龄，分析存货是否存在滞销状况，是否存在较大的去库存压力。

②资产负债率，包括结合资产负债率、流动比率等分析公司的偿债能力。

③长短期债务比率，包括披露有息债务的明细及期限结构，说明公司是否存在集中偿债的风险。

2. 利润表监管重点

公司债券发行监管中对于利润表数据的关注既涉及经常性损益科目，也涉及非经常性损益变动。

（1）经常性损益。

①收入确认，包括分析收入大幅变动的原因及主营业务收入的构成，说明

是否涉及产能过剩行业。

②毛利率变动,包括结合所处行业和同行业企业情况,披露毛利率水平较高的原因及可持续性。解释毛利率大幅增长或下降的缘由。

③期间费用及所得税,包括解释期间费用及所得税费用波动的原因及其核算的准确性。

(2) 非经常性损益。

①投资收益,包括披露投资收益的明细及可持续性,对于投资收益占当期利润总额的比例较大做重大事项提示。

②政府补助,包括披露政府补助的主要明细内容,如补助项目、补贴原因及内容、补贴金额等,分析政府补助的可持续性及其对于利润总额的影响。

③其他非经常性损益,包括披露其他非经常性损益的明细,计算扣除非经常性损益后归属于母公司的净利润,说明非经常性损益对公司持续盈利能力及债券偿付能力的影响。

3. 现金流量表及其他财务信息监管重点

①经营性现金流量波动,包括解释经营性现金流量变动的原因;分析经营性现金流量的构成,是否存在政府资金流入流出占较大比例的情形。

②投资性现金流量,包括披露最近一期股权投资及收益情况,如投资成本、股权比例、合作计划、支付方式等;披露未来投资计划所需资金规模、资金来源、偿还安排及其对债券偿还的影响。

③其他应收款,包括对其他应收款按照经营性和非经营性进行分类,披露金额、占比情况等;非经营性其他应收款占资产规模较大的,披露其主要构成、形成原因、回款相关安排,报告期内的回款情况;分析期末其他应收款余额大幅增加的原因,是否对于其他应收款计提了充分的坏账准备。

④关联方交易,包括解释关联交易的必要性;说明报告期内是否存在关联方资金占用或为关联方提供担保的情况。

第三节　监管检查报告情况汇总

如前文所述,我国现行的证券类法规体系中,在全国人大和国务院发布的基本法律及行政法规的基础上，证监会、上交所、深交所和全国股转公司等单位也发布了相关证券类部门规章及自律规范。在实务工作中，这些监管机构除就上市公司在发行交易过程中的相关财务信息进行反馈和问询以外，也根据这些监管法规的规定，对于管辖范围内的公司（包括上市及非上市公司）的日常财务信息依据相关法规的规定进行监管检查，以规范各类公司的日常管理和提升信息披露的质量。

本节中，我们选取了对 2012~2016 年上半年在公开渠道可以获得的各类监管机构，包括财政部、证监会、上交所及深交所（统称交易所）、审计署及全国股转公司所出具的检查报告进行实务调研，主要针对检查报告样本中包含可供分析的财务数据的样本进行进一步分析，对其中财务信息相关的监管重点领域进行归纳和总结，并根据实际统计结果针对监管机构在监管检查工作中对于审计重要性概念的应用标准和特点进行分析及总结建议。

一、监管检查情况概述

本节中调研的监管机构包括财政部、证监会、交易所、审计署以及全国股转公司。相关监管单位的监管范围及其所出具的监管检查文件如表 3-22 所示。

表 3-22　　相关监管单位的监管范围及其所出具的监管检查文件

监管单位	监管范围	监管检查文件
财政部	各类上市公司、新三板公司及非上市公司	《财政部会计信息质量检查公告》
证监会	上市公司	《证监会行政处罚决定书》
交易所	交易所范围内上市公司	《交易所监管函》
审计署	中央直属企业	《审计署审计结果公告》
全国股转公司	新三板公司	《全国股转公司监管公告》

我们选取了 2012~2016 年上半年在公开渠道可获得的上述监管机构所发布的监管检查文件共计 960 份作为调研整体样本，在其中来自财政部、证监会及审计署的发布于 2012~2014 年期间的相关监管检查文件有 72 项包含了可供分析的财务数据样本。我们对这些公开发布的监管检查文件中所提及的包含财务数据的监管检查事项分别进行了定性和定量汇总及分析。

二、监管检查情况汇总分析

(一) 监管检查重点事项概述

针对上述提及的 72 项包含可供分析财务数据的样本,我们统计了这些样本中被提及的监管检查关注重点事项发生的频次数量,如图 3-10 所示①。

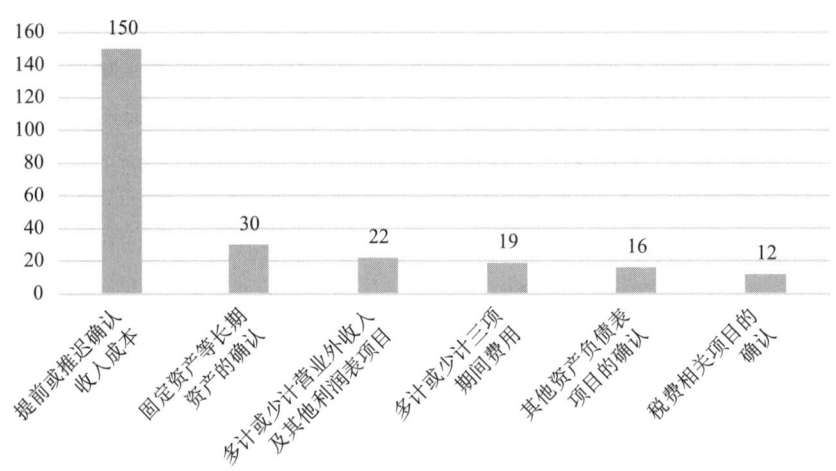

图 3-10 监管检查关注事项频次统计

根据图 3-10 的统计信息可以发现,监管机构关注的重点主要集中在利润表相关项目,特别是收入成本项目相关的提前或推迟确认所出现的次数占相关关注事项的绝大部分。其他各类关注的重点事项均主要与多确认或少确认相关。

(二) 监管检查重点事项影响金额及区间分布

针对上述提及的 72 项包含可供分析财务数据的样本,我们在此部分中汇总了上述六项监管检查重点事项在监管检查报告中被提及的金额区间分布及占比区间分布。就金额分布及占比计算举例如下:

我们选取了摘自《中华人民共和国财政部会计信息质量检查公告(第29

---

① 此部分统计中发生频次数量指的是在监管机构的检查报告中,对每一家被检查公司的每一项检查事项所提及的次数。如果在检查报告中对一家公司的营业收入或成本提及多次,我们会将提及的次汇总数统计在此,因此分析汇总中事项出现的次数会多于报告数量。

号)》中提及的黄山旅游发展股份有限公司（600054.SH）的检查事项，包含利润表相关项目及资产负债表相关项目，并就这些事项相关占比的计算列示如下，以进一步说明占比的计算方法。

"财政部驻安徽省财政监察专员办事处对黄山旅游发展股份有限公司2012年度会计信息质量进行了检查。检查发现，该企业存在少计资产787万元……多计收入15.64亿元……"。根据2012年黄山旅游发展股份有限公司公布的年报中披露的财务信息（总收入18.41亿元，净利润人民币2.61亿元，总资产人民币337.97亿元，净资产人民币192.36亿元），对于检查提及的事项财务影响占比进行了如表3-23、表3-24的计算：

表3-23　　　　　　　　　　利润表项目　　　　　　　　单位：人民币亿元

项目/金额	事项金额	总收入	净利润
多计收入	15.64	18.41	2.61
占比计算		85.0%	599%

表3-24　　　　　　　　　　资产负债表项目　　　　　　单位：人民币亿元

项目/金额	事项金额	总资产	净资产
少计资产	0.787	337.97	192.36
占比计算		0.23%	0.41%

根据计算，此事项的总收入占比在20%~100%，此事项的净利润占比在100%~1000%。此事项的总资产占比在0.1%~0.5%，此事项的净利润占比在0.1%~0.5%。

根据上述金额分布选取及占比计算方法，图3-11~图3-22分别汇总了前述六项重点监管检查事项在样本中的金额及占比分布情况。

图3-11及图3-12分别为提前或推迟确认收入成本这一事项的金额区间及占比百分比区间分布。监管机构对于此事项关注的金额区间比较宽泛，小于人民币一百万元，大至人民币上百亿元均会被提及，这与相应被监管检查的企业的收入成本规模相关。监管机构对于此事项关注的金额相对于总收入的占比及对净利润的占比区间比较宽泛。尽管相对而言，金额较大和占比较高的样本相对更多，但整体呈现金额和占比均较为分散的特点。

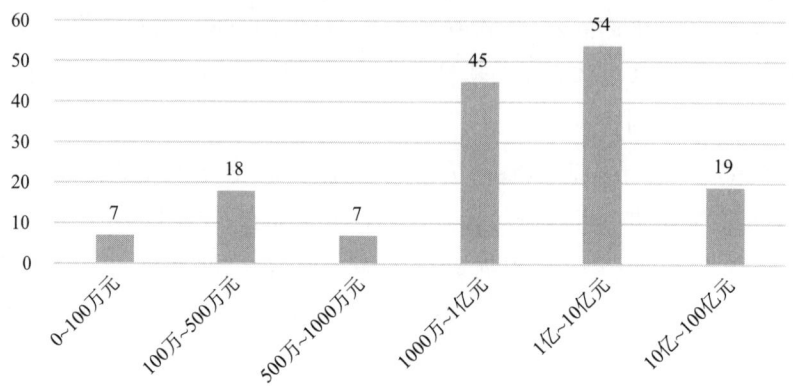

图 3-11 提前或推迟确认收入成本事项的金额区间分布

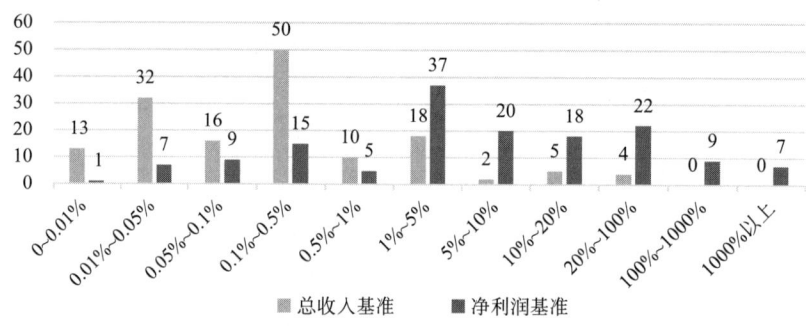

图 3-12 提前或推迟确认收入成本事项的占比区间分布

图 3-13 及图 3-14 分别为多计或少计三项期间费用这一事项的金额区间及占比分布。监管机构对于此事项关注的金额区间比较宽泛，小于人民币一百万元，大至人民币亿元均会被提及。监管机构对于此事项关注的金额与总收入及净利润的占比区间也相对宽泛。尽管相对而言，金额较大或占比较高的样本更多，但整体呈现金额和占比均较为分散的特点。

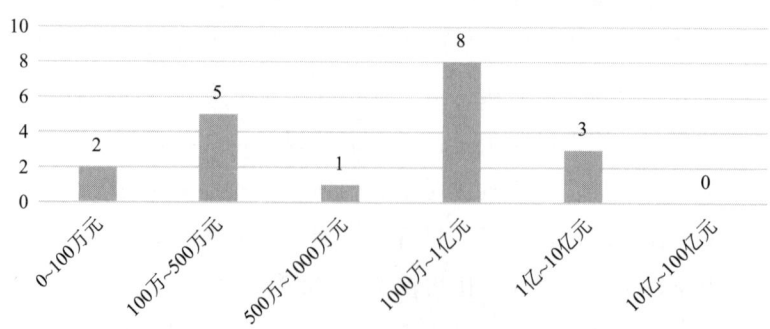

图 3-13 多计或少计三项期间费用事项的金额区间分布

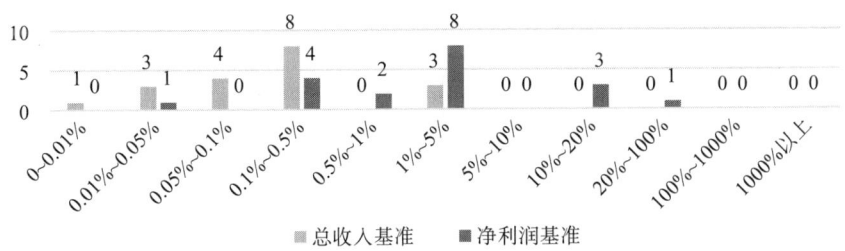

图 3-14　多计或少计三项期间费用事项的占比区间分布

图 3-15 及图 3-16 为多计或少计营业外收入及其他利润表项目的金额及占比区间分布。监管机构对于此事项关注的金额区间比较宽泛，小于人民币一百万元，大至人民币亿元均会被提及。监管机构对于此事项关注的金额与总收入的占比区间在利润表类项目中相对集中但其对净利润的占比区间依然比较宽泛。同时我们注意到，此类利润表其他项目占比在较低百分比值区域也有较多样本分布。我们实际查看了这类样本所提及的监管检查事项，发现这些样本主要提及了特殊性质的费用类事项，如非上市中央直属企业发生的违规或超支费用或发票不符合规定的费用等。这类事项性质较为敏感且监管单位关注度高，因此即使占比的百分比值相对较低也均被指出。

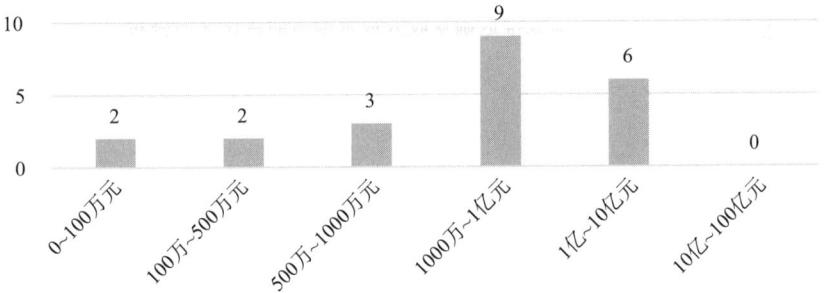

图 3-15　多计或少计营业外收入及其他利润表项目事项的金额区间分布

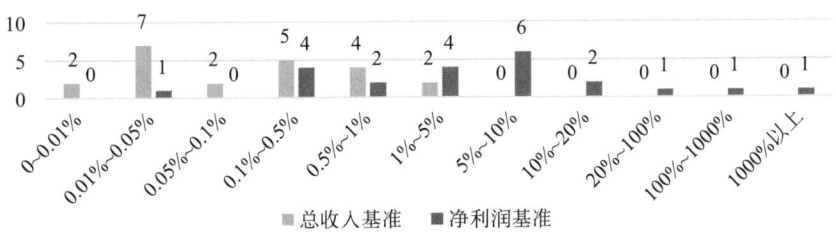

图 3-16　多计或少计营业外收入及其他利润表项目事项的占比区间分布

图 3-17 及图 3-18 为税费相关项目的金额区间分布。相较其他项目而言，由于涉及税费相关的事项性质比较特殊，涉及法律监管相关的一系列问题，监管机构对于此事项中涉及金额较小的项目也会有较多关注，监管机构关注该等项目的比例范围相对集中且均不超过 1%。这一点与在重点关注事项中对税费的关注金额相对较小呈现一致的特性，即税费事项相对敏感，关注度较高，因此监管机构对此事项相应的容忍度较低。

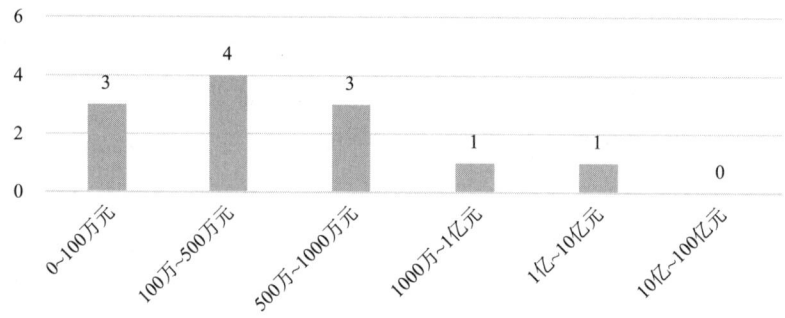

图 3-17　税费相关项目事项的金额区间分布

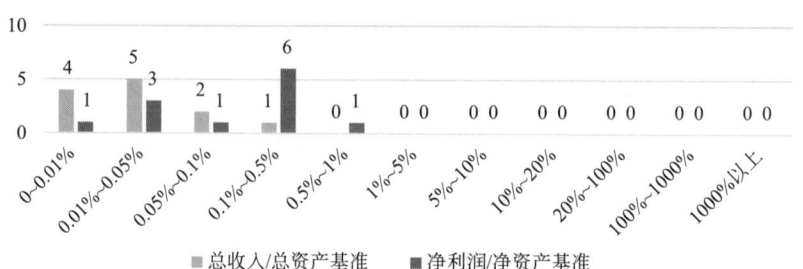

图 3-18　税费相关项目事项的占比区间分布

图 3-19 及图 3-20 为固定资产等长期资产的确认项目的金额及占比区间分布。虽然相对其他项目，监管机构对于此事项关注的金额区间相对比较集中，但整体上依然比较广泛。

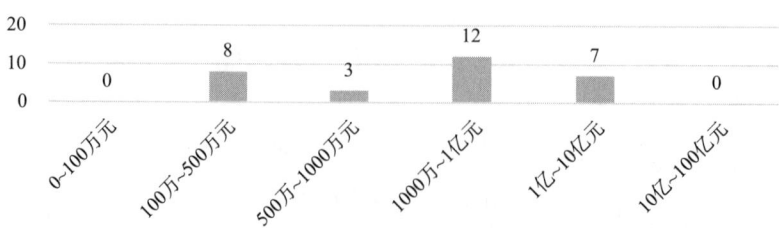

图 3-19　固定资产等长期资产的确认项目的金额区间分布

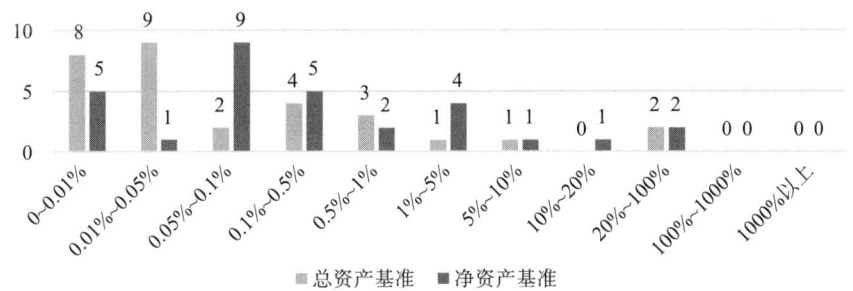

图 3－20　固定资产等长期资产的确认事项的占比区间分布

图 3－21 及图 3－22 为其他资产负债表项目的确认项目的金额区间分布。虽然相对其他项目，监管机构对于此事项关注的金额区间相对比较集中，但整体上依然比较广泛。

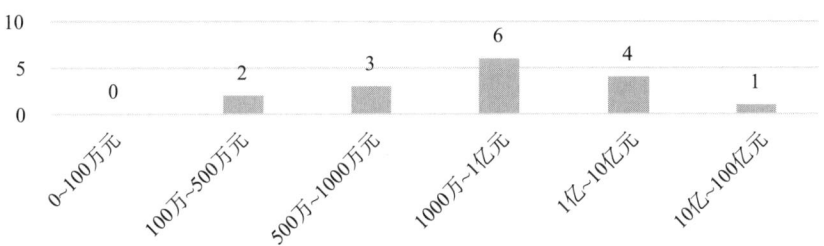

图 3－21　其他资产负债表项目的确认项目的金额区间分布

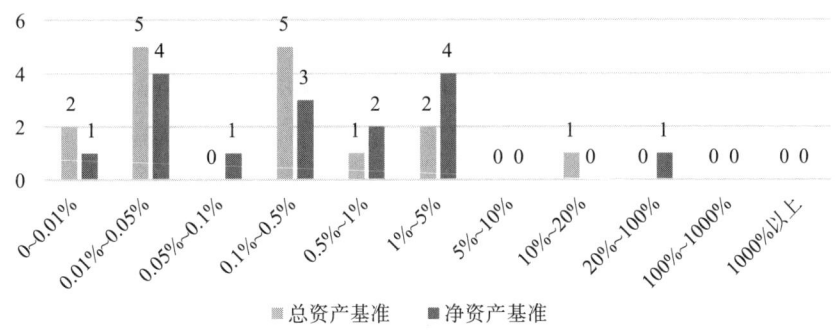

图 3－22　其他资产负债表项目确认事项的占比区间分布

通过分析上述监管检查关注事项的金额区间分布及占比区间分布的特点汇总，我们可以发现监管检查报告中对于重点关注事项在其财务信息金额及占比主要呈现以下特点：

（1）监管机构在对企业进行监管检查时，除关注企业的整体财务报表影响外更关注企业的某些特定财务信息。因此监管机构的重点关注事项的金额区间分布及占比区间分布普遍较为宽泛，和财务报表编制的重要性水平标准不能直接可比。

（2）对于税费相关项目，由于性质较为敏感，较小金额涉及税费事项也会关注；个别特殊性质的事项，也有金额较小的样本。

第四节　本章小结

一、法律法规中监管者对重要性的考虑

结合本章前文对重大性信息披露的相关法规的研究，我们认为有下述几点可供在制定财务报表重要性标准时作为参考。

（一）从性质和金额两方面规范财务报表的重要性

我国监管者关于信息重要性的规定既有性质的列举，也提供了一些金额标准，两者相互结合。此外，重要事项的判断和考虑还需结合企业所处的环境、交易的性质等。在判断重要性时，那些数量不重要但性质重要的情况容易被忽视。未来在制定重要性标准时，应兼顾性质和金额两方面的考量因素。

（二）针对不同的交易类型设定不同的重要性水平

我国监管者在设定应及时披露的重大交易标准时，参照的基准通常是总资产、净资产、营业收入、净利润这四个财务指标，比例通常为10%，而针对一些特殊的交易，如重大关联交易，比例标准会更低。

交易所的行业信息披露指引在设定行业信息重大性标准时，参照的基准通常是总收入、净利润、净资产这三个财务指标，比例通常为10%。另外，关于重大变化，主要参照收入、成本或毛利本身的变动是否超过30%。

（三）在设定重要性标准时应考虑企业的发展阶段

我国监管者针对在不同板块上市的公司，在设定重要性标准时，存在一定

的差异。例如，创业板上市公司关于重大交易、重大关联交易、重大诉讼等事项进行披露的绝对金额标准低于主板上市公司。可见，报表编制者在制定重要性标准时，应考虑企业的发展阶段，以及在不同发展阶段所关注的主要的财务指标，制定适用于相应发展阶段的重要性标准，并随着企业的发展进行调整。未来在制定重要性标准时，除考虑各阶段企业通用的标准外，还应兼顾处于不同发展阶段的企业的特点，制定差异化的重要性标准。

（四）在设定重要性标准时应考虑企业所处的行业

交易所出台的行业信息披露指引，要求上述公司结合自身所处的行业经营特点，在商业模式、估值基础、盈利和竞争优势等方面有针对性地披露公司行业经营及风险信息，并设定了年度报告及临时报告中的重大信息标准。从目前公布的行业信息披露指引看，各行业关于信息重大性的考量因素存在一定的差异。可见，报表编制者在制定重要性标准时，应考虑企业所在的行业的经营特点，以及所在行业普遍关注的财务指标，制定具有行业特点的重要性标准。未来在制定重要性一般标准时，可考虑先制定通用标准的指引，在此基础上，还可能需根据经济现实中的常见行业，提供分行业的行业重要性标准指引。

二、监管机构反馈意见及问询函审查重点

首先，通过对于 A 股 IPO 及新三板挂牌申请反馈意见分板块及分行业的分析总结，我们可以看出监管机构在审查处于不同发展阶段及不同行业的企业时，会对于同一类财务信息设定不同的重要性权重。这说明，报表使用者在使用财务信息时会由于企业所处发展阶段、行业等的不同而对企业财务信息需求的侧重点不同。因此，为应对报表使用者的需求，在制定企业财务信息重要性标准时也需要考虑指引的灵活性，在给予原则性的指引及最低的披露要求的同时，鼓励企业根据自身特点和投资者的需求决定各项财务信息披露的详细程度。

其次，基于我们对于上市公司年报问询函的调研结果，可以看出监管机构对于上市或挂牌公司年报的审查已不再同 A 股 IPO 及新三板挂牌申请审查时那样对于公司的各项财务问题全面地关注和检查，而是将问询重点集中于发现上市或挂牌公司在经营过程中遇到的困境及不利变动，并审查其应对计划的合理性；集中于了解上市或挂牌公司当年发生的复杂或异常交易，并审查其会计处

理的准确性。监管机构在年报问询中更多通过要求上市或挂牌公司自主披露信息，以反映公司自身的风险及价值因素。故建议公司在披露财务信息时应遵循重要性原则，对于公司经营的关键性信息、复杂交易及会计处理进行充分披露，同时将反映其自身特有风险及价值因素的财务信息作为披露的重点。

此外，通过对于公司债券发行审查反馈意见的调研可以看出，监管机构对于公司债券的发行审查除了关注发债公司的资产价值和盈利能力外，还加强了对于影响发债公司偿债能力相关财务信息的关注程度。例如：

1. 监管机构在关注应收账款和存货减值风险的同时，也会关注应收账款周转率和存货周转率的变动。因为应收账款周转率的下降可能使得发债公司尽管拥有充足的净利润，但是无法在债务偿还时点及时回款，进而造成债务违约。而存货周转率的下降虽然并不必然反映存货的跌价风险，但通常会导致库存上升，占用较多的营运资金，从而使得发债公司偿债能力下降。

2. 监管机构对于投资活动现金流量的关注增强。发债公司进行大量的投资活动，如果投资项目选择准确，投资风险较小，通常会为公司未来的成长提供积极的推动力。但是从债权人角度而言，公司进行大量的投资特别是可能需要较长时间才能获得收益的长期股权投资会大额增加公司的资本性支出却不能在短期内为公司带来现金流入，很可能会影响公司到期偿付其发行的公司债券。

因此我们建议公司基于财务报表的不同使用目的，考虑各类投资人对于各项财务信息不同的关注程度，适当地调整各项财务信息披露的重要性权重。比如公司编制年度法定审计报告的目的通常是反映公司当年的经营情况，供股权投资人及债权人共同使用。因此在年度法定审计报告中公司应当全面披露各项财务数据，以反映公司年末的财务状况及全年的经营成果和现金流量，满足财务报表使用人的综合需求。而对于企业以发行债券为目的，为债权人编制的债券募集说明书等，企业可以考虑适当增加对可能影响偿债能力的各项财务指标和财务信息披露的详细程度。

三、监管检查报告情况汇总

我们对 2012～2016 年上半年财政部、证监会、上交所、深交所、审计署以及全国股转公司发布的，在公开渠道可获得的监管检查文件进行了调研，对其中包含可供分析财务数据的 72 份样本所涉及的监管检查重点事项的内容、金额及占比区间等方面是否考虑了重要性概念及相关的应用特点进行了汇总和分析。根据调研和分析，我们注意到监管机构在监管检查中对于重要性概念的运用呈现以下特点：

1. 监管机构在对企业进行监管检查时，除关注企业的整体财务报表影响外更关注企业的某些特定财务信息。因此监管机构的重点关注事项的金额区间分布及占比区间分布普遍较为宽泛，和财务报表编制的重要性水平标准不能直接可比。

2. 对于税费相关项目或少数特殊事项，由于性质较为敏感，监管机构运用了较为严格的金额及占比区间标准，较小金额及占比区间的事项也会关注。

3. 监管机构对于财务报表相关的重要性的标准认定可能无法与财务报表编制者对于重大差错的认定标准直接可比，在计算占比的同时也会充分考虑特殊性质事项的影响程度。

4. 监管机构在检查时对于特殊关注的特定财务信息通常会采用相对较低的重要性标准。由于重要性水平的设定不同，这些监管机构检查发现的问题不见得是影响投资者决策的重大事项，其对财务信息的使用目的与其他报表使用人并不一致。

针对监管检查报告实务调研的汇总结果，结合实务经验，我们认为鉴于监管机构在对企业进行监管检查时，除关注企业的整体财务报表影响外更关注企业的某些特定财务信息，并会主动对其管辖范围内的各类财务信息进行持续监督和监管。在这种情况下，针对实务监管中发现的各类问题，监管机构均会提出相关监管检查意见而并非因为金额或占比并不重大而忽略，因此监管机构对于财务报表相关的重要性的认定标准可能无法与财务报表编制者对于重大差错的认定标准直接可比，其提出的问题不见得是影响投资者决策的重大事项，其对财务信息的使用目的与其他财务报表使用人并不一致。基于这些原因，财务报表编制所遵循的一般的重要性标准可能并不广泛适用于监管机构。

第四章　财务报表编制者关于重要性的考虑

财务报表编制者在进行日常会计核算和编制财务报表时，需要应用重要性原则。在考虑应用重要性原则时，企业首先需要了解会计准则中关于"重要性"有哪些规定或指引。本章第一节对于企业会计准则中关于重要性的规定进行了汇总及列举。

本研究通过同花顺、万得资讯等数据库以及监管机构的官方网站等公开渠道获取相关信息，并对企业如何应用重要性进行实务调研。通过研究可公开获取的信息发现，企业鲜少直接披露其"重要性"的划分标准。不过，A股上市公司和新三板挂牌公司出于监管要求，会披露其重大会计差错的认定标准，该认定标准可以在一定程度上反映企业的"重要性"划分标准。本研究对于企业的重大差错认定标准进行了实务调研，并在本章第二节具体介绍了相关调研方法及调研结果。

根据企业会计准则的要求，企业在财务报表附注中需对重要的财务报表主表项目进行披露。因而并非所有的报表项目都会有单独的附注。本研究通过可公开获取的信息，对于主表中没有相关附注的项目进行实务调研，以分析企业对于报表项目重要性的判断，并在本章第三节具体介绍了相关调研方法及调研结果。

在财务报表附注中，还有一些不与特定主表项目对应的附注，如分部报告、金融工具的风险分析等。本研究通过可公开获取的信息，对于不与特定主表项目对应的附注的披露情况进行实务调研，以分析企业对于这些附注的重要性的判断，并在本章第四节具体介绍了相关调研方法及调研结果。

第一节 企业会计准则关于"重要性"的规定汇总

一、重要性的定义及判断标准

《企业会计准则第 30 号——财务报表列报》对"重要性"有如下规定,"重要性是指在合理预期下,财务报表某项目的省略或错报会影响使用者据此作出经济决策的,该项目具有重要性。"

根据《企业会计准则第 30 号——财务报表列报》的规定,重要性应当根据企业所处的具体环境,从项目的性质和金额两方面以判断,且对各项目重要性的判断标准一经确定,不得随意变更。

1. 判断项目性质的重要性,应当考虑:
(1) 是否属于企业日常活动;
(2) 是否显著影响企业的财务状况;
(3) 是否显著影响企业的经营成果;
(4) 是否显著影响企业的现金流量等因素。

2. 判断项目金额大小的重要性,应当考虑:
(1) 该项目金额占下述直接相关项目金额的比重。
①资产总额;
②负债总额;
③所有者权益总额;
④营业收入总额;
⑤营业成本总额;
⑥净利润;
⑦综合收益总额等;或者
(2) 该项目金额占所属报表单列项目金额的比重。

从上述规定可以看出,重要性的判断需站在财务报表使用者的角度,从项目性质和项目金额两方面予以判断。并且,企业会计准则给出了上述判断重要性时的考虑因素。

除上述规定外，某些具体会计准则中也从整体财务报表层面强调了重要性原则的应用，并给出了相应的指引，具体举例如下。

例如，"企业会计准则讲解第二十九章——会计政策，会计估计变更和差错更正"中阐述了重要的前期差错的判断原则，"重要的前期差错，是指足以影响财务报表使用者对企业财务状况、经营成果和现金流量作出正确判断的前期差错。前期差错的重要性取决于在相关环境下对遗漏或错误表述的规模和性质的判断。前期差错所影响的财务报表项目的金额或性质，是判断该前期差错是否具有重要性的决定性因素。一般来说，前期差错所影响的财务报表项目的金额越大、性质越严重，其重要性水平越高。"由上述规定可以看出，前期差错的重要性需要从项目金额和项目性质两方面予以判断。

再如，"企业会计准则讲解第三十三章——中期财务报告"对于如何在中期财务报告中应用"重要性"原则给出了具体指引："中期财务报告中的附注相对于年度财务报告中的附注而言，是适当简化的。中期财务报告附注的编制应当遵循重要性原则。如果某项信息没有在中期财务报告附注中披露，会影响到投资者等信息使用者对企业财务状况、经营成果和现金流量判断的正确性，那么就认为这一信息是重要的。"

"重要性原则是企业编制中期财务报告的一项十分重要的原则。在遵循重要性原则时应注意以下几点：

1. 重要性程度的判断应当以中期财务数据为基础，而不得以预计的年度财务数据为基础。这里提所指的"中期财务数据"既包括本中期的财务数据，也包括年初至本中期末的财务数据。

2. 重要性原则的运用应当保证中期财务报告包括与理解企业中期末财务状况和中期经营成果及其现金流量相关的信息。企业在运用重要性原则时，应当避免在中期财务报告中由于不确认、不披露或者忽略某些信息而对信息使用者的决策产生误导。

3. 重要性程度的判断需要根据具体情况作具体分析和职业判断。通常，在判断某一项目的重要性程度时，应当将项目的金额和性质结合在一起予以考虑，而且在判断项目金额的重要性时，应当以资产、负债、净资产、营业收入、净利润等直接相关项目数字作为比较基础，并综合考虑其他相关因素。在一些特殊情况下，单独依据项目的金额或者性质就可以判断其重要性。例如，企业发生会计政策变更，该变更事项对当期期末财务状况或者当期损益的影响可能比较小，但对以后期间财务状况或者损益的影响却比较大，因此会计政策变更从性质上属于重要事项，应当在财务报告中予以披露。"

由上述规定可以看出，在中期财务报告中应用重要性原则，需要以中期财务数据为基础，并且需要从项目金额和项目性质两方面予以判断。

二、具体会计准则对于重要性原则的应用

除前文所提及的从整体财务报表层面出发的具体准则外，企业会计准则中的其他具体准则也多处体现了重要性原则的应用。下文分别从确认与计量、列报与披露两方面举例说明。由下述举例可以看出，具体会计准则在应用重要性原则时，可能并不直接采用"重要性"这个词，而是采用与重要性类似的概念，大多体现为"重要""重大""较大""显著"等。

（一）确认与计量时对重要性原则的应用

对资产/负债进行确认与计量时，对重要性的应用主要涉及四个方面，分别为初始确认金额、科目分类与交易定性、重大会计估计、简化会计处理。下文将逐一进行举例说明。

1. 初始确认金额

某些具体会计准则要求，在确定资产/负债的初始确认金额时，需要应用重要性原则，具体举例如下。

例如，《企业会计准则第13号——或有事项》规定，"企业在确定最佳估计数时，应当综合考虑与或有事项有关的风险、不确定性和货币时间价值等因素。货币时间价值影响重大的，应当通过对相关未来现金流出进行折现后确定最佳估计数。"由上述规定可以看出，在初始计量预计负债时，货币时间价值的影响是否重大，将直接影响其初始确认金额。

2. 科目分类与交易定性

某些具体会计准则要求，在确定资产/负债的科目分类或者判断交易的性质时，需要应用重要性原则，具体举例如下：

例如，在判断已出租的建筑物是否应分类为投资性房地产时，《企业会计准则第3号——投资性房地产》应用指南规定，"企业将建筑物出租，按租赁协议

向承租人提供的相关辅助服务在整个协议中不重大的,如企业将办公楼出租并向承租人提供保安、维修等辅助服务,应当将该建筑物确认为投资性房地产。"由上述规定可以看出,出租人提供的辅助服务是否重大,将直接影响相关建筑物是否应分类为投资性房地产,进而可能影响该建筑物的后续计量方法,即投资性房地产的后续计量方法包括公允价值法和成本法,而固定资产的后续计量只允许采用成本法。

再如,在判断非货币性资产交换是否具有商业实质时,《企业会计准则第7号——非货币性资产交换》规定,"换入资产与换出资产的预计未来现金流量现值不同,且其差额与换入资产和换出资产的公允价值相比是重大的。"由上述规定可以看出,换入资产与换出资产的预计未来现金流量的差额是否重大,将影响该非货币性资产交换是否具有商业实质的判断,进而影响该交易的会计核算方法,即不具有商业实质时采用账面价值计量,具有商业实质时采用公允价值计量。

3. 重大会计估计

某些具体会计准则要求,企业作出会计估计时需要遵循重要性原则,具体举例如下。

例如,《企业会计准则第8号——资产减值》应用指南规定,"企业应当在资产负债表日判断资产是否存在可能发生减值的迹象。资产存在减值迹象的,应当进行减值测试,估计资产的可收回金额。在估计资产可收回金额时,应当遵循重要性要求。"

再如,《企业会计准则第4号——固定资产》规定,"与固定资产有关的经济利益预期实现方式有重大改变的,应当改变固定资产折旧方法。"

4. 简化会计处理

某些具体会计准则要求,当涉及的金额不重要时,企业可以采用简化的会计处理方法,具体举例如下。

例如,《企业会计准则第1号——存货》应用指南规定,"企业(商品流通)在采购商品过程中发生的运输费、装卸费、保险费以及其他可归属于存货采购成本的费用等进货费用,应当计入存货采购成本。企业采购商品的进货费用金额较小的,可以在发生时直接计入当期损益。"

再如,《企业会计准则第2号——长期股权投资》应用指南规定,"在按照合并日应享有被合并方净资产的账面价值的份额确定长期股权投资的初始投资成本时,前提是合并前合并方与被合并方采用的会计政策应当一致。企业合并前合并方与被合并方采用的会计政策不同的,应基于重要性原则,统一合并方与被合并方的会计政策。"

(二) 列报与披露时对重要性原则的应用

若干具体会计准则在列报与披露的相关规定中应用了重要性原则,具体举例如下。

例如,"企业会计准则讲解第三十章——资产负债表日后事项"规定,"对于财务报告使用者来说,非调整事项说明的情况有的重要,有的不重要;其中重要的非调整事项虽然与资产负债表日的财务报表数字无关,但可能影响资产负债表日以后的财务状况和经营成果,准则要求适当披露"。

再如,《企业会计准则第 37 号——金融工具列报》规定,"在按交易对手方披露第(三)至(五)所要求的有关金额时,相对于所有交易对手方金额而言,单项重要的金额应当单独披露,其余单项不重要的金额可以汇总为一个单列项目披露。"

(三) 企业会计准则对于重要性原则的应用情况统计

《企业会计准则——基本准则》规定,"企业提供的会计信息应当反映与企业财务状况、经营成果和现金流量等有关的所有重要交易或者事项"。此外,如上文所述,若干具体会计准则中多处体现了重要性原则的应用。

表 4-1 分类统计了基本准则和具体准则中对于重要性原则的应用情况。由下述统计可以看出,具体会计准则在某些规定中会提及重要性原则,但未有更明确的指引来指导企业在这些情况下如何应用重要性原则。另外,实务中企业也会感到就准则没有提到的事项更难以应用重要性原则。

表 4-1　　重要性原则在基本准则和具体会计准则中的应用

企业会计准则	确认与计量					列报与披露
	初始确认金额	科目分类与交易定性	重大会计估计	简化会计处理	其他	
基本准则					√	√
CAS 1 存货				√		
CAS 2 长期股权投资				√		

续表

企业会计准则	确认与计量					列报与披露
	初始确认金额	科目分类与交易定性	重大会计估计	简化会计处理	其他	
CAS 3 投资性房地产		√				
CAS 4 固定资产			√			
CAS 5 生物资产			√			
CAS 6 无形资产			√			
CAS 7 非货币性资产交换		√				
CAS 8 资产减值			√			√
CAS 9 职工薪酬			√			
CAS 10 企业年金						√
CAS 11 股份支付			√			
CAS 13 或有事项	√		√			√
CAS 14 收入				√		
CAS 16 政府补助	√					
CAS 17 借款费用					√	
CAS 18 所得税					√	√
CAS 19 外币折算					√	
CAS 20 企业合并					√	
CAS 21 租赁	√				√	√
CAS 22 金融工具确认与计量		√	√		√	
CAS 23 金融资产转移					√	√
CAS 25 原保险合同	√	√				
CAS 26 再保险合同			√			
CAS 27 石油天然气开采			√			
CAS 28 会计政策、会计估计变更和差错更正		√		√	√	
CAS 29 资产负债表日后事项						√
CAS 30 财务报表列报						√
CAS 31 现金流量表						√
CAS 32 中期财务报告					√	√
CAS 33 合并财务报表					√	√

续表

企业会计准则	确认与计量					列报与披露
	初始确认金额	科目分类与交易定性	重大会计估计	简化会计处理	其他	
CAS 35 分部报告						√
CAS 36 关联方披露						√
CAS 37 金融工具列报						√
CAS 39 公允价值计量		√				√
CAS 41 在其他主体中权益的披露						√

第二节 企业重大差错认定标准的实务调研

一、研究背景及相关规定

企业在进行日常会计核算和编制财务报表时，需要应用"重要性"原则，以决定哪些信息应当包括在财务报表中，哪些信息应当排除在外或者与其他信息合并，以及信息应当如何在财务报表中列示以保证报表的清晰性和可理解性。因此，企业是否恰当应用重要性原则，对于财务报表能否真实、完整地反映企业的财务状况和经营成果起着至关重要的作用。

通过研究可公开获取的信息发现，企业鲜少直接披露其"重要性"的划分标准。作为应用重要性原则的一个方面，重要前期差错的认定标准可以在一定程度上反映企业的"重要性"划分标准。

"企业会计准则讲解第二十九章——会计政策、会计估计变更和差错更正"中将重要前期差错的定义为，"重要的前期差错，是指足以影响财务报表使用者对企业财务状况、经营成果和现金流量作出正确判断的前期差错。"不过，企业会计准则并未就重要前期差错的判断标准给出清晰规定或指引。

通过研究发现，A 股上市公司（包括主板、中小板、创业板上市公司）出于监管要求（具体规定如下），会在其《年报信息披露重大差错责任追究制度》中公开披露其重要前期差错的认定标准。本研究对于企业的重大差错认定标准进行了实务调研，具体调研方法和结果见本节后续内容。

证监会《关于做好上市公司 2009 年年度报告及相关工作的公告》规定，"上市公司应完善信息披露管理制度，建立年报信息披露重大差错责任追究机制，加大对年报信息披露责任人的问责力度，提高年报信息披露质量和透明度。"

二、样本选取

通过同花顺数据系统查询，自 2015 年 1 月 1 日至 2016 年 6 月 30 日，有 171 家 A 股上市公司发布公告，披露其《年报信息披露重大差错责任追究制度》。在此期间内，披露《年报信息披露重大差错责任追究制度》的新三板公司有数千家。在本实务调研中，共随机选取 160 家 A 股公司和新三板公司作为样本，其中，主板、中小板、创业板、新三板公司各随机选取 40 家公司作为样本。

三、重大差错认定标准的实务调研结果

通过共计 160 份《年报信息披露重大差错责任追究制度》的实务调研，发现这些公司的重大差错的认定标准可大致分为金额标准和性质标准两类。其中，金额标准主要包括基于相关报表项目（总资产、净资产、营业收入、净利润）的相对比例标准以及绝对金额标准，将在下文中具体进行介绍。性质标准主要涉及三个方面，分别为直接影响盈亏性质、经审计对以前年度财务报表进行更正、被监管机构责令进行差错更正。

【例 4-1】某上市公司在《年报信息披露重大差错责任追究制度》中披露，"财务报告存在重大会计差错的具体认定标准为：

（1）涉及资产、负债的会计差错金额占最近一个会计年度经审计资产总额 5% 以上，且绝对金额超过 500 万元；

（2）涉及净资产的会计差错金额占最近一个会计年度经审计净资产总额 5% 以上，且绝对金额超过 500 万元；

（3）涉及收入的会计差错金额占最近一个会计年度经审计收入总额 5% 以上，且绝对金额超过 500 万元；

（4）涉及利润的会计差错金额占最近一个会计年度经审计净利润 5% 以上，且绝对金额超过 500 万元；

（5）会计差错金额直接影响盈亏性质；

（6）经注册会计师审计，对以前年度财务报告进行了更正；

（7）监管部门责令公司对以前年度财务报告存在的差错进行改正；

上述指标计算中涉及的数据如为负值，取其绝对值计算。"

由上述举例可以看出，样本公司重大会计差错的金额标准通常既包括相对比例标准，也包括绝对金额标准，且两者需同时满足。本实务调研中，首先研究公司设定的相对比例标准，其次研究公司设定的绝对金额标准，最后再叠加绝对金额标准所占的比重进行研究。

（一）仅考虑相对比例标准时，各项基准的比例分布

1. 全部样本的实务调研结果概览

表 4-2 显示了 160 家样本公司设定的重大差错比例标准的分布情况，具体包括基于资产总额、净资产、收入总额、净利润这四项基准的分布情况。图 4-1 更为直观地反映了相关分布情况。由表 4-2 及图 4-1 可以看出，除 1 家公司将基于净利润的比例标准设为 15% 之外，其他各项比例标准均等于或低于 10%，其中大部分公司（85% 以上）将比例标准设定为 5% 以内。

表 4-2　　重要性各基准比例区间分布——仅比例标准

比例区间	资产总额		净资产		收入总额		净利润	
	家数	比重	家数	比重	家数	比重	家数	比重
0~5%	154	96%	152	95%	146	91%	139	86%
5%~10%	6	4%	8	5%	14	9%	20	13%
10%~20%	—	—	—	—	—	—	1	1%
20% 以上	—	—	—	—	—	—	—	—
合计	160	100%	160	100%	160	100%	160	100%

我们以基于资产总额的比例标准为例，对于样本公司的行业分布情况进行了分析，分析结果并未显示出重大差错比例标准的设定具有明显的行业特征。基于资产总额的比例标准的行业分布情况如表 4-3 所示。

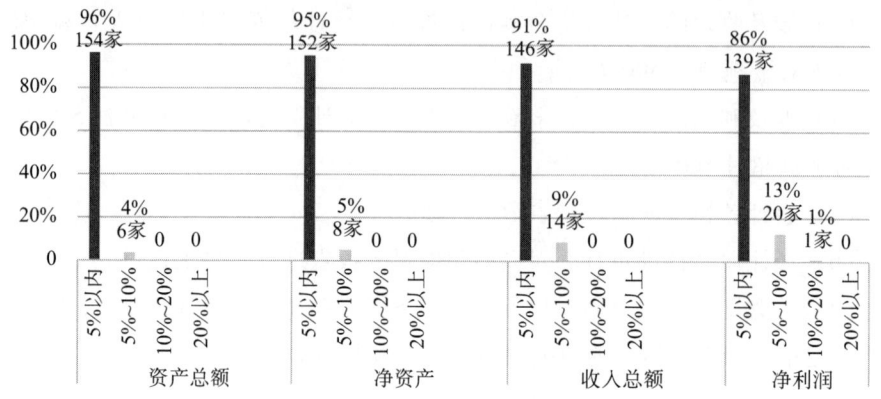

图 4-1 重要性各基准比例区间分布——仅比例标准

表 4-3　　　　基于资产总额的比例标准的行业分布情况

行业	比重为1%的家数	比重为3%的家数	比重为5%的家数	比重为10%的家数	小计
制造业	1	0	103	4	107
信息传输、软件和信息技术服务业	1	1	13	0	15
建筑业	0	0	8	0	8
批发和零售贸易	0	0	3	1	4
水利、环境和公共设施管理业	0	0	3	0	3
社会服务业	0	0	3	0	3
金融、保险业	0	0	3	0	3
交通运输、仓储和邮政业	0	0	2	0	2
农、林、牧、渔业	0	0	2	0	2
房地产业	0	0	2	0	2
租赁和商务服务业	1	0	2	0	3
采掘业	0	0	2	0	2
传播与文化产业	0	0	1	1	2
文化、体育和娱乐业	0	0	1	0	1
电力、煤气及水的生产和供应业	0	0	1	0	1
科学研究和技术服务业	0	0	1	0	1
合计	3	1	150	6	160

2. 各项基准的分板块分布情况

表 4-4 显示了 160 家样本公司基于总资产的重大差错比例标准的分板块（主板、中小板、创业板、新三板）分布情况。图 4-2 更为直观地反映了相关分布情况。由表 4-4 及图 4-2 可以看出，全部主板、中小板、创业板样本公司将基于总资产的比例标准设定为 5% 以内，而新三板中有 6 家样本公司（占样本量的 15%）将标准设定得更为宽泛，即 10%。

表 4-4　　总资产基准在各板块的比例区间分布——仅比例标准

比例区间	主板		中小板		创业板		新三板	
	家数	比重	家数	比重	家数	比重	家数	比重
0~5%	40	100%	40	100%	40	100%	34	85%
5%~10%	—	—	—	—	—	—	6	15%
10%~20%	—	—	—	—	—	—	—	—
20% 以上	—	—	—	—	—	—	—	—
合计	40	100%	40	100%	40	100%	40	100%

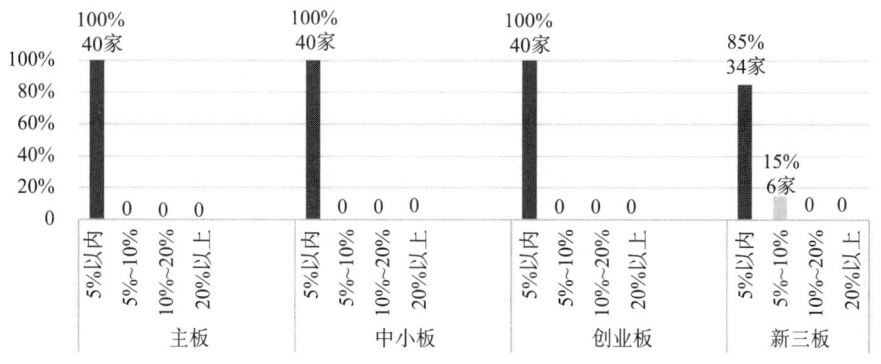

图 4-2　总资产基准在各板块的比例区间分布——仅比例标准

表 4-5 显示了 160 家样本公司基于净资产的重大差错比例标准的分板块分布情况。图 4-3 更为直观地反映了相关分布情况。由表 4-5 及图 4-3 可以看出，全部主板、中小板、创业板样本公司将基于净资产的比例标准设定为 5% 以内，而新三板有 8 家样本公司（占样本量的 20%）将标准设定得更为宽泛，即 10%。

表 4-5　　　　净资产基准在各板块的比例区间分布——仅比例标准

比例 区间	主板		中小板		创业板		新三板	
	家数	比重	家数	比重	家数	比重	家数	比重
0~5%	40	100%	40	100%	40	100%	32	80%
5%~10%	—	—	—	—	—	—	8	20%
10%~20%	—	—	—	—	—	—	—	—
20%以上	—	—	—	—	—	—	—	—
合计	40	100%	40	100%	40	100%	40	100%

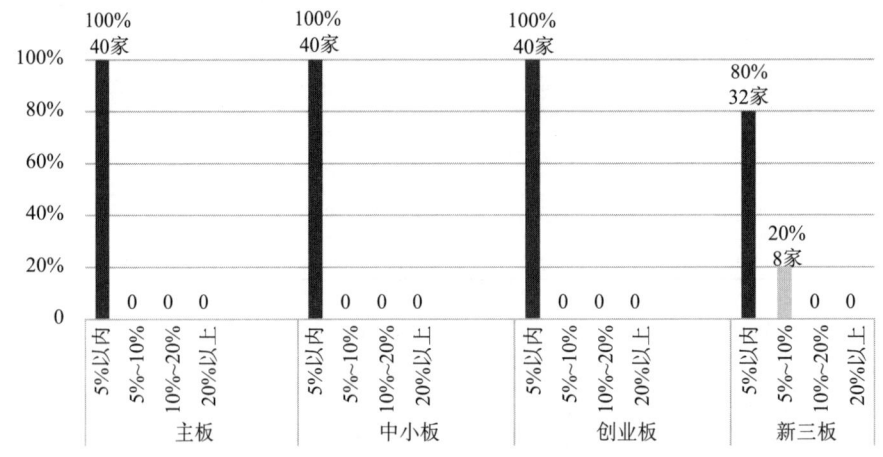

图 4-3　净资产基准在各板块比例区间分布——仅比例标准

表 4-6 显示了 160 家样本公司基于收入总额的重大差错比例标准的分板块分布情况。图 4-4 更为直观地反映了相关分布情况。由表 4-6 及图 4-4 可以看出，绝大部分主板、中小板、创业板样本公司将基于收入的比例标准设定为 5% 以内，而新三板有 12 家样本公司（占样本量的 30%）将标准设定得更为宽泛，即 10%。

表 4-6　　　　收入基准在各板块的比例区间分布——仅比例标准

比例 区间	主板		中小板		创业板		新三板	
	家数	比重	家数	比重	家数	比重	家数	比重
0~5%	39	98%	39	98%	40	100%	28	70%
5%~10%	1	2%	1	2%	—	—	12	30%
10%~20%	—	—	—	—	—	—	—	—

续表

比例区间	主板		中小板		创业板		新三板	
	家数	比重	家数	比重	家数	比重	家数	比重
20%以上	—	—	—	—	—	—	—	—
合计	40	100%	40	100%	40	100%	40	100%

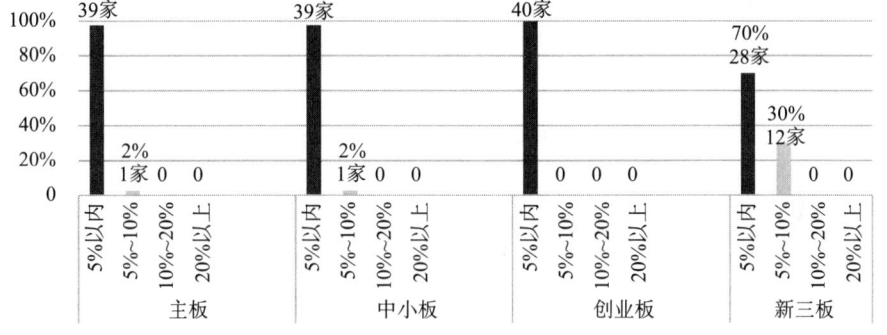

图4-4 收入基准在各板块比例区间分布——仅比例标准

表4-7显示了160家样本公司基于净利润的重大差错比例标准的分板块分布情况。图4-5更为直观地反映了相关分布情况。由表4-7及图4-5可以看出，85%以上的主板、中小板、创业板样本公司将基于净利润的比例标准设定为5%以内，而新三板有11家样本公司（占样本量的27%）将标准设定的更为宽泛，即10%。并且，主板、中小板样本公司基于净利润的比例分布相对于前三项基准而言更加分散。

表4-7 净利润基准在各板块的比例区间分布——仅比例标准

比例区间	主板		中小板		创业板		新三板	
	家数	比重	家数	比重	家数	比重	家数	比重
0~5%	35	88%	35	88%	40	100%	29	73%
5%~10%	4	10%	5	12%	—	—	11	27%
10%~20%	1	2%	—	—	—	—	—	—
20%以上	—	—	—	—	—	—	—	—
合计	40	100%	40	100%	40	100%	40	100%

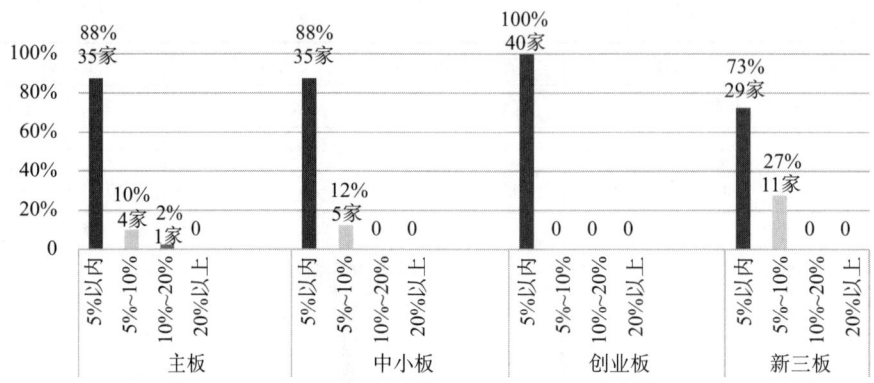

图 4-5 净利润基准在各板块比例区间分布——仅比例标准

(二) 企业设定的绝对金额标准

由【例 4-1】可以看出,样本公司重大会计差错的金额标准通常既包括相对比例标准,也包括绝对金额标准。表 4-8 显示了 160 家样本公司设定的重大差错的绝对金额标准的分布情况,具体包括基于资产总额、净资产、收入总额、净利润这四项基准的分布情况。图 4-6 更为直观地反映了相关分布情况。

表 4-8　　　　重大差错的绝对金额标准的分布情况　　　　单位:家

基准	总资产	净资产	收入	净利润
披露了绝对金额标准的家数	142	142	142	142
其中: 标准为 500 万的家数	115 (81%)	114 (80%)	114 (80%)	120 (85%)
标准低于 500 万的家数	8 (6%)	11 (8%)	9 (6%)	14 (10%)
标准高于 500 万的家数	19 (13%)	17 (12%)	19 (13%)	8 (6%)
未披露绝对金额标准的家数	18	18	18	18
合计	160	160	160	160

由表 4-8 及图 4-6 可以看出,披露了重大差错的绝对金额标准的样本公司中,80% 以上的公司将绝对金额标准设定为人民币 500 万元。

以总资产基准为例,表 4-9 显示了样本公司的资产规模和重大差错的绝对金额标准的分布情况。

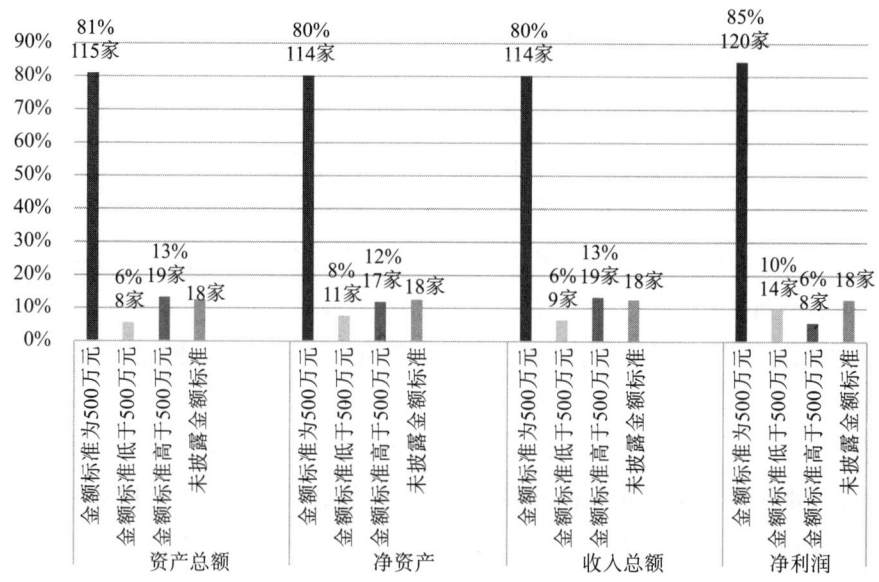

图 4-6　重大差错的绝对金额标准的分布情况

表 4-9　　　　　资产规模和重大差错的绝对金额标准的分布情况　　　　　　单位：家

资产总额	总家数	重大差错的绝对金额标准为500万元的家数	重大差错的绝对金额标准低于500万元的家数	重大差错的绝对金额标准高于500万元的家数	未披露绝对金额标准的家数
0~5亿元	42	27	7	5	3
5亿~10亿元	31	30	0	1	0
10亿~20亿元	42	30	0	7	5
20亿~50亿元	22	17	1	2	2
50亿~100亿元	15	9	0	2	4
100亿元以上	8	2	0	2	4
合计	160	115	8	19	18

由表 4-9 可见，在各个资产规模的区间中，样本公司设定的重大会计差错的绝对金额标准多集中在 500 万元。也就是说，无论样本公司的资产规模大小，公司通常将重大差错的绝对金额标准设定为 500 万元，这就可能导致该金额标准占总资产基准的比例偏低（例如，500 万元占 10 亿元的比例仅为 0.5%）。同时，发现样本公司的资产总额越大，其设定的重大差错绝对金额标准可能越高，但并未发现明显的线性关系。

(三) 叠加金额标准所占比重之后，各项基准的比例分布

由【例4-1】可以看出，样本公司重大会计差错的金额标准通常既包括相对比例标准，也包括绝对金额标准，且两者需同时满足。上文调研了样本公司设定的重大会计差错的相对比例标准及绝对金额标准，在此基础上，再叠加绝对金额标准所占的相应比重（例如，净利润的绝对金额标准占上年净利润的比重）进行分析。

以【例4-1】中的净利润基准为例，公司设定的相对比例标准为5%，绝对金额标准为500万元。假定该公司上年度的净利润为6000万元，则其绝对金额标准所占的相应比重为8.3%（500万元/6000万元）。由于该公司的重大差错认定标准需同时满足相对比例标准（5%）和绝对金额标准，因此，在叠加绝对金额标准所占的相应比重（8.3%）之后，该公司的认定标准实际上为相对比例标准与绝对金额标准所占比重两者的孰高者，即8.3%。

1. 全部样本的实务调研结果概览

表4-10显示了160家样本公司设定的重大差错标准，在叠加了绝对金额标准所占比重之后的分布情况，具体包括基于资产总额、净资产、收入总额、净利润这四项基准的分布情况。图4-7更为直观地反映了相关分布情况。对比表4-2及图4-1（公司设定的相对比例标准分布情况）可以看出，在叠加了绝对金额标准所占的相应比重之后，基于各项基准的比例分布均变得更加分散，其中基于净利润的比例分布尤其明显。

表4-10 重要性各基准比例区间分布——叠加金额标准所占比重

比例区间	资产总额		净资产		收入总额		净利润	
	家数	比重	家数	比重	家数	比重	家数	比重
0~5%	137	85%	133	83%	133	83%	57	36%
5%~10%	11	7%	5	3%	17	11%	45	28%
10%~20%	6	4%	10	6%	5	3%	25	16%
20%以上	6	4%	12	8%	5	3%	33	20%
合计	160	100%	160	100%	160	100%	160	100%

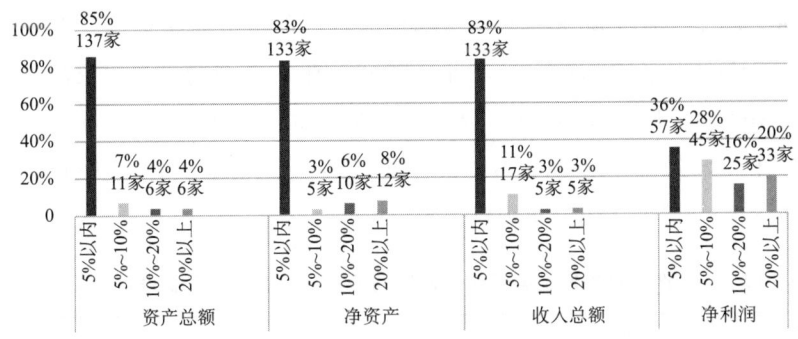

图 4 - 7 重要性各基准比例区间分布——叠加金额标准所占比重

2. 各项基准的分板块分布情况

表 4 - 11 显示了 160 家样本公司基于总资产的重大差错标准,在叠加了绝对金额标准所占比重之后的分板块分布情况。图 4 - 8 更为直观地反映了相关分布情况。由表 4 - 11 及图 4 - 8 可以看出,在叠加了金额标准所占比重之后,绝大部分主板、中小板、创业板样本公司基于总资产的比例标准仍在 5% 以内,而新三板样本公司的比例分布则较为分散。

表 4 - 11 总资产基准在各板块比例区间分布——叠加金额标准

比例区间	主板		中小板		创业板		新三板	
	家数	比重	家数	比重	家数	比重	家数	比重
0 ~ 5%	40	100%	39	98%	40	100%	18	45%
5% ~ 10%	—	—	1	2%	—	—	10	25%
10% ~ 20%	—	—	—	—	—	—	6	15%
20% 以上	—	—	—	—	—	—	6	15%
合计	40	100%	40	100%	40	100%	40	100%

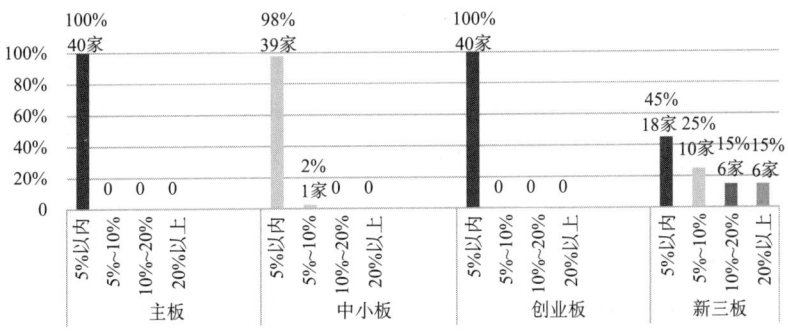

图 4 - 8 总资产基准在各板块比例区间分布——叠加金额标准

表 4-12 显示了 160 家样本公司基于净资产的重大差错标准,在叠加了绝对金额标准所占比重之后的分板块分布情况。图 4-9 更为直观地反映了相关分布情况。由表 4-12 及图 4-9 可以看出,在叠加了金额标准所占比重之后,绝大部分主板、中小板、创业板样本公司基于净资产的比例标准仍在 5% 以内,而新三板样本公司的比例分布则较为分散。

表 4-12　净资产基准在各板块比例区间分布——叠加金额标准

比例区间	主板		中小板		创业板		新三板	
	家数	比重	家数	比重	家数	比重	家数	比重
0~5%	40	100%	39	98%	40	100%	14	35%
5%~10%	—	—	—	—	—	—	5	12%
10%~20%	—	—	1	2%	—	—	9	23%
20% 以上	—	—	—	—	—	—	12	30%
合计	40	100%	40	100%	40	100%	40	100%

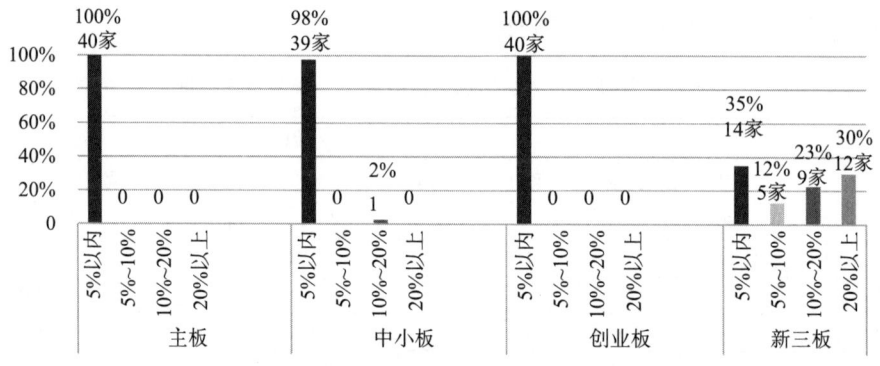

图 4-9　净资产基准在各板块比例区间分布——叠加金额标准

表 4-13 显示了 160 家样本公司基于收入总额的重大差错标准,在叠加了绝对金额标准所占比重之后的分板块分布情况。图 4-10 更为直观地反映了相关分布情况。由表 4-13 及图 4-10 可以看出,在叠加了金额标准所占比重之后,绝大部分主板、中小板、创业板样本公司基于收入的比例标准仍在 5% 以内,而新三板样本公司的比例分布则较为分散。

表 4-14 显示了 160 家样本公司基于净利润的重大差错标准,在叠加了绝对金额标准所占比重之后的分板块分布情况。图 4-11 更为直观地反映了相关分布情况。由表 4-14 及图 4-11 可以看出,在叠加了金额标准所占比重之后,

表 4-13　　　收入基准在各板块比例区间分布——叠加金额标准

比例区间	主板		中小板		创业板		新三板	
	家数	比重	家数	比重	家数	比重	家数	比重
0~5%	37	92%	37	92%	40	100%	19	48%
5%~10%	3	8%	2	5%	—	—	12	30%
10%~20%	—	—	1	3%	—	—	4	10%
20%以上	—	—	—	—	—	—	5	12%
合计	40	100%	40	100%	40	100%	40	100%

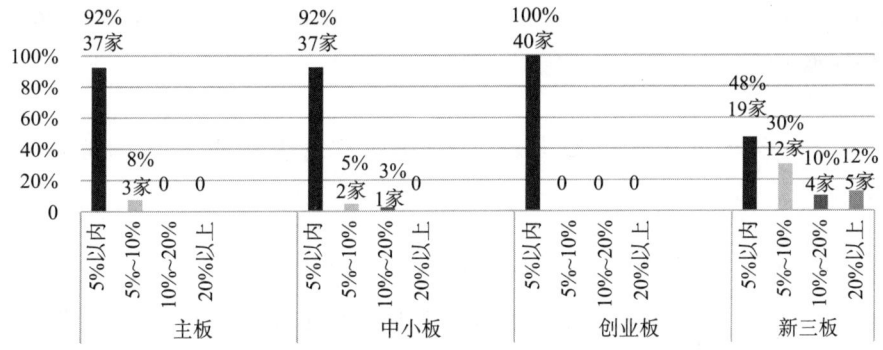

图 4-10　收入基准在各板块比例区间分布——叠加金额标准

各个板块的样本公司的比例分布均较为分散，其中，基于净利润的重大差错比例标准超过 20% 的新三板公司共 27 家（占比 68%）。

表 4-14　　　净利润基准在各板块比例区间分布——叠加金额标准

比例区间	主板		中小板		创业板		新三板	
	家数	比重	家数	比重	家数	比重	家数	比重
0~5%	24	60%	17	42%	11	27%	5	12%
5%~10%	11	27%	14	35%	16	40%	4	10%
10%~20%	3	8%	6	15%	12	30%	4	10%
20%以上	2	5%	3	8%	1	3%	27	68%
合计	40	100%	40	100%	40	100%	40	100%

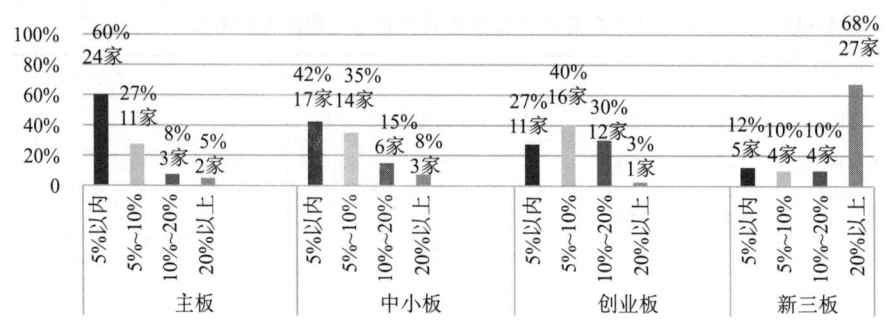

图 4-11 净利润基准在各板块比例区间分布——叠加金额标准

注：上述新三板样本公司叠加金额标准所占比重之后，基于净利润的重大差错比例标准超过 20% 的共 27 家，其中，比例分布在 20%～50% 的有 8 家，50%～100% 的有 3 家，100%～200% 的有 7 家，200% 以上的有 9 家。

（四）仅考虑比例标准与叠加金额标准所占比重之后的分板块对比情况

表 4-15 至表 4-22 显示了各板块（主板、中小板、创业板、新三板）样本公司的仅考虑比例标准与叠加金额标准所占比重之后的分布情况。图 4-12 至图 4-19 更为直观地反映了相关分布情况，以便于作出对比。

表 4-15 与表 4-16 显示了主板样本公司的仅考虑比例标准与叠加金额标准所占比重之后的分布情况。图 4-12 与图 4-13 更为直观地反映了相关分布情况。对比图 4-12 与图 4-13 可以看出，主板样本公司在叠加了金额标准所占比重之后，基于总资产、净资产、收入这三项基准的比例分布没有显著变化，而基于净利润的比例分布明显变得更为分散。

表 4-15 主板上市公司各基准比例区间分布——仅比例标准

比例区间	资产总额		净资产		收入总额		净利润	
	家数	比重	家数	比重	家数	比重	家数	比重
0～5%	40	100%	40	100%	39	97%	35	87%
5%～10%	—	—	—	—	1	3%	4	10%
10%～20%	—	—	—	—	—	—	1	3%
20% 以上								
合计	40	100%	40	100%	40	100%	40	100%

表 4-16　主板上市公司各基准比例区间分布——叠加金额标准所占比重

比例区间	总资产		净资产		收入		净利润	
	家数	比重	家数	比重	家数	比重	家数	比重
0~5%	40	100%	40	100%	37	92%	24	60%
5%~10%	—	—	—	—	3	8%	11	28%
10%~20%	—	—	—	—	—	—	3	8%
20%以上	—	—	—	—	—	—	2	5%
合计	40	100%	40	100%	40	100%	40	100%

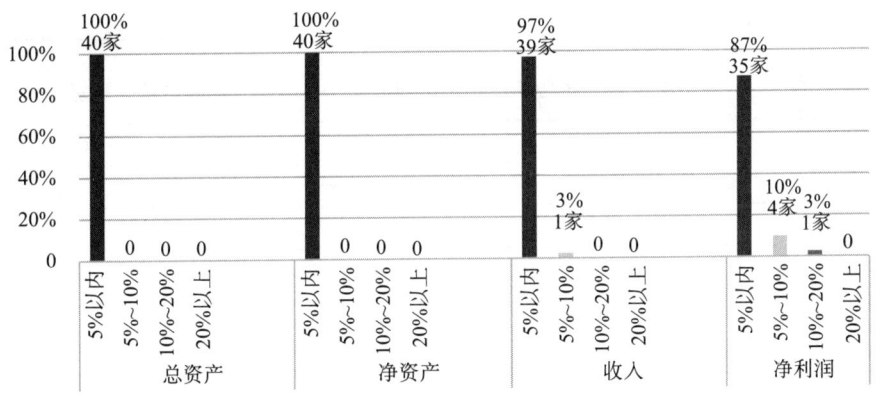

图 4-12　主板上市公司各基准比例区间分布——仅比例标准

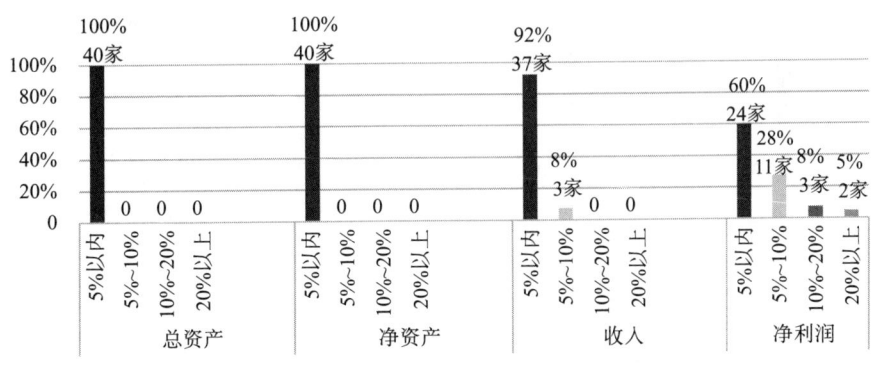

图 4-13　主板上市公司各基准比例区间分布——叠加金额标准

表 4-17 与表 4-18 显示了中小板样本公司的仅考虑比例标准与叠加金额标准所占比重之后的分布情况。图 4-14 与图 4-15 更为直观地反映了相关分布情况。对比图 4-14 与图 4-15 可以看出，中小板样本公司在叠加了金额标准所占比重之后，基于总资产、净资产、收入这三项基准的比例分布没有显著

变化,而基于净利润的比例分布明显变得更为分散。

表 4-17　中小板上市公司各基准比例区间分布——仅比例标准

比例区间	总资产		净资产		收入		净利润	
	家数	比重	家数	比重	家数	比重	家数	比重
0~5%	40	100%	40	100%	39	97%	35	87%
5%~10%	—	—	—	—	1	3%	5	13%
10%~20%	—	—	—	—	—	—	—	—
20%以上	—	—	—	—	—	—	—	—
合计	40	100%	40	100%	40	100%	40	100%

表 4-18　中小板上市公司各基准比例区间分布——叠加金额标准所占比重

比例区间	总资产		净资产		收入		净利润	
	家数	比重	家数	比重	家数	比重	家数	比重
0~5%	39	97%	39	97%	37	92%	17	42%
5%~10%	1	3%	—	—	2	5%	14	35%
10%~20%	—	—	1	3%	1	3%	6	15%
20%以上	—	—	—	—	—	—	3	8%
合计	40	100%	40	100%	40	100%	40	100%

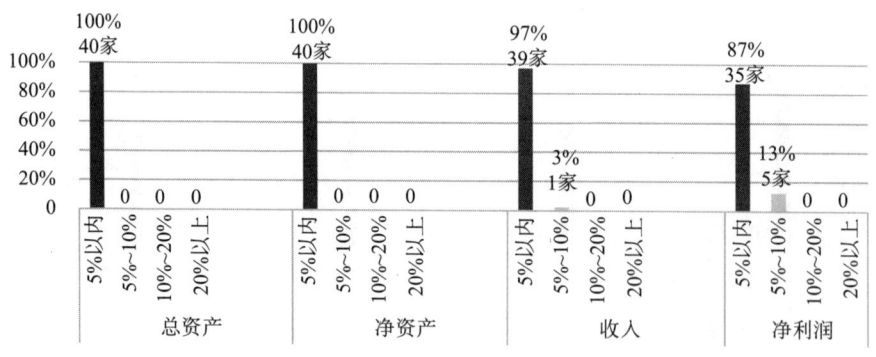

图 4-14　中小板上市公司各基准比例区间分布——仅比例标准

表 4-19 与表 4-20 显示了创业板样本公司的仅考虑比例标准与叠加金额标准所占比重之后的分布情况。图 4-16 与图 4-17 更为直观地反映了相关分布情况。对比图 4-16 与图 4-17 可以看出,创业板样本公司在叠加了金额标准所占比重之后,基于总资产、净资产、收入这三项基准的比例分布没有显著变化,而基于净利润的比例分布明显变得更为分散。

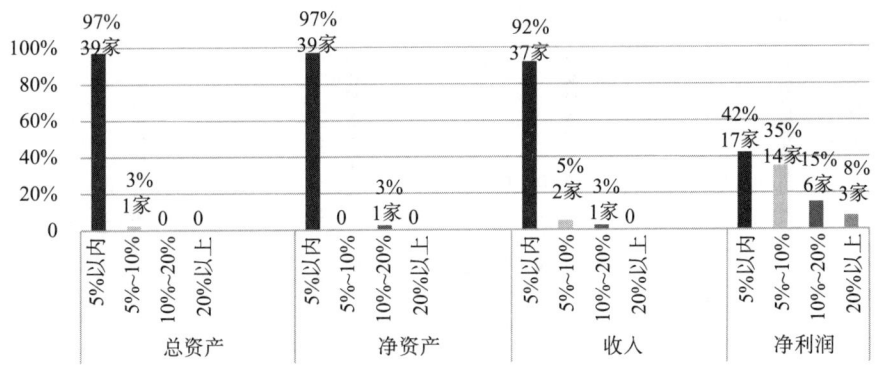

图 4-15 中小板上市公司各基准比例区间分布——叠加金额标准

表 4-19 创业板上市公司各基准比例区间分布——仅比例标准

比例区间	总资产		净资产		收入		净利润	
	家数	比重	家数	比重	家数	比重	家数	比重
0~5%	40	100%	40	100%	40	100%	40	100%
5%~10%	—	—	—	—	—	—	—	—
10%~20%	—	—	—	—	—	—	—	—
20%以上	—	—	—	—	—	—	—	—
合计	40	100%	40	100%	40	100%	40	100%

表 4-20 创业板上市公司各基准比例区间分布——叠加金额标准

比例区间	资产总额		净资产		收入总额		净利润	
	家数	比重	家数	比重	家数	比重	家数	比重
0~5%	40	100%	40	100%	40	100%	11	27%
5%~10%	—	—	—	—	—	—	16	40%
10%~20%	—	—	—	—	—	—	12	30%
20%以上	—	—	—	—	—	—	1	3%
合计	40	100%	40	100%	40	100%	40	100%

表 4-21 与表 4-22 显示了新三板样本公司的仅考虑比例标准与叠加金额标准所占比重之后的分布情况。图 4-18 与图 4-19 更为直观地反映了相关分布情况。对比图 4-18 与图 4-19 可以看出，新三板样本公司在叠加了金额标准所占比重之后，基于总资产、净资产、收入、净利润这四项基准的比例分布均变得更加分散，其中基于净利润的比例分布的分散程度最高。

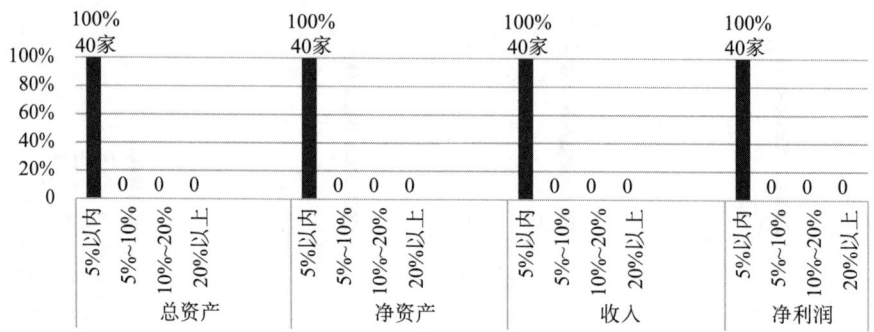

图 4-16　创业板上市公司各基准比例区间分布——仅比例标准

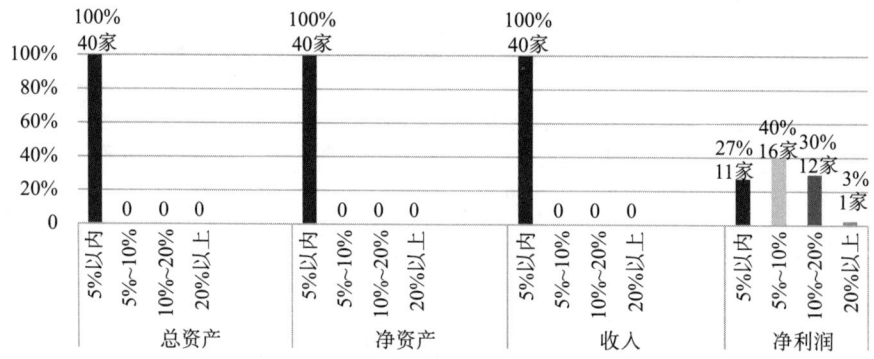

图 4-17　创业板上市公司各基准比例区间分布——叠加金额标准

表 4-21　　　新三板挂牌公司各基准比例区间分布——仅比例标准

比例区间	总资产		净资产		收入		净利润	
	家数	比重	家数	比重	家数	比重	家数	比重
0~5%	34	85%	32	80%	28	70%	29	72%
5%~10%	6	15%	8	20%	12	30%	11	28%
10%~20%	—	—	—	—	—	—	—	—
20%以上	—	—	—	—	—	—	—	—
合计	40	100%	40	100%	40	100%	40	100%

表 4-22　　　新三板挂牌公司各基准比例区间分布——叠加金额标准

比例区间	总资产		净资产		收入		净利润	
	家数	比重	家数	比重	家数	比重	家数	比重
0~5%	18	45%	14	35%	19	48%	5	12%
5%~10%	10	25%	5	12%	12	30%	4	10%

续表

比例区间	总资产 家数	总资产 比重	净资产 家数	净资产 比重	收入 家数	收入 比重	净利润 家数	净利润 比重
10%~20%	6	15%	9	23%	4	10%	4	10%
20%以上	6	15%	12	30%	5	12%	27	68%
合计	40	100%	40	100%	40	100%	40	100%

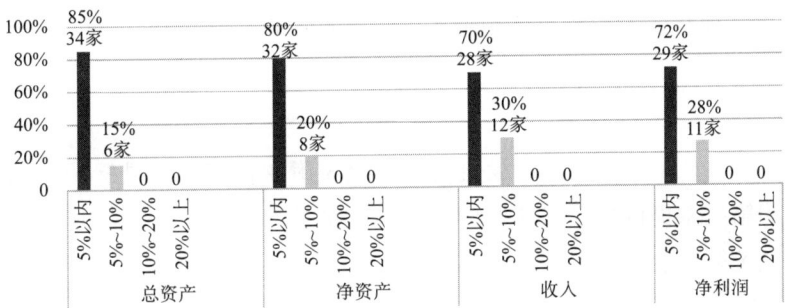

图 4-18 新三板挂牌公司各基准比例区间分布——仅比例标准

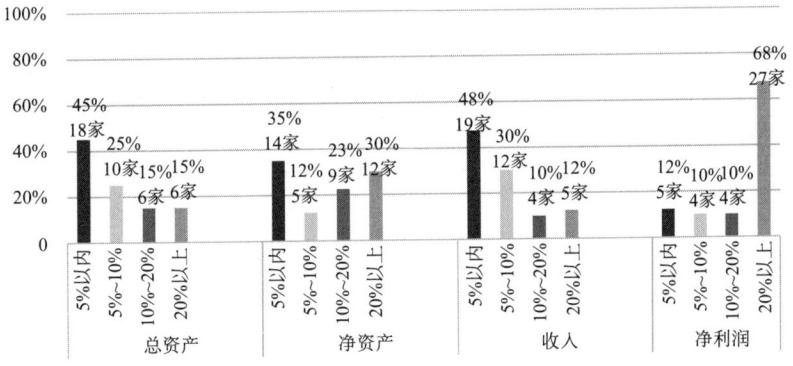

图 4-19 新三板挂牌公司各基准比例区间分布——叠加金额标准

四、财务报表附注存在重大错漏的标准

通过对于 160 份《年报信息披露重大差错责任追究制度》的调研，发现除前述重大差错的认定标准外，某些公司还会披露财务报表附注存在重大错漏的认定标准（其中包括比例标准）。样本公司披露的比例标准主要涉及三类事项，分别是：为第三方提供担保、为关联方提供担保、或有事项。

【例 4-2】某上市公司在《年报信息披露重大差错责任追究制度》中披露，

"会计报表附注中财务信息的披露存在重大错误或重大遗漏的认定标准为:

(1) 未披露重大会计政策、会计估计变更或会计差错调整事项;

(2) 符合第七条1至4项所列标准的重大差错事项(即重大差错的认定标准);

(3) 涉及金额占公司最近一期经审计净资产1%以上的担保,或对股东、实际控制人或其关联人提供的任何担保,或涉及金额占公司最近一期经审计净资产10%以上的其他或有事项;

(4) 其他足以影响年报使用者作出正确判断的重大事项。"

(一) 为第三方提供担保

表4-23显示了样本公司设定的财务报表附注存在重大错漏的标准中,关于公司为第三方提供担保所涉及的比例标准的分布情况。图4-20更为直观地反映了相关分布情况。

表4-23 为第三方担保——以净资产为基准在各板块比例区间分布

比例区间	主板		中小板		创业板		新三板	
	家数	比重	家数	比重	家数	比重	家数	比重
未提及	28	70%	30	75%	8	20%	28	71%
1%	6	15%	7	17%	30	76%	—	—
5%	1	2%	—	—	1	2%	—	—
10%	2	5%	—	—	—	—	11	27%
复合标准	3	8%	3	8%	1	2%	1	2%
合计	40	100%	40	100%	40	100%	40	100%

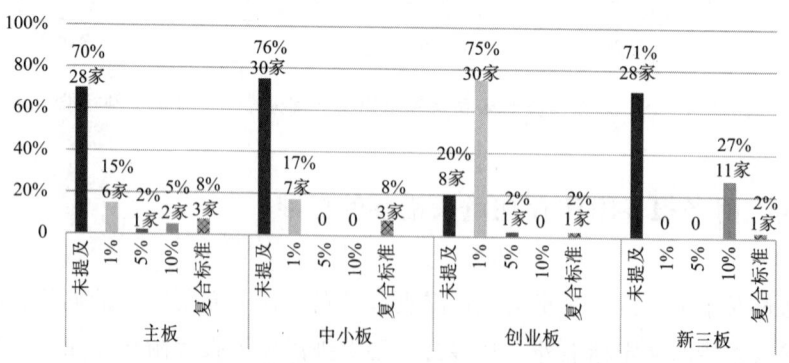

图4-20 为第三方担保——以净资产为基准在各板块比例区间分布

注:披露相关标准的公司中,大部分公司以担保金额占净资产的比重作为认定标准,如图4-20所示。但也有一些公司采用多重标准(例如,比例标准+金额标准),在图中以"复合标准"标识。

由表 4－23 及图 4－20 可以看出，披露了相关标准的样本公司中，大部分公司选用净资产作为判断附注是否存在重大错漏的基准。就金额标准而言，在不考虑复合标准的情况下，大部分 A 股样本公司（包括主板、中小板、创业板样本公司）将公司为第三方提供担保的比例标准（以净资产为基准）设定为 1%，而全部新三板样本公司将该比例标准（以净资产为基准）设定为 10%，即新三板样本公司的披露标准更加宽松。

（二）为关联方提供担保

表 4－24 显示了样本公司设定的财务报表附注存在重大错漏的标准中，关于公司为关联方提供担保所涉及的比例标准的分布情况。图 4－21 更为直观地反映了相关分布情况。

表 4－24　　　为关联方担保——以净资产为基准在各板块比例区间分布

比例区间	主板		中小板		创业板		新三板	
	家数	比重	家数	比重	家数	比重	家数	比重
未提及	28	70%	30	75%	8	20%	29	73%
无金额限制	8	20%	7	17%	31	78%	10	25%
1%	1	2%	—	—	—	—	—	—
复合标准	3	8%	3	8%	1	2%	1	2%
合计	40	100%	40	100%	40	100%	40	100%

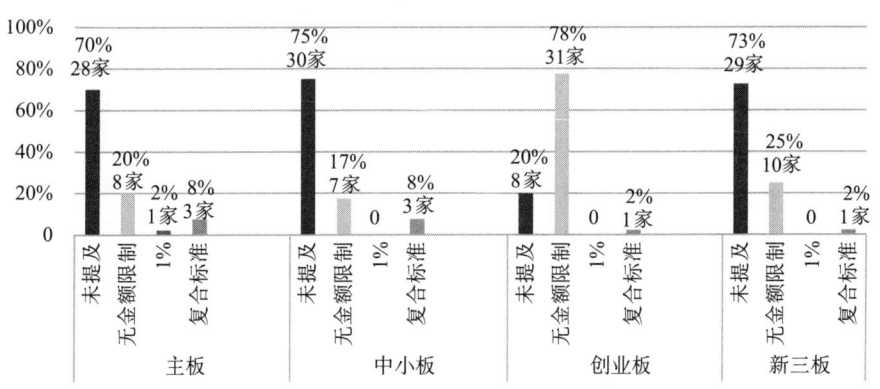

图 4－21　为关联方担保——以净资产为基准在各板块比例区间分布

注：披露相关标准的公司中，大部分公司以担保金额占净资产的比重作为认定标准，如图 4－21 所示。但也有一些公司采用多重标准（例如，比例标准＋金额标准），在图中以"复合标准"标识。

由表4-24及图4-21可以看出，披露了相关标准的样本公司中大部分公司选用净资产作为判断附注是否存在重大错漏的基准。就金额标准而言，在不考虑复合标准的情况下，绝大部分样本公司并未设定金额限制，即无论为关联方提供担保的金额大小，这些公司认为均应在报表附注中予以披露。

对比公司为第三方提供担保所设定的金额标准（如表4-23及图4-20所示）可以看出，公司关于为关联方提供担保的披露标准更加严格。

（三）或有事项

表4-25显示了样本公司设定的财务报表附注存在重大错漏的标准中，关于或有事项（如未决诉讼或仲裁）所涉及的比例标准的分布情况。图4-22更为直观地反映了相关分布情况。

表4-25　　或有事项——以净资产为基准在各板块比例区间分布

比例区间	主板		中小板		创业板		新三板	
	家数	比重	家数	比重	家数	比重	家数	比重
未提及	28	70%	28	70%	5	13%	9	23%
5%	—	—	1	2%	—	—	2	5%
10%	9	22%	8	20%	34	85%	27	68%
15%	—	—	—	—	—	—	1	2%
复合标准	3	8%	3	8%	1	2%	1	2%
合计	40	100%	40	100%	40	100%	40	100%

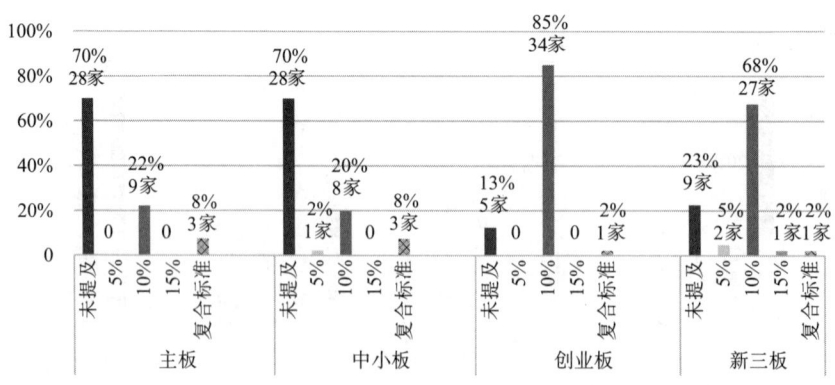

图4-22　或有事项——以净资产为基准在各板块比例区间分布

注：披露相关标准的公司中，大部分公司以或有事项涉及金额占净资产的比重作为划分标准，如图4-22所示。但也有一些公司采用多重标准（例如，比例标准+金额标准），在上图中以"复合标准"标识。

由表 4-25 及图 4-22 可以看出，披露了相关标准的样本公司中，大部分公司选用净资产作为判断附注是否存在重大错漏的基准。就金额标准而言，在不考虑复合标准的情况下，大部分样本公司将或有事项的比例标准（以净资产为基础）设定为 10%。

第三节　财务报表主表中没有相关附注的项目的实务调研

一、研究背景及相关规定

如本章第二节所述，企业在编制财务报表时，需要应用重要性原则，以决定哪些信息应当包括在财务报表中，哪些信息应当排除在外或者与其他信息合并，以及信息应当如何在财务报表中列示以保证报表的清晰性和可理解性。这一原则对财务报表附注而言尤为重要。

对财务报表使用者而言，财务报表附注是财务报表的重要组成部分，是对财务报表主表的进一步补充、解释和说明，附注能够表现财务报表主表难以充分完全表达的内容，能够加强财务报表主表的可理解性。因此，企业能否恰当应用重要性原则，适当地披露财务报表附注信息，对财务报表使用者对企业财务状况、经营成果和现金流量的充分认知和理解，并据此作出合理的预测及决策至关重要。

《企业会计准则第 30 号——财务报表列报》对财务报表项目在附注中的披露有如下规定，"附注一般应当按照下列顺序至少披露：（六）报表重要项目的说明。企业应当按照资产负债表、利润表、现金流量表、所有者权益变动表及其项目列示的顺序，对报表重要项目的说明采用文字和数字描述相结合的方式进行披露。报表重要项目的明细金额合计，应当与报表项目金额相衔接。"证监会《公开发行证券的公司信息披露编报规则第 15 号——财务报告的一般规定（2014 年修订）》（以下简称 15 号文）中也规定，"公司在编制和披露财务报告时应遵循重要性原则，并根据实际情况从性质和金额两方面判断重要性。"

从上述规定可以看出，并非所有的财务报表主表项目都要求有单独的附注。企业需要根据重要性原则，对报表重要项目的说明采用文字和数字描述相结合的方式进行披露。实务中企业鲜少直接披露其重要性的划分标准，因此，财务报表附注信息的披露情况可以一定程度上反映出企业对重要性原则的应用。

下文中我们将选取样本，以资产负债表和利润表为例，对其没有相关附注的项目进行实务调研和分析，以研究和分析企业在决定资产负债表和利润表主表项目是否有单独附注时，对重要性原则的应用情况。

二、样本选取

随机选取共计 100 家 A 股上市公司、新三板挂牌公司、发行银行间市场债券公司以及发行公司债公司（债券发行公司均为非 A 股上市公司，下文同），以其公开披露的 2015 年财务报告为样本，对资产负债表和利润表中没有相关附注的项目进行调研，样本在上述四个板块中的分布情况如图 4-23 所示。

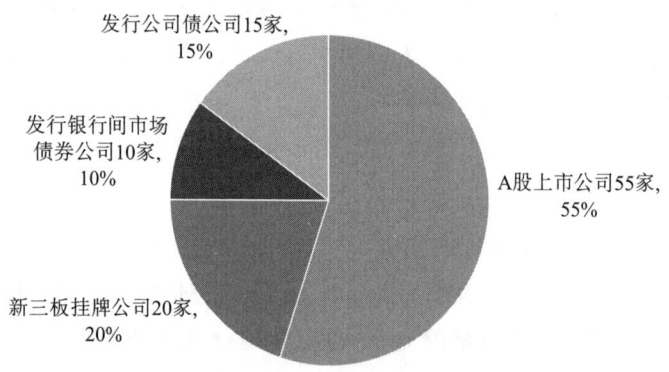

图 4-23　样本板块分布情况

三、实务调研结果

通过对上述 100 家公司 2015 年财务报告进行实务调研，发现上述公司的资产负债表和利润表中，没有相关附注的项目具有一定的集中性，下文中将分别用资产负债表项目和利润表项目列示实务调研结果并进行相应分析。此外，实务调研中还发现了过度披露问题，下文中也将对此进行分析。

(一) 资产负债表项目

表 4-26 列示了实务调研中发现的主要的资产负债表中没有相关附注的项目。由表 4-26 可以看出，除少数股东权益项目外，资产负债表中没有附注的项目的金额占总资产的比例较低，均在 5% 以内。

表 4-26　　　　　　　资产负债表中没有相关附注的项目

资产负债表项目	有此项目样本数量（A）	占总样本量的比例（A/100）	有此项目样本中无附注的数量（B）	占有此项目样本量的比例（B/A）	项目金额占总资产的比例*
应收利息	53	53%	26	49%	0.0001% ~ 0.2795%
应收股利	38	38%	16	42%	0.0001% ~ 0.3340%
一年内到期的非流动资产	37	37%	9	24%	0.0001% ~ 1.4518%
工程物资	35	35%	11	31%	0.0001% ~ 1.1881%
长期待摊费用	94	94%	20	21%	0.0003% ~ 1.5798%
应付利息	85	85%	27	32%	0.0017% ~ 0.6749%
应付股利	62	62%	18	29%	0.0001% ~ 0.8879%
专项应付款	42	42%	10	24%	0.0001% ~ 1.8884%
其他非流动负债	37	37%	11	30%	0.0006% ~ 3.8488%
少数股东权益	100	100%	91	91%	0.0171% ~ 30.1229%

注：* 对于项目金额占总资产的比例小于 0.0001% 的项目，简便起见，我们统一按照 0.0001% 列示，后文的列表采取相同的标准。

对于少数股东权益项目，其性质单一，财务报表使用者容易理解，且大多数样本在附注"在其他主体中的权益"中披露了重要的非全资子公司的少数股东的名称、持股比例、少数股东权益/损益以及主要财务信息等资料，似乎可以满足财务报表使用者的需求，进而在少数股东权益金额占总资产的比例大于 5% 的情况下，依然有 91% 的样本未对其进行单独的附注披露。

对除少数股东权益外的其他项目，由表 4-26 可以看出，大部分项目性质同样较为单一且常见，财务报表使用者容易理解，并且项目金额占总资产的比例低于 5%，即该等项目对财务报表整体而言重要性较低，进而较多样本未对其进行单独的附注披露。

(二) 利润表项目

表 4-27 列示了实务调研中发现的主要的利润表中没有相关附注的项目。由表 4-27 可以看出,与资产负债表项目中的少数股东权益项目类似,利润表中的少数股东损益项目的金额占总收入的比例也存在较高的值。此外,销售费用项目的金额占总收入的比例也出现了较高的值。

表 4-27　　　　　　　　利润表中没有相关附注的项目

利润表项目	有此项目样本数量(A)	占总样本量的比例(A/100)	有此项目样本中无附注的数量(B)	占有此项目样本量的比例(B/A)	项目金额占总收入的比例
少数股东损益	100	100%	98	98%	0.0001% ~ 21.5205%
销售费用	97	97%	19	20%	0.0034% ~ 22.1412%

对于少数股东损益项目,类似于前述对少数股东权益项目的分析,其本身性质单一且在财务报表附注"在其他主体中的权益"中有相关的披露,似乎可以满足财务报表使用者的需求,进而在少数股东损益金额占总收入的比例大于 5% 的情况下,依然有 98% 的样本未对其进行单独的附注披露。

对于销售费用项目,调研中发现 19 个样本的利润表中有销售费用但没有相关附注,其中 14 个样本(占比 74%)销售费用的金额占总收入的比例小于 5%,即销售费用对该等样本而言重要性较低;5 个样本(占比 26%)销售费用的金额占总收入的比例大于 5%,即销售费用对该等样本而言具有一定重要性。调研中发现,该 5 个样本的分布呈现出一定的板块特点,表 4-28 列示了 5 个样本在各个板块之间的分布情况,从中可以看出,销售费用较高(占总收入的比例大于 5%)但没有附注披露的样本主要集中在发行债券的非上市公司。

表 4-28　　销售费用金额占总收入的比例大于 5% 的样本的板块分布

板块名称	大于 5% 且无附注的数量(A)	占比(A/5)	项目金额占总收入的比例
A 股上市公司	1	20%	8.6122%
新三板	1	20%	22.1412%
债券发行公司	3	60%	6.8931% ~ 11.7356%
合计	5	100%	6.8931% ~ 22.1412%

但是，基于上述 5 个样本的分布情况即得出"销售费用较高（占总收入的比例大于 5%）但没有附注披露的样本主要集中在发行债券的非上市公司"这一结论似乎缺乏说服力。为进一步论证，再次从三个板块中选取了 100 个样本，选取的标准为销售费用金额占总收入的比例大于 5%，即销售费用项目对财务报表而言具有一定的重要性。针对再次选取的这 100 个样本，对其是否在财务报表附注中披露了销售费用进行了调研，表 4 – 29 列示了调研结果：

表 4 – 29 再次选取的样本中销售费用无附注的板块分布

板块名称	样本数量（A）	无附注的数量（B）	占比（B/A）
A 股上市公司	30	0	0
新三板	30	0	0
债券发行公司	40	17	43%
合计	100	17	17%

表 4 – 29 列示的调研结果进一步验证了表 4 – 28 的结论，即销售费用较高（占总收入的比例大于 5%）但没有附注披露的样本主要集中在发行债券的非上市公司。这一板块分布特点可能是因为发行债券的非上市公司不需要遵循证监会 15 号文及交易所提供的财务报告披露格式的要求。对于适用或者参照该等要求的企业，比如 A 股上市公司和新三板挂牌公司，考虑到交易所提供的财务报告披露格式中包含销售费用的附注披露示例，报表编制者通常会积极地的应用重要性原则，考虑是否需要披露销售费用附注，甚至是机械地按照披露示例进行披露，以很好地应对或者避免应对他人可能的关于"为什么没有编制销售费用附注"的问询，这在提高披露质量的同时，也可能会导致过度披露问题，这一点将在下文中详述。对于不需要遵循该等要求的企业，在缺乏直观的披露示例的情况下，企业通常会应用重要性原则判断是否需要增加单独附注披露，不同企业间的判断可能会不同。上述调研结果体现了企业在依据重要性原则决定是否增加附注披露时的实务尺度差异。

（三）过度披露

在上述实务调研中发现样本公司可能存在过度披露的问题，有些公司某些财务报表项目金额较小，但是依然在附注中进行了单独披露。实务调研中注意到的过度披露情况,包括但不限于表 4–30 所列示例。

表 4–30　　　　　　　　　过度披露示例　　　　　　　　　单位:千元

公司	主表项目	项目金额（A）	总资产/总收入金额（B）	项目金额占比（A/B）
某 A 股上市公司	应收利息	94333	88075672	0.1071%
某 A 股上市公司	应收股利	330763	78599689	0.4208%
某 A 股上市公司	固定资产清理	6571	28500590	0.0231%
某 A 股上市公司	销售费用	680732	82274932	0.8274%
某新三板公司	应付利息	818	5574548	0.0147%
某新三板公司	长期待摊费用	18775	3215329	0.5839%
某新三板公司	其他流动资产	8790	1226305	0.7168%
某债券发行公司	营业税金及附加	305753	34985783	0.8739%
某债券发行公司	长期应收款	973091	79453158	1.2247%
某债券发行公司	工程物资	788	49977662	0.0016%

由表 4–30 可以看出,上述报表项目金额占总资产或总收入的比例较低,且大部分项目名称已经较为明确地反映了项目内容,附注补充披露信息的价值不大。但是在实务调研中发现,企业依然在财务报表附注中对其进行了单独披露。例如,实务调研注意到某家 A 股上市公司的固定资产清理项目余额很小,占总资产的比例低于 0.05%,但是其依然在财务报表附注中按照 15 号文及交易所提供的财务报告披露格式的要求,分资产类别列示了期初和期末余额。再如,某债券发行公司的营业税金及附加金额很小,占总收入的比例低于 1%,但是其依然在财务报表附注中分类别列示了本年和上年的金额。

出现上述情形可能是因为企业没有恰当应用重要性原则的结果。为了便于企业进行附注披露,企业会计准则应用指南以及交易所均提供了财务报表附注的披露示例,企业可能会机械地认为凡是披露示例里有的项目均应该披露,或者怠于思考是否可以不包含披露示例中的某个附注,而没有正确地、深刻地理解以及恰当地执行前述企业会计准则和证监会 15 号文中关于财务报表附注披露应当遵循重要性原则的要求,导致附注披露流于形式,出现过度披露问题。

第四节 不与特定主表项目对应的附注的实务调研

一、研究背景及概述

第三节所提及的与主表对应的附注项目可能并不能完整地反映一个企业的财务状况和经营成果，因此企业会计准则还要求企业披露一些不与特定主表项目对应的附注信息。这些不与特定主表对应的附注信息涉及的内容较为广泛，企业对这些附注的恰当披露可以提高财务报表附注披露的有用性，使得报表使用者能够全面地了解企业的情况。

根据企业会计准则及证监会 15 号文的要求，在财务报表中不与特定主表项目对应的附注主要包括：

（1）分部报告；
（2）金融工具的风险分析及敏感性分析（"金融工具风险分析"）；
（3）公允价值；
（4）资本管理；
（5）关联方关系及其交易。

如上文所述，不与特定主表项目对应的附注涵盖的内容较为广泛，涉及了企业的内部控制和风险管理信息。企业应当应用重要性原则判断哪些信息对财务报表使用者而言重要，并根据企业会计准则及证监会 15 号文的要求进行恰当的披露。

下文中我们将选取样本，对不与特定主表项目对应的附注的披露情况进行实务调研，以研究和分析企业在决定是否披露上述不与特定主表项目对应的附注时，对重要性原则的应用情况。

二、样本选取

随机选取共计 100 家 A 股上市公司、新三板挂牌公司、发行银行间市场债券公司以及发行公司债公司（债券发行公司均为非 A 股上市公司，下文同），以其公开披露的 2015 年财务报告为样本，对不与特定主表项目对应的附注项目进行实务调研。实务调研的样本在上述四个板块中的分布情况如图 4-24 所示。

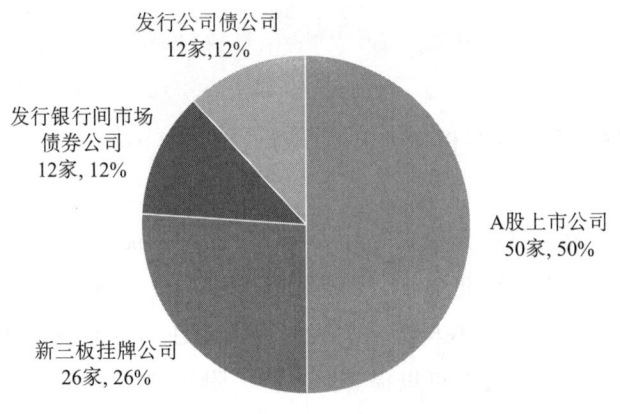

图 4-24　样本板块分布情况

三、实务调研结果

通过对上述 100 个样本是否披露了上述 5 个不与特定主表项目对应的附注进行实务调研，发现样本对 5 个附注的披露情况各不相同，下文中将列示调研结果并对其进行分析。此外，实务调研结果也呈现出一定的板块差异，下文中也将对此进行分析。

（一）概览

图 4-25 列示了实务调研中 100 个样本对不与特定主表项目对应的附注的披露情况。由图 4-25 看出，总体而言，几乎全部样本均披露了关联方关系及其交易附注，有 74% 的样本未披露资本管理附注，而对于其他附注项目，披露的样本量大于未披露的样本量。

对于关联交易附注，几乎全部的样本披露了该附注。这可能是因为随着近年来上市公司通过关联交易进行利润调节，大股东通过关联交易损害上市公司和中小股东利益等问题的不断出现，监管机构和报表使用者均非常关注关联交易的披露情况，监管环境较为严格。基于此情形，企业也非常重视关联交易的

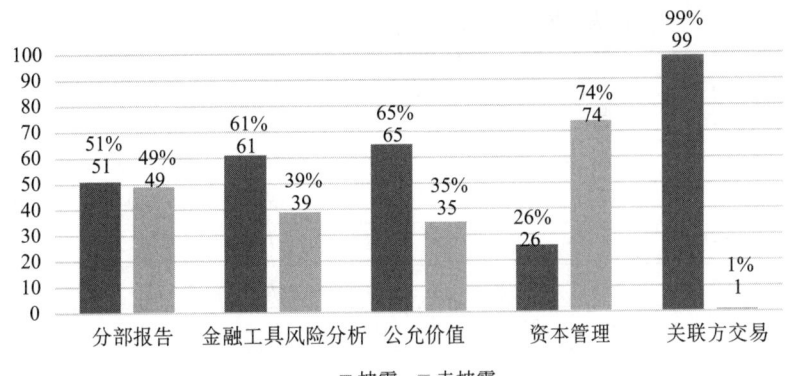

图 4-25　不与特定财务报表主表项目对应的附注

充分披露，认为关联交易披露对财务报表整体而言具有重要性，因此均选择披露该附注，以避免或应对监管机构及报表使用者的问询。

对于资本管理附注，74%的样本未披露该附注，这可能是因为资本管理作为新的附注披露要求，监管机构并未提供披露示例的情况下，企业对于如何披露存在疑虑，实务也尚未形成披露规范；在监管方面，监管机构的监管重点似乎也不包括该内容；对报表使用者而言，由于各企业披露的资本管理附注差异较大，难于在企业间进行比较，实用性较差，似乎也并不关注该附注。基于上述原因，企业对于该附注对财务报表整体而言是否具有重要性似乎并不确定，处于观望状态中，从而导致较多样本未披露该附注。

对于其他附注，披露的样本多于未披露的样本，原因可能各不相同。比如对于分部报告附注，可能是因为企业只有一个经营分部，报表使用者可能并不关注分部报告信息，因此企业未进行单独附注披露，虽然对于只有一个经营分部的判断是否恰当值得怀疑；对于公允价值和金融工具风险分析附注，可能是因为金融工具及公允价值计量的资产占总资产比例较低，对财务报表整体而言不重要，或者是企业自身管理原因无法提供此类信息。

（二）板块间的差异

表 4-31 列示了实务调研中 A 股上市公司的 50 个样本，债券发行公司的 24 个样本（发行银行间市场债券公司以及发行公司债公司的调研结果类似，在此将其合并分析），以及新三板挂牌公司 26 个样本中未披露不与特定主表项目对应的附注的比例情况。图 4-26 更加直观地反映了相关比例情况。

表 4-31　各板块未披露不与特定主表项目对应的附注的比例

附注	A 股上市公司		债券发行公司		新三板挂牌公司	
	未披露数量	未披露比例	未披露数量	未披露比例	未披露数量	未披露比例
分部报告	11	22%	14	58%	24	92%
金融工具风险分析	4	8%	18	75%	17	65%
公允价值	4	8%	17	71%	14	54%
资本管理	32	64%	19	79%	23	88%
关联方交易	0	0	1	4%	0	0

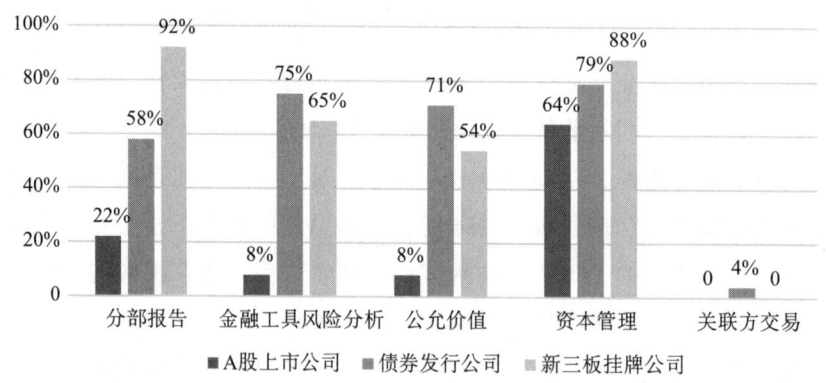

图 4-26　各板块未披露不与特定主表项目对应的附注的比例

由表 4-31 及图 4-26 可以看出，就披露情况总体而言，A 股上市公司的披露情况好于新三板挂牌公司和债券发行公司，而新三板挂牌公司和债券发行公司披露情况没有明显差异。

对于 A 股上市公司板块，可能是因为随着 A 股上市公司板块多年的发展，监管机构的监管日趋成熟，监管环境严格，且 A 股上市公司（尤其是主板上市公司）治理结构较为规范，通常建立了系统的内部控制，企业自身对金融工具风险以及公允价值等有较好的管理，进而能够为财务报表披露提供相关的信息，且能够了解如何披露对财务报表使用者而言更有用，因为企业自身就通过这种方式在进行管理和监控，从而导致 A 股上市公司的披露情况明显好于新三板和债券发行公司。

对于新三板和债券发行板块，其所处板块相对较新或近几年发展较快，监管环境相对宽松，且企业自身可能规模有限或者处于发展初期，自身的管理水平尚在提高中，内部控制尚需完善，可能无法为企业财务报表披露提供全面且有效的信息。

第五节　本章小结

一、企业会计准则关于"重要性"的规定汇总

总体而言，企业会计准则中规定了重要性的定义，并给出了一定的判断标准。不过，企业会计准则中有关重要性判断标准的指引较为有限，实务应用起来可能存在一定困难。考虑到重要性原则的应用贯穿于企业的整个财务报告流程（包括确认与计量、列报与披露等），能否合理应用重要性原则对于财务信息质量具有至关重要的作用，如果就重要性的应用提供更多参考性指引，应该能更为有效地指导实务应用。

在现行企业会计准则体系下，有关重要性的规定或参考性指引宜采用"原则导向"还是"规则导向"是个值得探讨的问题。同时，就相关指引的形式和效力而言，是在企业会计准则体系中明确规定有关重要性的定性及定量标准，还是以实务指引（而非强制要求）的形式给出参考性标准，并提供不同情形下的具体案例，允许企业根据自身情况有一定的选择空间，也需加以考虑。我们倾向于在企业会计准则层面作出原则规定，同时提供实务指引的方式，这样有助于企业在领会基本原则的基础上，结合自身实际情况应用重要性原则。

此外，在某些具体会计准则中会提及重要性原则，但没有更明确的指引来指导企业在这些情况下如何应用重要性原则。另外，实务中企业也会感到就准则没有提到的事项更难以应用重要性原则。考虑到无论是规定还是指引都很难穷尽实务中的问题，我们建议还是在原则方面及考虑因素方面尽可能给出主要的规定和指引，以应对实务中可能遇到的问题。

二、企业重大差错认定标准的实务调研

（一）重大差错认定标准的实务调研结果

如前文所述，实务调研中发现，样本公司的重大会计差错的金额标准通常基于相关报表项目（即总资产、净资产、营业收入、净利润）设定，且既包括相对比例标准，也包括绝对金额标准，两者需同时满足。在本实务调研中，首先研究了公司设定的相对比例标准，然后研究了公司设定的绝对金额标准，最后再叠加绝对金额标准所占的相应比重进行研究。

通过调研 160 家样本公司设定的重大会计差错的金额标准，初步发现如下：

（1）相对比例标准：除 1 家公司将基于净利润的比例标准设为 15% 之外，其他各项比例标准均等于或低于 10%，其中大部分公司（85% 以上）将比例标准设定为 5% 以内（见表 4-2 及图 4-1）。

（2）绝对金额标准：在披露了重大差错的绝对金额标准的样本公司中，80% 以上的公司将绝对金额标准设定为人民币 500 万元（见表 4-8 及图 4-6）。

（3）叠加绝对金额标准所占的相应比重：在叠加了绝对金额标准所占的相应比重之后，基于各项基准的比例分布均变得更加分散，其中基于净利润的比例分布尤其明显（见表 4-10 及图 4-7）。对比各板块样本公司（包括主板、中小板、创业板、新三板公司）的比例分布可以看出，在叠加了金额标准所占比重之后，绝大部分 A 股样本公司（包括主板、中小板、创业板公司）基于总资产/净资产/收入总额的比例标准仍在 5% 以内，而新三板样本公司的比例分布则较为分散。然而，在叠加了金额标准所占比重之后，各个板块样本公司基于净利润的比例分布均较为分散，其中，基于净利润的重大差错比例标准超过 20% 的新三板公司共 27 家（占比 68%）。

通过研究上述样本公司的历年财务数据等信息发现，上述新三板公司在叠加了金额标准所占比重之后，基于净利润的比例标准超过 20% 的原因可能包括：

（1）公司对于未来业绩有良好预期，在设定绝对金额标准时可能考虑了净利润的未来增长情况，从而设定了较高的金额标准。

（2）公司业绩波动较大，在设定绝对金额标准时可能综合考虑了多年的净

利润情况，而前述样本分析中计算相关比重时使用的是上年财务数据，导致计算得出的比重偏高。

（3）公司在设定各项基准的绝对金额标准时，可能没有充分考虑自身情况，存在"跟风"嫌疑，即当市场上大部分公司将绝对金额标准设定为500万元时，公司也将自身的绝对金额标准设定为500万元，而没有充分考虑自身的企业规模、盈利水平等情况。并且，公司在设定不同基准的绝对金额标准时，简单采用了相同的金额（例如，基于总资产与基于净利润的绝对金额标准均设定为500万元），导致基于净利润（净额基准）的绝对金额标准所占比重高于基于总资产、营业收入（总额基准）的比重。

（4）公司可能仅为应付监管要求而披露相关标准，当监管机构和证券市场参与方对此类信息的关注度不高或并未及时提出质疑时，企业在确定重要性标准时可能缺乏一定的谨慎性。

（二）财务报表附注存在重大错漏的标准

财务报表附注是财务报表的重要组成部分，是对财务报表主表的进一步补充说明，以更加全面、系统地反映企业财务状况、经营成果和现金流量的全貌，从而有助于向报表使用者提供更为有用的信息，帮助其作出更加科学合理的决策。

就提供担保或其他或有事项（如未决诉讼或仲裁）而言，如果尚未达到预计负债的确认条件（例如，发生的可能性较低或金额无法可靠计量），则企业不会在财务报表主表中反映此类事项。然而，此类事项是企业承担的现时义务，且未来可能引起企业的大额经济利益流出，在未确认相关预计负债的情况下，财务报表附注中是否恰当披露此类事项则显得尤为重要。因此，样本公司就此类事项的附注披露设定了相关金额标准。

实务调研中发现，大部分样本公司选用净资产作为判断附注是否存在重大错漏的基准。如第三章第一节所述，监管机构在确定重大关联交易、重大诉讼及仲裁等重大事件的及时披露标准时，主要参照净资产这一项基准。样本公司在设定其附注披露的基准时，可能出于简化目的，参考了上述监管要求，仅选用净资产作为判断基准。

由于企业与关联方之间的交易相对更容易操纵，所以企业可能会利用与关联方之间的交易达到虚增利润或减少成本等目的，从而影响财务报表使用者对于公司经营情况的判断。因此，相对于第三方交易而言，财务报表使用者对于关联方交易的关注程度可能更高。上述实务调研结果也显示，相对于公司为第三方提供担保所设定的金额标准而言，样本公司对于为关联方提供担保的附注披露标准更加严格。

通过共计160份《年报信息披露重大差错责任追究制度》的实务调研，初步发现如下：

（1）公司披露的重大差错的标准（可在一定程度上反映企业的重要性标准）通常既包括金额标准，也包括性质标准；这与企业会计准则的要求（即重要性需要从项目性质和项目金额两方面予以判断，见本章第一节）相一致。

（2）就重要性的金额标准而言：

①公司设定重要性通常基于四项基准，即总资产、净资产、营业收入、净利润。这些基准的选取看似较为简单、粗放，没有充分体现财务报表使用者可能较为关注的财务数据（例如，现金流量、非经常性损益等）。

②公司设定重要性的相对比例标准时，通常将基于上述四项基准的比重设定为5%；调研结果没有显示出相关比例标准的设定具有明显的行业特征或企业特点。

③公司设定重要性的绝对金额标准时，通常将基于上述四项基准的绝对金额标准设定为500万元；调研结果没有显示出相关绝对金额标准的设定具有明显的行业特征或企业特点。

（3）公司披露的重要性的性质标准通常仅包括影响盈亏性质；该性质标准看似过于简单、粗放，没有充分反映企业会计准则的相关要求（例如，交易性质是否属于企业的日常活动），亦没有充分体现财务报表使用者可能较为关注的性质因素［例如，是否导致企业资不抵债，是否严重影响企业的某些关键财务指标（如每股收益）］。

（4）就财务报表附注披露的重要性而言，公司通常以净资产为基准，并针对不同交易类型设定相关比例标准。并且，公司对于关联方交易的附注披露标准看似比第三方交易更加严格。

此外，实务调研中发现，某些公司设定的重要性标准中，基于净利润的绝对金额标准所占比重看似偏高，尤其是新三板样本公司。建议监管机构予以关注。

三、财务报表主表中没有相关附注的项目的实务调研

根据对样本资产负债表和利润表中没有相关附注的项目的实务调研,初步发现:

对于资产负债表项目,没有相关附注的项目除性质较为单一且在其他附注中有所涉及的少数股东权益项目外,其他没有附注的项目金额占总资产的比例均小于5%,即对财务报表整体而言重要性较低。

对于利润表项目,没有相关附注的项目除性质较为单一且在其他附注中有所涉及的少数股东损益项目外,仅有销售费用项目,即从数量角度而言,没有附注披露的利润表项目较少。但是存在销售费用具有一定重要性(占总收入的比例大于5%)但没有附注披露的样本,且主要集中在发行债券的非上市公司。

除此之外,调研中还发现了过度披露问题,即发现样本中某些财务报表项目金额较小,但是依然在附注中进行了单独披露,使得财务报表披露未能严格遵循重要性原则,既增加了企业编制财务报告的成本,也增加了财务报表使用者筛选有效信息的成本。

如前文所述,上述调研中发行债券的非上市公司的销售费用的披露问题(即报表项目对财务报表而言具有重要性,但是没有相关附注披露的问题),主要是因为发行债券的非上市公司不需要遵循证监会15号文及交易所提供的财务报告披露格式的要求(即源于缺乏明确的披露要求以及直观的披露示例)。因此,我们建议债券监管部门适时发布披露指引,并同时加强与报表编制者的沟通,对其如何"在遵循披露要求的同时恰当应用重要性原则"进行培训和教育,以提高财务报表编制的效果与效率。

对于过度披露问题,各板块的监管部门应加强与报表编制者的沟通,对其如何应用重要性原则做到报表编制主次分明、轻重有别,或者编制重要性应用指引,以提高财务报表信息披露的有用性。

四、不与特定主表项目对应的附注的实务调研

根据上述对样本是否披露不与特定主表项目对应的附注的实务调研,初步发现:

对于关联交易附注，几乎全部的样本均披露了关联方交易附注，这可能是因为无论是企业自身还是监管机构或者财务报表使用者，均认为关联交易披露对财务报表而言具有重要性，因而非常关注该附注的披露。对于资本管理附注，绝大部分样本未披露该附注，可能是因为该附注作为一个新的披露要求，尚未形成披露规范，企业对于该附注对财务报表整体而言是否具有重要性似乎并不确定，处于观望状态中，且监管机构和报表使用者似乎也并不关注该附注。对于其他附注，披露的样本多于未披露样本，A股上市公司的披露情况好于新三板挂牌公司和债券发行公司，如前文所述，可能是由于监管环境以及企业自身发展及管理水平的不同。

总体而言，上述项目除在"是否"披露方面缺失较大外，在披露质量方面也有待提高。以资本管理附注为例，实务调研中发现，不同公司间的披露差异较大，披露质量参差不齐，财务报表使用者难以从中获得有用信息且难以在不同公司间进行比较，最终导致财务报表使用者对该附注的重视程度和关注程度较低。这使得准则有关这些披露要求的本意在实践中尚未得到很好实施。

对于新的披露要求，准则制定机构发布相关规定后，应配合出台相关的披露示例，以便于企业执行新的披露要求。监管机构应明确监管态度，监督企业切实执行新的披露要求，同时在进行披露后的检查时，重点关注企业对于新的披露要求的执行情况并适当惩戒。此外，监管机构应要求企业逐步推进内部控制的建立，对各种风险和公允价值等进行管理，提高自身的管理水平，同时服务于财务报表的披露。

第五章 注册会计师关于重要性的考虑

注册会计师在计划和执行财务报表审计工作时,需要运用重要性的概念。另外,注册会计师在评价识别出的错报对审计的影响,以及未更正错报对财务报表的影响时,也需要运用重要性的概念。

本章第一节从中国注册会计师审计准则(以下简称"中国审计准则")框架下的重要性和错报评价的相关要求出发,对中国审计准则框架下的重要性概念进行了阐释。同时,基于英国审计报告准则中有关重要性披露的相关要求,对英国相关上市公司审计报告中的重要性披露内容进行了详细分析,从注册会计师的角度阐释了其在审计实务中对重要性概念的运用。

为了调研中国资本市场上,注册会计师在发表审计意见时对于重要性的实务应用,本章第二节对于注册会计师对 A 股上市公司和新三板挂牌公司出具的非无保留意见的审计报告进行了详细分析,并对导致注册会计师出具非无保留意见的事项进行定性和定量的分析。

第一节 审计准则中对重要性的规定及其实务应用

一、重要性的含义

《中国注册会计师审计准则第 1221 号——计划和执行审计工作时的重要性》

（以下简称"中国审计准则第1221号"）第四条指出，"财务报告编制基础通常从编制和列报财务报表的角度阐释重要性概念。财务报告编制基础可能以不同的术语解释重要性，但通常而言，重要性概念可从下列方面进行理解：

1. 如果合理预期错报（包括漏报）单独或汇总起来可能影响财务报表使用者依据财务报表作出的经济决策，则通常认为错报是重大的；

2. 对重要性的判断是根据具体环境作出的，并受错报的金额或性质的影响，或受两者共同作用的影响；

3. 判断某事项对财务报表使用者是否重大，是在考虑财务报表使用者整体共同的财务信息需求的基础上作出的。由于不同财务报表使用者对财务信息的需求可能差异很大，因此不考虑错报对个别财务报表使用者可能产生的影响。"

由于注册会计师是针对财务报表进行审计并发表审计意见，因此适用的财务报告编制基础对重要性概念的规定为注册会计师在审计工作中确定重要性提供了参考依据。中国企业会计准则中关于重要性判断标准的规定请参见第四章第一节所述的内容，以上中国审计准则第1221号第四条的内容为注册会计师确定重要性提供了参考依据。

注册会计师对重要性的确定属于职业判断，受财务报表使用者对财务信息需求的认识的影响。在计划审计工作时，注册会计师需要对认为重大的错报金额作出判断，包括确定财务报表整体的重要性和特定交易类别、账户余额和披露的一个或多个重要性水平，以为以下方面提供基础：（1）确定风险评估程序的性质、时间安排和范围；（2）识别和评估重大错报风险；（3）确定进一步审计程序的性质、时间安排和范围。随着审计过程的推进，注册会计师可能需要根据审计过程中获知的信息更新重要性。在形成审计结论阶段，注册会计师使用财务报表整体重要性和特定类别的交易、账户余额或披露的较低金额的重要性水平来评价已识别的错报对财务报表和审计意见的影响。在评价该影响时，不仅要考虑错报金额的大小，还要考虑错报的性质以及错报发生的特定环境。

二、重要性水平的确定

注册会计师在确定重要性水平时，需要考虑对被审计单位及其环境的了解、审计的目标、财务报表各项目的性质及其相互关系、财务报表项目的金额及其波动幅度。

（一）财务报表整体的重要性

注册会计师在制定总体审计策略时，应当确定财务报表整体的重要性。注册会计师通常先选定一个基准，再乘以某一百分比作为财务报表整体的重要性。确定重要性，包括选择符合具体情况的适当基准和百分比，是注册会计师运用职业判断的结果，很多注册会计师根据所在会计师事务所的惯例及经验，考虑重要性。

站在财务报表使用者的角度，注册会计师需充分考虑被审计单位的性质、所处的生命周期阶段以及所处行业和经济环境等因素，选用适当的基准（例如资产、负债、所有者权益、收入、利润或费用等财务报表要素，或报表使用者特别关注的项目），并为选定的基准确定百分比。审计准则第1221号应用指南及中国注册会计师审计准则问题解答第8号中给出了有关适当的基准和适用的百分比的进一步指引。

在实务中，会计师事务所可能会制定具体的确定重要性的方法，例如以下方面：

1. 选择使用适当的基准

根据被审计单位的性质特征、所处生命周期阶段以及所处行业和经济环境等因素，选用如税前利润、收入、净资产、总资产或其他财务报表使用者特别关注的指标，作为确定财务报表整体重要性的基准。例如，注册会计师考虑被审计单位的某些特征（尚未开始经营且正在建造厂房及购买机器设备的新设企业、为集团提供研发服务且向集团收取费用的研发中心、低盈利或亏损经营企业等），和/或考虑被审计单位所处的特定行业（例如，银行业、保险业、采矿业/航空业等"重资产"的行业、房地产行业、投资基金/信托业和非盈利企业等），在此基础上确定计算财务报表整体重要性时使用的基准。

下表中简单列举了一些注册会计师在实务中确定重要性时较为常用的基准：

表 5 - 1　　注册会计师在实务中确定重要性时较为常用的基准

被审计单位的情况	可能选择的基准
1. 企业的盈利水平保持稳定	经常性业务的税前利润
2. 企业近年来经营状况大幅度波动，盈利和亏损交替发生，或者由正常盈利变为微利或微亏，或者本年度税前利润因情况变化而出现意外增加或减少	过去三到五年经常性业务的平均税前利润或亏损（取绝对值），或其他基准，例如营业收入

续表

被审计单位的情况	可能选择的基准
3. 企业为新设企业，处于开办期，尚未开始经营，目前正在建造厂房及购买机器设备	总资产
4. 企业处于新兴行业，目前侧重于抢占市场份额、扩大企业知名度和影响力	营业收入
5. 为某开放式基金，致力于优化投资组合、提高基金净值、为基金持有人创造投资价值	净资产
6. 为某国际企业集团设立的研发中心，主要为集团下属各企业提供研发服务，并以成本加成的方式向相关企业收取费用	成本与营业费用总额
7. 为公益性质的基金会	捐赠收入或捐赠支出总额

在实务中，某些情况下，注册会计师根据其职业判断，可能会将上述基准金额进行"调整"，使用"调整后"的基准金额计算财务报表整体的重要性，以使得"调整后"的基准金额能够反映被审计单位正常持续的业务经营情况。例如，注册会计师可能通过调整基准金额（比如，当基准包含特定项目，而该项目不能反映被审计单位正常持续的经营情况时，对基准金额进行调整）或在某些条件下通过计算基准的平均数（例如，当基准不稳定时，对基准近年的金额进行平均）的方法，将基准进行"调整"。

在本节的"四、英国上市公司长式审计报告中披露的重要性"部分，我们对英国上市公司审计报告中披露了的注册会计师在实务中使用的不同基准进行了进一步的分析。

2. 百分比

为选定的基准确定适用的百分比需要运用职业判断，该职业判断受到定性和定量因素的影响。在实务中，注册会计师可能选择以净额计量的基准（例如，经常业务的税前利润、所有者权益等），或以总额计量的基准（例如，营业收入、总资产和费用总额等）。百分比和选定的基准之间通常存在着一定的关系，如经常业务的税前利润对应的百分比通常可能比营业收入对应的百分比要高。

在本节的"四、英国上市公司长式审计报告中披露的重要性"部分，我们对英国上市公司审计报告中披露了的注册会计师在实务中使用的百分比区间进行了进一步的分析。

（二）特定类别的交易、账户余额或披露的重要性水平

根据被审计单位的特定情况，如果存在一个或多个特定类别的交易、账户余额或披露，其发生的错报金额虽然低于财务报表整体的重要性，但合理预期可能影响财务报表使用者依据财务报表作出的经济决策，注册会计师还应当确定适用于这些交易、账户余额或披露的一个或多个重要性水平。

（三）实际执行的重要性

实际执行的重要性，是指注册会计师确定的低于财务报表整体的重要性的一个或多个金额，旨在将未更正和未发现错报的汇总数超过财务报表整体的重要性的可能性降至适当的低水平。注册会计师应当确定实际执行的重要性，以评估重大错报风险并确定进一步审计程序的性质、时间安排和范围。

实际执行的重要性在审计中的作用主要体现在计划审计工作时以及用于确定进一步审计程序。

三、评价审计过程中识别出的错报

（一）错报的概念

错报，是指某一财务报表项目的金额、分类、列报或披露，与按照适用的财务报告编制基础应当列示的金额、分类、列报或披露之间存在的差异；或根据注册会计师的判断，为使财务报表在所有重大方面得到公允反映，需要对金额、分类、列报或披露作出的必要调整。错报可能是由于错误或舞弊导致的。

（二）明显微小错报临界值

注册会计师应当累积审计过程中识别出的错报，除非错报明显微小。注册会计师可能将低于某一金额的错报界定为明显微小的错报，对这类错报在审计过程中不需要累积，因为注册会计师认为这些错报的汇总数明显不会对财务报表产生重大影响。明显微小错报金额的数量级，与以上"二、重要性水平的确定"中提及的重要性的数量级相比，应当是明显不同的（明显微小错报金额的数量级更小）。这些明显微小的错报，无论单独或者汇总起来，无论从规模、性

质或其发生的环境来看都是明显微不足道的。为了确定审计中发现的错报哪些需要累积，哪些不需要累积，注册会计师需要在制定审计计划时预先设定明显微小错报的临界值。

确定该临界值需要注册会计师运用职业判断。注册会计师可能将明显微小错报的临界值确定为财务报表整体重要性的3%～5%，也可能低一些或高一些，但通常不超过财务报表整体重要性的10%，除非注册会计师认为有必要单独为重分类错报确定一个更高的临界值。

（三）如何对未更正错报进行定量和定性的评价

注册会计师应当确定未更正错报单独或汇总起来是否重大。注册会计师在评价未更正错报是否重大时，除考虑未更正错报单独或连同其他未更正错报是否超过财务报表整体的重要性（即定量因素）外，还要考虑错报性质以及错报发生的特定环境（即定性因素），并综合评价没有对未更正错报作出调整的财务报表整体是否仍然能够实现公允反映。

确定一项分类错报是否重大，需要进行定性评估。例如，注册会计师识别出某项应付账款误计入其他应付款的错报，金额超过财务报表整体的重要性。由于该错报不影响经营业绩和关键财务指标，注册会计师认为该项错报不重大。

在某些情况下，即使某些错报低于财务报表整体的重要性，但因与这些错报相关的某些情况，在将其单独或连同在审计过程中累积的其他错报一并考虑时，注册会计师也可能将这些错报评价为重大错报。可能影响评价的情况包括：

（1）错报对遵守监管要求的影响程度；

（2）错报对遵守债务合同或其他合同条款的影响程度；

（3）错报与会计政策的不正确选择或运用相关，这些会计政策的不正确选择或运用对当期财务报表不产生重大影响，但可能对未来期间财务报表产生重大影响；

（4）错报掩盖收益的变化或其他趋势的程度（尤其是在结合宏观经济背景和行业状况进行考虑时）；

（5）错报对用于评价被审计单位财务状况、经营成果或现金流量的有关比率的影响程度；

（6）错报对财务报表中列报的分部信息的影响程度。例如，错报事项对某一分部或对被审计单位的经营或盈利能力有重大影响的其他组成部分的重要程度；

（7）错报对增加管理层薪酬的影响程度。例如，管理层通过达到有关奖金或其他激励政策规定的要求以增加薪酬；

（8）相对于注册会计师所了解的以前向财务报表使用者传达的信息（如盈利预测），错报是重大的；

（9）错报对涉及特定机构或人员的项目的相关程度。例如，与被审计单位发生交易的外部机构或人员是否与管理层成员有关联关系；

（10）错报涉及对某些信息的遗漏，尽管适用的财务报告编制基础未对这些信息作出明确规定，但是注册会计师根据职业判断认为这些信息对财务报表使用者了解被审计单位的财务状况、经营成果或现金流量是重要的；

（11）错报对其他信息（如包含在"管理层讨论与分析"或"经营与财务回顾"中的信息）的影响程度，这些信息与已审计财务报表一同披露，并被合理预期可能影响财务报表使用者作出的经济决策。

（四）评价累积的未更正错报的方法

在实务中，存在三种评价累积的未更正错报的方法，即资产负债表法、利润表法和综合评估法。下面我们简单介绍这三种方法并给不同方法下具体的评价方法示例（见表5-2）：

表5-2　　　　　　　　评价方法以及相关指引

评价方法	相关指引
资产负债表法（又名"铁幕法"）	资产负债表法主要从资产负债表的角度考虑前期未更正错报的影响。在资产负债表法下，未更正错报的量化金额以本期末对资产负债表错报进行更正的金额为准，不考虑当期已转回或管理层已于当期更正的错报。资产负债表法着眼于资产负债表视角，即未更正错报包含所有为使期末资产负债表公允反映所需要的调整
利润表法（又名"前推法"）	利润表法主要从利润表的角度考虑前期未更正错报的影响。在利润表法下，未更正错报的量化金额以本期对利润表错报进行更正的金额为准，考虑了前期未更正错报转回和前期错报更正的影响。 在该种方法下，未更正错报分为两类：一类是产生于以前期间且于本期转回或于本期更正的错报；另一类是产生于本期的错报。在确定未更正错报是否对本期经营结果产生重大错报时，注册会计师要考虑已于本期转回的或管理层已于当期更正的前期未更正错报的影响

实务篇

续表

评价方法	相关指引
综合评估法	综合评估法同时使用上述资产负债表法和利润表法，以综合评估每一个未更正错报产生的量化影响

针对上述提及的资产负债表法和利润表法，其区别主要在于两种方法下对前期未更正错报如何对本期产生影响的考虑不同。在以前期间，由于某些错报并未导致财务报表产生重大错报，因此被审计单位可能并未对该等错报进行更正。当该等前期未更正错报同时对本期财务报表产生影响时，注册会计师在评价错报对本期财务报表产生的影响时则要对这些前期未更正错报予以考虑。

针对会计实务中存在的三种评价错报的方法，美国证券交易委员会（SEC）总会计师办公室和公司财务与投资管理部门于 2006 年 9 月 13 日联合发布了 Staff Accounting Bulletin No.108，"Considering the Effects of Prior Year Misstatements when Qualifying Misstatements in Current Year Financial Statements"（以下简称"SAB 108"），就所有受 SEC 监管的公司在编制财务报表的过程中如何评价错报提供了具体指引[①]。

SAB 108 针对实务中量化财务报表错报的不同方法给予了应对性的解释，特别是针对美国当时的会计实务中采用利润表法评估错报，而对资产负债表的累积错报影响的不恰当评价给予了解释。此外，SAB 108 还就前推或转回以前年度错报产生的影响以及应如何考虑其对当年错报产生的量化影响提供了示例解释。

在 SAB 108 给出了具体问题解答的基础上，该指引认为：（1）使用利润表法评价错报的主要缺陷在于：该方法可能导致资产负债表上出现当期影响不重大但累积影响重大的重大错报，而这主要是因为各年产生的量化错报金额较小导致的。该种方法允许一直在资产负债表上累积错误项目，如果当期进行调整，可能会导致当年利润表发生重大错报；（2）相比之下，使用资产负债表法的主要缺陷在于：该方法不将本期对以前期间错报的调整视为错报（即在当期转回以前期间错报的影响），因此使用资产负债表法可能导致当期利润表中产生的错报并未被评估为错报。

---

① 需要说明的是，SAB 108 不是 SEC 的准则或解释，其发表只代表 SEC 总会计师办公室和公司财务与投资管理部门在审核联邦证券法披露要求时的理解和实践，不代表得到了 SEC 的批准。

基于 SAB 108 中的分析，该指引得出结论：单独使用利润表法或资产负债表法中的任一种评价方法不能恰当量化所有对财务报表使用者而言可能是重大的错报；在考虑了所有相关的定量和定性因素下，所有受 SEC 监管的公司应同时使用资产负债表法和利润表法对错报进行量化评价。

需要指出的是，无论注册会计师使用哪种方法评价累积的未更正错报，注册会计师均应该考虑已识别出的错报对所有主要财务报表产生的影响。

四、英国上市公司长式审计报告中披露的重要性

根据英国财务报告理事会（FINANCIAL REPORTING COUNCIL，以下简称"FRC"）于 2013 年 6 月发布的国际审计准则（UK and Ireland）的要求，对于根据法定要求或自愿选择进行报告的企业[①]，注册会计师应在相应的长式审计报告中就其在审计中如何运用重要性的概念进行解释。基于此，我们收集了部分注册会计师于 2013~2016 年期间对英国相关上市公司出具的审计报告，并对该等审计报告中披露的与审计重要性相关的内容进行了以下研究分析。

（一）调研范围

我们收集了部分注册会计师于 2013~2016 年期间对英国相关上市公司出具的审计报告共 280 份，并对其披露的与审计重要性相关的内容进行了具体查看与分析。分析样本中包括的会计师事务所有：毕马威（KPMG）、普华永道（PWC）、德勤（Deloitte）、安永（EY）、致同（GT）、立信（BDO）以及其他部分会计师事务所。分析样本中涉及的被审计单位行业包括：基金管理及证券行业、服务行业、能源及自然资源行业、房地产行业、制造行业、电子行业、食品及饮料行业、保险行业、零售行业、银行业、通讯行业、传媒行业、电力及公共事业、航天及防御行业、汽车行业、化学制药行业、金融服务行业和多种经营行业，共计 18 个行业。详细的上市公司样本行业分布及相应提供财务报表审计的会计师事务所名称如表 5-3 所示。

---

① 参考国际审计报告准则（UK and Ireland）第 700 号 19A（b）的相关注释，在英国，该等企业包括那些在 Premium listing 板块发行权益工具的上市公司。

表5–3　上市公司样本行业分布及相应提供财务报表审计的会计师事务所名称

行业分布	Deloitte	EY	KPMG	PwC	GT	BDO	Others	合计
基金管理及证券	10	21	18	16	8	6	3	82
服务	4	5	6	8	1	1	1	26
能源及自然资源	6	6	4	4	1	2	0	23
房地产	4	3	5	7	0	2	1	22
制造	2	2	5	5	1	0	0	15
电子	2	3	5	3	0	0	0	13
食品及饮料	2	2	4	3	1	0	0	12
保险	3	3	3	3	0	0	0	12
零售	3	1	3	3	1	0	0	11
银行	3	1	3	3	0	0	0	10
通讯	3	2	3	2	0	0	0	10
传媒	2	2	2	3	0	0	0	9
电力及公共事业	1	1	2	3	0	1	0	8
航天及防御	3	0	2	2	0	0	0	7
汽车	2	0	2	1	1	0	0	6
化学制药	0	1	3	2	0	0	0	6
金融服务	2	0	2	1	0	0	0	5
多种经营	0	0	1	1	0	1	0	3
合计	53	53	74	70	14	13	5	280

（二）国际审计报告准则（UK and Ireland）中对重要性的披露要求

FRC 于 2013 年 6 月发布的国际审计准则［UK and Ireland，以下简称"ISA（UK and Ireland）"］第 700 号 19A（b）要求，对于根据法定要求或自愿选择进行报告的企业，注册会计师应于审计报告中就其在计划和执行审计工作阶段如何运用重要性的概念进行解释，并就其使用的用于衡量财务报表整体重要性的金额界限进行解释。

我们对上述 280 份英国相关上市公司审计报告的调研结果表明，样本中的审计报告均满足了这两个要求。不同的是，不同的审计报告中针对重要性相关的进一步信息提供了不同程度的披露。

ISA（UK and Ireland）第 700 号的 A13B 段落建议注册会计师可以在审计报告中包含有关重要性的以下五方面的进一步解释。基于此，我们对审计报告样本中的相关情况进行了以下汇总分析，并列示于表 5-4 中。

表 5-4 ISA（UK and Ireland）第 700 号建议可能包含的有关重要性的
解释及注册会计师在审计报告中的总体应对情况

可能包含的事项	注册会计师在审计报告中的总体应对情况
低于财务报表整体重要性的特定类别的交易、账户余额或披露的重要性水平	在 280 份样本中，共有 9 份报告样本披露了注册会计师就特定类别的交易、账户余额或披露使用了更低的重要性水平
实际执行的重要性	除某些特例外，样本中有关实际执行的重要性的披露主要来源于 EY
随着审计的推进，对重要性金额的任何重大修改	没有披露该信息的样本
用于向审计委员会汇报的未调整审计差异的界限	样本中的审计报告全部就该信息进行了披露，具体信息见以下"（六）用于向审计委员会汇报的未调整审计差异的界限"中的分析
与注册会计师评估重要性相关的重要的定性考虑因素	没有披露该信息的样本

（三）基准和百分比的选择

ISA（UK and Ireland）第 700 号并未要求或建议注册会计师在审计报告中披露在计算财务报表整体重要性水平时使用的基准以及相应的百分比，但基于我们的调研分析，280 份审计报告中共有 267 份（95%）报告样本披露了注册会计师在计算财务报表整体重要性水平时使用的基准。在所有使用的基准中，注册会计师最常使用的基准是被审计单位经常业务的税前利润或"调整"后的税前利润，160 份（57%）报告样本披露，注册会计师基于被审计单位的税前利润或"调整"后的税前利润计算财务报表审计整体的重要性。有关"调整"的具体说明见以下"1. 使用的基准"中的相关解释。

1. 使用的基准

我们注意到，样本中使用的重要性基准具体包括："调整"后的利润、税前利润、所有者权益、总资产、收入、费用及其他。在调研的 280 份审计报告样本中，98 份（35%）使用了"调整"后的利润作为基准，62 份（22%）使用了税前利润作为基准，61 份（22%）使用了所有者权益作为基准，27 份（10%）使用了总资产或调整后的总资产作为基准，11 份（4%）使用了收入或调整后的收入作为基准，2 份（1%）使用了费用或调整后的费用（例如，研发费用）作为基准，6 份（2%）使用了其他的基准，另外还有 13 份（5%）未披露使用的基准。具体使用的重要性基准及对应的会计师事务所名称见表 5-5。

表 5-5　　具体使用的重要性基准及执行审计的会计师事务所

重要性水平的基准	Deloitte	EY	KPMG	PwC	GT	BDO	其他	合计
"调整"后的利润	20	18	19	37	2	2	0	98（35%）
税前利润	7	10	25	17	2	1	0	62（22%）
所有者权益	12	22	8	12	6	0	1	61（22%）
总资产（或"调整"后的总资产）	0	0	13	4	4	4	2	27（10%）
收入（或"调整"后的收入）	1	1	6	0	0	2	1	11（4%）
费用（或"调整"后的费用）	0	1	1	0	0	0	0	2（1%）
其他	1	0	1	0	0	3	1	6（2%）
未披露	11	1	0	0	0	1	0	13（4%）
合计	52	53	73	70	14	13	5	280（100%）

通常情况下，对于以营利为目的的被审计单位，利润指标可能是大多数财务报表使用者最为关注的财务指标，我们可以看到，样本中有 160 份（57%）审计报告使用了税前利润或"调整"后的税前利润作为基准。注册会计师在考虑了被审计单位的性质及行业环境等因素的情况下，运用职业判断对税前利润进行调整，主要包括非经常性收入/成本/费用、资产减值损失、资产处置损益、法律费用等调整项目。而随着被审计单位情况的不同，注册会计师也对被调整项目作出了不同的判断。

表 5-6 是我们从样本中选取的会计师事务所对税前利润进行调整的披露示例（译文）：

表 5-6　　　　　　　　　　　　　　披露示例

会计师事务所	调整项目说明
Deloitte	我们确定的集团财务报表整体的重要性为 4 百万英镑，约为经调整的法定税前利润的 5%，且低于权益余额的 2%，调整内容为处置联营公司 Living Ventures 产生的一次性特殊收益
EY	我们确定的集团财务报表整体的重要性为经调整的税前利润的 5%，其中关键因素列示如下。我们认为，该调整后利润为我们确定重要性提供了年度持续的基准，同时也是与被审计单位的利益相关者最为相关的业绩考量指标。 特殊项目： （a）交易、整合及其他特殊费用 82 百万英镑； （b）处置和关闭业务损失 16 百万英镑； （c）与石棉相关的费用 9 百万英镑； （d）合营企业税务影响 6 百万英镑
KPMG	我们确定的集团财务报表整体的重要性为 50 百万英镑，约为经调整后的税前利润 987 百万英镑的 5%。调整扣除了财务报表附注 2 列示的减值损失 98 百万英镑，以及财务报表附注 21 列示的处置和关闭业务损失 172 百万欧元
PwC	税前利润的 5%，为审计实务中普遍认可的基准和百分比。但是，我们将税前利润进行了调整，以扣除非经常性项目的影响，例如，TSB 处置相关费用、诉讼费用及负债管理亏损等
BDO	我们确定的集团财务报表整体的重要性是 2.75 百万英镑，为经调整的、本期和上期两个会计期间平均税前利润的 7.5%。在对税前利润进行调整时，我们将与经营业务无关的交易影响予以剔除，并将年度股权激励计划费用予以加回，该费用受到集团股价变动以及无形资产摊销费用的影响

　　税前利润并非注册会计师采用的唯一指标，不同行业的特点及被审计单位所处发展阶段的特点也导致了注册会计师对重要性基准选择的多样化。例如，在基金管理及证券行业共 82 份审计报告中，其中 49 份审计报告披露采用净资产作为重要性基准，占该行业比例的 60%，审计报告样本中披露的主要原因是：基金管理及证券公司将净资产作为其重要绩效评估标准，因此将净资产作为重要性基准较其他财务指标更为恰当。再如，在房地产行业共 22 份审计报告样本中，其中 7 份审计报告披露采用总资产作为重要性基准，占该行业比例的 32%，审计报告样本中披露的主要原因是：对于房地产企业，注册会计师将投资性房地产估值作为审计重点，因此将总资产或"调整"后的总资产作为重要性基准较其他财务指标更为恰当。又如，根据具体调研样本披露，由于主体处于盈利率较低阶段，注册

会计师认为以总收入作为重要性基准，较税前利润更为恰当。

2. 百分比的分布

我们的调研结果显示，即使选定的基准相同或相似，注册会计师选择的与其对应的百分比仍存在一定差异。百分比的多样化体现了注册会计师在选择时存在判断上的不同，但由于大部分审计报告缺乏对选择使用百分比的解释，我们无法对其选择理由进行进一步分析。

百分比和选定的基准之间存在一定的联系。在具体调研的280份审计报告中，以"调整"后的税前利润作为基准时，其相应使用的百分比区间为2%～8%；以税前利润作为基准时，其相应使用的百分比区间为4%～10.4%；以收入（或"调整"后的收入）作为基准时，其相应使用的百分比区间为0.4%～8%；以所有者权益作基准时，其相应使用的百分比区间为0.5%～3%；以费用作为基准时，其相应使用的百分比区间为1.5%～2%；以总资产（或"调整"后的总资产）作为基准时，其相应使用的百分比区间为0.5%～2%；以其他指标作为重要性基准的百分比时，其相应使用的百分比区间为1%～2.5%。具体的图表分析见图5–1。

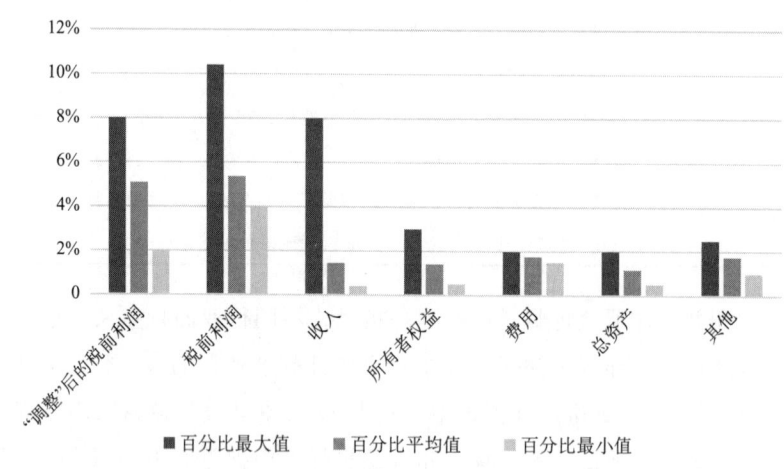

图5–1 基准的百分比区间

（四）特定类别的交易、账户余额或披露的重要性水平

在280份样本中，共有9份样本不仅披露了财务报表层次的重要性水平，同时也对某些认定层次的重要性水平进行了披露。例如，样本中某些注册会计师披露，在设定了财务报表层次重要性水平的同时，对于收入、费用等利润表类重要

财务指标,设定了更低的重要性水平;又如,样本中某些注册会计师披露,对于管理层薪酬及关联方交易等重要披露,注册会计师设置了更低的重要性水平。

(五) 实际执行的重要性

我们的调研结果表明,样本中的审计报告对于审计中运用的实际执行的重要性的披露较少。在280份样本中,除某些特例情况,样本中有关实际执行的重要性的披露均来自于EY。具体披露情况以及在披露时使用的实际执行的重要性占财务报表整体重要性的百分比见表5-7:

表5-7 具体披露情况以及在披露时使用的实际执行的重要性占财务报表整体重要性的百分比

会计师事务所名称	披露的实际执行的重要性占整体重要性比例			
	50%	50%~75%	75%	合计
Deloitte	—	—	—	—
EY	23	1	27	51
KPMG	—	—	—	—
PwC	—	—	—	—
GT	—	1	2	3
Others	—	—	—	—

表5-8是我们从样本中选取的部分注册会计师有关实际执行的重要性的披露示例(译文):

表5-8 部分注册会计师有关实际执行的重要性的披露示例(译文)

会计师事务所	审计报告摘录
EY	根据我们的风险评估以及对集团整体控制环境的评价,我们认为实际执行的重要性应为集团财务报表整体的重要性的75%,即1.7百万美元(2012年:4.3百万美元)。我们采取本方案的目前是确保已发现的和未发现的错报汇总数不超过我们计划的集团财务报表整体的重要性2.25百万美元
GT	我们将财务报表整体的重要性的75%确定为实际执行的重要性,以确定我们进一步审计测试的范围。对于利润表中的某些特定项目,如高管薪酬及关联方交易,我们使用了一个更低的特定的重要性水平

(六) 用于向审计委员会汇报的未调整审计差异的界限

样本中的审计报告全部就向审计委员会报告未更正错报的金额界限进行了

披露，表 5-9 是相关披露的举例：

表 5-9　　　　　　　　　相关披露的举例（译文）

摘自 KPMG 出具的 Rolls Royce plc 2015 年的财务报表审计报告［注：￡300 万，即财务报表整体重要性（￡6,600 万）的 4.5%］
我们同意向审计委员会报告以下在审计过程中识别出的错报：（1）所有已更正的重大错报；（2）利润表项目影响超过￡300 万的未更正错报；（3）其他虽未超过如上金额界限、但我们认为从性质角度需要向审计委员会进行汇报的错报

我们的调研结果显示，在我们 280 份报告样本中，向审计委员会汇报的未调整审计差异的界限占财务报表整体重要性的平均百分比为 4%。四大会计师事务所中的三家（除 Deloitte）该百分比的平均值均为 5%，德勤的该百分比平均值为 3%。具体情况见表 5-10：

表 5-10　　　　　　向审计委员会汇报的未调整审计差异的界限
　　　　　　　　　　　　占财务报表整体重要性的百分比

	Deloitte	EY	KPMG	PwC	GT	BDO
百分比区间	9%~1%	6%~4%	18%~1%	12%~1%	6%~1%	3%~1%
百分比平均值	3%	5%	5%	5%	4%	2%

五、小结及建议

在本节中，我们从中国审计准则的相关要求出发，结合审计实务对不同层级重要性水平的概念和评价错报的方法进行了阐释。同时，基于英国审计报告准则中有关重要性披露的相关要求，对英国相关上市公司审计报告中披露的有关重要性的内容进行了分析，以阐释注册会计师在实务中如何具体运用重要性的概念执行审计工作。

从企业角度出发考虑，我们建议企业在编制财务报表时，可以考虑以下方面以确定财务报表的重要性：

（一）财务报表使用者角度

重要性是站在财务报表使用者的角度而言的，受财务报表使用者对财务信息的了解需求的影响。如果合理预期某一错报（包括漏报）单独或连同其他错报可能影响财务报表使用者依据财务报表作出的经济决策，则该项错报通常被认为是重大的。

因此，在确定财务报表整体的重要性时，财务报表编制人应考虑财务报表使用者整体共同的财务信息需求，例如，对于一般的非上市企业编制的通用目的财务报表，财务报表的使用者一般是企业的股东或治理层，在这种情况下，财务报表的编制人可以考虑与董事会进行沟通，以了解董事会就重要性和重大错报的预期；对于某些受到特别行业监管的企业或上市公司，其财务报表使用者除股东或治理层外通常还包括监管机构和分析师等，在这种情况下，财务报表编制人需整体考虑相关使用者的需求确定财务报表整体的重要性。

（二）定量、定性因素

重要性取决于在具体环境下对错报金额或性质的判断，或同时受到两者的影响。因而在评价未更正错报对财务报表的影响时，不仅要考虑未更正错报金额的大小（即定量因素），还要考虑错报的性质以及错报发生的特定环境（即定性因素），从而综合评价未更正错报单独或汇总起来是否重大。

确定一项错报是否重大，需要进行定性评估。在某些情况下，超过财务报表整体重要性的某一重分类错报可能是不重大的，可以考虑为重分类错报设定超过财务报表整体重要性的某一特定金额；低于财务报表整体重要性的错报也可能是重大的，这需要评价与错报相关的具体情况［例如，参考本节第三部分中的"（三）如何对未更正错报进行定量和定性的评价"部分提及的可能影响因素］，并将其单独或连同识别的其他错报一并考虑。

（三）适当的基准和百分比

在具体确定财务报表整体的重要性时，应充分考虑企业的性质特征（例如，关注或不关注资产开发、低盈利或亏损经营企业等）、所处生命周期阶段（例如，资本支出的初创企业等）以及所处行业（例如，银行业、保险业、拥有重大资产的行业、房地产行业、投资基金/信托业和非盈利企业等）和经济环境等因素，确定使用适当的基准和百分比。

(四) 评价错报的方法

在评价错报时，可考虑美国 SEC SAB 108 中提供的评价错报的三种方法及其利弊分析，由于单独使用利润表法或资产负债表法中的任一种评价方法均不能合理量化所有对财务报表使用者而言可能是重大的错报，所以在考虑了所有相关的定量和定性因素下，建议考虑使用综合评估法对错报进行量化评价。

(五) 相关调研和培训工作

在可行的情况下，我们建议考虑由会计协会组织进行与本重要性研究课题相关的调研和培训工作，通过同行业间进行互相比较、分析，力求形成相同/相似行业、相同/相似规模使用相对一致的方法，以使同行业间更具可比性。

第二节 对中国非无保留审计意见报告的分析

如本章第一节所述，注册会计师在计划和执行财务报表审计工作时，需要运用重要性的概念。另外，注册会计师在评价识别出的错报对审计的影响，以及未更正错报对财务报表的影响时，也需要运用重要性概念。注册会计师在确定重要性水平时，通常先选定一个基准，再乘以某一百分比作为财务报表整体的重要性。确定重要性，包括选择符合具体情况的适当基准和百分比，是注册会计师运用职业判断的结果。同时，按照中国审计准则的相关要求，注册会计师在发表审计意见时，"应当就财务报表是否在所有重大方面按照适用的财务报告编制基础编制并实现公允反映形成审计意见。"以及当注册会计师"根据获取的审计证据，得出财务报表整体存在重大错报的结论"或"无法获取充分、适当的审计证据，不能得出财务报表整体不存在重大错报的结论。"时，"注册会计师应当在审计报告中发表非无保留意见"。[①]

根据上述行业惯例及要求，中国注册会计师会在实务中根据中国审计准则

---

① 此处分别引用自《中国注册会计师审计准则第 1501 号——对财务报表形成审计意见和出具审计报告》第十三条及《中国注册会计师审计准则第 1501 号——在审计报告中发表非无保留意见》第七条。

的相关要求，在发表审计意见时运用重要性原则以确定其审计意见。中国现行审计准则并没有如本章第一节中所提及的国际审计报告准则（UK AND IRELAND）一样，要求注册会计师在审计报告中解释其使用的用于衡量财务报表整体重要的金额界限，因此，我们无法从公开渠道获取注册会计师在出具审计报告时对其使用重要性概念的标准。

为了了解重要性概念在中国注册会计师目前实务中所出具的审计报告中的实际应用情况，本节中，我们对2013~2015年我国境内上市公司（包括A股上市公司及新三板上市公司）所出具的审计报告进行了调研，就其中出具了非无保留意见的审计报告中描述的导致非无保留意见的事项进行了汇总和分析，并进一步就其中提及了财务数据的事项进行了定性及定量的分析。

一、非无保留审计意见的分析

（一）2013~2015年A股上市公司及新三板公司审计意见类型

我们汇总了2013~2015年A股上市公司及新三板公司的各年度审计报告作为调研总体，其相应的审计意见类型汇总数量如下：

表5-11　　A股上市公司及新三板公司审计意见类型汇总①

审计意见类型	A股上市公司			新三板公司			合计		
	2013年	2014年	2015年	2013年	2014年	2015年	2013年	2014年	2015年
无保留意见	2507	2640	2820	4125	4150	3214	6632	6790	6034
保留意见	22	18	16	16	13	3	38	31	19
无法表示意见	5	9	6	4	5	7	9	14	13
否定意见	0	0	0	0	1	1	0	1	1
合计	2534	2667	2842	4145	4169	3225	6679	6836	6067

（二）导致非无保留审计意见的事项

我们将上述2013~2015年A股上市公司及新三板公司注册会计师所出具非

---

① 此处数据中A股上市公司的年报统计来源于中注协发布2013年、2014年及2015年年报审计情况快报。新三板公司来源于万得资讯数据库。

无保留审计意见的 109 份审计报告作为样本进行了进一步汇总,发现导致注册会计师发表非无保留审计意见的原因主要是注册会计师无法获取充分、适当的审计证据。我们汇总了非无保留意见中提及的导致非无保留意见事项,主要集中在以下几个方面,并就每一类事项所涉及的事项在表 5–13 举例说明:

表 5–12　　　　　　　　　　导致非无保留意见的事项

导致非无保留意见的事项	A 股上市公司	新三板公司	合计
与具体报表项目相关的事项	79	142	221
持续经营能力存在重大不确定性	12	31	43
未决诉讼、行政处罚或担保	4	13	17
证监会稽查结果存在不确定性	15	0	15
内控制度缺陷	4	1	5
合计①	114	187	301

表 5–13　　　　　　对上述汇总导致非无保留意见具体事项的举例

导致非无保留意见的事项	举例	审计意见类型
与具体财务报表项目相关的事项	欣泰电气公司截至 2015 年 12 月 31 日对大庆欣泰电气有限公司和大庆新恒石油机械设备有限公司的<u>应收账款余额</u>分别为 14656045.64 元和 18362580.00 元,我们实施了函证、实地走访以及工商查档等必要的审计程序,但由于审计证据之间存在相互矛盾以及不确定性,我们<u>无法实施进一步审计程序</u>以确认上述应收账款期末的可收回性,以及对欣泰电气公司财务状况和经营成果的影响	无法表示意见
证监会稽查结果存在不确定性	因涉嫌信息披露违法违规,中恒华发公司于 2016 年 1 月 18 日收到中国证券监督管理委员会调查通知书(深证调查通字 16026 号),决定对公司进行立案调查。截至审计报告签发日,证监会立案调查工作尚未结束,<u>我们无法判断证监会立案调查结论对中恒华发公司财务报表可能产生的影响</u>	保留意见

---

① 由于同一家公司导致非无保留意见的事项可能存在不止一项,因此汇总事项超过 109 项。

续表

导致非无保留意见的事项	举例	审计意见类型
持续经营能力存在重大不确定性	如"财务报表附注二、2"所述，川化股份公司已连续亏损三个会计年度，其财务状况严重恶化，……<u>基于以上情况川化股份公司持续经营能力存在重大不确定性</u>。川化股份公司虽已对持续经营能力作出了评估，<u>但未能就与评估持续经营能力相关的未来应对计划提供充分、适当的证据</u>。因此，我们无法判断川化股份公司运用持续经营假设编制2015年度财务报表是否适当	无法表示意见
内部控制制度缺陷	键桥公司于2013年初分次支付给深圳天中亿科技发展有限公司、深圳市瑞博利贸易有限公司、深圳华智圣贸易有限公司、深圳市福田区赛格电子市场兴百易得经营部资金共计255158550.00元，未及时进行账务处理，延迟约半年时间补计入账，该等事项显示键桥公司对货币资金管理的<u>内部控制制度执行的有效性存在重大缺陷，我们无法获取充分、适当的审计证据</u>以确定上述内部控制制度执行的重大缺陷对键桥公司2013年度财务报表的影响程度，我们也无法判断上述公司是否与键桥公司存在关联关系	保留意见
未决诉讼和行政处罚	狮头水泥控股子公司太原中联狮头水泥有限公司（以下简称"中联水泥"，狮头水泥股权比例51%）2014年9月收到太原市国土资源局万柏林分局并国土资万罚听告字〔2014〕第03号<u>土地行政处罚听证告知书</u>、…… 狮头水泥已配合相关国土部门的确权工作，<u>但由于未取得充分、适当的审计证据</u>，我们对上述事项对公司经营的影响及最终是否能取得土地使用权证书无法确定	无法表示意见

通过分析上述统计及具体举例，A股上市公司及新三板公司没有出现仅因为披露问题而被出具非无保留审计意见报告。注册会计师在确定审计意见类型时，不仅会关注与具体财务报表科目相关的重大错报，也会关注事项的具体性质（比如内控缺陷或持续经营能力）对财务报表产生的影响。对于与具体财务报表科目相关的重大错报，大部分样本中注册会计师会在其审计报告中列示导致其发表非无保留意见的与财务报表项目相关事项的具体金额及具体报表科目，以帮助报表使用者了解此事项的影响范围，帮助报表使用者更好地判断相关事项对其根据报表使用者作出决策的影响程度。个别审计报告中未提及具体项目

的金额,仅提及"金额重大"或"巨大"等描述。

为了本报告调研的目的,后续我们进一步对前述与财务报表项目相关的事项导致非无保留意见的审计报告样本进行进一步定量的分析。

(三) 导致非无保留审计意见的事项涉及具体财务报表项目的分析

1. 财务报表项目导致非无保留意见的事项频次分析

图 5-2 中汇总了上述因无法获取充分适当的审计证据而导致非无保留审计意见报告样本中多次被提及具体财务报表项目的财务事项的出现频次。根据统计可以发现,涉及重要资产负债类科目的项目及涉及需要判断的项目导致注册会计师发表非无保留审计意见的次数较多,如资产减值的计提是否充分或或有事项等。

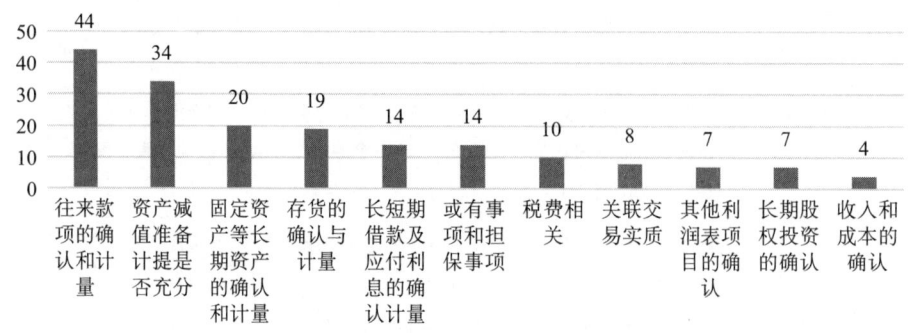

图 5-2 无法获取充分适当审计证据的事项

2. 财务报表项目导致非无保留意见的占比区间分布

以上文表 5-13 中与具体财务报表项目的事项为例,"欣泰电气公司截至 2015 年 12 月 31 日对大庆欣泰电气有限公司和大庆新恒石油机械设备有限公司的应收账款余额分别为 14656045.64 元和 18362580.00 元,我们实施了函证、实地走访以及工商查档等必要的审计程序,但由于审计证据之间存在相互矛盾以及不确定性,我们无法实施进一步审计程序以确认上述应收账款期末的可收回性,以及对欣泰电气公司财务状况和经营成果的影响。"

此审计报告中,导致无法发表意见的事项为注册会计师对应收账款的确认和计量无法获取充分适当的审计证据,该事项合计对财务报表的影响金额为 3301 万元。我们查阅了该公司发布的财务报告中总资产和净资产的金额,计算得出该影响金额分别占该公司 2015 年 12 月 31 日总资产和净资产的比例为 3% 和 5%。

本节后续的分析中，我们以此种方法计算导致非无保留审计意见事项涉及的财务报表项目金额占相应财务报表基准的占比，即资产负债表相关的项目影响金额占该报告主体的总资产、净资产绝对值的百分比，或利润表相关的项目影响金额占该报告主体的总收入、净利润绝对值的百分比，用来分析各类因财务报表项目导致非无保留意见的审计报告事项重要性应用的标准。

在图 5-3~图 5-11 中，我们对无法获取充分适当审计证据事项中含有可分析财务数据样本的影响金额按上述计算方法计算的占比作为横轴统计数据，各范围内占比比例出现的频率作为纵轴统计数据，进行了如下汇总：

图 5-3 为往来款项的确认与计量这一事项的占比百分比区间分布。导致非无保留意见的此类事项占总资产及净资产两项占比主要集中在 5%~100% 这一区间内且占比比例绝对值较高。同时，部分样本与总资产和净资产的占比超过了 100%，通过查看具体样本可以发现，此类样本主要因为样本中的公司已经无持续经营能力，严重资不抵债，因此总资产较小，净资产为较大的负数，因此出现了占比超过 100% 或总资产高于净资产占比等情形。此类原因也会适用于后续其他资产负债类财务项目的相关占比分析中。

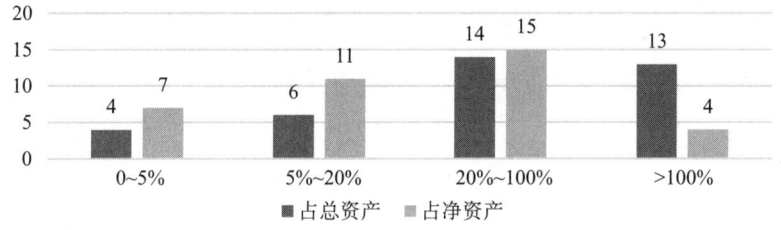

图 5-3 往来款项的确认与计量影响金额百分比统计

图 5-4 为资产减值准备计提是否充分这一事项的占比百分比区间分布。导致非无保留意见的此类事项占总资产及净资产两项占比主要集中在 5%~100% 这一区间内，但占比比例较前述的往来款项的占比相对更低。

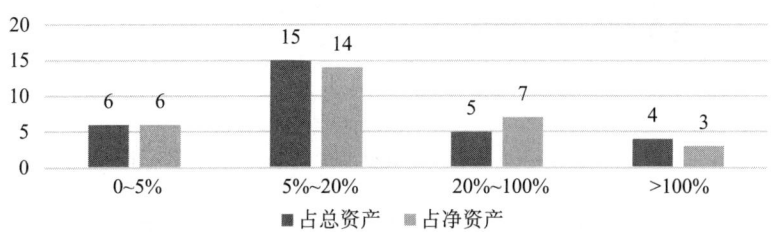

图 5-4 资产减值的准备计提是否充分影响金额百分比分布统计

同时，考虑到资产减值事项同时也可能涉及利润表的未充分披露，我们查看了涉及此类资产减值事项的样本其金额与净利润的占比作为参考，相应比例较多集中在 20% 以上，很多样本高于 100%，因此可以判断注册会计师对于此类资产减值事项对于公司整体经营结果的影响进行了充分的考虑，整体金额和影响是重大的。

图 5-5 为固定资产及其他长期资产确认与计量这一事项的占比百分比区间分布。导致非无保留意见的此类事项占总资产及净资产两项占比区间较其他资产负债类项目更低，且均低于 100%。对于个别比例较低的样本，我们查看了其导致非无保留意见的事项描述，除金额以外，此类事项与相应资产的权属不清或控制权等性质问题相关。

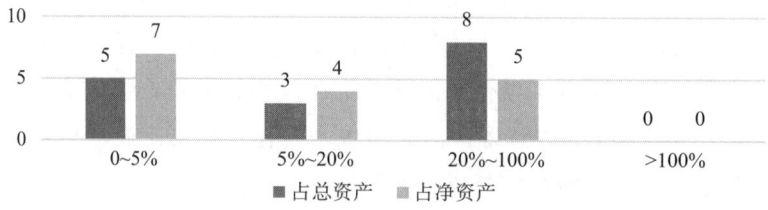

图 5-5　固定资产等长期资产的确认计量的影响金额百分比分布统计

图 5-6 为存货的确认与计量这一事项的占比百分比区间分布。导致非无保留意见的此类事项占总资产及净资产两项占比区间较其他资产负债类项目更低，且均低于 100%。对于个别比例较低的样本，我们查看了其导致非无保留意见的事项描述，除金额以外，此类事项也与相应资产的权属不清或控制权不明晰因此无法进行相应审计工作等问题相关。

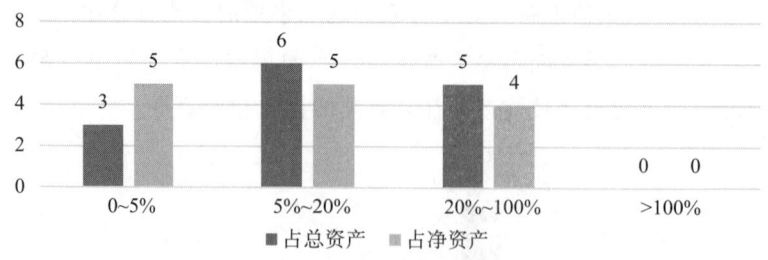

图 5-6　存货的确认计量影响金额百分比分布统计

图 5-7 为长短期借款及应付利息的确认与计量这一事项的占比百分比区间分布。导致非无保留意见的此类事项占总资产及净资产两项占比区间较多集中

在比较高的占比区间,主要由于此类事项多为公司涉及的相关借款无法进行函证和确认等事项。对于此类公司,这些借款的规模对其整体资产规模的影响均非常重要。

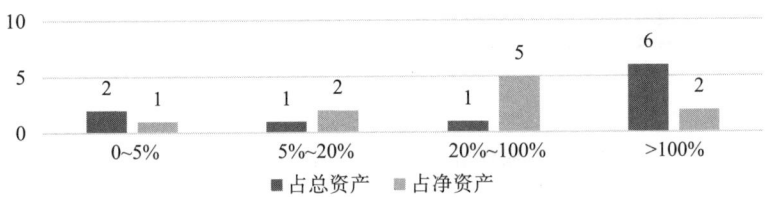

图5-7 长短期借款及应付利息确认计量的影响金额百分比分布统计

图5-8为或有事项或担保事项的占比百分比区间分布。此类事项均为性质特殊且较多涉及判断的事项,基本为特定事项无法获取相关证据的情况,因为在无法获取证据情况下,对于其财务影响是否可以完整估计无法判断,因此可以注意到此类事项可能无法运用传统意义的重要性概念。

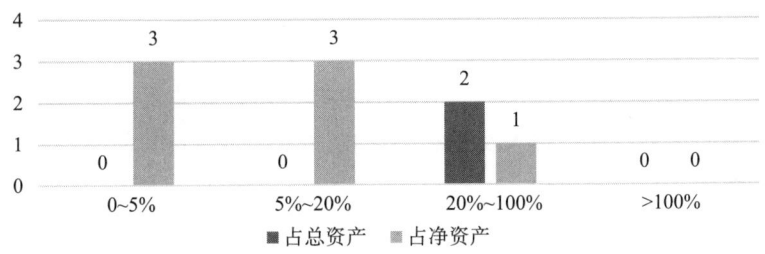

图5-8 或有事项和担保事项的影响金额百分比分布统计

图5-9为税费相关事项的影响金额占比百分比区间分布。导致非无保留意见的此类事项占总收入及净利润两项占比区间较为宽泛。由于税费项目较多涉及法规要求,性质较为特殊,因此注册会计师对于此类事项在运用重要性时,对于与基准占比的金额标准比较严格,可以注意到注册会计师在运用重要性时,除了考虑与基准占比的金额因素以外,对于性质的特殊性也会有所考虑。

图5-10为其他利润表相关事项的影响金额占比百分比区间分布。导致非无保留意见的此类事项占总收入及净利润两项占比区间较为宽泛。除个别属于投资收益相关性质较为特殊的事项与基准占比的区间较低外,其余其他利润表项目的占比均在5%以上。

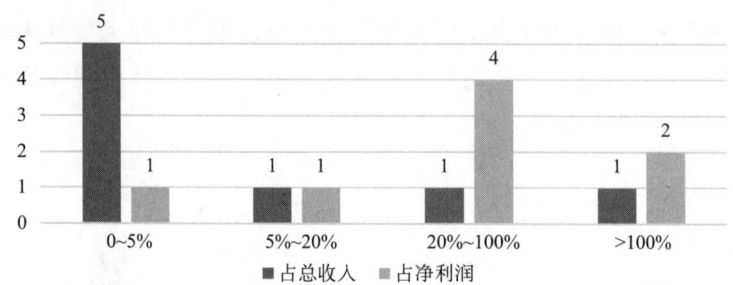

图 5-9 税费相关的影响金额百分比分布统计

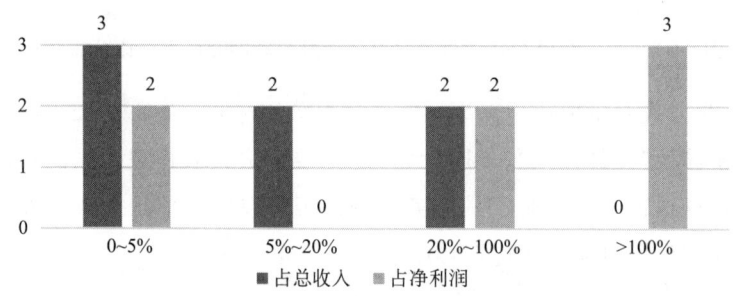

图 5-10 其他利润表项目的影响金额百分比分布统计

图 5-11 为收入成本相关事项的影响金额占比百分比区间分布。导致非无保留意见的此类事项占总收入及净利润两项占比区间相较其他利润表相关项目而言相对集中，且比例较高，均在 5% 以上。

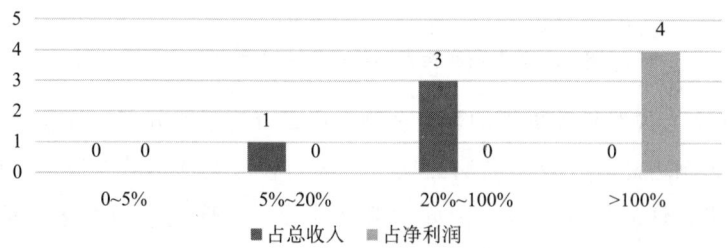

图 5-11 主营业务收入和成本的影响金额百分比分布统计

第三节 本章小结

注册会计师在计划和执行财务报表审计工作时，需要运用重要性的概念。

另外，注册会计师在评价识别出的错报对审计的影响，以及未更正错报对财务报表的影响时，也需要运用重要性概念。我们通过审计师对于重要性的判断和应用的调研，意图为企业编制财务报表时应用重要性原则提供一定借鉴。

同时，基于上述对于2013~2015年A股上市公司和新三板上市公司的发表非无保留意见的审计报告中，导致非无保留意见事项与财务报表相关的样本项目的分析，可以发现以下特点：

（一）导致非无保留审计意见的事项概述：

1. 没有A股上市公司及新三板公司仅因为披露事项而被出具非无保留意见；

2. 大部分因财务事项而导致非无保留意见的审计报告中提及了导致非无保留审计意见事项的影响金额，个别审计报告中并未提及具体项目的具体金额，仅提及"金额重大"或"巨大"等；

3. 导致非无保留意见的与财务报表项目相关的事项除与资产负债及利润表项目的确认计量相关外，也较多涉及估计与判断，如资产减值，或有事项等。

（二）导致非无保留审计意见的财务相关事项的重要性应用标准：

1. 大部分导致非无保留审计意见的财务相关事项的与相应基准的占比较高，但并未发现特定的趋势和特点；

2. 部分性质特殊或涉及法律合规性等事项，如投资收益、税费相关事项及资产类项涉及权属或控制权等因素，注册会计师在运用相应基准的占比比较严格，并充分考虑性质的特殊性因素的影响；

3. 导致非无保留意见的事项中部分事项与无法获取相关证据相关，且无法通过不完整的证据判断相关事项对财务报表整体的影响金额，因此部分事项无法运用重要性的概念。

上述A股上市公司及新三板公司非无保留意见报告中注册会计师对于重要性概念的应用的实务调研的汇总结果对于财务报表编制者具有借鉴意义，例如结合企业所处的发展阶段及业务特点，在制定重要性时可能选取不同的财务指标作为基准，或即使财务指标一致，也可能会由于不同的判断选择不同的百分比；针对特定类别的交易、账户余额或披露可以考虑设定单独的重要性水平或考虑是否有必要设定实际执行的重要性等。

第六章 总　　结

一、研究内容回顾

本研究报告通过调研股权投资者、债权人、监管机构、财务报表编制者、审计师等财务报表相关方，梳理了各方在实务中如何应用重要性原则。具体实务调研内容如表6-1所示。

表6-1　　　　　　　　　　　　实务调研内容

实务调研内容	股权/债权投资者	监管机构	报表编制者	审计师
财务报表的主要使用者的范围	√	√		√
实务中对重要性原则的定性和定量标准	√	√	√	√
重要性原则在财务报表主表中的应用	√	√	√	√
重要性原则在财务报表附注中的应用	√	√	√	√
哪些特殊交易对报表使用者而言通常是重要的	√	√	√	√
中期报告中重要性原则的应用			√	
应用重要性原则简化会计处理、列报和披露的考虑		√	√	
个别非重要信息，集合后重要的，应如何考虑				√
重要性原则在会计差错方面的应用，以前年度不重要的会计差错在当期重要性的考量			√	√

续表

实务调研内容	股权/债权投资者	监管机构	报表编制者	审计师
重要性原则应用时如何兼顾报表使用者的会计知识水平等	√		√	
重要性在可比报表中的应用（如何遵循一贯性原则）	√		√	
重要性原则与准则中的其他相关概念的关联（比如重要、重大等）			√	
监管中对重要性标准的规定等		√	√	

二、实务调研结果汇总

本书主要通过同花顺、万得资讯等数据库以及监管机构的官方网站等公开渠道获取相关信息，并选取若干样本进行实务调研，进而分析不同类型的财务报表使用者、报表编制者、审计师等对于财务信息的需求，以及各方在实务中如何应用重要性原则，找出各方在重要性原则应用方面的共性和差异。具体实务调研方法汇总如表 6-2 所示。

表 6-2　　　　　　　　　　实务调研方法

报表使用者/编制者/审计师	实务调研方法
债权人	• 债券信用评级报告（包括银行间债券）
股权投资人	• 股权评级报告 • 公司整体分析报告
监管机构（包括证监会、财政部、上交所及深交所、全国股转公司、审计署等）	• 相关法律法规 • A 股 IPO/新三板挂牌申请文件的反馈意见 • 公开发行公司债券申请文件的反馈意见 • A 股上市公司/新三板挂牌公司的年报问询函 • 年度检查报告等
财务报表编制者	• 相关企业会计准则规定 • 年度财务报表 • 年报信息披露重大差错责任追究制度
审计师	• 相关审计准则规定 • 审计报告

（一）债权人

债权人对财务报表的分析，是为了获取有用的信息，支持评估企业从现在到未来期间的信息的合理性，特别是对企业偿债能力的预期和评价。

调研发现：

1. 债权人更关注企业资产负债及现金流的情况，其关注的主要财务指标所需财务信息绝大部分可以从财务报表主表中直接获得，少数信息（如对外担保总额或余额等）可以从财务报表附注中提取，通用财务报表的内容基本上能够满足债权人的需求。还有部分信息与企业的偿债能力直接相关（如银行授信额度），是债权人特别关注的，但企业一般很少在财务报表及其附注中披露。

2. 债权人较少关注营运能力方面的财务指标，如存货周转率等。债权人也较少关注现行准则要求披露的一些表外信息，如金融工具风险披露中的流动负债到期日分析、资本管理等。主要原因可能是债权人为企业提供的融资一般有固定期限，因此更为关注偿债能力相关指标，以保证企业有足够的现金流还本付息，对于企业营运效率的考量就放在较为次要的地位了。此外，企业财务报表中金融工具的风险分析等附注本可以为债权人提供诸如流动风险分析等信息，但是由于目前企业在这些附注中的披露多为论述性的，针对数据的披露较为有限，也在一定程度上影响了债权人对该类财务报表附注的关注。

3. 信用评级过程中所使用的财务数据通常为企业最近三年经审计的财务数据及最近一期未经审计的财务数据，说明债权人不仅关注当期财务报表，同时也较为关注前两期比较期间的财务报表，以更深入地了解企业经营情况或业务发展趋势。

（二）短期股票投资人

短期股票投资人在分析企业成长能力和盈利能力时，综合考虑了定性和定量信息，因为二者互为背景。关键业绩指标作为叙述性说明的一部分，是连通定量与定性信息的有效方式。

此外，短期股票投资人在分析企业价值创造能力时，会将财务信息与其他来源信息结合起来（如管理层分析、董事会信息、对外公告信息等），而不是割裂开来。各种渠道获取的信息构成评价体系中紧密联系的链条。

调研发现：

1. 短期股票投资人更关注企业的成长能力及盈利能力。股票评级的关键指标为目标股价，证券公司主要依据目标股价的涨跌幅进行股票评级。

2. 股票评级时较少关注企业的资本结构、现金流、偿债能力和营运能力。这可能是因为短期股票投资人的主要目的，是短时间内持有股票以获取股票溢价收益，因此，其较少关注上述财务信息。

3. 评级过程中所使用的财务数据为最近两年的财务数据及预测未来三年的财务数据，在预测未来三年财务报表的过程中，证券公司在结合企业历史财务数据的基础上，根据自身对企业及相关行业的了解预测未来三年的财务数据，各证券公司的预测结果可能会存在差异。

（三）长期股权投资者

对于长期股权投资者而言，其在决定是否对某企业进行股权投资前，往往需要全面了解目标企业的整体情况。长期股权投资者对企业财务报表的分析较为全面和复杂。

调研发现：

1. 长期股权投资者关注的主要财务指标所需财务信息绝大部分可以从财务报表主表中直接获得，少数信息（如折旧、摊销等）可以从财务报表附注中提取，通用财务报表的内容基本上能够满足长期股权投资者的需求。但还有部分信息，例如为了分析企业盈利效率而需要的平均员工人数等指标，则可能无法在财务报表及其附注中直接获取，但可结合公司在其他资料中的信息获得，例如可在年度报告中获得员工人数的相关信息。

2. 目前长期股权投资者关注和使用的财务信息已基本可从财务报表中获得，主要依赖于财务报表主表，而对于财务报表附注使用不多，一方面可能是报表使用者还没有很好地了解财务信息的内容，另一方面可能是这些非主表信息不易被使用者轻易抽取。

3. 企业整体分析过程中所使用的财务数据通常为最近五年的财务数据，说明长期股权投资者对于企业的历史经营情况，以及发展趋势是极为关注的。

（四）监管机构

首先，本次调研查阅了大量法律法规中有关重大信息披露的认定标准与监管标准，以分析监管者关于重要性的考虑。研究发现，我国现行法律法规关于重要性的判断标准，主要以是否"对投资者决策有重大影响或对证券价格产生较大影响"为标准。

在具体交易层面上，现行法律法规对于应在定期报告或临时报告中披露的重大关联交易、重大担保交易、重大诉讼及仲裁、其他重大交易以及影响债券发行人偿债能力的重大事件等，进行了性质列举，并设定了部分金额标准，从而较好地指导了重要性原则在信息披露实务中的应用，也给在财务报表中如何应用重要性原则提供了一些具体参考，在制定财务报表重要性原则时可以参考其关于信息重大性的考虑因素、标准设定等。

上海及深圳证券交易所还对一些重点的传统行业明确了行业关键指标及差异化信息披露的标准，规定了具有行业特征的重大事项、重大组成部分、重大投资或建设项目、重大变化的披露标准，便于各行业上市公司以投资者需求为导向披露行业经营与财务信息，提高重大信息披露的有效性与透明度。

其次，通过对于 A 股 IPO 及新三板挂牌申请反馈意见的调研发现：

1. 在企业申请 A 股 IPO 及新三板挂牌时，监管机构会对于公司经营的合法合规性、业务真实性、财务规范性、关联方交易情况等问题进行全方位的问询和了解。对于应收账款、存货、无形资产、固定资产及在建工程等直接与公司生产经营相关的核心资产，对于收入、成本、毛利率等体现公司经营成果的利润表信息，对于关联方交易等影响投资者利益的敏感方面，对于现金流量、政府补助及税收优惠依赖性等涉及企业持续经营能力的关键问题，监管机构均要求企业进行详尽解释和披露，以保证投资者可以充分了解企业的财务状况以作出投资决策。

2. 通过对于反馈意见分板块及分行业的分析总结，可以看出监管机构在审查处于不同发展阶段及不同行业的企业时，会对于同一类财务信息设定不同的重要性权重。

再次，通过对年报问询函的调研发现，不同于 A 股 IPO 及新三板挂牌申请审查时的重点（即对于公司的各项财务问题全面地关注和检查），监管机构对于已上市或已挂牌公司的年报的审查重点集中于发现已上市或已挂牌公司在经营过程中遇到的困境及不利变动，并审查其应对计划的合理性；以及了解已上市或已挂牌公司当年发生的复杂或异常交易，并审查其会计处理的准确性。

通过对于公司债券发行审查反馈意见的调研发现，监管机构对于公司债券的发行审查除了关注发债公司的资产价值和盈利能力外，还加强了对于影响发债公司偿债能力相关财务信息的关注程度。例如，监管机构在关注应收账款及存货减值风险的同时，也会关注应收账款周转率及存货周转率等反映公司营运资金周转速度，从而影响公司偿债能力的财务指标。

监管机构这种针对企业的行业特点、发展阶段、报表使用者投资目的而有不同监管侧重的实务操作方法，对于我们为企业提供重要性指引还是很有借鉴作用的。

最后，在本次调研中我们还通过调研多个监管检查机构对于各类公司所出具的监管检查报告，以分析与财务信息相关的监管重点领域，从而得出重要性概念在日常监管检查中进行应用的标准和特点。

同时，我们注意到监管机构在监管检查中对于重要性的应用呈现以下特点：

1. 监管机构在对企业进行监管检查时，除关注企业的整体财务报表影响外更关注企业的某些特定财务信息。因此监管机构的重点关注事项的金额分布及占比区间普遍较为宽泛，和财务报表编制的重要性水平标准很可能不直接可比。

2. 对于税费相关项目，由于性质较为敏感，较小金额涉及税费事项也会关注；个别特殊性质的事项，也有金额较小的样本。

上述调研结果显示，某些监管机构在对企业进行监管检查时，并非关注企业的整体财务报表影响，而是出于特殊目的，更关注企业的某些特定财务信息（例如，应交税费、费用超支情况等）。在这种情况下，这些监管机构在检查时通常会采用相对较低的重要性标准。而这些特定的财务信息及相对较低的重要性水平，可能并不是那些关注企业整体财务报表影响的报表使用者所关注的信息。

（五）财务报表编制者

财务报表编制者在进行日常会计核算和编制财务报表时，需要应用重要性原则。我们在本调研报告中先对企业会计准则中关于"重要性"规定或指引进行了梳理。企业会计准则中规定了重要性的定义，并给出了一定的判断标准。不过，企业会计准则中有关重要性判断标准的指引较为有限，实务应用起来可能存在一定困难。

通过研究可公开获取的信息发现，企业鲜少直接披露其"重要性"的划分标准；不过，A股上市公司和新三板挂牌公司出于监管要求，会披露其重大会计差错的认定标准，该认定标准可以在一定程度上反映企业的"重要性"划分标准。

我们通过对随机抽取的160份《年报信息披露重大差错责任追究制度》进行的实务调研,发现企业在制定相应标准时,有如下特征:

1. 公司披露的重大差错的标准通常既包括金额标准,也包括性质标准;这与企业会计准则的要求相一致。

2. 就重要性的金额标准而言:

(1) 公司设定重要性通常基于四项基准,即总资产、净资产、营业收入、净利润;这些基准的选取看似较为简单、粗放,没有充分体现财务报表使用者可能较为关注的财务数据(例如,现金流量、非经常性损益等)。

(2) 公司设定重要性的相对比例标准时,通常将基于上述四项基准的比重设定为5%;调研结果没有显示出相关比例标准的设定具有明显的行业特征或企业特点。

(3) 公司设定重要性的绝对金额标准时,通常将基于上述四项基准的绝对金额标准设定为500万元;调研结果没有显示出相关绝对金额标准的设定具有明显的行业特征或企业特点。

3. 公司披露的重要性的性质标准通常仅包括是否影响盈亏性质;该性质标准看似过于简单、粗放,没有充分反映企业会计准则的相关要求(例如,交易性质是否属于企业的日常活动),亦没有充分体现财务报表使用者可能较为关注的性质因素[例如,是否导致企业资不抵债,是否严重影响企业的某些关键财务指标(如每股收益)等]。

4. 就财务报表附注披露的重要性而言,公司通常以净资产为基准,并针对不同交易类型设定相关比例标准;并且,公司对于关联方交易的附注披露标准看似比第三方交易更加严格。

此外,实务调研中发现,某些公司设定的重要性标准中,基于净利润的绝对金额标准所占比重看似偏高,尤其是新三板样本公司。通过研究样本公司的历年财务数据等信息发现,某些新三板公司在叠加了金额标准所占比重之后,基于净利润的绝对金额标准所占比重会超过20%。我们分析出现这种情况的原因可能包括:

1. 公司对于未来业绩有良好预期,在设定绝对金额标准时可能考虑了净利润的未来增长情况,从而设定了较高的金额标准;

2. 公司业绩波动较大,在设定绝对金额标准时可能综合考虑了多年的净利润情况，而前述样本分析中计算相关比重时使用的是上年财务数据，导致计算得出的比重偏高；

3. 公司在设定各项基准的绝对金额标准时，可能没有充分考虑自身情况，存在"跟风"嫌疑，即，当市场上大部分公司将绝对金额标准设定为500万元时，公司也将自身的绝对金额标准设定为500万元，而没有充分考虑自身的企业规模、盈利水平等情况；并且，公司在设定不同基准的绝对金额标准时，简单采用了相同的金额（例如，基于总资产与基于净利润的绝对金额标准均设定为500万元），导致基于净利润（净额基准）的绝对金额标准所占比重高于基于总资产、营业收入（总额基准）的比重；

4. 公司可能仅为应付监管要求而披露相关标准，当监管机构和证券市场参与方对此类信息的关注度不高或并未及时提出质疑时，企业在确定重要性标准时可能缺乏一定的谨慎性。

除上述对《年报信息披露重大差错责任追究制度》的调研外，我们还针对企业财务报表附注的披露情况进行了分析。

根据企业会计准则的要求，企业在财务报表附注中需对重要的财务报表主表项目进行披露。因而并非所有的报表项目都会有单独的附注。并且，在财务报表附注中，还有一些不与特定主表项目对应的附注，例如分部报告、金融工具的风险分析等。因此，报表附注的披露情况可在一定程度上反映企业对于相关报表项目及附注的重要性的判断。

通过对随机选取的100份财务报告中与主表项目对应的附注披露情况的调研，发现除销售费用外，目前企业在附注中披露的主表项目信息已较为充分，甚至可能存在过度披露的情况。我们分析可能是由于财务报表编制者在按照企业会计准则、证监会15号文以及交易所财务报表模板的披露要求编制财务报表时，对上述文件中提及的重要性原则在实务中如何理解不深刻，执行不到位。

通过对随机选取的100份财务报告中不与特定主表项目对应的附注披露情况进行调研，我们发现除关联方交易的披露情况较好以外，均有一定比例的样本公司未披露其他不与特定主表项目对应的附注，例如分部报告、金融工具的风险分析、资本管理等。并且，上述附注项目除在"是否"披露方面缺失较大外，在披露质量方面，也有待提高。以资本管理附注为例，实务调研中发现，不同公司间的披露差异较大，披露质量参差不齐，财务报表使用者难以从中获得有用信息且难以在不同公司间进行比较，最终导致财务报表使用者对该附注的重视程度和关注程度较低。这使得企业会计准则有关这些披露要求的本意在实践中尚未得到很好的实施。

(六) 审计师

注册会计师在计划和执行财务报表审计工作时，需要运用重要性的概念。另外，注册会计师在评价识别出的错报对审计的影响，以及未更正错报对财务报表的影响时，也需要运用重要性概念。我们通过审计师对于重要性的判断和应用的调研，意图为企业编制财务报表时应用重要性原则提供一定借鉴。

1. 审计重要性水平的确定

审计准则要求，注册会计师在制定总体审计策略时，应当确定财务报表整体的重要性。注册会计师通常先选定一个基准，再乘以某一百分比作为财务报表整体的重要性。站在财务报表使用者的角度，注册会计师需充分考虑被审计单位的性质、所处的生命周期阶段以及所处行业和经济环境等因素，选用适当的基准（例如，资产、负债、所有者权益、收入、利润或费用等财务报表要素，或报表使用者特别关注的项目），并为选定的基准确定百分比。

在实务中，会计师事务所可能会制定具体的确定重要性的方法。

此外，根据被审计单位的特定情况，如果存在一个或多个特定类别的交易、账户余额或披露，其发生的错报金额虽然低于财务报表整体的重要性，但合理预期可能影响财务报表使用者依据财务报表作出的经济决策，注册会计师还需确定适用于这些交易、账户余额或披露的一个或多个重要性水平。

除上述两类重要性之外，注册会计师还需确定实际执行的重要性，以评估重大错报风险并确定进一步审计程序的性质、时间安排和范围。

2. 评价审计过程中识别出的错报

注册会计师应当累积审计过程中识别出的错报，除非错报明显微小。注册会计师可能将低于某一金额的错报界定为明显微小的错报，对这类错报在审计过程中不需要累积，因为注册会计师认为这些错报的汇总数明显不会对财务报表产生重大影响。明显微小错报金额的数量级，与上述"审计重要性水平的确定"中提及的重要性的数量级相比，应当是明显不同的（明显微小错报金额的数量级更小）。确定该临界值需要注册会计师运用职业判断，实务中可能将明显微小错报的临界值确定为财务报表整体重要性的 3%~5%。

注册会计师应当确定未更正错报单独或汇总起来是否重大。注册会计师在评价未更正错报是否重大时，除考虑未更正错报单独或连同其他未更正错报是否超过财务报表整体的重要性（即定量因素）外，还要考虑错报性质以及错报发生的特定环境（即定性因素），并综合评价没有对未更正错报作出调整的财务报表整体是否仍然能够实现公允反映。

3. 英国上市公司长式审计报告中披露的重要性

根据英国财务报告理事会的要求，英国注册会计师应在相应的长式审计报告中就其在审计中如何运用重要性的概念进行解释。基于此，本研究收集了部分英国注册会计师于 2013 年至 2016 年期间对英国相关上市公司出具的 280 份审计报告，并对该等审计报告中披露的与审计重要性相关的内容进行分析。

基于我们的调研分析，280 份审计报告中共有 267 份（95%）报告样本披露了注册会计师在计算财务报表整体重要性水平时使用的基准。在所有使用的基准中，注册会计师最常使用的基准是被审计单位的税前利润或"调整"后的税前利润，其中 160 份（57%）报告样本披露，注册会计师基于被审计单位的税前利润或"调整"后的税前利润计算财务报表审计整体的重要性。

调研发现，通常情况下，对于以营利为目的的被审计单位，利润指标可能是大多数财务报表使用者最为关注的财务指标，我们可以看到，样本中有 160 份（57%）审计报告使用了税前利润或"调整"后的税前利润作为基准，注册会计师在考虑了被审计单位的性质及行业环境等因素的情况下，运用职业判断对税前利润进行调整，主要包括非经常性收入/成本/费用、资产减值损失、资产处置损益、法律费用等调整项目。而随着被审计单位情况的不同，注册会计师也对被调整项目作出了不同的判断。

此外，调研结果显示，即使选定的基准相同或相似，注册会计师选择的与其对应的百分比仍存在一定差异。百分比的多样化体现了注册会计师在选择时存在判断上的不同。并且，百分比和选定的基准之间存在一定的联系。

三、总体建议

基于上述实务调研结果，我们对于重要性原则在财务报表中的应用有如下总体建议：

(一) 应用重要性时所考虑的报表使用者的范围

编制财务报表的目的是为财务报表使用者提供有助于其决策的信息。财务报表使用者的范围十分广泛，包括股权投资者、债权人以及相关监管机构。不同类型的投资人与监管机构由于使用财务报表的目的不同，而对财务报表有不同的关注重点及重要性判断。总体而言，财务报表编制者在编制通用财务报表时，通常需兼顾不同类型的报表使用者的需求。并且，重要性更多是从财务报表使用者的角度而言的，受财务报表使用者对财务信息的了解需求的影响。

我们在实务调研中发现，某些监管机构（例如资本市场监管者）本着保护中小投资者的目的对整体财务报表进行监管，其监管的重点与一般投资者相同，这些内容在企业为通用报表目的设定重要性标准时应加以考虑。但是，也有一些监管机构，对财务信息的关注重点与通用报表的一般使用者之间的差异较大。例如，某些监管机构在对企业进行监管检查时，并非关注企业的整体财务报表影响，而是出于特殊目的，更关注企业的某些特定财务信息（例如，应交税费、费用超支情况等）。在这种情况下，这些监管机构在检查时通常会采用相对较低的重要性标准。由于重要性水平的设定不同，这些监管机构检查发现的问题不见得是影响投资者决策的重大事项。

鉴于上述情况，财务报表编制者很难设定一套适用于全部报表使用者（包括股权投资者、债权人以及监管机构）的重要性标准。我们建议在重要性指引中明确，企业在确定重要性标准时，应基于通用财务报表的目的应用重要性概念，仅考虑关注整体财务报表影响的报表使用者的需求（如长期股权投资者、债权人以及对整体财务报表进行监管的监管机构），而不考虑仅重点关注财务报表某些方面影响的特定使用人的需求。

(二) 初步识别出来的重要性指标清单

重要性的确定需同时考虑定性和定量因素。通过我们的实务调研，在确定重要性的定量基准时，初步识别出的投资者、监管者、编制者及审计师的重要性指标清单如表 6-3 所示。

表 6-3　　　　　　　　　　　重要性指标清单

定量标准	投资者	监管者	编制者	审计师
总资产	√	√	√	√
净资产	√	√	√	√
营业收入	√	√	√	√
净利润	√	√	√	√
EBITDA	√			√
现金流	√			
非经常性损益调整	√	√		√

从表 6-3 可以看出，财务报告编制者在实务中主要将总资产、净资产、营业收入、净利润这四项基本指标作为重要性所参照的基准。而投资者及监管者所关注的重要性基准，除了上述四个基本指标外，还会关注 EBITDA、现金流、非经常性损益调整等指标。

EBITDA 和非经常性损益调整属于对四个基本指标进行调整后的指标，对于某些企业来讲，这些调整后的指标可能会更反映企业的实际经营情况，如果企业在编制通用财务报表时，没有充分考虑报表使用者的这些特别考虑事项，以致制定的重要性水平偏高，那么就可能会遗漏某些重要信息。

重要性是站在财务报表使用者的角度而言的，受财务报表使用者对财务信息的了解需求的影响。基于上述情况，我们建议在重要性指引中，要求企业在确定重要性标准时，需考虑报表使用者对于通用财务报表的重点关注指标。除了企业在实务中设定重要性标准时普遍使用的总资产、净资产、营业收入、净利润这些基准外，还应考虑 EBITDA、现金流、非经常性损益调整等指标，使企业编制的通用财务报表能够满足报表使用者的信息需求，提高财务报表的相关性。

（三）建议参考监管机构及审计师的实务操作经验，提示企业在制定重要性标准时要针对企业具体情况，并提供参考指引

通过实务调研发现，监管机构及审计师在评价企业的财务信息时，会根据企业所在的行业、发展阶段及业务特点等，进行有针对性的监管，或制定恰当的重要性水平。例如，监管机构针对不同行业的上市公司制定差异化的披露要求，并在日常监管中有不同的关注重点；审计师根据企业所处的发展阶段及业

务特点,在制定重要性时选取不同的财务指标作为基准。

我们建议在重要性指引中,需要提示企业根据其行业特点、发展阶段、业务特点等因素制定出适用于其自身的重要性标准,并可以考虑借鉴监管机构及审计师的实务操作经验,为企业提供一些参考指引。

(四)建议就实务中存在的具体问题给予提示

1. 企业制定的定量标准较简单、粗放

根据我们对《年报信息披露重大差错责任追究制度》的调研结果,各企业制定的重要性比例标准多集中在5%,绝对金额标准多集中在500万元,未体现出企业之间在行业特点、发展阶段、业务特点等方面的差异。上市公司在实务中的上述做法可能会导致某些重要信息未能恰当披露,也可能会导致某些不重要信息的过度披露,从而降低整体财务报表的相关性和有用性。为提高财务报表质量,更好地为投资者决策服务,我们建议在重要性指引中,对该等情形予以适当警示。

2. 企业的"机械性"披露:有明确要求的——过度披露,无明确要求的——不披露

上市公司的财务信息披露,除按照企业会计准则的要求外,在实务中主要参照15号文的规定。上市公司在遵循该文进行财务报表信息披露时,会出现未充分考虑自身情况进行一定调整的情形。例如,对于相关规定要求披露的信息,即使不重大也进行了披露;而对于相关规定未明确要求披露的信息,即使重大也未进行披露。这会导致重要信息披露不充分,或重要信息与非重要信息混杂在一起,降低整体财务报表的质量,不利于投资者的使用。且各家上市公司的信息披露重点十分接近,未能体现出公司间的差异。

出现上述问题的原因之一在于财务报表编制者对于应用重要性原则的理解及重视程度有待提高。因此,建议监管机构对该等情形予以适当警示,并对财务报表编制者进行相关培训,确保相关指引得以较好执行。

附录
FULU

国际财务报告准则实务公告第 2 号
就重要性作出判断

《国际财务报告准则实务公告第 2 号：就重要性作出判断》于 2017 年 9 月发布，并可于 2017 年 9 月 14 日起采用。本公告的结论基础参见 C 部分。

目录

	从此段开始
简介	IN1

国际财务报告准则实务公告第 2 号：就重要性作出判断

目标	1
范围	3
重要性的一般特征	5
重要性的定义	5
重要性判断的普遍性	8
判断	11
主要使用者及其信息需求	13
主要使用者的决策	16
满足主要使用者的信息需求	21
公开信息的影响	24
与当地法律法规的关系	27
就重要性作出判断	29
重要性判断流程概述	29
重要性判断四步法	33
第一步——识别	35
第二步——评估	40
第三步——组织	56
第四步——复核	60
特定问题	66
前期信息	66
之前未提供过的前期信息	70
对前期信息的汇总	71

差错	72
累积差错	77
关于契约限制的信息	81
对中期报告的重要性判断	84
中期报告中的估计	88
采用日期	89

附录

　　对财务报告概念框架和国际财务报告准则的引用

由国际会计准则理事会批准 2017 年 9 月发布的《国际财务报告准则实务公告第 2 号：就重要性作出判断》

《国际财务报告准则实务公告第 2 号：就重要性作出判断》结论基础

《国际财务报告准则实务公告第 2 号：就重要性作出判断》（简称《实务公告》）列于第 1 段至第 89 段。请结合《实务公告》的目标和结论基础一起阅读，并结合《国际财务报告准则前言》《财务报告概念框架》以及各国际财务报告准则综合应用。

简介

IN1 通用目的财务报表的目标是提供关于报告主体的、有助于现有和潜在投资者、出借人和其他债权人作出关于向主体提供资源的决策的财务信息。主体通过作出适当的重要性判断,来确定实现该目标所需的信息。

IN2 《国际财务报告准则实务公告第 2 号:就重要性作出判断》(简称《实务公告》)的目标是协助报告主体按照国际财务报告准则编制通用目的财务报表过程中作出重要性判断。《实务公告》中的部分内容可能对于应用中小企业国际财务报告准则(IFRS for SMEs® Standard)的主体有帮助,但是本《实务公告》并不是为这些主体而编制的。

IN3 对重要性判断的需求在编制财务报表过程中是普遍存在的。主体在作出确认、计量、列报和披露的决策时,都会进行重要性判断。仅当国际财务报告准则的要求对一套完整的财务报表有重大影响时,主体才需要应用这些要求。

IN4 本《实务公告》:

(a) 提供了重要性的一般特征的概述。

(b) 提供了主体在编制财务报表中进行重要性判断的四步法(重要性判断流程)。

重要性判断流程概述了重要性在编制财务报表时所起的作用,重点关注了主体在进行重要性判断时应考虑的因素。

(c) 提供了在一些特定情况下,如何进行重要性判断的指引,即,存在前期信息、会计差错和契约限制条款下如何进行重要性判断,以及如何针对中期报告来进行重要性判断。

IN5 对重要性的判断取决于所涉及的事实以及特定主体的具体情况。本《实务公告》列举了主体在进行重要性判断时应考虑的若干因素。

IN6 本《实务公告》是由国际会计准则理事会发布的非强制性指引。它不是会计准则。因此,主体在声明遵循国际财务报告准则时,不是必须采用本《实务公告》。

IN7 本《实务公告》列举了若干示例,旨在讲解在特定的情况下,主体应如何应用《实务公告》中的部分指引。每个示例中的分析并不旨在表示它们是应用指引的唯一方式。

国际财务报告准则实务公告第 2 号：就重要性作出判断
目标

1. 《国际财务报告准则实务公告第 2 号：就重要性作出判断》（简称《实务公告》）为报告主体按照国际财务报告准则编制通用目的财务报表提供非强制性指引。

2. 本指引还可以帮助涉及财务报告的其他各方了解主体在编制财务报表时如何作出重要性判断。

范围

3. 本《实务公告》适用于采用国际财务报告准则编制财务报表的主体，不适用于采用中小企业国际财务报告准则的主体。

4. 本《实务公告》提供非强制性指引，因此，主体在声明遵循国际财务报告准则时，不是必须采用本《实务公告》。

重要性的一般特征

重要性的定义

5. 《财务报告概念框架》（《概念框架》）提供了重要性信息的定义（《国际会计准则第 1 号——财务报表列报》和《国际会计准则第 8 号——会计政策、会计估计变更和差错》也提供了类似的定义①），具体如下：

> 如果省略或错报某信息会影响使用者基于财务信息作出的关于特定报告主体的决策，则该信息就具有重要性。也就是说，重要性是就特定主体而言的相关性的一个方面，它是基于就个别主体的财务报告而言信息所涉及项目的性质或金额大小或两者兼有而确定的。②

---

① 参见《国际会计准则第 1 号——财务报表列报》第 7 段和《国际会计准则第 8 号——会计政策、会计估计变更和差错》第 5 段。

② 参见《财务报告概念框架》（《概念框架》）第 QC11 段。但是，《征求意见稿（ED/2017/6）：重要性的定义》（对〈国际会计准则第 1 号〉和〈国际会计准则第 8 号〉的建议修订）》（《重要性的定义征求意见稿》）建议将重要性定义改善为"如果省略、错报或掩盖某信息合理预期会影响特定主体通用目的财务报表的主要使用者基于该等财务报表作出的决策，则该信息是重要的"。该《重要性的定义征求意见稿》也提出对其他准则的相关后续修订，包括对《概念框架》《国际会计准则第 1 号》和《国际会计准则第 8 号》中重要性定义的修订。

6 在作出重要性判断时，主体需要考虑信息合理预期会如何影响其财务报表主要使用者基于该财务报表作出决策①（参见第 13~23 段）。②

7 财务报表的目标是提供关于报告主体的、有助于现有和潜在投资者、出借人（译者注：原文为 lenders，也可译作贷款人、借款人）和其他债权人作出关于向主体提供资源的决策的财务信息。③ 该主体通过作出适当的重要性判断来确定实现该目标所需的信息。

重要性判断的普遍性

8 对重要性判断的需求在编制财务报表中普遍存在。主体在作出确认、计量、列报和披露的决策时都需要进行重要性判断。仅当国际财务报告准则的要求对一套完整的财务报表④（包括主要财务报表⑤和附注）有重大影响时，主体才需要应用这些要求。但是，对国际财务报告准则作出不重要的偏离或不更正这种不重要的偏离，以形成主体财务状况、财务业绩（译者注：原文为 financial performance，也可译作经营成果）或现金流量的特定列报，也是不恰当的。⑥

确认和计量

9 按照国际会计准则理事会（理事会）制定的国际财务报告准则编制的财务报表将为其主要使用者（译者注：原文为 primary users，也可译作基本使用者）提供关于主体的财务状况、财务业绩和现金流量的有用信息。仅当应用相关确认和计量要求的影响具有重要性时，主体才必须应用该等确认和计量的要求。

例 A——关于会计政策应用的重要性判断

背景

某主体所采用的一项会计政策，是将超过一定起点值（译者注：原文为 threshold，也可译作阈值、临界值）的不动产、厂场和设备（简称"固定资

---

① 在本《实务公告》中，除非另有明确说明，否则"决策"一词是指为主体提供资源的决策。
② 参见《国际会计准则第 1 号》第 7 段。
③ 参见《概念框架》的第 OB2 段。
④ 在本《实务公告》中，"完整的财务报表（complete set of financial statements）"和"整体财务报表（financial statements as a whole）"可互换使用。
⑤ 在本《实务公告》中，主要财务报表包括财务状况表、财务业绩表、权益变动表及现金流量表。
⑥ 参见《国际会计准则第 8 号》第 8 段。

产")的支出资本化,低于该起点值的支出费用化。

应用

《国际会计准则第 16 号——不动产、厂场和设备》要求主体在符合《国际会计准则第 16 号》第 7 段标准的情况下,将某项固定资产的成本确认为一项资产。

主体对其会计政策(即低于起点值的支出不予资本化)进行了评估,认为这项政策不会对当期或未来的财务报表产生重大影响,因为反映此类支出资本化和摊销的信息合理预期不会影响主体财务报表主要使用者作出的决策。

在这项政策不会对财务报表产生重大影响,并且不是故意为实现财务状况、财务业绩或现金流量的特定列报而制定的前提下,该主体的财务报表符合《国际会计准则第 16 号》的要求。然而,主体应在每个报告期重新评估该政策,以确保其仍然不会对主体的财务报表产生重大影响。

列报和披露

10 如果按某项国际财务报告准则要求所作披露产生的信息不重要,则主体不必按照该准则的披露要求进行披露。即使该准则中包含具体披露要求的清单或将披露要求描述为"最低要求"也是如此。反之,如果某信息对财务报表的主要使用者理解某特定交易、其他事项和情况对主体的财务状况、财务业绩和现金流量所产生的影响是必要的,那么即使国际财务报告准则没有作出规定,主体也应考虑是否提供相关信息。①

例 B——对国际财务报告准则披露要求的重要性判断

背景

主体在财务状况表中将不动产、厂场和设备(简称"固定资产")作为单列项目列报。

应用

《国际会计准则第 16 号——不动产、厂场和设备》对固定资产有专门的披露要求,包括披露购买固定资产的合同承诺金额〔参见《国际会计准则第 16 号》第 74 段(c)〕。

---

① 参见《国际会计准则第 1 号》第 17(c)段和第 31 段。

在编制财务报表时，主体应评估《国际会计准则第 16 号》中要求披露的信息是否重要。即使固定资产在财务状况表中作为单列项目进行列报，主体也并非必须机械地遵循《国际会计准则第 16 号》规定的所有披露要求。当没有需考量的定性因素（参见第 46~51 段）时，如果购买固定资产的合同承诺金额不重要，则主体不必进行披露。

例 C——除国际财务报告准则规定的具体披露要求外，额外信息披露的重要性判断

背景

某主体的主营业务在某个国家；作为国际协议的一部分，该国致力于制定减少碳基能源使用的法规。在报告期末，该国国内立法体系尚未颁布相关法规。主体在该国拥有一座燃煤发电站。报告期内，主体对该燃煤发电站计提了减值损失，将该电站的账面价值减计至可收回金额。该现金产出单元不包含商誉或使用寿命不确定的无形资产。

应用

《国际会计准则第 36 号——资产减值》第 132 段并不要求主体披露在确定有形资产的可收回金额时所用的假设，除非现金产出单元的账面价值包含商誉或使用寿命不确定的无形资产。

尽管如此，主体认为其在计量该燃煤发电站可收回金额时所使用的、关于该国颁布减少使用碳基能源法规的可能性及其立法计划的假设，将合理预期影响其财务报表主要使用者基于该主体财务报表作出的决策。因此，财务报表主要使用者需要该等假设的相关信息，来了解减值对主体的财务状况、财务业绩和现金流量的影响。因此，即使《国际会计准则第 36 号》没有明确要求，主体仍认为关于该国颁布减少使用碳基能源法规的可能性及其立法计划的假设构成重要信息，并在其财务报表中对该等假设进行披露。

判断

11 在评估信息是否对财务报表有重大影响时，主体应运用判断来决定是否合理预期信息会影响主要使用者基于这些财务报表作出的决策。在进行判断时，主体应考虑其具体情况以及财务报表中提供的信息如何满足主要使用者的信息需求。

12　由于主体的情况会随着时间的推移而发生变化，因此在每个报告日要根据变化的情况重新对重要性进行判断。

主要使用者及其信息需求

13　在进行重要性判断时，主体需要考虑信息会合理预期对其财务报表的主要使用者产生的影响。这些主要使用者包括现有和潜在投资者、出借人及其他债权人——这些使用者不能要求主体直接向他们提供信息，而必需依靠通用目的财务报表来获取他们需要的大部分财务信息。[①] 除了这些主要使用者以外，其他方（例如主体的管理层、监管机构和公众）也可能对主体的财务信息感兴趣并认为财务报表有用。但是，财务报表并不是针对这些其他方编制的。[②]

14　由于主要使用者包括潜在投资者、出借人及其他债权人，因此主体只关注现有的投资者、出借人及其他债权人的信息需求而缩小财务报表提供信息的范围是不恰当的。

例 D——现有和潜在投资者、出借人及其他债权人

背景

某主体的股权 100% 由其母公司持有。其母公司为该主体提供半成品，由该主体进行组装后再销售给其母公司。该主体资金全部由其母公司提供。该主体财务报表的现有使用者包括其母公司和主体的债权人（主要是本地供应商）。

应用

主体依据《财务报告概念框架》确认其财务报表的主要使用者是其现有和潜在投资者、出借人及其他债权人。这些使用者不能要求主体直接向他们提供信息，而必需依靠通用目的财务报表。当在编制财务报表中进行重要性判断时，主体不应只针对其母公司和现有债权人进行信息披露。主体在进行重要性判断时，应同时考虑其潜在投资者、出借人及其他债权人的信息需求。

15　在进行重要性判断时，主体还应考虑到其主要使用者预期具有合理的商业和经济活动知识，且主要使用者将勤勉地审阅和分析财务报表中的相关

[①] 参见《概念框架》第 OB5 段。
[②] 参见《概念框架》第 OB9 段和第 OB10 段。

信息。①

主要使用者的决策

16 主体需要考虑其主要使用者基于财务报表作出的决策类型，以及他们作出这些决策所需的信息。

17 主体财务报表的主要使用者会作出关于向主体提供资源的决策。这些决策包括买卖或持有权益工具和债务工具，提供或收回贷款及其他形式的信贷，② 以及行使在持有投资期间的权利（例如，对于影响主体经济资源使用的管理层行为，行使投票权或者用其他方式施加影响的权利）。③ 此类决策取决于主要使用者对这些工具投资的预期回报。

18 现有和潜在投资者、出借人及其他债权人对回报的预期取决于他们对主体未来净现金流入的金额、时间和不确定性的评估，④ 以及他们对管理层就主体经济资源的受托责任的评估。⑤

19 因此，主体的主要使用者需要关于如下方面的信息：

（a）主体的资源（资产），针对主体的求偿权（负债和所有者权益）以及这些资源和求偿权的变化（收入和费用）；以及

（b）关于主体管理层和治理机构履行其使用主体资源之责任的效率和效果的信息。⑥

20 如果财务信息有预测价值、验证价值或两者兼有，则能够对决策产生重要影响。⑦ 在进行重要性判断时，主体需要评估信息是否合理预期会影响主要使用者的决策，而不是评估单凭该信息是否合理预期会改变他们的决策。

满足主要使用者的信息需求

21 财务报表的目标是提供关于报告主体的、有助于主要使用者作出关于向主

---

① 参见《概念框架》第 QC32 段。
② 参见《概念框架》第 OB2 段。
③ 国际会计准则理事会（理事会）认为，主要使用者的资源分配决策包括在持有投资期间行使权利（例如，对于影响主体经济资源使用的管理层行为，行使投票权或者用其他方式施加影响的权利）所需的决策。在对经修订的《概念框架》进行审议中，理事会已初步决定澄清这一点，而这一点之前隐含于"持有权益工具的决策"一词的含义内。
④ 参见《概念框架》第 OB3 段。
⑤ 《征求意见稿（ED/2015/3）：财务报告概念框架》（《概念框架征求意见稿》）第 1.3 段建议重新引入"受托责任"，并明确解释投资者、出借人和其他债权人对回报的预期也取决于他们对管理层就主体资源的受托责任的评估。在对经修订的《概念框架》进行审议中，理事会已初步决定确认这一点。
⑥ 参见《概念框架》第 OB4 段。
⑦ 参见《概念框架》第 QC7 段。

体提供资源的决策的财务信息。但是，通用目的财务报表不会且无法为主要使用者提供其所需的所有信息。① 因此，主体旨在满足主要使用者的共同信息需求，而不是为了满足特定使用者的特有的信息需求。

例 E——主要使用者的特殊或个别信息需求

背景

二十名投资者各持有某主体百分之五的投票权。其中一名投资者对该主体在特定地区的支出信息特别感兴趣，因为该投资者在同一地区经营着另一项业务。主体并不合理预期该信息会影响其他主要使用者基于主体财务报表作出的决策。

应用

在进行重要性判断时，主体不需要考虑该单一投资者的特定信息需求。该主体认为，关于其在特定地区的支出信息对于其整个主要使用者群体而言是不重要的信息，因此决定不在其财务报表中披露。

22 为满足主要使用者的共同信息需求，主体应首先分开识别在《概念框架》中定义的三类主要使用者中某一类使用者的共同信息需求，例如，先评估（现有和潜在）投资者的信息需求，接下来再对剩余两类主要使用者，即（现有和潜在）出借人以及（现有和潜在）其他债权人重复该评估。将识别出的各类信息需求汇总起来即是主体旨在满足的主要使用者的共同信息需求。

23 换句话说，对共同信息需求的评估不要求识别所有现有和潜在投资者、出借人和其他债权人之间共同的信息需求。主体识别出的部分信息需求可能对三类主要使用者来说是共同的，而另一些信息需求则可能只针对其中一类或两类主要使用者。如果主体仅关注所有类别的主要使用者的共同信息需求，则可能会排除仅满足某一类使用者需求的信息。

公开信息的影响

24 财务报表的主要使用者通常还会考虑来自财务报表以外的信息。例如，他们可能还会考虑年度报告的其他内容，有关主体经营所在行业的信息，其竞争对手和宏观经济状况，主体发布的新闻稿以及其他文件。

25 但是，财务报表应是一份综合性文件，旨在向主要使用者提供对其作出向

---

① 参见《概念框架》第 OB6 段。

主体提供经济资源有用的关于主体的财务状况、财务业绩和现金流量的信息。因此，主体在评估信息是否对财务报表有重大影响时不应考虑该信息是否可以从其他来源公开获取。

26 此外，信息可公开获得性不能免除主体在财务报表中提供重要信息的义务。

例 F——主体的新闻稿对重要性判断的影响

背景

主体在报告期内进行了一次企业合并，该收购使主体在其某一个主要市场的业务规模翻了一番。在收购日，主体发布了一份新闻稿对此次企业合并的主要原因进行全面的解释，同时说明如何获得被收购业务的控制权以及与此次收购相关的其他信息。

应用

在编制财务报表时，主体首先考虑《国际财务报告准则第 3 号——企业合并》中的披露要求。《国际财务报告准则第 3 号》第 B64（d）段要求，对于报告期内发生的每项企业合并，主体应披露"企业合并的主要原因以及收购方如何取得对被收购方的控制权的说明"。

鉴于此次收购的交易规模相较主体规模的比重，且主体预期该收购将对主体的经营产生重大影响，因此，主体认为此次企业合并的信息是重要的。在此情况下，即使有关该企业合并的主要原因及其如何获得控制权的说明已包含在公开声明中，主体也应在其财务报表中提供相关信息。

与当地法律法规的关系

27 主体的财务报表必须符合国际财务报告准则的要求，包括重要性方面的相关要求，这样主体才能声明其遵循了国际财务报告准则。因此，即使当地法律法规允许，打算作出国际财务报告准则遵循声明的主体所提供的信息也不能少于准则要求的信息。

28 尽管如此，当地法律法规仍可能有具体规定影响财务报表中提供的信息。在这种情况下，国际财务报告准则允许提供符合当地法律或监管要求的信息，即使该信息根据准则中关于重要性要求而言不重要。但是，此类信息不得掩盖（译者注：原文为 obscure，在本书中，我们有时将其翻译为淹没或模糊化）根据国际财务报告准则属于重要的信息。①

例 G——根据国际财务报告准则属于不重要，而当地法律法规要求披露的信息

背景

某主体是一个在 ABC 国家经营食品的零售商。在该国，对该行业的研发投入通常较为有限；然而，政府要求所有主体在其财务报表中披露当期发生的研发支出合计金额。

在本报告期内，该主体确认了少量的研发活动支出作为费用，没有将任何研发支出资本化。

在编制财务报表时，该主体认为根据国际财务报告准则要求，关于在此期间发生的研发支出信息披露不重要。

应用

为遵循当地法规，该主体在其财务报表中披露报告期内发生的研发支出的信息。国际财务报告准则允许主体在其财务报表中披露该信息，但主体需要对其披露结构进行安排以确保重要信息不被淹没。

例 H——当地法律法规不要求披露，但根据国际财务报告准则属于重要的信息

背景

某主体经营所在国政府要求当主体处置的不动产、厂场和设备（简称"固定资产"）账面价值超过总资产特定比例时，主体应披露其固定资产处置的详细信息。

在本报告期内，主体处置的固定资产低于当地法规规定的临界值。此交易对方是其关联方，该关联方向主体支付的金额低于所处置资产的公允价值。

在编制财务报表时，主体运用判断得出结论认为有关该处置的详细信息是重要的，主要依据为交易的条款，以及该交易为关联方交易这一事实。

应用

即使当地法规仅在被处置的固定资产的账面价值超过总资产特定比例时才要求披露其处置细节，但为了遵循国际财务报告准则，该主体仍披露该处置的相关信息。

---

① 参见《国际会计准则第 1 号》第 30A 段和《国际会计准则第 1 号》结论基础第 BC30F 段。

就重要性作出判断

重要性判断流程概述

29 在编制财务报表时,主体可能会发现在进行重要性判断时采用系统化流程是有帮助的。以下段落中描述的四步法就是该流程的一个示例。该流程概述了重要性在编制财务报表时所起的作用,重点说明了主体在进行重要性判断时应考虑的因素。在本《实务公告》中,这个四步法被称为"重要性判断流程"。

30 重要性判断流程描述了出于列报和披露以及确认和计量的目的,主体可以如何评估信息是否重要。该流程列举了进行重要性判断的一种可能方式,但它包含主体为声明遵循国际财务报告准则所必须应用的重要性要求。该重要性判断流程考虑了潜在的信息省略和潜在的信息错报,在非必要的情况下纳入不重要的信息,以及不重要信息是否掩盖了重要信息。在所有情况下,主体都需要关注信息如何合理预期会影响其财务报表主要使用者的决策。

31 在编制财务报表时评估重要性涉及判断。该重要性判断流程旨在提供实务指引帮助主体以高效且有效的方式进行判断。

32 重要性判断流程并不旨在描述为满足当地法律和监管目的而进行的重要性评估过程。主体应参考当地的要求,来评估其是否符合当地的法律法规。

重要性判断四步法

33 在编制财务报表的过程中,以下几个步骤是评估重要性的一种可能途径,总体来说如下:

(a) 第一步——识别,识别可能重要的信息。

(b) 第二步——评估,评估第一步中识别出的信息是否确实重要。

(c) 第三步——组织,在财务报表草稿中组织信息,以便将信息清晰简明地传达给主要使用者。

(d) 第四步——复核,复核财务报表草稿,在完整财务报表的基础上确定是否已识别出所有重要的信息,并汇总考虑了其重要性。

具体如图 1 所示。

34 在编制财务报表时,主体可以依赖前期的重要性评估,前提是它在情况发生变化以及获得任何新的或更新的信息时,主体都重新考虑了重要性。

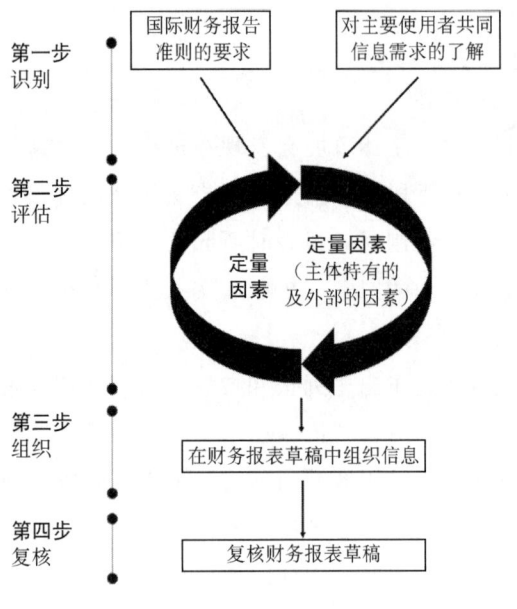

图 1　重要性判断四步法

第一步——识别

35　主体应识别主要使用者为作出关于向主体提供资源的决策而可能需要了解的、有关主体交易、其他事项和情况的信息。

36　在识别该等信息时，主体的出发点是考虑适用于其交易、其他事项和情况的国际财务报告准则的要求。以此为出发点是因为在制定某项会计准则时，理事会需要识别信息，这些信息预期将在多种情况下满足广泛的主要使用者对不同主体的需求。①

37　当理事会制定准则时，它还会考虑提供信息的效益与遵循该准则要求的成本之间的平衡。但是，遵循国际财务报告准则要求的成本不是主体在作重要性判断时应考虑的因素——主体不应考虑遵循国际财务报告准则要求所需的成本，除非准则有明确的许可。

38　除了国际财务报告准则所规定的以外，主体在识别信息时也需要考虑主要使用者的共同信息需求（参见第 21～第 23 段），以便主要使用者可以了解主体的交易、其他事项和情况对主体的财务状况、财务业绩以及现金流量的影响（参见第 10 段）。现有和潜在的投资者、出借人以及其他债权人需

---

① 参见《概念框架》第 OB8 段。

要关于主体资源（资产）的信息，针对主体的求偿权（负债和权益）的信息，这些资源和求偿权变化（收入和费用）的信息，以及那些能够帮助他们评估主体的管理层和治理机构履行其使用主体资源之责任的效率和效果的信息。①

39　第一步的结果是识别出一系列可能的重要信息。

第二步——评估

40　在第二步中，主体需要评估第一步识别的可能的重要信息是否确实重要。在开展此评估时，主体需考虑是否合理预期其主要使用者在基于财务报表作出关于向主体提供资源的决策时会受到信息的影响。主体应在整个财务报表的层面执行此评估。

41　主体可能出于不同原因认为某一信息项目是重要的。这些原因包括项目性质或规模，或者两者兼而有之，需要根据主体的特定情况进行判断。② 因此，作出重要性判断同时涉及定性以及定量的考虑。对主体而言，单纯依靠数字化的指引或者应用统一的量化起点值来确定重要性都是不恰当的（参见第 53－55 段）。

42　下列段落描述了一些主体应使用的常见"影响重要性的因素"，它们可帮助主体识别某一信息项是否是重要的。这些因素可分为以下两类：

（a）定量的因素；以及

（b）定性的因素——主体特有的及外部的因素。

43　第二步的结果是初步确定一系列的重要信息。对于列报和披露而言，这涉及主体需要在其财务报表中提供哪些信息及其信息详尽程度③（包括确定主体在财务报表中提供的适当汇总层次）。对于确认和计量而言，第二步的结果涉及信息的识别，如果这些信息不被确认或发生其他错报，则合理预期将影响主要使用者的决策。

定量因素：

44　主体通常通过考虑交易、其他事项或情况对主体财务状况、财务业绩和现金流量的影响程度，以评估信息是否具有数量上具有重要性。主体在评估过程中不仅应考虑其在主要财务报表中确认的影响的大小，还应考虑任何

---

① 参见《概念框架》第 OB4 段。
② 参见《国际会计准则第 1 号》第 7 段以及《国际会计准则第 8 号》第 5 段。
③ 参见《国际会计准则第 1 号》第 29 段。

未确认项目（例如，或有负债、或有资产）可能对主要使用者在主体财务状况、财务业绩和现金流量的总体看法方面产生的影响。主体需要评估这种影响是否重大，该重大性体现在能够合理预期有关交易、其他事项或情况的信息会影响主要使用者作出关于向主体提供资源的决策。

45 需要通过判断来确定主体进行定量评估的指标。该判断取决于哪些指标对主体财务报表的主要使用者而言是有兴趣关注的。例如，这些指标包括主体的收入、主体的盈利能力、财务状况比率和现金流量等指标。

定性因素：

46 在本《实务公告》中，定性因素是指主体的交易、其他事项或情况（或其背景环境）的特征，该等特征的存在使信息更有可能影响主体财务报表主要使用者的决策。仅仅存在定性因素不一定会使信息具有重要性，但可能会增加主要使用者对该信息的兴趣。

47 在进行重要性判断时，主体应考虑主体特有的和外部的定性因素。这些因素将在以下段落中分别介绍。但是，在实务中，主体可能需要同时考虑主体特有的和外部的这两种因素。

48 主体特有的定性因素是指主体的交易、其他事项或情况的特征。这些因素的示例包括但不限于以下：
（a）主体的关联方的参与；
（b）偶发的或非标准化的交易或其他事项或情况；或者
（c）意外的变化或意外的变化趋势。在一些情况下，某个虽然在数量上不重要的金额但与财务报表中提供的前期金额相比，出现了意外的变动，实体主体可能认为其具有重要性。

49 主体财务报表的主要使用者的信息相关性也可能受到主体经营背景环境的影响。外部定性因素是指主体的交易、其他事项或情况发生的背景环境的特征，该等特征的存在使信息更有可能影响主要使用者的决策。可能代表外部定性因素的主体背景环境的特征包括，但不限于主体的地理位置、其行业部门或主体经营所处的（多个）经济环境的状况。

50 由于外部定性因素的性质，在同一背景环境下经营的各个主体可能会共同面对若干相同的外部定性因素。另外，外部定性因素可能长时间不变，也可能随着时间的推移有所变化。

51 在一些情况下，如果主体没有面临相同行业里的其他主体所面临的风险，那么可以合理预期这个因素将影响其主要使用者的决策。也就是说，关于没有暴露于某一特定风险的信息可能是具有重要性的信息。

定性和定量因素的相互作用：

52 主体可能基于一项或多项重要性因素确定某一项信息是重要的。通常来说，一个特定项目适用的因素越多，或者这些因素越显著，这个项目越可能是重要的。

53 虽然重要性因素之间没有等级，但先从定量角度评估信息项目可能是评估重要性的高效方法。如果主体仅根据交易、其他事项或情况的影响大小即可将某项信息识别为重要信息，则主体不必再就其他重要性因素进一步评估此项信息。在这些情况下，一个定量起点值（用于评估规模的其中一项指标的特定水平、比率或金额）能够成为一个重要性判断的有用工具。然而，单独的定量评估并不总能够充分证明某项信息不具重要性。主体应进一步评估定性因素的情况。

54 定性因素的存在降低了定量评估的起点值。定性因素越显著，定量起点值就越低。然而，在某些情况下，尽管存在定性因素，主体也可能认为某项信息不重要，因为它对于财务报表的影响很小，以至于不会合理预期它将对主要使用者的决策产生影响。

55 在另一些情况下，一项信息合理预期能够影响主要使用者的决策而与其规模无关，即定量起点值甚至可以被降低至为零。当有关交易、其他事项或情况的信息被主体财务报表的主要使用者高度细致审查时，将可能会发生这种情况。此外，有时无法进行定量评估：非数字化的信息可能只能从定性角度进行评估。

例 I——关于关联方交易的信息被评估为具有重要性

背景

某主体已将其盈利能力的衡量指标确定为其财务报表主要使用者十分关注的指标。在当前报告期内，该主体与 ABC 公司签订了一份为期五年的合同。ABC 公司将向该主体提供办公室的维护服务，并收取年费。ABC 公司由该主体的一位关键管理人员控制。因此，ABC 公司是该主体的关联方。

应用

《国际会计准则第 24 号——关联方披露》要求主体就报告期间发生的每一关

联方交易，披露关联方关系的性质以及为报表使用者理解关联方关系对财务报表的潜在影响所必需的关于交易和未结算余额（包括承诺）的信息。

该主体在编制财务报表时评估与 ABC 公司的交易信息是否具有重要性。

该主体首先从定量的角度进行评估，运用盈利能力的指标评估关联方交易的影响，并初步认为单纯从定量角度来看此项关联方交易的影响并不重要。之后，该主体进一步评估了是否存在定性因素。

正如理事会在制定《国际会计准则第 24 号》时所指出的，关联方之间可能发生非关联方之间不会发生的交易，并且交易的定价可能与非关联方之间的交易价格不同。

该主体认为，维护服务协议与关联方签订的事实特征将使有关该交易的信息更可能影响其主要使用者的决策。

该主体进一步从定量的角度评估了该项交易，以确定在结合关联方交易的事实考虑时，交易的影响是否会合理预期影响主要使用者的决策（即定性因素的存在降低了定量起点值）。在考虑了关联方交易的因素后，该主体的结论是该项交易的影响足以合理预期会影响主要使用者的决策。因此，该主体认为关于与 ABC 公司交易的信息具有重要性，并且将交易信息在财务报表中披露。

例 J——关于关联方交易的信息被评估为不具有重要性

背景

某主体已将其盈利能力的衡量指标确定为其财务报表主要使用者十分关注的指标。该主体拥有大量车辆。在当前报告期内，该主体向 DEF 公司出售了一辆基本折旧完毕的车辆。该主体转让车辆的总对价符合该车辆的市场价格及其账面价值。公司 DEF 由主体的一位关键管理人员控制。因此，DEF 公司是该主体的关联方。

应用

该主体在编制财务报表时评估与 DEF 公司的交易信息是否具有重要性。

如例 I 中所述，该主体首先从定量的角度进行评估，运用盈利能力的指标评估关联方交易的影响，并初步认为单纯从定量角度来看此项关联方交易的影响并不重要。之后，该主体进一步评估了是否存在定性因素。

该主体转让车辆的总对价符合该车辆的市场价格及其账面价值。然而，该主体认为，车辆被出售给关联方的事实特征将使有关该交易的信息更可能影响其主要使用者的决策。

该主体进一步从定量角度评估了此项交易，但结论是该交易的影响太小，即使在结合关联方交易的事实考虑时，也不足以合理预期其会影响主要使用者的决策。因此，该项与 DEF 公司的交易被评估为不具有重要性且不在财务报表中披露。

例 K——外部定性因素对重要性判断的影响

背景

一家国际银行持有的一些少量债权源自于某一正经历着严重财政困难。与该主体在同一行业经营的其他国际银行持有源自该国的大量债权，因此受到该国财政困难的显著影响。

应用

《国际财务报告准则第 7 号——金融工具：披露》第 31 段要求主体披露信息，以使其财务报表使用者能够评估主体在报告期末所面临的金融工具产生的风险的性质和程度。

该银行在编制财务报表时评估了持有源自该国少量债权的事实是否构成重要信息。

在评估过程中，该银行考虑了在同一行业经营的其他国际银行面临的该特定债务风险（外部定性因素）。

在这种情况下，该银行持有源自该国的少量债权（甚至完全不持有相关债权）而在同一行业经营的其他国际银行持有大量源自该国债权这一事实，为该主体的主要信息使用者提供了有用的信息，相关信息反映出银行管理层如何有效地保护银行资源免受该国经济状况的不利影响。

该银行认为即使不存在该风险暴露，信息也具有重要性并披露在其财务报表中。

第三步——组织

56 清晰和简明地对信息进行分类、界定其特征和列报使信息具有可理解性。①

---

① 参见《概念框架》第 QC30 段。

主体在决定如何清晰和简明地传达信息时应运用判断。例如，为更可能清晰和简明地传达信息，主体通常通过以下方式组织在第二步中被识别的重要信息：

（a）强调重要的事项；

（b）根据主体自身情况对信息进行裁适；

（c）在既不省略重要信息，也不会无谓地增加财务报表长度的前提下，尽可能简单直接地描述主体的交易、其他事项和情况；

（d）强调不同信息之间的关系；

（e）以适合其类型的格式提供信息，例如提供表格或进行叙述；

（f）尽可能地增加信息在各主体间和各报告期间的可比性；

（g）避免或者尽量减少在财务报表的不同部分重复相同的信息；以及

（h）确保非重要信息不会淹没重要信息。

57　以不清晰的方式组织信息会降低财务报表对于主要使用者的可理解性。同样地，若主体将不同性质和作用的重要项目汇总在一起，或者重要信息不明确，例如被诸多非重要信息掩盖①，也会降低财务报表的可理解性。

58　另外，主体应考虑主要财务报表及附注的不同作用，从而确定是否将某个信息项目在主要财务报表中单独列报、与其他信息汇总列报，还是将其披露在附注中。

59　第三步的结果是形成财务报表草稿。

第四步——复核

60　主体需要在单项层次以及结合其他信息②在整个财务报表层次来进行信息的重要性评估。即使某项信息经单独判断不重要，它与其他信息相结合后对于整个财务报表来说也可能是重要的。

61　在复核其财务报表草稿时，主体根据其拥有的关于交易、其他事项和情况的知识和经验，来确定是否已在财务报表中提供所有重要信息，并适当地突出了这些重要信息。

62　这一复核步骤使主体有机会"退一步思考"，并从总体上考虑所提供的信息。这使主体能够考虑其财务状况、财务业绩和现金流量的总体情况。在

---

① 参见《国际会计准则第1号》第30A段。
② 参见《国际会计准则第1号》第7段和《国际会计准则第8号》第5段。

进行该复核时，主体还应考虑：

（a）是否已经识别出不同信息项目之间的所有相关关系。识别出信息之间的新关系，可能会导致该信息首次被确定为重要信息。

（b）在单独考量时不具有重要性的信息项目，当与其他信息结合在一起时，是否仍然合理预期会影响主要使用者的决策。

（c）财务报表中的信息是否以有效且易于理解的方式传达，并且组织信息的方式不会淹没重要信息。

（d）财务报表是否公允地反映了主体的财务状况、财务业绩和现金流量。①

63 复核可能导致：

（a）增加在财务报表中提供的信息；

（b）将之前已被识别的重要信息更加细化；

（c）将之前已被识别为不重要的信息移出财务报表，以避免它们对重要信息造成干扰；或者

（d）将财务报表中重新组织信息。

64 第四步中的复核还可能使主体质疑在第二步中执行的评估，并决定重新执行该评估。由于重新执行了第二步的评估，主体可能会认为先前确定为重要的信息实际上并不重要，并将其从财务报表中删除。

65 第四步的结果是形成最终的财务报表。

特定问题

前期信息

66 主体对整体财务报表作出重要性判断，包括财务报表中提供的前期信息②。

67 国际财务报告准则要求主体就当期财务报表中报告的所有金额提供前一期间的信息。③ 此外，如果前期的叙述性和描述性信息与理解当期财务报表相关，则准则要求主体提供该等前期信息。④ 最后，准则要求主体至少列报两期财务状况表、两期损益和其他综合收益表、两期损益表（如果单独

---

① 参见《国际会计准则第1号》第15段。

② 在本《实务公告》中，如果财务报表包括的数字或者信息涉及多个期间，则"前期"一词指多个以前期间。

③ 除了国际财务报告准则允许或者要求以外，参见《国际会计准则第1号》第38段。

④ 参见《国际会计准则第1号》第38段。

列报的话）、两期现金流量表、两期权益变动表及相关附注。① 这些要求是准则确定的最低可比信息。②

68 评估前期信息是否对当期财务报表而言具有重要性，可能会导致主体：

(a) 提供更多的前期信息，多于上期财务报表中提供的信息（参见第 70 段）；

(b) 提供更少的前期信息，少于上期财务报表中提供的信息（参见第 70 段）。

69 在决定当期财务报表中提供哪些前期信息时，主体还需要考虑在当地法律或法规对财务报表中提供前期信息的要求。除了准则要求的最低可比信息之外，这些当地法律或法规可能要求主体在财务报表中提供额外的前期信息。准则允许包含此类额外的信息，但前提是其是按照国际财务报告准则来编制的③，并且不会掩盖重要的信息。④ 但是，即使当地法律法规允许，拟作出国际财务报告准则遵循声明的主体所提供的信息也不能少于准则要求的信息。

之前未提供过的前期信息

70 主体必须提供便于理解当期财务报表所需的前期信息，⑤ 无论该信息是否在前期财务报表中提供过——此要求不以前期财务报表中是否提供该等前期信息为条件。因此，如果前期信息是主要使用者了解当期财务报表所必需的，则即使之前未提供过，也需要提供。

例 L——之前未提供过的前期信息

背景

在前一期间，某主体所持有的尚未偿还债务的金额很小。在前一期间作评估时，有关此债务的信息被认为是不重要的，因此该主体未披露债务到期期限分析来反映剩余合同到期日，也没有提供《国际财务报告准则第 7 号——金融工具：披露》第 39（a）段所要求的其他信息。

---

① 参见《国际会计准则第 1 号》第 38A 段。
② 《国际会计准则第 1 号》第 10（f）段还要求当主体采用追溯调整法进行会计变更，或者以追溯调整法来重述财务报表中的项目，又或者根据《国际会计准则第 1 号》第 40A–40D 段对财务报表项目进行重分类时，主体应提供前期期初的财务状况表。
③ 参见《国际会计准则第 1 号》第 38C 段。
④ 参见《国际会计准则第 1 号》第 30A 段和《国际会计准则第 1 号》的结论基础第 BC30F 段。
⑤ 参见《国际会计准则第 1 号》第 38 段。

在当前期间，该主体发行了大量债务。该主体得出结论，有关债务期限的信息是重要信息，并以表格的形式在当期财务报表中披露。

应用

主体可能会得出结论认为，主要使用者需要在财务报表中包括前期债务到期期限分析以便理解当期财务报表。在这种情况下，对前期尚未偿还债务余额的到期日进行叙述性描述可能已经足够充分。

对前期信息的汇总

71　除为了遵循当地法律或法规对编制财务报表或财务报表审计的要求之外，主体不应在当期财务报表内机械地重复提供在前期财务报表内提供的所有信息。相反，主体可以汇总前期信息，保留主要使用者理解当期财务报表所需的信息。

例 M——对前期信息的汇总

背景

某主体在前期财务报表中披露了一项法律纠纷的细节，该纠纷导致在该前期期间内确认了一项预计负债。根据《国际会计准则第 37 号——准备、或有负债和或有资产》，主体在前期财务报表中详细描述了有关该纠纷可能的现金流出金额和时间的不确定性，以及与未来事项有关的主要假设。

在当前期间，大部分不确定因素已经消除，虽然原负债还尚未支付，但法院的公告证实了该主体已在财务报表中确认的金额。

该主体考虑了相关的当地法律、法规和其他报告要求，并得出结论认为，没有关于必须将前期信息纳入本期财务报表的当地规定。

应用

在这种情况下，根据国际财务报告准则要求，主体可能无须在当期财务报表中复制前期财务报表中提供的有关法律纠纷的所有信息。由于大多数不确定性已得到解决，当期财务报表的使用者可能不再需要有关这些不确定性的详细信息。相反，主体可以汇总和更新有关这些不确定性的信息，以反映当前期间的事项和情况以及之前报告的不确定性如何得以解决。

差错

72　差错是指由于未使用或错误使用可获得或能够合理预期可获得的可靠信息，

从而导致的主体财务报表中的遗漏和/或错报。① 重大差错是指单独或共同可能合理预期会影响主要使用者根据这些财务报表作出的决策的差错。差错可能会影响附注中披露的叙述性描述，以及主要财务报表或附注中所报告的金额。

73　主体必须更正所有重大差错，以及为实现其财务状况、财务业绩或现金流量的特定列报而故意造成的任何非重大差错，以确保符合国际财务报告准则的要求。② 主体应参考《国际会计准则第8号》，获取有关如何进行会计差错更正的指引。

74　主体并非必需更正不是故意为实现特定列报而造成的非重大差错，以确保遵循国际财务报告准则。然而，在编制财务报表时更正所有差错（包括那些非重大差错）可以降低非重大差错在各报告期间累积并转变为重大差错的风险。

75　主体应用在重要性判断流程中概述的相同考虑因素，评估差错是否为重大差错。对差错作出重要性判断涉及定量和定性考虑。主体应识别出相关信息，如果它们被错报或遗漏，可合理预期对主要使用者的决策产生影响（如重要性判断流程第一步和第二步中所述）。主体还需要从综合的角度考虑已识别的差错是否为重大差错（如重要性判断流程的第四步中所述）。

76　在判断某项差错本身并不重大的情况下，当与其他信息结合考虑时，该差错可能会被视为重大差错。然而，一般而言，如果经单独评估某项差错为主体财务报表的重大差错，那么存在对主体财务状况、财务业绩或现金流量产生反向影响的其他差错，既不会使该差错成为非重大差错，也不会消除更正该差错的必要性。

例 N——单独和综合评估会计差错

背景

某主体已将其盈利能力的衡量指标确定为其财务报表主要使用者十分关注的指标。在当前报告期内，该主体：

（a）预提了本不该确认的费用CU100*。该预提项目影响的单列项目是"服务成本"。

---

① 参见《国际会计准则第8号》第5段（截取自前期差错的定义）。
② 参见《国际会计准则第8号》第41段。

(b) 转回了本不该转回的、在前期确认的预计负债 CU80。该转回影响的单列项目是"其他营业收入（费用）"。

应用

在评估这些差错是否对其财务报表有重大影响时，该主体并未识别出任何定性因素，因而仅从定量角度对其重要性进行判断。该主体的结论是，鉴于它们对其利润的影响，这两项差错单独来看都是重大差错。

在这种情况下，从净额的角度（即多计费用 CU20）考虑差错的量化影响，从而得出结论认为不需要更正已识别差错的做法是不恰当的。如果经单独评估某项差错为主体财务报表的重大差错，则即使存在对主体财务状况、财务业绩或现金流量产生反向影响的其他差错，也不能消除更正该差错的必要性，同时不会使该差错变成非重大差错。

* 在这个示例中，货币金额以"货币单位"（CU）表示。

累积差错

77 主体可能在若干报告期内累积非重大差错，这些差错无论是从单个前期还是所有前期累积来看，都是非重大差错。累积超过一个报告期间的未更正差错有时称为"累积差错"。

78 主体无须对在前期财务报表批准报出时、就这些财务报表的累积差错作出的重要性判断在后续期间进行重新审视，除非该主体没有使用或错误使用了下列信息：

（a）在这些期间的财务报表批准报出时可获得的信息；

（b）在编制这些财务报表时能够合理预期已经获得并加以考虑的信息。[①]

79 为评估累积差错是否转变为当期财务报表的重大差错，主体需在当前期间考虑：

（a）主体的情况是否已发生变化，导致对当前期间的重要性评估结果不同；

（b）当前期间的差错是否被进一步累积到已发生的累积差错上。

80 如果累积差错已经转变为当期财务报表的重大差错，则主体必须更正相关累积差错。

---

① 参见《国际会计准则第 8 号》第 5 段。

例 O——在当期对累积差错的评估

背景

某主体于三年前购买了一处厂房。该厂房的使用寿命为 50 年，残值约占厂房成本的 20%。该主体于三年前开始使用该厂房，但尚未确认任何折旧（累积差错）。在每一个前期期间，该主体经评估认为没有对厂房计提折旧这一差错，对相关期间的财务报表而言，无论单独考虑还是累积而言均是非重大差错。没有迹象表明在前期作出的重要性判断是错误的。

在当前期间，该主体开始对厂房计提折旧。

在同一期间，该主体的盈利能力大幅下降（属于《实务公告》第 79（a）段所述的情况类型）。

应用

在编制当期财务报表进行重要性判断时，该主体得出结论认为相关累积差错对当期财务报表是重大差错。

在这种情形下，该主体无须重新审视其在以前各期所作的重要性评估。但是，由于在当前期间累积差错转变为当期财务报表的重大差错，因此该主体必须按照《国际会计准则第 8 号》中的要求进行差错更正。

关于契约限制的信息

81 主体需要评估有关贷款协议条款（契约，译者注：原文为 covenant，直译为契约，具体指的是债务契约的限制性条款）的存在和条款的信息，或违反契约限制等情况的重要性，以决定是否在财务报表中提供与契约限制相关的信息。该评估的方式与其他信息相同，即通过考虑是否可以合理预期该信息会影响其主要使用者根据主体财务报表作出的决策（参见从第 33 段开始的"重要性判断流程四步法"）。

82 尤其，当存在契约限制时，主体需要考虑以下两项：

（a）发生违约的后果，即违反契约限制对主体财务状况、财务业绩和现金流量的影响。如果这些后果会影响主体的财务状况、财务业绩或现金流量，从而合理预期影响主要使用者的决策，则有关契约限制的存在及其条款的信息很可能是重要的。相反，如果违反契约限制的后果不会如上述般影响主体的财务状况、财务业绩或现金流量，则可能不需要披露有关契约限制的信息。

(b) 发生违反契约限制的可能性。发生违反契约限制的可能性越大，关于契约限制的存在和契约限制条款的信息就越有可能是重要的。

83 在评估关于契约限制的信息是否重要时，主体应将第 82（a）~82（b）段中提及因素的结合起来考虑。当关于契约限制的信息会影响主体的财务状况、财务业绩或现金流量，从而合理预期影响主要使用者的决策，但发生违约的可能性极小时，该等信息被认为是不重要的。

例 P——评估契约限制的信息是否重要

背景

某主体的规模在过去五年中迅速增长，但最近出现了一些流动性问题。在当前报告期间，该主体获得了一项长期贷款。贷款协议包括一项条款，要求主体在每个报告日所计算出的债务权益比率低于指定的临界值（契约限制）。根据贷款协议的规定，债务权益比率必须根据主体基于国际财务报告准则编制的财务报表中列报的债务和权益数据计算。如果主体违反该契约限制，则需立即归还全部贷款。当地法律或法规没有要求主体在财务报表中披露债务契约限制性条款的内容。

应用

《国际财务报告准则第 7 号——金融工具：披露》第 31 段要求主体披露信息，以使其财务报表使用者能够评估主体在报告期末所面对的金融工具产生的风险的性质和程度。

在编制财务报表时，主体评估有关契约限制存在及其条款的信息是否为重要信息，同时考虑到违约的后果以及发生违约的可能性。

在这种情况下，该主体得出结论认为，鉴于最近的流动性问题，长期贷款还款计划提前（发生违反契约限制的后果）将影响主体的财务状况和现金流量，从而合理预期将影响主要使用者的决策。

主体还将考虑违约发生的可能性。

情形 1——出借人以该主体编制的三年商业计划为基础来确定契约限制的指标临界值，对预测数字增加了 10% 的容忍度。

在这种情形下，即使该主体曾经完成了过去的商业计划，它也应认为违约发生的可能性高于极小可能（译者注：原文为 higher than remote）。因此，有关契约限制存在及其条款的信息被评估为重要信息，并在主体的财务报表中披露。

情形2——出借人以该主体编制的三年商业计划为基础来确定契约限制的指标临界值,对预测数字增加了 **200%** 的容忍度。

在这种情形下,该主体根据其完成商业计划的历史情况,以及契约限制指标临界值中包含的容差幅度(译者注:原文为 tolerance),将违约发生的可能性评估为极小。因此,虽然违反契约限制的后果会影响主体的财务状况和现金流量,从而合理预期影响主要使用者的决策,但该主体认为有关契约限制存在及其条款的信息并不重要。

对中期报告的重要性判断

84 主体在编制年度财务报表和根据《国际会计准则第 34 号——中期财务报告》编制中期财务报告时,都需要作出重要性判断。在这两种情况下,主体都可以应用第 29~65 段所述的重要性判断流程。对于中期财务报告的重要性评估,主体考虑与年度评估中相同的重要性因素。然而,主体也需考虑到中期财务报告涵盖的期间和报告目的与年度财务报表有所不同。

85 在对其中期财务报告作出重要性判断时,主体需关注该报告所涵盖的期间,这体现在:

(a)主体应评估中期财务报告中与中期财务数据(而非年度数据)有关的信息是否重要。①

(b)主体在应用重要性因素时,需同时注重当前中期的数据,以及当有一个以上的中期期间(例如,存在季度报告)的情况下,当年年初到该期期末的数据。②

(c)主体可能考虑是否在中期财务报告中提供预期对年度财务报表重要的信息。然而,如果预期对年度财务报表重要的信息但对中期财务报告而言并不重要,则无须在中期财务报告中提供。

---

① 参见《国际会计准则第 34 号——中期财务报告》第 23 段和第 25 段。
② 《国际会计准则第 34 号》第 20 段要求主体在中期财务报告中提供两个时间段的损益和其他综合收益表,这两个时间段分别是当前中期和当年年初到该期期末。

例 Q——预期对年度财务报表重要的信息

背景

主体主要向其本土市场的私人客户销售某标准化产品。在报告期间的上半年，该主体 98% 的收入来自产品 X 的销售。剩余收入主要来自主体试销的新产品线、计划在第三季度正式发行的产品 Y。该主体预期产品 Y 的收入将在年度报告期结束前大幅增加，从而使产品 Y 在整个年度期间的收入达到主体总收入的占比约 20%。

应用

《国际财务报告准则第 15 号——客户合同收入》第 114 段要求主体将合同收入分解为若干类别，这些类别应反映经济因素如何影响收入和现金流量的性质、金额、时间和不确定性。

该主体没有发现使产品 Y 的收入对中期具有重要性的定性因素。

在这种情况下，该主体得出结论认为，收入按产品线分类的信息对中期财务报告并不重要，且没有披露。即使预期后续的年度财务报表需要进行更加细致的分类，主体也不必在编制中期财务报告时，按产品线对收入进行分类。换句话说，虽然主体预期按产品线进行收入分类将成为年度财务报表的重要信息，但该事实不会影响主体中期财务报告编制过程中的重要性评估。

86 类似地，主体可能考虑是否在年度财务报表中提供仅对中期财务报告而言重要的信息。

然而，如果对中期财务报告重要的信息但对后续的年度财务报表而言并不重要，则无须在这些年度财务报表中提供或披露。

例 R——仅对中期报告而言重要的信息

背景

某主体已将其盈利能力和现金流量的衡量指标确定为其财务报表主要使用者十分关注的指标。在中期期间里，该主体建造了一个新的化学品处理设施，使其能够符合危险化学品生产和储存的环境要求。所涉及的固定资产项目符合《国际会计准则第 16 号——不动产、厂场和设备》第 11 段中的资产确认要求。

应用

《国际会计准则第 16 号》第 74（b）段要求披露处于建造过程中的固定资产

项目账面价值中确认的支出。

在编制中期财务报告时，主体从定量和定性角度评估了关于该化学品处理设施账面价值中确认的支出信息，得出结论认为这些信息对中期财务报告而言是重要的，并予以披露。

该主体在年度报告期间的下半年未发生与该化学品处理设施有关的进一步支出。在编制其年度财务报表时，主体根据年度盈利能力和现金流量指标评估了化学品处理设施账面价值中确认的支出，并得出结论认为这些信息对年度财务报表不重要。在得出该结论时，该主体没有发现任何会导致不同评估结果的定性因素。

该主体无须在其年度财务报表中披露关于其化学品处理设施账面价值中确认的支出信息。

87 在评估重要性时，主体还会考虑中期财务报告的目的，该目的与年度财务报表的目的有所不同。中期财务报告旨在提供最近的完整年度财务报表之后所发生的更新信息。① 主体无须在中期财务报告中复制对于中期期间重要、但已在最近年度财务报表中提供过的信息，除非出现新情况或需要更新信息。②

中期报告中的估计

88 当主体得出结论认为有关估计不确定性的信息是重要时，主体需要披露该信息。中期财务报告中的计量往往比年度财务报表中的计量依赖更多估计。③ 这本身并不意味着涉及估计的计量信息都具有重要性。然而，相较于年度财务报表而言，中期财务数据在更大程度上依赖估计，可能导致更多关于不确定性的信息披露具有重要性，并因此导致在中期财务报告中披露更多此类信息。

采用日期

89 本《实务公告》并没有改变国际财务报告准则的任何要求，也没有引入任何新的要求。选择采用本《实务公告》指引的主体可以在自 2017 年 9 月 14 日起编制的财务报表中采用相关指引。

---

① 参见《国际会计准则第 34 号》第 6 段。
② 参见《国际会计准则第 34 号》第 15–15A 段。
③ 参见《国际会计准则第 34 号》第 41 段。

附录

对财务报告概念框架和国际财务报告准则的引用

一、摘录自《财务报告概念框架》①

第 OB2 段
在《实务公告》第 7 段和第 17 段中引用:

通用目的财务报告的目标是提供关于报告主体的、有助于现有和潜在投资者、出借人及其他债权人作出关于向主体提供资源的决策的财务信息。这些决策包括买卖或持有权益和债务工具,以及提供或清偿贷款及其他形式的信贷。

第 OB3 段
在《实务公告》第 18 段中引用:

现有和潜在的投资者作出买卖或持有权益和债务工具的决策的主要依据是对此类工具投资的预期回报(例如股利、本金和利息付款额或市场价格增长)。类似地,现有和潜在的出借人及其他债权人作出提供或清偿贷款及其他形式信贷的决策的主要依据是预期的本金和利息付款额或其他回报。投资者、出借人及其他债权人对回报的预期取决于他们对主体未来净现金流入的金额、时间和不确定性(前景)的评估。因此,现有和潜在投资者、出借人及其他债权人需要能够帮助他们评估主体未来净现金流入前景的信息。

第 OB4 段
在《实务公告》第 19 段和第 38 段中引用:

为了评估主体未来净现金流入的前景,现有和潜在的投资者、出借人及其他债权人需要获得关于主体资源、针对主体的求偿权以及主体管理层和治理委员会履行其使用主体资源之职责的效率和效果如何的信息。这些职责的例子包括保护主体资源免受价格和技术变动等经济因素的不利影响,确保主体遵守适用的法律、法规以及合同条款。关于管理层职责履行的信息对拥有投票权或可以通过其他方式影响管理层行动的现有的投资者、出借人及其他债权人来说同样有用。

---

① 一旦修订后的《概念框架》发布,将更新本《实务公告》中《财务报告概念框架》的参考索引。

第 OB5 段

在《实务公告》第 13 段中引用：

很多现有和潜在的投资者、出借人及其他债权人无法要求报告主体直接向其提供信息，因而必须依赖通用目的财务报告来获取所需的信息。因此，他们是通用目的财务报告的主要使用者。

第 OB6 段

在《实务公告》第 21 段中引用：

但是，通用目的财务报告不会且无法为现有和潜在的投资者、出借人及其他债权人提供其所需的所有信息。这些使用者需要考虑从其他渠道获取的相关信息，例如，宏观经济状况和预期、政治事件和政治气候、以及行业和公司前景。

第 OB8 段

在《实务公告》第 36 段中引用：

财务报告主要使用者个体之间的信息需求和关注事项各不相同甚至有可能相互抵触。国际会计准则理事会（"理事会"）在制定财务报告准则时，力图提供能够满足尽可能多的主要使用者需求的信息。然而，致力于通用信息需求并不妨碍报告主体为一些特殊使用者群体提供对其最有用的额外信息。

第 OB9 段

在《实务公告》第 13 段中引用：

报告主体的管理层同样关注主体的财务信息。但是，管理层并不需要依赖通用目的财务报告，因为他们可以从主体内部获取其所需的财务信息。

第 OB10 段

在《实务公告》第 13 段中引用：

其他群体（例如，监管机构以及除投资者、出借人及其他债权人以外的公众人士）也可能认为通用目的财务报告是有用的。但是，此类报告并非主要为这些群体而编制。

第 QC7 段

在《实务公告》第 20 段中引用：

如果财务信息有预测价值、验证价值或两者兼有，则能够对决策产生重要影响。

第 QC11 段

在《实务公告》第 5 段中引用：

如果省略或错报某信息会影响使用者基于财务信息作出的关于特定报告主体的决策，则该信息就具有重要性。也就是说，重要性是就特定主体而言的相关性的一个方面，它是基于就个别主体的财务报告而言信息所涉及项目的性质或金额大小或两者兼有而确定的。因此，理事会不能为重要性制定一个统一的量化标准或预先决定在特定情况下什么是重要的。

第 QC30 段

在《实务公告》第 56 段中引用：

清晰和简明地对信息进行分类、界定其特征和列报使信息具有可理解性。

第 QC32 段

在《实务公告》第 15 段中引用：

财务报告是为具有合理的商业和经济活动知识以及认真审阅和分析财务报表的使用者而编制的。有时，即使是博学和勤勉的使用者也需要寻求顾问的帮助来理解关于复杂经济现象的信息。

二、摘录自《国际会计准则第 1 号——财务报表列报》

第 7 段（以及《国际会计准则第 8 号》的第 5 段）

在《实务公告》第 5 段、第 41 段和第 60 段中引用：

重要性，如果项目的省略或错报会单独或共同地影响使用者根据财务报表作出的经济决策，则该项目是重要的。重要性取决于在所处环境下判断的省略或错报的金额大小和性质。项目的金额大小或性质，或者二者结合起来，都可能是决定性因素。

第 7 段

在《实务公告》第 6 段中引用：

在评估一项省略或错报是否会影响使用者的经济决策，进而是否具有重要性时，要求考虑使用者的特点。[……]因此，评估需要对具备上述特征的使用者在进行经济决策时理当如何受到影响进行考虑。

第 15 段

在《实务公告》第 62 段中引用：

财务报表应公允反映主体的财务状况、财务业绩和现金流量。公允列报要求按照《框架》中规定的资产、负债、收益和费用的定义和确认标准，如实地反映交易、其他事项和情况的影响。应用国际财务报告准则，并在必要时提供附加披露，则被认为会形成公允列报的财务报表。

第 17 段

在《实务公告》第 10 段中引用：

在几乎所有情况下，主体通过遵循适用的国际财务报告准则来实现公允列报。公允列报也要求主体：

（a）根据《国际会计准则第 8 号——会计政策、会计估计变更和差错》的规定选择和应用会计政策。当在缺乏明确适用于某项目的国际财务报告准则的情况下，《国际会计准则第 8 号》提供了供管理层考虑的权威性指南的级次。

（b）按照提供相关、可靠、可比和可理解的信息的方式列报信息，包括会计政策。

（c）当遵循国际财务报告准则的具体要求不足以使报表使用者理解特定交易、其他事项或情况对主体财务状况和财务业绩的影响时，提供额外披露。

第 29 段

在《实务公告》第 43 段中引用：

主体应将相似项目的每个重要类别在财务报表内单独列报。主体应将性质不同或功能不同的项目单独列报，除非这些项目不重要。

第 30A 段

在《实务公告》第 28 段、第 57 段和第 69 段中引用：

主体在应用本国际财务报告准则和其他国际财务报告准则时，应考虑所有相关事实和情况，以决定如何汇总财务报表及附注中的信息。主体不应将重要信息淹没在不重要的信息中，也不应将性质或功能不同的重要信息汇总到一起，否则将降低财务报表的可理解性。

第 31 段

在《实务公告》第 10 段中引用：

部分国际财务报告准则规定了主体需要在财务报表（包括附注）中列报或披露的具体信息。如果披露产生的信息不重要，主体不必在财务报表中提供某项国际财务报告准则要求的具体披露。即使在国际财务报告准则包含了具体要求的清单或者规定了最低要求的情况下也是如此。当按照国际财务报告的具体要求未能向财务报表使用者提供理解特定交易、其他事项和情况对主体财务状况和财务业绩影响的充分信息时，主体还应当考虑是否提供额外信息。

第 38 段

在《实务公告》第 67 段和第 70 段中引用：

除非国际财务报告准则允许或另有要求，否则主体应列报在当期财务报表中报告的所有金额的前期比较信息。如果比较信息与理解当期财务报表相关，应包括在叙述性和说明性信息中。

第 38A 段

在《实务公告》第 67 段中引用：

主体应列报至少两期财务状况表、两期损益和其他综合收益表、两期单独的损益表（如果列报的话），两期现金流量表和两期所有者权益变动表以及相关附注。

第 38C 段

在《实务公告》第 69 段中引用：

在按照国际财务报告准则提供信息的前提下，主体可以在国际财务报告准则对比较信息的最低要求外增加列报比较信息。增加的比较信息可以由第 10 段中包括的一份或多份报表组成，但是不需要形成一套完整的财务报表。这种情况下，主体应对那些增加的报表列报相关附注信息。

结论基础第 BC30F 段

在《实务公告》第 28 段和第 69 段中引用：

《国际会计准则第 1 号》增加了第 30A 段，以强调当主体决定如何汇总财务报表中的信息时，应考虑所有相关事实和情况。第 30A 段强调，主体不应在财务报表中将重要信息淹没在不重要的信息中，也不应将性质或功能不同的重要项目汇总到一起，否则将降低财务报表的可理解性。在财务报表中将重要信息淹没在不重要的信息中，将导致重要信息难以被识别，从而降低财务报表的可理解性。该修订实际上并非禁止主体披露不重要的信息，因为理事会认为该要求不具可操作性；但是，该修订强调相关披露不应导致重要信息被掩盖。

三、摘录自《国际会计准则第 8 号——会计政策、会计估计变更和差错》

第 5 段（以及《国际会计准则第 1 号》的第 7 段）
在《实务公告》第 5 段、第 41 段和第 60 段中引用：

重要性，如果项目的省略或错报会单独或共同地影响使用者根据财务报表作出的经济决策，则该项目是重要的。重要性取决于在所处环境下判断的省略或错报的金额大小和性质。项目的金额大小或性质，或者两者结合起来，都可能是决定性因素。

第 5 段
在《实务公告》第 72 段和第 78 段中引用：

前期差错，是在一个或多个以前期间，因未使用或错误使用下列两种信息，而导致主体的财务报表有遗漏或错误表述：

（a）在上述期间财务报表授权发布时能够获取的可靠信息；以及

（b）在编报财务报表时能够合理预期已经获得并加以考虑的可靠信息。

这些差错包括计算错误、会计政策应用错误、忽视或曲解事实，以及舞弊所产生的影响。

第 8 段
在《实务公告》第 8 段中引用：

国际财务报告准则规定的会计政策是经国际会计准则理事会认可的，应用它们所编报的财务报表包含了关于交易、其他事项和情况的相关的、可靠的信息。当应用这些会计政策的影响不重要时，就不需应用这些政策。但是，对国际财务报告准则作出不重要的偏离或不更正这种不重要的偏离，以形成对主体财务状况、财务业绩或现金流量的特定列报，也是不恰当的。

第 41 段
在《实务公告》第 73 段中引用：

差错产生于财务报表要素的确认、计量、列报或披露。如果财务报表包含重要差错，或者虽然差错不重要但是故意造成的，意在形成对主体财务状况、财务业绩或现金流量的特定列报，则财务报表没有遵循国际财务报告准则。在当期发现的潜在的当期差错在财务报表授权发布之前予以更正。然而，有时重大差错直到某个后续期间才被发现，这些前期差错应在该后续期间财务报表列报的比较信息中予以更正（参见第 42 段至第 47 段）。

四、摘录自《国际会计准则第 34 号——中期财务报告》

第 6 段

在《实务公告》第 87 段中引用：

考虑及时性和成本效益原则，也为了避免重复以前已报告过的信息，主体可能被要求或可能自行选择在中期列报少于其年度财务报表的信息。本准则将中期财务报告的最基本内容界定为包括简明的财务报表和有选择的说明性附注。中期财务报告旨在列报比最近期的完整的年度财务报表更新的信息。因此，中期财务报告注重新的活动、事项和情况，不重复以前已报告过的信息。

第 15 段

在《实务公告》第 87 段中引用：

主体应在中期报告中包括那些自上一个年度报告期末日后发生的、对理解主体的财务状况和经营业绩变动而言具有重要性的事项和交易的说明。对于这些事项和交易的披露，应更新在最近的年度财务报告中列示的相关信息。

第 15A 段

在《实务公告》第 87 段中引用：

主体中期财务报告的使用者可以取得主体最近的年度财务报告。因此，对于最近年度财务报告附注中披露的信息，如果其更新相对不重要，则中期财务报告附注中不需披露该更新信息。

第 20 段

在《实务公告》第 85 段中引用：

中期报告应包括如下期间的中期财务报表（简明的或完整的）：

（a）截至本中期期末的财务状况表和截至上一个财务年度末的比较财务状况表。

（b）本中期的损益和其他综合收益表和本财务年度年初累计至今的损益和其他综合收益表，并提供上一财务年度可比中期（相当于本中期和年初至今的期间）的损益和其他综合收益表。根据《国际会计准则第 1 号》（2011 年修订），每一期间的中期报告可提供损益和其他综合收益表。

（c）本财务年度年初累计至今的权益变动表，以及上一个财务年度相当于年初至今的可比期间的比较报表。

（d）本财务年度年初累计至今的现金流量表，以及上一个财务年度相当于年初至今的可比期间的比较报表。

第 23 段

在《实务公告》第 85 段中引用：

为编制中期财务报告而决定如何确认、计量、分类或披露某项目时，其重要性程度应相对于中期财务数据进行评估。在对重要性进行评估时，应当认识到，与年度财务数据的计量相比，中期计量可能在更大的程度上依靠估计。

第 25 段

在《实务公告》第 85 段中引用：

虽然对重要性进行评估时需要运用判断，但是，为便于理解中期数据，本准则还是以中期数据本身为基础拟定确认和计量政策。因此，对异常项目、会计政策或估计变更以及差错等，应以与中期数据相关的重要性为基础予以确认和披露，以避免由于不披露而产生误导。最重要的目标是确保中期财务报告包括了与理解主体中期财务状况和经营业绩相关的所有信息。

第 41 段

在《实务公告》第 88 段中引用：

编制中期财务报告所遵循的计量程序应设计为能够确保形成的信息是可靠的，而且与理解主体的财务状况和经营业绩相关的所有重要财务信息都能够得到恰当的披露。虽然年度和中期财务报告中的计量通常都基于合理的估计，但编制中期财务报告一般需要运用比年度财务报告更多的估计。

国际会计准则理事会批准 2017 年 9 月发布的《国际财务报告准则实务公告第 2 号:就重要性作出判断》

国际会计准则理事会 12 位理事中的 12 位理事同意批准发布《国际财务报告准则实务公告第 2 号:就重要性作出判断》。①

Hans Hoogervorst	主席
Suzanne Lloyd	副主席
Stephen Cooper	
Martin Edelmann	
Fran çoise Flores	
Amaro Luiz De Oliveira Gomes	
Gary Kabureck	
Takatsugu Ochi	
Darrel Scott	
Thomas Scott	
Chungwoo Suh	
Mary Tokar	

---

① 在对《国际财务报告准则实务公告第 2 号:就重要性作出判断》进行投票表决时,Stephen Cooper 是国际会计准则理事会的成员。

《国际财务报告准则实务公告第 2 号：就重要性作出判断》结论基础

本结论基础与《国际财务报告准则实务公告第 2 号：就重要性作出判断》（《实务公告》）一并发布，但不构成其组成部分。本结论基础概述了国际会计准则理事会（理事会）在制定《实务公告》时的考虑事项。个别理事会成员对某些因素比其他因素更为重视。

一、背景

BC1 在 2013 年 1 月的财务报告披露讨论论坛上，理事会通过对《国际会计准则第 1 号——财务报表列报》拟定修订的 2014 年征求意见稿以及其他来源的反馈，了解到主体在编制财务报表需就重要性作出判断时面临一些困难。部分主体不确定如何作出重要性判断，并倾向于将国际财务报告准则中的披露要求视为核对表上的项目使用，而不是在决定在财务报表中提供哪些信息时运用判断。部分利益相关方表示，这些困难和做法又导致了披露问题——即主体在其财务报表中提供的无关信息太多而相关信息不足。

BC2 部分利益相关方认为造成该等困难的原因之一是国际财务报告准则缺乏有关重要性的指引，尤其是缺乏对在财务报告附注中披露的信息应如何作出重要性判断的指引。鉴于这些反馈意见，理事会决定提供进一步的指引。理事会的目的在于促进主体编制财务报表行为方式上的改变，鼓励主体在确定在财务报表中包括或不包括哪些信息时更多地运用判断。

BC3 2015 年 10 月，理事会发布了《国际财务报告准则实务公告——重要性在财务报表中的应用（征求意见稿）》（《实务公告征求意见稿》）。理事会在制定该实务公告征求意见稿之前，考虑了对外调研的反馈以及咨询国际财务报告准则咨询委员会（IFRS Advisory Council）、会计准则咨询论坛（ASAF）、世界准则制定者会议（World Standard-Setters）、全球编制者论坛（GPF）、资本市场咨询委员会（CMAC）、国际审计与鉴证准则理事会（IAASB）以及国际证监会组织（International Organization of Securities Commissions）的代表，以及多个会计专业人士、学术界人士和其他监管机构代表的意见。①

BC4 理事会收到了 95 份针对该《实务公告征求意见稿》的反馈意见。理事会还就该《实务公告征求意见稿》中的提案进行了对外调研,包括咨询会计准则咨询论坛、资本市场咨询委员会和全球编制者论坛。对该《实务公告征求意见稿》的反馈意见显示各界广泛支持理事会就编制财务报表时如何作出重要性判断发布实务指引。理事会在编制本《实务公告》时考虑了就《实务公告征求意见稿》收到的反馈意见。

二、指引的形式

BC5 本《实务公告》提供了非强制性的指引,旨在协助主体在编制通用目的财务报表时就重要性作出判断。理事会不要求应用国际财务报告准则的主体在声明遵循国际财务报告准则时必须遵循本《实务公告》。但是,理事会希望本《实务公告》能帮助主体更好地理解在应用国际财务报告准则时重要性的作用,以及在编制财务报告时应如何运用判断来评估重要性。理事会预期对重要性的作用加深理解最终有助于提高财务报表的有用性及可理解性。

BC6 理事会决定以非强制性的《实务公告》的形式提供有关如何作出重要性判断的指引,原因在于:

(a) 在某项准则中发布强制性要求可能存在使相关指引显得较为指令性的风险,这可能会削弱对主体在重要性评估中运用判断的强调程度;以及

(b) 以一个单独的非强制性文件(而不是某一项具体准则(例如《国际会计准则第 1 号》)的非强制性实施指南)的形式发布相关指引,将有助于强调重要性的概念贯穿所有国际财务报告准则。

BC7 此外,理事会获知在某项准则中增加强制性要求可能带来与当地法律或监管框架产生冲突的风险。但是,理事会注意到,即使某些司法管辖区的当地法律或监管规定可能与国际财务报告准则的重要性要求相互影响,但在这些当地规定不妨碍主体应用国际财务报告准则要求的前提下,这不应导致与《实务公告》中的指引冲突。《实务公告征求意见稿》的受访者以及理事会组织

---

① 国际财务报告准则咨询委员会(IFRS Advisory Council)、会计准则咨询论坛(ASAF)、全球编制者论坛(GPF)和资本市场咨询委员会(CMAC)均为国际会计准则理事会的咨询机构。世界准则制定者会议(World Standard-Setters)是国际会计准则理事会组织的会计准则制定机构的会议。

的对外调研的参与者均未报告有此类情况。

BC8 此外，本《实务公告》并未改变任何国际财务报告准则中的任何要求或是引入任何新的要求。理事会认为采用非强制性文件的形式更为适当。

BC9 最后，理事会发布了一份实务公告，但没有要求国际财务报告准则基金会的工作人员编写教育材料，因为实务公告需要经过完整的应循程序，包括公开意见征询，并且比教育材料更易于获得。

BC10 对《实务公告征求意见稿》的反馈意见普遍赞成促使理事会以非强制性的实务公告形式发布其指引所考虑的相关事项。

三、范围

BC11 本《实务公告》的目的是在主体按照国际财务报告准则编制通用目的财务报表时，为主体作出重要性判断提供指引。理事会讨论了是否扩大本《实务公告》的受众，使之也适用于财务报告中涉及的其他各方，但得出的结论是本《实务公告》应只针对财务报表的编制者。但是，理事会注意到，本《实务公告》也可能帮助其他各方（如审计师、财务报表使用者、监管机构和执法机构）了解主体在编制财务报表时作出重要性判断的方法。

BC12 理事会讨论了本《实务公告》是否也应用于适用 IFRS for SMEs® Standard（中小企业国际财务报告准则）的主体。但是，中小企业国际财务报告准则是一个独立分开的会计框架，以完整的国际财务报告准则为基础进行修改，以反映中小企业特有的成本效益考虑因素以及此类主体财务报表使用者的需求。中小企业国际财务报告准则并未提及《财务报告概念框架》（《概念框架》）中主要使用者的概念，也不包括完整国际财务报告准则的近期变更（例如，主体不得以不重要的信息淹没重要的信息，从而降低财务报表的可理解性）。因此，理事会决定本《实务公告》不适用于采用中小企业国际财务报告准则的主体。中小企业国际财务报告准则允许，但不要求，主体参考完整的国际财务报告准则中提供的指引。因此，这些主体可以参考本《实务公告》中的指引，正如当中小企业国际财务报告准则并不具体针对某个交易、其他事项或情况时，他们为制定和应用会计政策而参考完整的国际财务报告准则中处理类似及相关问题的要求和指引一样。

BC13 重要性是一个广泛用于财务报告和其他目的的通用概念。例如，审计师在评估为对财务报表是否在所有重大方面根据适用的财务报告框架编制表达意见而需执行的工作的性质、时间和范围时往往会评估重要性。部分《实务公告征求意见稿》的反馈者指出,财务报表的编制者和审计师使用类似的方法评估重要性——他们都关注可合理预期会影响主体财务报表使用者决策的信息。理事会讨论了是否在《实务公告》中提及出于审计或其他目的的重要性评估,但最终决定仅将其指引的重点放在编制财务报表上。为编制财务报表以外的目的而评估重要性超出了本《实务公告》的范围。此外,理事会认为提到重要性概念的不同应用可能会引起混淆。

四、重要性的一般特征

（一）重要性的定义

BC14 理事会讨论了"重要性"的定义,以及是否在其"披露原则"项目中修改或澄清该定义。2017 年 9 月,在这些讨论的基础上,理事会发布了《重要性的定义(对〈国际会计准则第 1 号〉和〈国际会计准则第 8 号〉的拟议修订)(征求意见稿)》(《重要性的定义征求意见稿》)。该《重要性的定义征求意见稿》建议通过纳入《国际会计准则第 1 号》第 7 段①中对重要信息的描述来完善重要性的定义,并强调确保重要信息不被掩盖的必要性,如《国际会计准则第 1 号》第 30A 段所述。国际财务报告

准则已经含有这两个概念；因此,《实务公告》包含了这些概念。理事会考虑过是否推迟发布本《实务公告》,直至"重要性的定义"项目完成。但是,理事会认为,尽快提供关于作出重要性判断的指引将是有益的,并可回应要求获得指引的意见。

BC15 此外,理事会注意到,由于《重要性的定义征求意见稿》中的建议修订不构成对国际财务报告准则现有要求的实质性修改,因此不大可能导致大多数主体的实务发生变化或对主体的财务报表产生重大影响。因此,除了可能需要更新文件中引用的重要性的定义之外,本《实务公告》中的指引将不受该些建议修订的影响。

---

① "……因此,评估需要考虑使用者［……］被合理预计在经济决策中将怎样受到影响"［加强调］。

（二）重要性判断的普遍性

BC16 理事会讨论了是否仅将《实务公告》中指引的重点放在国际财务报告准则的列报和披露要求上，但最终得出结论认为，对重要性判断的需求在财务报表的编制中普遍存在，也包括确认和计量要求。因此，理事会在《实务公告》中提供了如何在确认和计量以及列报和披露的情况下作出重要性判断的指引。

（三）主要使用者及其信息需求

BC17 本《实务公告》说明，在进行重要性评估时，主体应考虑由《概念框架》定义的其财务报表的主要使用者（主要使用者），即主体现有和潜在的投资者、出借人和其他债权人。理事会讨论了强调这些主要使用者之间存在信息需求可能相异的不同使用者群体是否恰当。但是，理事会的结论是，要求主体识别不同的主要使用者群体，或者关注这些群体可能具有的任何特殊信息需求和期望，可能会与注重广泛使用者共同信息需要的通用目的财务报表的定义产生矛盾。因此，本《实务公告》提及的是在《概念框架》中识别的三大类别主要使用者——现有和潜在的投资者、出借人及其他债权人。

BC18 此外，理事会决定在《实务公告》中强调主体财务报表的主要使用者包括潜在投资者、出借人及其他债权人，以及现有的投资者、出借人及其他债权人。理事会认为这将解决部分利益相关方认为过分强调特定现有使用者不甚恰当的顾虑；理事会决定明确指出，主体不能只是关注现有使用者的信息需求，从而缩小其财务报表中所提供的信息的范围。

BC19 在确定财务报表包含哪些信息时，主体应考虑其财务报表主要使用者基于财务报表所做的决策。因此，理事会决定本《实务公告》应描述《概念框架》中陈述的主要使用者的决策以及相关信息需求。主要使用者的决策取决于他们预期从向主体提供的资源中获得的回报。而主要使用者对回报的预期又取决于他们对主体未来净现金流入的金额、时间和不确定性的评估，以及对管理层行使主体资源管理职责的评估。

BC20 在制定有关主体在作出重要性判断时应考虑的主要使用者的信息需求的指引时，理事会进一步考虑了《概念框架》。向现有和潜在投资者、出借人及其他债权人提供所需的所有信息并不是通用目的财务报表的目标。理事会阐明，并不要求主体满足独特或个别的信息要求。主体应旨在满足主要使用者的共同信息需求。在制定指引时，理事会澄清，为了避免丢失与某一类主要使用者（《概念框架》中确定的三种主要使用者类别）相关的信息，共同信息需求不限于同时在所有类别的主要使用者共享的信息需求。主体应分别确定这三个类别中每个类别的共同信息需求，并满足所有的这些需求。

五、与当地法律法规的关系

BC21 理事会根据利益相关方关于《实务公告征求意见稿》中的指引与当地法律或监管要求之间潜在冲突的意见，讨论了国际财务报告准则中的重要性要求与当地法律法规的关系。理事会指出，本《实务公告》为主体提供了在根据国际财务报告准则编制财务报表时作出重要性判断的指引；它并未就如何应用当地法律或监管要求提供指引。

BC22 尽管如此，理事会承认，当地要求可能会影响财务报表中提供的信息。在这些情况下，主体必需遵守国际财务报告准则中的重要性要求，但准则并未禁止主体披露当地法律或法规要求的其他信息，即使该等信息根据国际财务报告准则而言并不重要。只有当地法律或法规禁止在财务报表中披露对遵循国际财务报告准则而言为重要的信息时，才会发生冲突。《实务公告征求意见稿》的受访者以及理事会组织的对外调研参与者均未报告有此类情况。

BC23 当主体在财务报表中提供除国际财务报告准则要求之外的信息时，《国际会计准则第1号》第30A段要求主体确保准则要求的重要信息不会被掩盖。理事会指出，主体能够通过适当地组织财务报表中的信息满足该要求。

六、就重要性作出判断

BC24 《实务公告征求意见稿》的反馈者支持该文件从多项国际财务报告准则中汇集有关重要性的指引。但是，部分反馈者建议，说明主体在编制财务报表过程中作出重要性判断时所遵循的实务步骤将较为有用。经过与会计准则咨询论坛、资本市场咨询委员会和全球编制者论坛的咨询，理事会制定了一个四步法（重要性流程）。对重要性流程的描述说明了重要性在编制财务报表中所起的作用，并阐明了如何作出重要性判断。重要性流程还确定了主体在作出重要性判断时应考虑的因素。

BC25 与《实务公告》非强制性的性质一致，理事会制定了重要性流程，作为主体在作出重要性判断时可遵循方法的一个示例，但阐明重要性流程包括主体为声明遵循国际财务报告准则而必需应用的重要性要求。

BC26 理事会考虑过是将指引的重点放在判断的运用上，还是说明重要性判断所属的整体流程。但是，如同部分《实务公告征求意见稿》的反馈者指出的那样，描述整体流程有助于主体了解重要性判断如何影响其财务报表的编制，以及各种重要性决策如何相互关联。

BC27 理事会将流程的第一步（识别）作为主体评估的明确起点。利益相关方大体同意主体应使用国际财务报告准则中的要求来识别主要使用者在作出与向主体提供资源有关的决策时所需的信息。在运用国际财务报告准则中的要求时，主体可从理事会在制定国际财务报告准则时所做的评估中受益——在制定一项准则时，理事会会确定哪些信息预期将满足广泛的主要使用者的需求。理事会还考虑到虽然一些信息在国际财务报告准则中未明确规定，但也可能是必要的信息，可使主要使用者了解主体交易、其他事项和情况对主体财务状况、财务业绩和现金流量的影响。因此，理事会决定，主体对主要使用者的共同信息需求的了解应是第一步的额外输入值。基于该了解，主体应该考虑是否在其财务报表中纳入国际财务报告准则未明确规定的附加信息。

BC28 第二步（评估）描述了主体在确定一项信息是否重要时应考虑的因素。理事会的结论是，在运用判断评估信息是否重要时涉及定量和定性两方面的考虑因素。《实务公告征求意见稿》的反馈者也同意，在作出重要性判断时，主体应该考虑定量和定性两方面的因素。本《实务公告》包含一些重要性因素的示例。但是，理事会决定描述有限数量的因素，而不是提供一份供主体考虑的因素的详尽清单。

BC29 理事会决定在重要性流程中纳入一些有关主体应反映其重要性判断的方式的指引。第三步（组织）涉及主体的重要性判断的结果，并提供主体可能想要考虑的指引，以使其财务报表更易于理解。理事会建议，主体在决定是在主要财务报表中单独列报一项信息，还是将其与其他信息汇总，和/或是在附注中进行披露时，考虑主要财务报表主表及附注的不同作用。但是，理事会决定不在《实务公告》中就这些议题提供进一步的指引。关于财务报表不同组成部分的作用以及这些作用的影响的讨论已经包含在理事会于 2017 年 3 月发布的

《披露原则（讨论稿）》中。

BC30 第四步（复核）使主体有机会在编制了财务报表草稿后"退一步思考"，并从汇总的角度考虑信息。理事会讨论了这一步骤是否重复了第二步中进行的评估，并阐明主体应在第二步中作出重要性判断，但是在财务报表草稿完成后主体应立即对相关判断进行复核。在第二步中，主体在编制财务报表草稿的同时，基于对财务报表整体的预期进行评估。在第四步中，主体参照实际的财务报告草稿复核自己的评估结果——此复核可能导致主体重新审视在第二步中执行的评估，在财务报表中提供额外信息，删除不重要的信息或重新组织现有信息。

七、特定问题

（一）前期信息

BC31 在讨论财务报表中包含的前期信息的重要性判断时，理事会承认某些法律或监管要求可能会规定应包含在财务报表中的前期信息的数量。但是，理事会决定有必要在《实务公告》中就有关前期信息的重要性判断提供指引，以促进在编制财务报表每个部分时主体行为变化的一致性，并鼓励主体在确定财务报表应包括或排除哪些信息时运用更多的判断。

BC32 理事会根据《国际会计准则第1号》规定的最低要求的比较信息，在《实务公告》中制定了相关指引。但是，理事会承认在作出与前期信息有关的重要性判断时，主体需要考虑法律或法规要求。因此，理事会决定给出解释说明，即除非当地法律或法规另有规定，与前期财务报表中的信息列报方式相比，主体可以在当期财务报表中汇总前期信息。理事会还澄清，即使当地法律和法规允许，希望声明遵循国际财务报告准则的主体不得提供少于准则要求的信息。

BC33 理事会还强调，除了提供国际财务报告准则要求的最低比较信息之外，在提供前期信息时，主体必须根据相关准则提供信息，且不应掩盖重要信息。一些利益相关方询问，提供与当期信息具有相同详细程度的前期信息是否会被视为掩盖当期财务报表中的重要信息。理事会预计此类前期信息不会淹没当前期间的重要信息。

（二）差错

BC34 理事会讨论了是否在《实务公告》中包含帮助主体判断一项差错是否重要的指引。理事会指出，评估差错是否会合理预期影响主要使用者的决策是编制财务报表一个不可或缺的组成部分，因此，本《实务公告》应涉及这一主题。理事会指出，主体在判断一项差错是否重要时所用的重要性考虑因素与之前重要性流程中描述的因素一样。因此，没有必要提供任何具体的额外指引。在"差错"部分，《实务公告》建议主体参考重要性流程中描述的考虑因素。

BC35 《实务公告征求意见稿》的反馈者要求理事会解决如下情况：即主体面临多个期间积累的差错，而这些差错无论是在单个的前期期间还是所有的前期期间都是不重大的（有时称为"累积差错"）。理事会认为有必要阐明，在这种情况下：

（a）主体无须在当期重新审核在前期财务报表被授权发布时所作的有关累积差错的重要性判断，前提是这些判断在作出时是合理的，并且主体当时考虑了可用的，或合理预期可用的信息；但是

（b）主体需要评估累积差错对本期的财务报表而言是否已经构成重大差错。

BC36 理事会决定在《实务公告》中加入一项陈述，提醒主体如果累积差错对当期财务报表而言构成重大差错，则必须予以更正。理事会讨论了是否就如何更正该等差错提供进一步的指引，但最后认为《实务公告》应侧重于如何作出重要性判断，而不是处理相关判断的结果。《国际会计准则第8号》包含有关差错更正的要求。

BC37 《实务公告征求意见稿》的一些措辞显示，如果主体故意造成差错或遗漏信息，意在形成特定的列报或结果，则这种差错都是重大的。《实务公告征求意见稿》的反馈者认为这些措辞似乎与《国际会计准则第8号——会计政策、会计估计的变更和差错》第41段不一致。《国际会计准则第8号》第41段并没有判定此类差错为重大差错，但是，它要求更正所有主体故意造成的，意在形成对主体财务状况、财务业绩或现金流量的特定列报的差错。理事会决定调整《实务公告》中的措辞，使其与《国际会计准则第8号》第41段一致。

(三) 关于契约限制的信息

BC38 在讨论契约限制或类似的合同条款的存在是否可能影响重要性判断时,理事会发现了两个问题:

(a) 在对有关契约限制的存在和详细内容或违反契约限制的信息作出重要性判断时,是否有具体的考虑因素?

(b) 契约限制的存在是否会影响对财务报表中包含的、除契约限制或违反契约限制之外的信息的重要性判断?

BC39 关于第一个问题,理事会得出结论认为,除重要性流程中描述的重要性因素外,重要性判断还特别受到发生违约的后果和发生违约概率的影响。特别是,理事会阐明,无论违约后果的重要性如何,如果发生违约的概率很小,则有关契约限制的信息不构成重要信息。在提供此澄清时,理事会应用了《国际会计准则第 37 号——准备、或有负债和或有资产》第 28 段中关于或有负债披露的披露限定条件。

BC40 关于第二个问题,理事讨论了在《实务公告》指引中加入契约限制的存在不应影响主体对财务报表中其他信息重要性的评估的内容。换言之,不要求主体即将违反限制条件的情况下重新执行重要性评估。但是,部分利益相关方指出,该等指引会与其他方就评估差错的重要性而制定的现有指引相冲突。为了避免在财务报表编制者和参与财务报告的其他方之间造成任何混淆,理事会决定不在《实务公告》中加入有关契约限制对重要性评估的影响的指引。

(四) 中期报告的重要性判断

BC41 理事会讨论了是否提供在编制中期财务报告时如何作出重要性判断的指引。理事会得出结论认为,在编制中期财务报告时,主体应考虑的重要性因素与其编制年度财务报告时考虑的重要性因素一致。但是,理事会也指出,在编制中期财务报告时,说明与作出重要性判断有关的其他考虑因素将会有所帮助。特别是,理事会指出,说明与年度财务报表相比中期财务报告在涵盖期间和目的上的不同会如何影响重要性判断,以及解决《实务公告征求意见稿》反馈者提出的一些实务问题,将会有所帮助。

八、本《实务公告》的可能影响

BC42 理事会致力于评估和分享有关实施建议的新要求和指引的可能成本——即成本和效益的知识,二者统称为"影响"。本《实务公告》旨在为主体在编制财务报表时如何作出重要性判断提供指引。本《实务公告》并未改变任何国际财务报告准则中的要求或是引入任何新的要求。由于现有要求没有变化,并且主体为声明遵循国际财务报告准则并非必需应用本《实务公告》,因此理事会得出结论,不需要进行单独的影响分析。

BC43 本《实务公告》的预期影响已作为理事会讨论的一部分予以考虑。理事会预计《实务公告》将:

(a) 提升对重要性作用的认识,以促进行为的积极变化(例如不提倡编制财务报表的主体死板遵循核对表);

(b) 鼓励主体在编制财务报表时更多地运用判断,这将减少公式化的披露和冗余信息,并为主体提供一个框架,用于评估财务报表中对国际财务报告准则专门规定的披露要求之外的信息的需求;以及

(c) 为主体、其审计师和监管机构之间关于重要性评估的讨论提供有用的参考点,这有助于各方达成一致。

BC44 理事会预期应用本《实务公告》不会产生任何重大成本,因为它并未引入新的要求,也不强制要求主体必须应用《实务公告》。但是,对之前编制财务报表时采用核对表方法的主体而言,可能会面临部分实施成本。理事会预计,如果该等主体遵循《实务公告》中的指引,则在决定将哪些信息包含在财务报表中时,将需要运用更多判断。理事会得出结论认为,更高质量的披露以及财务报表主要使用者更容易获取信息带来的好处超过了主体在编制财务报表时应用判断而不是遵循核对表所需的实施成本。相反,在编制财务报表时已经适当运用判断的主体不会产生额外的实施成本,并且可以借助《实务公告》的发布在与其审计师和其他利益相关方的互动中受益。

BC45 理事会参照就《实务公告征求意见稿》收到的反馈意见评估了《实务公告》预期会带来的影响。总体而言,反馈者肯定了理事会的预期并支持发布《实务公告》的提案。

九、与理事会其他项目的互动

BC46 理事会决定在以下项目定稿之前发布本《实务公告》：披露原则项目，讨论稿于 2017 年 3 月发布；重要性定义项目，征求意见稿于 2017 年 9 月发布；《概念框架》项目——修订后的《概念框架》预计将于 2018 年发布。理事会考虑过是否推迟发布本《实务公告》，直至上述一个或多个项目完成；但是，它得出结论，应尽快提供有关如何作出重要性判断的指引，以回应业界对需要指引的呼声。此外，理事会得出结论，认为这些项目的最终定稿不大会对《实务公告》的指引产生影响。